# 对口支援协作合作

## 制度演进与江苏范式

COUNTERPART ASSISTANCE, COLLABORATION & COOPERATION
INSTITUTION EVOLUTION & JIANGSU PARADIGM

王志忠　卢晓梅　著

江苏人民出版社

**图书在版编目(CIP)数据**

对口支援协作合作制度演进与江苏范式 / 王志忠，
卢晓梅著. — 南京：江苏人民出版社，2023.5
ISBN 978-7-214-28115-9

Ⅰ. ①对… Ⅱ. ①王… ②卢… Ⅲ. ①扶贫－经济援
助－工作－成就－江苏 Ⅳ. ①F127.53

中国国家版本馆 CIP 数据核字(2023)第 075166 号

| | |
|---|---|
| 书　　　名 | 对口支援协作合作制度演进与江苏范式 |
| 著　　　者 | 王志忠　卢晓梅 |
| 责 任 编 辑 | 朱　超 |
| 责 任 监 制 | 王　娟 |
| 装 帧 设 计 | 刘　俊 |
| 出 版 发 行 | 江苏人民出版社 |
| 地　　　址 | 南京市湖南路 1 号 A 楼,邮编:210009 |
| 照　　　排 | 江苏凤凰制版有限公司 |
| 印　　　刷 | 江苏凤凰新华印务集团有限公司 |
| 开　　　本 | 718 毫米×1000 毫米　1/16 |
| 印　　　张 | 22　插页 5 |
| 字　　　数 | 304 千字 |
| 版　　　次 | 2023 年 5 月第 1 版 |
| 印　　　次 | 2023 年 5 月第 1 次印刷 |
| 标 准 书 号 | ISBN 978-7-214-28115-9 |
| 定　　　价 | 68.00 元 |

(江苏人民出版社图书凡印装错误可向承印厂调换)

# 序　言

　　制度优势是一个国家的最大优势,制度竞争是国家间最根本的竞争。坚持和完善中国特色社会主义制度、推进国家治理体系和治理能力现代化,必须坚定制度自信。树立高度的制度自信,既要靠实践经验的不断巩固,也需要加强制度理论研究,通过古今中外的制度对比和演化分析,剖析理解实现"中国之治"的秘诀,并将其运用于制度安排和制度创新之中。

　　对口支援协作合作是我国发挥"集中力量办大事"的举国体制,为促进区域协调发展、加快欠发达地区经济社会高质量发展和现代化进程、迈向全体人民共同富裕的一系列制度设计。是我国在没有他国成功案例作参考的条件下"摸着石头过河"的制度探索,是基于中国制度优势与和合文化优势,在马克思主义理论指导下推进"中国之治"的成功实践。

　　2020 年,我国新时代脱贫攻坚目标任务如期完成,对口支援协作合作国策发挥了重要作用。2021 年 2 月 25 日,习近平总书记在全国脱贫攻坚总结表彰大会上发表重要讲话,向全世界庄严宣告,经过全党全国各族人民共同努力,完成了脱贫攻坚、全面建成小康社会的历史任务,实现第一个百年奋斗目标!全国 832 个贫困县全部摘帽,近 1 亿农村贫困人口实现脱贫,960 多万贫困人口实现易地搬迁,历史性地解决了绝对贫困问题,为全球减贫事业作出了重大贡献,实现了全面建成小康社会这个中华民族的千年梦想,打赢了人类历史上规模最大的脱贫攻坚战。这是中国共产党和中国人民团结奋斗赢得的历史性胜利,是彪炳中华民族发展史册的历史性胜利,也是对世界具有深远影响的历史性胜利。党的二十大把它作为十八大以来对党和人民事业具有重大现实意义和深远历史意义的三件大事之一,原文表述如下:"完成脱贫攻坚、全面建成小康社会的历史任务,实现第一个百年奋斗目标"。

实施对口支援协作合作,是党中央赋予江苏的重大政治责任。自从1956年开始援藏,1994年正式对口支援拉萨以来,江苏的对口支援协作合作已经历经67载风霜雨雪。江苏坚持精准施策,聚焦对口地区可持续发展的薄弱环节,集中力量、集中资源,开展财政帮扶、干部挂职以及选派教师、医生、农技师等各类人才,助力西藏、新疆、陕西、青海、贵州等地区脱贫致富,拓展"苏产西移""苏才西用""西货苏销""西业苏就""西电苏纳"等工作路径,探索开创"江苏范式",帮助对口地区102个贫困县打赢脱贫攻坚战,近400万贫困人口脱贫。千言万语、千头万绪,汇聚于一个字——"真"!既真心实意,又真抓实干,更投入真金白银。

深化对口支援协作合作,是在服务全国构建新发展格局上争做示范的重大历史使命。中央提出,"十四五"时期,要加快构建以国内大循环为主体、国内国际双循环相互促进的新发展格局;要做好巩固脱贫攻坚成果同乡村振兴有效衔接工作。2021年中央一号文件《中共中央国务院关于全面推进乡村振兴加快农业农村现代化的意见》提出,脱贫攻坚目标任务完成后,对摆脱贫困的县,从脱贫之日起设立5年过渡期,"扶上马送一程",实现由"扶着走"到"独立走"的转变。过渡期内有关帮扶政策、财政支持、项目安排总体稳定,资金项目相对独立运行管理,并要求坚持和完善东西部协作和对口支援、社会力量参与帮扶等机制。习近平总书记在2020年11月考察江苏时要求,"着力在改革创新、推动高质量发展上争当表率,在服务全国构建新发展格局上争做示范,在率先实现社会主义现代化上走在前列"。做好新时期对口支援协作合作工作,对江苏践行"争当表率、争做示范、走在前列"使命担当具有重要意义。

立足新发展阶段,对口支援仍是长期战略要点,对口协作合作内容将随着发展格局变化进一步深化,并走向更深层次的对口合作。对江苏而言,除了坚定不移地高标准完成对口支援任务外,开展苏陕协作、苏青协作、苏辽合作,将成为"十四五"时期江苏进一步为国家大局作出新贡献,全面推进中国式现代化江苏新实践,充分发挥自主性和创造性,不断提升自我发展能力的重要机遇。在对口支援协作合作中,如何积极转变思维,统筹好当前与长远、供给与内生、增长与发展、改革与法治、扶贫与扶志、"输血"与"造血"、硬实力与软实力、政治任务和法律义务、单边支援与双向协作、单向受益与多边互惠、协作治理与合作治理、政府主导与市场引导、工业文明与生态文明、物的建设和人的发展、比较优势与竞争优势的辩证关系,如何与西藏、新疆、三峡库区、陕西、青海、辽宁以及湖南、河南等兄弟省份和地区间实现优势互补和互利共赢,是本书深入思考的主题。

党的二十大提出,"从现在起,中国共产党的中心任务就是团结带领全国各族人民全面建成社会主义现代化强国、实现第二个百年奋斗目标,以中国式现代化全面推进中华民族伟大复兴"。围绕这一宏伟目标,新时期江苏如何在促进自身发展的同时,进一步深化区域协作,推动区域协调发展,助力国家优化重大生产力布局和构建优势互补、高质量发展的区域经济布局,也值得进一步研究。希望能够以此书启发后来者继往开来,呼吁东部沿海省份与西部及东北兄弟地区携手共赢未来,以"功成不必在我,功成必定有我"的使命担当,开创新时期我国对口支援协作合作新局面,为早日实现全体人民共同富裕、中华民族伟大复兴而努力奋斗!

# 自　序

对口工作之于我,首先是一份职责。自1993年4月到江苏省人民政府办公厅工作以来,我见证了江苏对口支援协作合作的大部分历程。2002年1月任省政府办公厅副主任、2011年2月任省政府副秘书长后,负责联系此项工作;2018年至今以省对口支援协作合作工作领导小组成员身份专职从事此项工作。30多年来,我有幸几乎全流程地经历了对口工作由点到面、由分到合,从局部到全域、从粗放到精细的逐渐组织化、体系化、网格化过程,深刻体会到了这项国家制度的演进脉络。作为亲历者和参与者,我对这份工始终充满热情、激情、痴情,与之共行、共鸣、共情。还记得2020年12月23日,中央农办和国务院扶贫办在北京联合召开协商调整东西部协作结对关系和确定乡村振兴重点帮扶县专题会议,东部省份政府分管副秘书长和西部省份扶贫办主任出席。我在会上率先提出,在结对关系调整后,不再结对的省市原帮扶项目必须接续推进;已落地企业持续做好跟踪服务,确保落地见效;产业协作、企业协作关系不但不能结束,还要用好既有平台继续深化。这个观点受到与会领导和同志们的一致赞同,西部省份的同志更是给予充分肯定。后来这一建议并被吸收到中办国办印发的《关于坚持和完善东西部协作机制的意见》中。又如,自2017年起,国家对东西部扶贫协作省份开展年度考核,考核结果以中办通报形式公布,各省对考核结果都非常看重。起初,考核结果分为好、较好、一般、较差四个等次。我觉得,东部省份坚决贯彻习近平总书记重要指示要求,响应中央号召,坚持全国一盘棋思想,尽最大努力在人力、财力、物力等诸多方面帮扶西部省份,工作整体水平和质效不断提升。只要各项工作达标、符合国家部署要求,考核结果就要以鼓励为主,只分好、较好两个等次即可,更有利于调动东部省份的积极性。在国家多次会议上,我反复提出这一观点,得到东部省份同志的一致响应,最终也被国家采纳了。

又是一种信心。回看对口制度发展绵延至今,成果之丰硕、成效之伟大令人惊叹。世界未必是平的,实际上全球都在呈现着日益显著的两极分化;但是在华夏大地,因为对口制度的存在,原本天差地别的地缘差异正在消弭,创造出世所未有的奇迹。我经常去西部,目睹一条条新建的铁路、公路直达蓝天碧野,一道道桥梁横跨在崇山峻岭之间和奔腾不息的河流之上,一座座学校、一所所医院在高原大漠拔地而起;陕西的苹果、猕猴桃、红枣、小米等优质农特产品到了江苏人的家门口,青海的拉面、牛羊肉等高原特产进了江苏各级机关、企事业单位食堂;西藏、新疆、青海的孩子坐进江苏许多中学的教室……还记得 25 年前,我们在拉萨援建医院、学校、城市道路等基础设施,何其难哉!既缺钱更缺人,无奈之下,我们省长整建制派了南通的同志去援建,工钱用了很多年才结清。这份情谊是无价的,收获更是难以估价。以至于时至今日,在拉萨街头许多出租车司机不收江苏人的钱。这都是对口制度带来的福祉,效用无穷,功在千秋。

还是一份感情。我几乎每年都要去对口地区出差数十次,早已不可计数。几乎走遍了江苏所有对口省(自治区),结识了天南海北的各族同胞,从省委书记到普通群众,都有我的领导朋友和亲密伙伴。促进民族交往交流交融、区域协调平衡发展是对口工作的初衷,我认为要搞好这项工作首先要从心里把彼此双方当作一家人,所以也就有了很多貌似不拘一格天马行空的做派,比如,和 12 个哈萨克族大胡子朋友一起席地而坐把酒言欢,用自己的西装外套交换了藏族朋友的皮夹克……又比如,为了推进援建项目进度,我们定期组织召开调度会,经常把援受双方的干部放在一起开,就像一家人一样安排工作,不分彼此。长久以往,我们也就真的成了"一家人":青海省委书记到江苏来考察调研,第一句话就问"志忠副秘书长呢"? 我们自己的书记笑称我是青海省政府的副秘书长,因为"一天到晚帮青海说话"。是对口制度让我们结缘,跨过天南海北的地理障碍,成为好友,成为知己,成为兄弟姐妹。

更是一份责任。由于工作关系,我在前方看望和接触了数以千计的江苏援派干部,看到他们克服工作、身体、家庭等许多困难所付出的艰辛和努力;也见证了来自后方对他们的支持和牵挂,了解到许多鲜为人知的内幕。事实上,在高原地区工作几年,对于生长在江海河湖平原地区的江苏人而言是一份巨大的考验! 需要付出青春的年华、辛勤的汗水,乃至宝贵的生命。我经常出席国家和对口兄弟省份的相关工作会议,聆听了国家、兄弟省(区、市)领导、江苏省领导关于对口工作的讲话,受益匪浅。这其中,有真金白银,有真抓实干,更有真情厚谊,许多故事深深刻在脑海,历久而弥新。例如,2020年8月6~7日,江苏代表团在青海考察调研,7日上午遭遇车祸险情,导致一些领导同志骨折身负重伤。为了不影响工作,惊魂未定中领导们下午继续深入基层考察,当晚即乘飞机赶回江苏;我则与办公厅同事带着胸闷气虚乘机飞抵西藏拉萨出席全国会议。现在想来既令人感动,也令人后怕。作为一个见证者、操作者,我觉得有义务、有责任用笔墨把它们记录下来,让我们的子孙后代看到他们的父辈们曾经用这样一种方式,无怨无悔地镌刻青春、浇灌理想。

以上是我写这本书的初衷。因为了解,因为熟悉,因为痴情,所以想把江苏对口支援协作合作的实践记录下来,让更多的人了解和支持对口工作。

这本书在成文过程中有幸得到了多方协助。感谢新华社中国经济信息社江苏经济研究中心陈希希同志与我共同参与省政府重点课题研究;感谢省地方志陈华、省政府办公厅何寿孙、省发改委王刚、新华社中国经济信息社江苏经济研究中心余伟婷四位同志提供了相关素材和襄助支持；感谢省政府办公厅宁勤建、省政府参事室郁明华，省发改委李泓君、戴晓茹、陈鹏、朱晨乐、陈璐，省工信厅刘耀武等诸多同志以及江苏省对口支援西藏拉萨市、新疆伊犁州、克州、青海海南州前方指挥部，省对口帮扶陕西省、青海省、贵州省铜仁市工作队，南京工业大学姚山季教授等，在撰写过程中给予的大力支持；感谢江苏人民出版社在本书出版过程中给予的热情帮助。在此，对上述各位同事和朋友一并表示谢忱！

感谢我的合作者，南京工业大学的卢晓梅教授，她的勤奋认真、聪慧博学、缜密架构和精湛文采为这本书增色许多，把一部资料性成果拓展为集理论基础、时空脉络和实践逻辑于一体的系统性著作。

特别需要说明的是，由于对口支援协作合作历时长、涉及面广，本书尽最大努力力求全面、准确，但也难免存在错误、遗漏之处。另外，在撰写过程中，本书参阅了大量文献，未能一一注明出处，敬请见谅。

王志忠

2023 年 5 月

# 目 录

# 第一章

## 理论综述︱对口支援协作合作的概念与理论

　　"经国序民，正其制度。"治理国家，使人民安然有序，要做好各项制度设计。本章梳理了对口支援、对口协作和对口合作的定义概念、政策解读和文献述评，并以发展经济学、区域经济学和公共管理学为视角对这一系列制度的有关理论背景进行简要介绍。

## 第一节　名词解释

　　对口支援协作合作是我国发挥制度优势，在中央的统筹安排下，加强区域协调发展、落实先富帮后富、实现全体人民共同富裕的综合性创新举措。当前主要分为"对口支援""对口协作""对口合作"三类。

　　首先从汉语语义来拆解其关键部分：

　　"对口"是指互相联系的双方在工作内容和性质上相一致、相对等，进行点对点的匹配和契合，又可称为"结对""挂钩"等。在实际工作中，这种对口关系往往不是"一对一"，而是"一对多"和"多对一"，构成了复杂的政府间网络。例如，19个省市对口支援新疆；江苏承担了10个省（自治区）的各类对口支援协作合作任务。

　　"支援"是指用人、财、物资源或其他实际行动进行支持和援助。支援是力度最高的帮扶，一般用在对方落难、状况比较危急窘迫之际，给予物质、精神、时间上的必要性、关键性援助，是以雪中送炭的方式来扶危济困。

"协作"是指不同的组织和主体利用各自的长处、通过分工合作来解决某个社会问题。协作常常是以契约或者合同的方式展开，协作关系在一定程度上具有强制性。此外，协作的范畴更加宽泛和广域，无论大事小事都可协作。既有雪中送炭的帮扶，也有增砖添瓦的培育，协助对方渡过难关，扶持发展、滋养后劲。

"合作"是一种强调主观能动性的非强制性社会治理模式。合作的范围最广，不再是单纯的"强帮弱"，而是在地位平等的基础上，以利益联结为纽带，以功能互补为考量，以互利共赢为动力，重点在于构建稳定的长效机制来实现互通有无、取长补短、抱团发展，联结利益相关者打造利益共同体乃至命运共同体。

具体在中国的对口支援协作合作的政策语境中，它们各自有不同含义和实施方案：

"对口支援"是指部分经济发达地区、行业或单位与经济欠发达地区（包括边疆民族地区、重大工程实施地、重大损失灾区、部分革命老区等）跨区域携手，在特定的时期结成相对稳定的结对支援关系，通过定向引入前者的人、财、物等资源，支持和援助后者发展进步。[①]

"对口协作"以东西部协作为主体，以扶贫开发为主要动机，前身是对口扶贫和对口帮扶协作。是指在乡村振兴战略目标下，部分东部经济发达地区与西部欠发达地区开展多领域、多层次、多要素耦合的扶贫帮扶协作，助推后者减贫脱贫、全面推进乡村振兴，加快高质量发展。

"对口合作"是指部分东部经济发达地区与欠发达地区（包括东北老工业基地、部分革命老区重点城市）携手，开展全方位合作。强调相互借鉴、优势互补、互利共赢、共谋发展，共同参与收益分配，在平等合作的基础上共推区域性协调发展。

---

① 2001年版的《三峡工程移民工作手册》中对口支援的定义是："对口支援是区域、行业乃至部门间开展跨边界合作与交流的有效形式，通常泛指国家在制定宏观政策时为支持某一区域或某一行业，采取不同区域、行业之间结对形成支援关系"。

综上所述,对口支援、对口协作和对口合作尽管体现出了不同的工作重点,但三种制度存在着紧密关联和转化关系:

第一,三项制度都是在中央统筹安排下推进实施的,是在党中央统一指挥、统一协调、统一调度下,坚持全国一盘棋的细化措施,都是自上而下的制度安排。

第二,三项制度设计的底层逻辑相一致,都是以结对的形式开辟资源输送的快捷通道,通过资源要素的横向流动实现跨边界的合作治理,目的是解决我国区域发展不平衡问题。

第三,三项制度的产生有紧密关联。对口支援是最早安排的制度,是为了帮助边疆少数民族等欠发达地区的发展,后来对口支援内涵逐渐扩大,增加了对重大工程和灾区等的支援。随着形势和需求变化,又先后衍生形成了对口协作和对口合作的新样态,形成了对口支援协作合作的系列制度。

第四,从制度演进历程来看,"对口支援—对口协作—对口合作"是时间上的线性关系。众多关联要素循着这一脉络从前向后渐进转化,呈现了结对关系精准化、运行机制互利化、市场逻辑凸显化等规律(参见本书第四章第五节)。

第五,立足新发展阶段,由于地缘政治等因素,我们认为对口支援在相当一段时期内仍将是长期战略要点,无可替代。但是随着我国区域协调发展不断优化,东西部发展势能差不断缩小,对口协作会逐渐转向互惠共赢的对口合作,形成"对口支援—对口合作"的二元结构。最终,百川异源而皆归于海,在祖国的大家庭内以"对口合作"的单一形式,通过自组织的合作共赢机制,实现全体人民的共同富裕。

## 第二节　文献述评

### 对口支援

结合已有的研究,对口支援政策的实施对中国的发展发挥了重要的作用。

就制度设计而言,国内外实践表明,解决地区发展不平衡问题仅仅通过转移支付调节是不够的,必须进行系统的制度创新。丛威青(2017)认为,对口支援是我国特有的一种政府投资形式,是在党中央、国务院统一安排下,政府主导、社会参与的一种政府间、地区间合作模式,其实质是中央在财政支持、税收优惠、政策倾斜等措施之外推行的一种扶贫协作举措,在缓解中央财政压力的同时,突出支援方对受援方人才、技术、管理等非资金方面的支持。

就宏观调控而言,花中东(2010)认为,对口支援是我国特有的一种横向财政转移支付形式。作为一种典型的上级决策、下级执行的活动,实现既有财政体制之下的区域间政府财力无偿转移和资源再配置(石绍宾和樊丽明,2020)。

就府际关系而言,朱光喜(2022)将对口支援视为一种有中国特色的府际协作方式。国家为支持某一区域或某一行业,让不同区域、行业之间形成特定的支援关系,在政府主导下支援方对受援方进行政治性馈赠(李瑞昌,2015)。综合来说,对口支援是具有中国特色社会主义制度优越性的具体表现之一,是一项具有重大经济意义和政治意义的工作,是中国各级地方政府在上一级政府的统筹协调下进行横向资源转移和互助协作援助的重要方式(钟开斌,2013)。

就社会价值而言,严庆和于欣蕾(2021)以"规模折叠效应"与"多维与共效应"为理论基础,指出对口支援促进了支援地区与受援地区人、物、信息的交互流动,直接或间接地重组了社会空间,促进了社会互嵌以及区域、族际的交往交流交融,对铸牢中华民族共同体意识有重要作用。在此基础上延伸,对口支援作为一项依托于中国国家制度强大的政治凝聚力和驱动力而启动的公共政策,能够唤醒公众的集体记忆与"祖国"观念想象,进而增强公众的政治认同,所激发的强烈的国家认同和民族共同体意识,又能够反哺这种凝聚力和驱动力,体现在辽阔的疆域和庞大的体量储备之下动员四方的大国治理的优势(谭书先和赵晖,2020)。此外,对口支援抗击新冠疫情的实践过程中有序运转并且帮助全体中国人民齐心协力渡过疫情难关的实践(史晓琴,2020),证明了中国统筹全国的政治制度和民族情感优势。

就边疆地区发展而言,对口支援政策是中观层面促进乡村振兴与整合的重要着力点。一方面,在国家高度重视边疆治理和促进城乡融合发展背景下,配合聚焦资源、能力、认同三个维度,克服乡村振兴与整合长期面临"核心—边缘""城市—乡村"双二元空间治理结构带来的诸多约束,激活乡村内生发展能力(丁忠毅,2020)。董珍和白仲林(2019)根据对口援藏的实践案例总结道,总体上对口支援政策为西藏的经济发展提供了强大的动力。刘金山和徐明(2017)通过研究19省市对口支援成果,证明政策实施以来新疆经济得到快速增长。另一方面,结合徐俊六(2018)和靳薇(2008)的研究总结,在助力边疆地区产业结构调整与产业升级过程中,对口支援推进了边疆民族地区的生态治理,帮助边疆民族地区实现了社会经济的全面振兴。

就重大工程实施地发展而言,对口支援政策能够与招商引资精准匹配。李志国(2020)等指出,自三峡工程开工以来,党中央、国务院统一部署,从教育、科技、人才、管理、技术、资金等全方位开展对口支援工作,对库区建设、移民安居脱贫致富发挥了重要作用,有力地促进了三峡库区的经济发展。通过精准承接产业转移、精准发挥禀赋优势、精准整合创新要素作用于区域创新,促进受援地区的知识流动和技术创新,提升创新绩效改善创新环境,同时引进大批前景看好的发展项目,促进库区对外开放,改善库区的发展环境,造就大批经营管理人才(荣玲,2007)。

就重大灾害受灾地发展而言,对口支援政策是帮助其灾害救援及灾后重建的主要举措,灾后经济恢复过程中,支援方在"交钥匙""交支票"援助模式基础上,将"输血"与"造血"相结合,发挥了对受援方产业恢复提升的扶持作用(张曦,2018)。

## 对口协作

对口协作政策落地时间不长,学者就此进行的探讨主要以经验总结和对策建议为主。

就制度设计而言,对口协作以政策为引领,贵在精准,重在精准,成败之举在于精准(陆银辉,2021)。徐燕(2017)等认为,需要在实施路径方面创新,包括协同保护生态环境,积极搭建合作交流平台,推动水源区承接产业转移,加强协作两地企业嫁接和加强人才交流和培训合作等。冉鄂兰和钟海洋(2001)提出建立东西部司法部门对口支援协作机制的构想,认为通过明确责任,形成发展统一体,合理配置司法资源和建立多层次、多形式的对口支援协作,使东西部司法部门形成长期、有效、高效率的支援协作。东西部对口协作应以"机制互动"做基础,建立起高层互访、工作专班、干部互挂等机制,减少帮扶工作中存在信息不对称、沟通不畅、合作不协调、无整体性的"碎片化"现象;以"多元联动"为核心,动员社会各界力量,坚持全国一盘棋,组建企业、公众以及社会组织的合作新形态;将"要素撬动"做动力,推动产业合作、人才吸引、资金支援等进程,推进资本要素市场化配置,消除阻力屏障,让各类要素在健全的市场中有序发挥其作用(陆银辉,2021)

就社会价值而言,凌经球(2015)认为,东西部扶贫协作制度在解决我国西部少数民族贫困地区的农村贫困问题过程中体现出了我国社会主义制度"先富带后富,最终实现共同富裕"的价值理念,符合各民族的共同利益和长远利益,对促进各民族的繁荣与加强区域经济的协调产生深远的影响(阿拉塔高娃,2000)。

大部分学者以省市或地区间的扶贫协作为例,梳理和深挖了对口协作的成效与经验。对口协作模式聚焦百姓生活,关注民生与生态领域,通过共建工业园区,达成教育、医疗合作,建设湿地公园等多种方式,直接让当地百姓享受到了补偿成果,增强了受偿区百姓的获得感和幸福感(王艳林等,2021)。结合经济手段、市场手段等,解决区域内生态环境资源和经济社会发展非均衡发展的问题,从而激励人们从事生态保护和建设的积极性,达到生态资本增值、资源环境永续利用的目的(党丽娟,2018)。在江苏省南京市对口帮扶青海省西宁市的过程中,通过产业互补开展全方位合作,使西宁市更好应对目前自然条件恶劣、生态环境脆弱、经济相对薄弱、部分设施不够完善、公共服务保障不到位等挑战,与南京市共同构筑"大旅游、大健康、大文教、大商贸+新工业、新农业+精准公共服务"的421 模式(宋晓杰等,2017)。江苏省如东县为陕西省汉中市南郑区决战决胜脱贫攻坚送去真金白银,携手解决全区 111 个贫困村 29281 户 79571人建档立卡贫困人口"两不愁三保障"突出问题,扶贫项目开花结果(刘汉秋和张义安,2021)。魏华祥(2003)等通过对福建省与宁夏回族自治区对口协作的调查,认为在政策上要理顺扶贫管理和协调工作机制,进一步明确新世纪对口扶贫政策,解决好扶贫与西部大开发相结合和市场机制与计划机制的结合问题。

## 对口合作

在以往的研究中,学者们重点关注对口合作的运行机制、实践经验,并给出对策建议。

就制度设计而言,对口合作是一种新型的跨区域合作机制,它不同于传统的援助关系,也不同于粤港澳大湾区、长三角一体化、京津冀协调发展为代表的相邻城市间区域合作;与纯市场化合作相比,对口合作又多了政府牵引的纽带。对口合作机制得以形成依赖于有效市场和有为政府(侯景新和于子冉,2021)。一方面,市场在资源配置中起决定性作用,促进资本、人才、技术等各要素在合作双方合理流动,促进产业转移,吸引项目、投资在合作双方落地。另一方面,有为政府体现在,中央根据各地资源禀赋、城市功能、产业基础、发展水平来确定对口单位的匹配,着重把两地所需与所能有机结合起来,给出方向性原则,赋予省级政府广泛的自主操作空间(国家发展和改革委员会,2017)。根据"激励相容"原则发挥地方自主性,合作各方能够在动态发展的过程中选择和调整合作的领域和具体内容,综合考虑两地各方面的异质性进行全面系统的合作,使各方都能够从合作中获得持续稳定的收益。

就经济发展而言,对口合作的地区之间能在共建政府合作平台、产业商贸合作平台、城乡合作平台取得较大进展,实现跨区域的要素共享和产业供应链协同(马芳,2020)。张庆杰(2018)在东北地区与东部地区对口合作的研究中得出结论,对口合作这项创新性制度举措取得实质性重要进展,在推动东北振兴的进程中发挥了政策价值。邹环(2018)在基于广东省与黑龙江省对口合作的实证研究中表明,东北地区通过学习与考察先进地区的经济发展模式和理念,有利于经济活力的激发和产业结构的调整。在江苏省和辽宁省启动对口合作以来,双方不断深化交流合作,协同拓展合作领域,在产业对接、园区共建、科技创新、干部培训和人才交流等方面取得了显著成效,政府牵头、社会力量广泛参与的多元化、多层次、宽领域合作体系日渐完善(曹阳,2019)。

## 第三节　理论依据

梳理对口支援协作合作制度演进和实践历程,需要从学术理论上进行阐释和指导,需要坚实的理论基础支撑。在制度经济学、区域经济学、发展经济学、公共管理学、政治学中可以找到与之相关的理论,为对口支援协作合作的研究提供养分。

### 制度经济学和制度选择

制度经济学(Institutional Economics),是以制度为研究对象的一门经济学分支。分析制度因素对于经济行为和经济发展的影响,以及经济发展如何影响制度的演变,核心是产权理论、交易费用理论、委托代理理论和博弈论。按照制度经济学的观点,经济增长的关键在于制度因素,制度创新是实现生产力跨越式发展的必要条件,其作用甚至大于技术创新。

制度(Institution, system, order),是人们设计出来用以约束相互行为的框架，是一种固化的行为模式，一种人类常规行为博弈的结果，一种约定的游戏规则，一种流行的心理态度，是一种无形的社会公共产品，所谓"没有规矩不成方圆"，其本质是规律的总结。制度分为：① 正式制度（成文的规定，如法律法规、合同契约、技术标准、经济规则等）；② 非正式制度（风俗习惯、价值观念、道德规范、潜规则等）；③ 参与社会博弈并提供公共服务的主体（如行业协会、大学、法庭、机场等）。无论新旧制度经济学派还是马克思的政治经济学派，都是研究制度问题的，他们对制度的重要性都十分看重。

制度的效用主要有：一是达成一致性预期，减少交易成本，形成信号机制。例如货币制度、期货市场、文凭制度、开车要靠右行驶等；二是调节人的行为，促进合作共赢。通过制度设计，处理个体理性和集体理性、个人主义与集体主义之间的关系，如专利制度、拍卖制度、公司制度、产权制度、激励制度。对一个有血有肉的社会来说，单一的法治远远不够，不仅要强调"惩恶"，更要"扬善"，需要软性制度的润滑来减少人际张力，促进和谐有序。三是利用制度的长期主义，促进博弈进化。博弈均衡概念解释了社会现状和构成社会秩序的动力机制。

好的制度一定是能把系统搞活的制度，可以形成负熵，避免损人利己甚至损人不利己的囚徒困境，而最高级的制度形式是实现自组织。开放性和包容性的制度会造就繁荣和创新。相反，坏的制度是失控的制度，限制性的制度会抑制经济发展，榨取式的制度会带来衰退、扼杀创新、形成内卷。托克维尔在《论美国的民主》中提出制度得以成功的三个原因：地理环境、法制和民情，其中最重要的就是民情。

## 区域经济学和增长理论

区域经济学（Regional Economics），是经济学与地理学交叉而形成的应用经济学，关注空间维度的经济发展问题。除了早期的区位论，还融合了均衡与非均衡理论、新经济地理学等。主要通过人地关系调控，开展三方面研究：一是区域发展（要素禀赋、发展差距、产业结构、增长极、总部经济、区域贸易、梯度转移等);二是区域经济关系(区域内部之间的关系、区域之间的竞争与合作、区域一体化、区际差异协调等);三是区域发展管理(区域规划、区域政策、区域开发、区域环境治理等)。

由于不同地区因资源禀赋、经济基础和社会环境等因素存有差异,不可避免地出现区域发展不平衡不充分的问题,这是各国社会经济发展中普遍存在的发展问题。结合区域经济学和发展经济学,总结国内外区域经济增长理论主要流派和发展历程详见表1。

表 1    国内外区域经济增长理论的演变

| 年代 | 理论 | 主要流派 |
|------|------|----------|
| 20 世纪 40 年代以前 | 古典主义和新古典主义 | 均衡增长理论、国际贸易分工理论、比较优势理论、创新理论区位论、凯恩斯乘数模型、要素禀赋理论、低水平平衡陷阱理论、劳动地域分工理论、系统理论 |
| 20 世纪 40～50 年代 | 结构主义非均衡发展理论 | 不平衡增长理论、循环累积因果理论、大推进理论、出口基地理论、增长极理论、中心—外围理论、城市圈域经济理论、贫困恶性循环理论、二元经济结构理论、临界最小努力理论 |
| 20 世纪 60～70 年代 | 新古典主义 | 梯度转移理论、倒 U 型理论 |
| 20 世纪 80～90 年代 | 重视人力资本和制度因素 | 内生增长理论、新竞争优势理论、产业集群理论、点轴开发理论、全息经济理论 |
| 21 世纪以来 | 重视可持续发展 | 区域协调发展理论、网络开发理论、总部经济理论、飞地经济理论、空间相互作用理论、空间经济学 |

## 区域科学

区域,泛指地方或地区,是地理空间的一种分化,其中包括行政管理型地域单元,也包括特定功能性地域单元。区域的块状特征明显,大至跨国界的国际经济区,如欧盟;也可以是国家内部跨行政区域的概念,如长三角和粤港澳大湾区。

区域科学（Regional Science），是指以区域为对象的学科，注重用解析方法去解决城市、农村和区域问题。相关研究最早追溯到 1816 年杜能的区位论，涉及地理学、经济学、社会学、人类学、环境学、规划学和系统工程学等主要学科，其中地理学和经济学是其最主要支柱学科。主要沿着"区域发展理论—最佳区位选择—区域发展战略—区域发展模式"的脉络，最终提出区域发展对策。

在区域的视角下，研究结论超越了古典经济学的完全竞争假设和规模收益递减概念；相反，不同区域因为初始空间的自然要素禀赋和地理特征差异，以及随后千百年开展经济活动的历史脉络和变迁，会形成千差万别的发展态势。例如，李嘉图的比较优势理论和俄林的资源禀赋理论都是基于分布不均的假设。所以，要充分考虑这方区域的"天时地利人和"，重新在规模收益递增和垄断竞争的模型下进行不同的理论架构：因资源禀赋不同而导致比较优势的区别，从而产生产业地域分工和贸易；因为有了发达地区和欠发达地区同时存在的二元经济结构，通过扩散效应和回流效应（或者是涓滴效应和极化效应）的影响，产生了增长极理论、点轴开发理论、梯度开发理论、多极网络空间等非均衡发展模式；因为不同区域的经济发展处在不同的产业生命周期，所以产业转移也得以在区域之间出现，等等。

**凯恩斯主义增长理论**

凯恩斯主义主张扩张性的经济政策，强调从需求侧促进经济增长。通过构建模型，论证了资本对经济增长的推动作用。认为经济增长随着储蓄率和投资的增加而提高，并通过乘数模型解释了增加投资可以引发经济总量增长的连锁反应。改革开放以来，我国走过了投资加出口的快速经济增长模式，不难看到凯恩斯主义理论的影响。这也解释了财政转移支付作为发展援助手段，可以用来促进欠发达国家或地区的经济增长。

### 新古典经济增长理论

新古典经济学认为,经济增长源于人口增长、技术进步和储蓄率等外生因素,强调要素供给尤其是技术进步的作用。该理论着眼于长期,假设资本和劳动力要素具有完全的流动性,可以在区域之间自由流动,所以区域间的要素转移是驱动区域经济增长的关键要素。在这个假设下,区域之间会趋向均衡发展,区际增长差异具有收敛性。改革开放后,我国沿海地区在包括外资在内的资本投入和来自中西部劳动力的流入下取得快速发展,正体现了新古典经济增长理论的效用。

### 内生增长理论

内生增长理论产生于 20 世纪 80 年代中期,研究不完全竞争假设下的经济增长问题。它从供给侧角度,研究了长时段数据下的经济增长因素(包括对外开放、税收、平等、金融、长周期、教育支出等),核心思想认为经济能够不依赖外力推动实现持续增长。认为技术进步既是经济增长的原因又是结果,强调人力资本累积对经济增长的作用。内生增长理论昭示了创新驱动和内涵发展的重要性,也是当前我国推进经济发展方式转变、建设区域创新体系、强调人力资本累积和知识溢出作用的理论源泉。

### 出口需求理论

后凯恩斯主义经济学家考虑了集聚经济和规模经济的作用,认为发展区域专业化和出口贸易可以贡献区域经济增长。所谓区域专业化,是指各区域专门大规模生产某种产品,然后向外输出,获得最大经济效益。区域专业化过程是累积性的,率先发展的区域可以获得竞争优势,扩张出口部门,从而强化分工,形成循环累积效应,即强者愈强、慢者更慢。

### 飞地经济

飞地(Enclave),是指位于其他行政区域包围之内而与自身不相毗邻的管辖土地。中国语境的"飞地经济"是指两个经济发展存在落差且独立的行政地区，打破区划限制，超越空间阻隔，围绕区域协调发展和产业转移等目标，通过在特定区域异地合作建设开发各种产业园区开展区域经济合作发展的模式。飞地经济中"飞"的不是土地，而是让"飞出地"的优势资源和发展要素输入"飞入地"，跨越行政区划或国界空间与当地的要素禀赋结合，实现互利共赢。

飞地经济在中国起步较早，新中国成立以来就有江苏南京的上海梅山钢铁、江苏盐城的上海大丰农场、江苏徐州的上海大屯煤矿等"飞地"，跨区域支撑起工业化进程。飞地经济范畴较广，可以由政府主导、也可以由企业主导牵头建设。从类型上来看，既有国际合作共建产业园，也有省际合作共建产业园，以及省内跨市、市内跨县共建产业园等多种类型。飞地经济的核心要义在于双方互补共赢和促进要素资源流动。例如，内陆地区与沿海港口城市建立无水港，使内陆获得出关的便利，港口城市获得出口货源。中关村位于北京，但是在外地已经建立众多中关村科技园，有助于促进技术扩散。

按照飞地经济的动机，可以分为四类：（1）对口援助型，是经济较为发达地区对经济欠发达地区由对口支援协作合作而探索出的产业扶贫"造血"式发展路径；（2）国内产业转移型，是指"飞出地"和"飞入地"存在产业梯度差，按照产业梯度转移路径推进的飞地经济，前者具有资金、技术、管理和品牌优势，但因土地指标、用工成本和资源能源环境的约束，急需"腾笼换鸟"。后者则为经济相对欠发达地区，期待"筑巢引凤"；（3）直接投资型，是指遵循国际产业大转移路线，成为全球价值链的一个环节；（4）国家战略嵌入型，是因国家经济发展需要而作出的一种空间战略部署。例如，位于苏州的中国—新加坡苏州工业园区，以及位于白俄罗斯明斯克州的中国—白俄罗斯工业园。

## 发展经济学和结构转型

发展经济学（Development Economics），研究的是一个贫困落后的农业国家或发展中国家如何实现工业化、摆脱贫困走向富裕、从不发达转变为发达的经济学。主要开展三方面研究：一是经济社会结构性分析（城乡结构、产业结构和空间布局、就业结构、社会阶层结构、收入分配结构等）；二是经济发展的一般规律和趋势（包括质的改善，如生活质量改善、生态环境良好、文化程度提高、人力资本累积、产业档次提高等；量的增长，如收入增长和福利增进等）；三是发展战略和政策（人口增长转型、可持续发展与生态环境、技术进步、农业发展、工业化发展、城市发展、对外贸易等）。

发展经济学非常关注经济社会的结构性。林毅夫提出的新结构经济学是发展经济学的重要创新。他认为一个国家在经济发展的过程中如果遵循比较优势，经济增速会很快，相应的收入分配也会越来越平等，这样就能实现共同富裕。例如，韩国、中国台湾、新加坡等在经济快速增长的过程中实现了公平。但这有个制度前提，即有效市场和有为政府共同发挥作用。

**发展和增长**

发展，是指经济发展和社会发展，它不仅包含经济增长的内容，也包括伴随增长而出现的各种结构的变化，制度和文化的变革，从而解决社会生活中存在的诸多问题，例如根除贫困、扫除文盲、减少疾病、延长寿命、增加社会安全感、消除污染等。

发展经济学认为的"发展"应该包括几个方面：（1）人均国民生产总值和居民人均实际收入在长时期内持续稳定增长；（2）居民环境不断改善，人们有安全感；（3）生产要素（包括人力资本、社会资金、物质资本及自然资源等）不断增加；（4）经济结构（包括生产的组织架构、生产关系、产业和产品结构、技术结构、空间布局等）持续合理化、高级化；（5）社会结构不断完善，收入分配趋向公平合理，贫富差距日益缩小；（6）社会事业、环境生态与经济增长相适应，形成良性循环；（7）文化发展、价值判断、意识形态、观念习俗和经济发展相协调；经济运行和调控机制区域完善健全,自适应能力不断增强。

联合国就发展提出了综合指标体系,包括 16 项指标:(1)预期寿命;(2)两万人以上地区人口占总人口的比重;(3)人均每天消费的动物蛋白质量;(4)中、小学生人学比例;(5)职业教育学生入学比例;(6)人均住房面积;(7)每千人读报人数;(8)煤气、电、自来水普及率;(9)农业劳动生产率;(10)农业劳动力比重;(11)人均年耗电量;(12)人均年耗钢量;(13)人均年能源消耗量;(14)制造业产值占国内生产总值的比重;(15)人均对外贸易额;(16)工薪收入者占社会就业人数的比重。

"增长"与"发展"既有密切联系,又有本质区别。"增长"主要指经济增长,主要关注物质财富的累积和生活水平的提高,通常可用国民生产总值(GNP)或国内生产总值(GDP)及人均 GDP 等指标来衡量。增长是手段,发展是目的;增长是发展的基础,发展是增长的结果。没有增长就不可能有发展,但有增长也不一定有发展。例如,增长的同时造成社会贫富两极分化;或者增长中相当一部分来自国民经济的虚耗。所以,人们把发展作为目的,不仅关注物质财富的分配,还关注发展的质量。中国提出从高速增长转向高质量发展,包容性增长①和绿色发展、可持续发展等受到了广泛的关注。

### 资源诅咒

资源诅咒(Resource Curse),是指许多自然资源丰富的国家或地区比自然资源稀缺的地区经济增长更慢的现象,实际上是一种资源优势陷阱。典型事例有"荷兰病",丰富的自然资源可能是经济发展的诅咒而不是祝福。原因归于贸易条件的恶化或人力资本的投资不足等,对资源型产业的过度依赖导致技术含量高的加工制造业和高新技术产业被"挤出",造成产业结构单一、所有制单一,甚至还可能因为资源过度开发导致生态环境遭到严重破坏。资源诅咒主要存在于依托自然资源开发和资源

---

① 包容性增长是寻求社会和经济协调发展、可持续发展的增长方式,倡导机会平等的增长。

型产业的经济体,尤其是资源型城市。例如,高度依赖石油的委内瑞拉;中国的玉门、焦作、抚顺、本溪等资源型城市也曾陷入资源诅咒,资源开发进入枯竭阶段后,经济增长陷入了不同程度的困境。在我国868座县级以上城市之中,有262座城市属于资源型城市。资源诅咒的发生并非必然,而是可以在一定条件下被规避的;只有摆脱资源依赖,资源型经济才能"破茧成蝶"。

## 二元结构转型

1954年,英国经济学家刘易斯提出了二元经济结构理论,揭示了发展中国家并存着农村中传统的自给自足的农业经济体系和城市中以制造业为主的现代工业体系,这工农业两大部门之间的关系问题构成了"二元经济结构"。由于农业中存在着边际生产率为零的剩余劳动力,因此农业剩余劳动力的非农化转移能够促使二元经济结构逐步消减,转化为工业部门占主导地位的一元结构。

## 三次产业分类

世界最通行的统计方法是三次产业分类法,即按照产业发展的层次顺序及其与自然界的关系,可以把全部的经济活动划分为第一产业(农业:产品直接取自自然的物质生产部门,包括农业、林业、牧业、渔业、狩猎业)、第二产业(工业:加工取自自然的物质生产部门,包括采矿业、制造业、建筑业、运输业、通信业以及燃气、电力、供水等)、第三产业(服务业:派生于有形物质财富生产活动之中的无形财富的生产部门,包括商业、金融业、保险业、生活服务业、旅游业、公务业以及其他公益事业)。这种产业分类方法又被称为克拉克产业分类法,也可以称为"AIS分类法",即A部门(农业部门)、I部门(工业部门)和S部门(服务部门)。

在工业化进程中,随着经济的发展和人均国民生产总值的提高,三次产业演变的总趋势是:第一产业比重不断下降,第二、第三产业比重上升;达到一定阶段后,第二产业比重呈下降趋势,而第三产业比重仍旧不断上升。总体而言,第一、第二产业要有相当大的发展才能为第三产业的发展提供物质条件;只有在人们的生活水平提高一定程度以后,第三产业才能适应社会需要而迅速发展。

**农业的六次产业理论**

日本是较早提出农村三产融合的国家。20 世纪 90 年代,今村奈良臣提出六次产业理论,认为农村产业链延伸是农民收入增加的关键,鼓励农户发展多种经营,把产加销融为一体,实现农村的一二三产融合,将农业变成综合产业,产生乘数效应。本质是提高流通效率,实现产品增值,从整体上提高包括特产在内的农业经济效益。因为把第一、第二和第三产业相加或相乘,都正好是"六",所以才有了"六次产业"这一新名词。"六次产业"的形态非常丰富,做法包括:(1) 鼓励地产地消,提高农产品转换率和地区内产品自给率;(2) 发挥农业龙头企业作用,推动农产品生产、加工、销售一体化,采用订单农业、龙头企业＋农场＋农户等多元方式带动农户生产;(3) 根植于地区生活与文化,发展地方特色产品,着重于地区内共性产业(包括农业、手工业、商业等在内的产业)融合;(4) 引导农民、协会、自治体等主体协同参与。包括农产品的品牌化、向消费者直销、经营餐厅、提供住宿、发展农业观光等都可以称为六次产业。

**起飞理论和主导产业**

主导产业(Leading Industry),是指产业占比大、增长性高、带动性强的产业部门。1960 年,美国经济学家罗斯托提出了主导产业及其扩散理论,以及经济增长阶段理论。他认为经济可以因为少数主导部门的快速扩张而保持增长,所谓的"扩散效应"。根据不同时期的科技和生产力的发展水平,他把经济增长过程分为六个阶段:第一阶段是传统社会阶段,以农业为主体;第二阶段是为起飞准备条件阶段,仍以农业为主体,现代科学技术开始在工农业中发挥作用,劳动力逐渐从农业转移到工业、交通、商业和服务业,投资增长率明显超过人口增长水平;第三阶段是起飞阶段,投资率大于10%,以纺织工业为主体,这也是发展中国家向发达国家过渡、从欠发达向发达转折的起始阶段;第四阶段是成熟阶段,投资率大于20%,资源配置优化,以钢铁工业为主体;第五阶段是高额大众消费阶段,主导产业转向耐用消费品;第六阶段是追求生活品质阶段,主导产业包括教育、医疗等公共服务业和私人服务业为代表的生活质量部门。在这些发展阶段的迭代中,各主导产业有序更替,以"主导产业群"的形式带动产业结构高级化(详见表2)。

**表2 产业结构演变和主导产业群更替**

| 经济发展阶段 | 主导产业 | 主导产业群 |
| --- | --- | --- |
| 起飞阶段 | 棉纺织业 | 棉纺织业、早期机器制造业、炼铁业、铁路业 |
| 成熟阶段 | 钢铁工业 | 钢铁工业、采煤工业、造船工业、机器制造业、铁路运输业、轮船运输业 |
| 高额大众高消费阶段 | 汽车工业 | 汽车工业、化学工业、电力工业、电器工业、机械制造业 |
| 追求生活品质阶段 | 信息产业 | 信息产业、计算机工业、新材料工业、新能源工业、宇航工业 |

资料来源:赵玉林,汪芳. 产业经济学:原理及案例 theory and cases[M]. 北京:中国人民大学出版社,2020

## 福利经济学和蛋糕政治

福利经济学(Welfare Economics),是研究社会经济福利的一种经济学理论体系。目的是从福利最大化角度,评价经济体系的运行。认为国民收入总量越大,社会经济福利就越大;国民收入分配越是均等化,社会经济福利就越大。萌发于边沁的功利主义思想,催发于阶级矛盾和社会经济矛盾尖锐、贫富极化之时,由庇古所提出。认为,要实现整体福祉最大化,有两个办法:一是经济增长和总量扩张,提高整体国民收入,即"做大蛋糕";另一个办法是"切好蛋糕",即意味着合理分配和规则公平,可以牺牲少数富人的利益杀富济贫,以提升整个社会的福祉。

在政治学领域有一个相关联的"蛋糕政治理论",是关于经济发展和收入二次分配的隐喻。支持立宪主义的国家的主要规则是"做蛋糕",因为权力被限定在有限范围之内,而不能随意裁量和恣意妄为;赞成绝对主义国家的主要规则是"分蛋糕";而没有国家时的主要规则是"抢蛋糕"。

## 政治学理论和公共管理

政治,是指发生在一个政治共同体内部的公共领域,通过某种集体决策形式来对公共政策做选择,并以行政和强制力机构支撑的一系列活动。孙中山解读为"政是众人的事,治就是管理,管理众人的事就是政治。"政治的根源是经济,政治也决定经济,美国经济学家诺思用研究证明了政治对于经济增长的重要性。人是天生的政治动物,每个人都离不开政治。

政治学(Politics),研究的是以国家政权为核心的各种社会政治现象和国家基本理论与制度,例如,国家的起源、国家的构成要素、国家的政治制度、民主与法治、政治行为、政治决策、政治合法性、政治心理等政治性的原理和实践。

公共管理学(Public Administration),也可称为公共行政学。所谓"公共"是相对于"私人"而言,表示国家、政府及其他公众组织的职责范围,是一个较多社会公众参与的事务领域。所谓"管理",泛指任何一种活动的协调方式。所以公共管理的核心概念即为"善治"(Good Governance),侧重于研究政府管理的理念和经验、组织管理、人力资源管理等内容。

### 协作治理与合作治理

协作治理和合作治理同属于新公共管理理论,是指为实现公共目标,不同利益相关者所进行的权力与自由裁量权的共享。可以认为是介于政府统辖和自治之间的一种复合型治理模式,本质上是政府治理走向市场化的一种改革。虽然二者都是在多元主体下联结利益相关者的一种模式,但二者在实际的治理过程中存有区别,并且在中西方不同的语境下有所差异。

协作治理（Collaborative Governance），是指不同的组织和主体利用各自的长处、通过分工合作来解决某个社会问题。常常是以契约或者合同的方式展开，协作关系在一定程度上具有强制性。在西方治理理论中，协作治理是一种国内事务的管理模式，参与者多元化；在中国，协作治理强调不同的主体在同一目标下发挥不同的作用。

合作治理（Cooperation Governance），是一种具有主观能动性的非强制性社会治理模式，是站在公共角度上来开展合作，旨在构建稳定的长效机制。在西方，常常指国际的相互合作；在中国语境中，合作治理则是强调平等合作、每个参与者都有一样的地位。

### 府际关系

府际关系（Intergovernmental Relations），即政府间关系，是指中央政府与各级地方政府之间的纵横交错的网络关系。它包括中央政府与地方政府关系、各级地方政府间关系，也包括不存在行政隶属的同级或非同级地方政府间关系，可以从纵向、横向、斜向、条条、块块、条块府际关系等角度来进行研究。其英文简称 IGR 在西方世界是个出现频率较高的术语。例如，美国作为联邦制国家，高度重视府际关系以协调各州关系并整合力量，早在 20 世纪就相继成立了府际关系委会（1953 年）和府际关系咨询委员会（1959 年）。

长久以来，我国由于自上而下的垂直型管理体制传统和计划经济惯性，长期重视纵向府际关系；对横向府际关系关注不多，而且有限的讨论多聚焦于地方政府之间零和博弈的竞争性关系，而忽略了正和博弈的合作、交流、援助的府际关系生态。相较而言，对口支援协作合作有助于形成复杂的府际关系网络，而且常常是"飞地式"（不相邻）横向府际关系，这对我国强化横向府际关系形成了重要补充。

### 公共服务

公共服务（Public Service），是指使用公共权力和公共资源向公民提供的各项服务，体现着公民权利与国家责任之间的公共关系，包括教育科技、医疗卫生、文化体育、社会保障等，主要强调基本公共服务的均等化，即满足全体公民最低需求的公共服务。《"十三五"推进基本公共服务均等化规划》将公共服务描述为"学有所教、劳有所得、病有所医、老有所养、住有所居"。基本公共服务水平，不仅影响着人们的生活品质，也是能否吸引人才，尤其是高端人才的重要因素。一个区域公共服务越好、生活品质越高，对人才的吸引力就越强、越有利于高端产业的发展。

### 财政均衡理论

财政均衡（Fiscal Equalization），是指在公共财政领域，西方学者基于公平原则，认为居民无论身居何处，所享受的公共服务水平应该均等。由于一个国家不同区域存有禀赋差别和税基差异，为了实现财政均衡目标，世界各国尤其是发达国家通常会采用府际财政均衡制度来进行财政分配。主要采用均衡性税收分配，或者府际均衡性财政转移支付等手段来调节纵向和横向财政不均衡。具体做法各个国家有所不同：英国是最早采用府际均衡制度的国家；日本采用税收均衡性转移支付；德国采用州际横向转移支付模式独具特色；澳大利亚追求最大公平的复杂公式化均衡转移支付；加拿大联邦政府采用税收返还的形式进行转移支付；美国是联邦制国家中唯一未建立一般均衡性财政转移支付制度的国家，其大部分的联邦补助直接补助到人。我国的对口支援协作政策在本质上也可归属于横向财政转移支付。

### 族群政治理论

族群政治（Nation State），即民族政治。所谓民族，是指拥有共同的神话、共享的历史和与众不同的共同文化、共同的法律与习惯的人类共同体。美国政治学家本尼迪克特·安德森则从建构主义的视角将其定义为"一种想象的政治共同体",并提到了印刷术在其中发挥的作用。毋庸讳言,在世界范围内,民族主义依然扮演着重要的政治角色。世界上很多国家都是多族群国家,其族群关系主要有两种类型:一种是以竞争与冲突为主,另一种是以合作与融合为主。第二次世界大战之前的欧洲族群问题十分严重,后来进行了成功的族群整合,学者认为是三个要素发挥作用:一是现代化和工业化;二是建立一个平等主义的国家;三是塑造民族认同。这些政策的共性是弱化了公民的族群身份,强化了公民意识。

### 反贫困理论和发展援助

贫困是一个具有动态性和地域性的多元概念。从"绝对贫困"到"相对贫困",从"生存贫困"到"文化贫困",从"权利贫困"到"能力贫困",人们对贫困的理解随着时空变换及思想观念的变化而不断演进。综合来说,贫困是指:(1) 缺乏必要的食物、住房、医疗和教育。绝对贫困是本质,物质贫困是基础。2022 年世界银行计算的绝对贫困线为每日消费不足2.15 美元(不考虑购买力平价因素);(2) 人们在疾病、经济动荡和自然灾害面前十分脆弱,并且经常遭受国家和社会的不公正待遇;(3) 在涉及切身利益的重大问题上,人们基本没有发言权。对于贫困的标准,我国脱贫攻坚所设定贫困人口退出验收标准,是以户为单位,主要衡量指标是"一超过、两不愁、三保障"[①],共 6 项指标,全部达标后方可脱贫。

西方学者提出资本缺乏论、自然资源缺乏论、依附贫困理论、人力资本匮乏论、权利贫乏论、能力贫困论、贫困文化理论、循环积累因果关系、贫困陷阱理论等,并且针对性地开展了大规模的发展援助和区域协调发展实践,指导和帮扶发展中国家消除贫困问题。自新中国成立以来,特别是改革开放以来,借鉴西方经典的反贫困理论以及经济增长理论,并结合

---

[①] "一超过"指家庭当年人均纯收入稳定超过国家扶贫标准;"两不愁"指稳定实现农村贫困人口不愁吃、不愁穿;"三保障"指保障其义务教育、基本医疗和住房安全。其中,"两不愁、三保障"是农村贫困人口脱贫的基本要求和核心指标。

自身实际,不断创新发展传统的救济式扶贫①,形成了开发式扶贫、精准扶贫等贫困治理举措,指导我国在 2020 年打赢脱贫攻坚战、实现全面建成小康社会目标。

### 贫困陷阱

贫困陷阱(Poverty Trap),是指处于贫困状态的个人、家庭、群体、区域等主体由于贫困又无能力创收而不断地再贫困,导致长期处于贫困的恶性循环中不能自拔。1953 年纳克斯提出贫困恶性循环理论,1956 年纳尔逊提出低水平均衡陷阱理论,1957 年缪尔达尔提出循环累积因果论、赖宾斯坦提出"临界最小努力"理论。2019 年诺贝尔奖得主阿比吉特·班纳吉和埃丝特·迪弗洛也曾利用随机实地实验方法,研究了 S 形曲线和贫穷陷阱。他们从不同角度阐述了技术陷阱、人口陷阱和健康陷阱等,每一个贫穷陷阱都可能使当前的不幸转化成未来的贫穷。例如,从饥饿角度考虑,穷人会因为吃不饱饭,无法胜任其他更有意义的工作,变得越来越穷,仅凭自身条件无法跳出贫困陷阱;除了饥饿,还有其他的健康陷阱,例如有害的环境、传染病等;也可能是因为家庭贫困无法支持下一代的教育,或是资本不足以跨越生产所需最低门槛。对于一个区域而言,可能是因为居民储蓄不足导致资本匮乏,长期陷入"低收入—低资本形成—低收入"恶性循环之中,结果使得生产率低、区域竞争力弱、居民收入低,最终的结果还是贫穷。用纳克斯的话说:"一国穷是因为它穷。"《我不是药神》中有一段经典台词:病可以治,但是穷病没法治。

当然也有跳出贫困陷阱的例子。在要素禀赋并不占优势的贫困国家和地区,虽然物质和人力资本匮乏、制度基础薄弱,只要保持发展定力,经济增长与转型也有可能发生,也能创造经济繁荣的奇迹。根据木桶短板理论,要实现整体发展首先必须克服最薄弱的环节,逃出"贫穷陷阱"首先需要精准的"梯子"。例如用援助资金撬动投资的"临界最小努力"水平,

---

① 主要是向贫困户给钱给粮,改善基本设施,如实施"五通"(通公路、通电、通自来水、通电话和邮政、通电视)等。

冲破低水平均衡状态;用蚊帐和疫苗来靶向对抗疟疾等。中国的减贫扶贫经验是典型案例。改革开放以来,中国高度重视精准扶贫和开发式扶贫,走出了一条具有中国特色的扶贫脱贫之路,为摆脱贫困陷阱提出了系统性解决方案。

### 发展援助

发展援助(Development Assistance),是指国际社会以促进发展中国家的发展为目的的国际实物资源或资金转移。经过长期发展,形成了相对成熟的规则体系、行为范式和话语表达,并适应形势不断创新。当前,发展援助主要关切社会发展与经济发展两大领域:

(1)社会发展是发展援助的基本内容。核心在于推动维护个人最基本的生存权和发展权,保障基本的社会正义和凝聚力,为实现人的全面发展创造基本的社会条件。具体而言,主要包括卫生健康、教育和文化事业、扶贫减贫、人与自然、青年与就业、性别平等、弱势群体保护、人道主义、基本公共服务等。

(2)经济发展是发展援助的重要内容。旨在为实现经济发展目标提供资金、技术等资源,推动资源优化配置、改善产业结构、提高生产效率,为实现长期、稳定、可持续的经济增长创造必要的政策条件。具体而言,主要包括基础设施、能源电力、交通通信、农业农村、工业与城市化、科学技术、贸易和投资等。

### 开发式扶贫与精准扶贫

开发式扶贫(Development-oriented Poverty Alleviation),是相对于救济式扶贫而言的,是指帮助贫困人口形成自我发展的条件,夯实脱贫致富的基础。即围绕经济建设,开发当地自然资源和人文资源来发展生产,在政府主导下进行道路、水利等基础设施建设;国家安排必要的以工代赈资金、扶贫专项贴息贷款等优惠扶持政策。我国从 20 世纪 80

年代以来就始终坚持开发式扶贫方针，取得了显著成就。强调"三个联系"[①]"两个结合"[②]和"一个开发"[③]，力求实现"一个目的"[④]。

精准扶贫（Targeted Poverty Alleviation），是相对于粗放扶贫而言的，是指针对不同贫困区域环境、不同贫困农户状况，运用科学有效程序对扶贫对象实施精确识别、精确帮扶、精确管理的治贫方式，即谁贫困就扶持谁。精准扶贫是我国在长期工作实践中形成并在党的十八大以后提出的，重点在于"六个精准"[⑤]，实施"五个一批"[⑥]，解决"四个问题"[⑦]。

---

[①] 扶贫与经济发展紧密联系，与改善生产条件紧密联系，与市场经济体制下的商品性生产紧密联系。
[②] 帮扶者与被扶贫的贫困地区的农民相结合，一方主动帮扶与另一方主动接受帮扶相结合。
[③] 帮扶者通过认真调查研究，帮助被帮扶者扬其所长、避其所短、物尽其用、人尽其才，在劣势中找优势，在资源中找经济优势，使资源优势变成商品。
[④] 使贫困地区自我积累和自我发展的能力增强，从根本上消除造成贫困的根源，实现稳定脱贫，走上致富大道。
[⑤] 扶贫对象精准、措施到户精准、项目安排精准、资金使用精准、因村派人（第一书记）精准、脱贫成效精准。
[⑥] 发展生产脱贫一批、易地扶贫搬迁脱贫一批、生态补偿脱贫一批、发展教育脱贫一批、社会保障兜底一批。
[⑦] 扶持谁、谁来扶、怎么扶、如何退。

第二章

国际镜鉴｜国际援助和区域协调的典型案例

第二次世界大战后,欧美发达国家出于政治外交和经济发展的考虑,开始体系性地进行对外援助,成为跨区域发展援助的典范之作。21 世纪以来,以中国对外援助为代表的"南南合作"成为国际发展援助的新范式。此外,各个国家自身的区域协调发展和互助合作实践也有案例可资借鉴。

## 第一节　国际发展援助

### 国际发展援助

与中国的对口支援协作合作制度不同,在国际上并不存在相同的概念体系,但是存在相似的"国际发展援助"(International Development Assistance)概念。它是指相对发达国家或机构向欠发达国家或地区以人道主义的名义进行资金、食品、资源、技术、设施等的援助,帮助后者发展经济和提高社会福利的活动,常常用于医疗、教育、基础设施建设、维稳等领域。从底层逻辑来说,国际发展援助是一种国际的要素流动,是解决全球公共产品不足的重要途径。

政治外交和国家安全是国际发展援助的首要动机。国际发展援助起始于 1929 年英国《殖民地发展法案》,不可否认其天生带有地缘政治和国家战略的色彩。从第二次世界大战起到冷战期间，资本主义阵营和社会主义阵营意识形态的对垒，导致开展对外援助成为双方拉拢"中间地带"国家、扩大自身势力范围的重要筹码，同时也巩固以前在殖民地的传统势力范围。冷战结束后，虽然对外援助不再是美苏争霸的主要考量，但仍然是支援国谋划对外关系及全球战略的重要组成要素。

社会与经济发展同样是重要考量因素。新古典经济增长理论认为充分投资是实现经济增长的关键要素，西方发达国家为了寻求经济复兴，需要稳定的海外市场以保证需求，因此积极致力于促进欠发达地区的恢复与发展，逐渐形成了国际发展援助体系。第二次世界大战后的"马歇尔计划"是典范之作，使得遭受严重破坏的欧洲得到了迅速恢复，并在其后的几十年即走向繁荣。此外，通过对外援助，支援国可以在一定程度上确保资源供应、扩大出口市场和扩展投资场所等。例如，日本通过对外援助扩大对外贸易与投资；中国、巴西、南非等通过对外援助谋求合作和互利双赢。

服务人类共同发展的人道主义动机也是重要组成部分，用于应对国际突发事件和紧急状况、缓解落后国家的不幸状况和挽救生命等，尤其是一些北欧国家所提供的援助有相当浓厚的人道主义色彩。21世纪以来，人道主义援助呈不断上升的趋势，应对气候变化、安全、疫情，进行灾害管理与应急管理也成为重要内容。

从第二次世界大战到今天，国际发展援助呈现出越来越机制化、体系化、规范化的特点，援助总量在波动中上升。随着世界多极化的推进，以联合国为代表的国际组织在全球治理体系和国际发展援助体系中功不唐捐。这些组织包括联合国开发计划署（UNDP）、经济合作与发展组织（OECD）及下设的发展援助委员会（DAC）、世界粮食计划署（WFP）、联合国儿童基金会（UNICEF）、联合国难民署（UNHCR）、国际红十字会（ICRC）等专门机构，以及国际货币基金组织（IMF）、世界银行（WB）、亚洲基础设施投资银行（AIIB）、金砖国家新开发银行（NDB）等国际性金融机构。其中，成立于1961年的DAC在国际发展援助标准化方面发挥了重要作用,目前共有 30 个成员国。另外,各个支援国也都内设有专职援助的管理执行机构。例如,美国的国际开发署(USAID)、英国的国际开发部(DFID)、德国的国际合作机构(GIZ)、日本的国际协力机构(JICA)和中国的国家国际发展合作署(CIDCA)。可以说在战后国际关系体系中,没有哪个国家能够完全游离于国际发展援助的网络之外。此外,各个支援国通过不断出台法律来规范援助行为。例如,美国以国际开发署为核心架构对外援助体系,通过《对外援助法》等进行法律规范。

各支援国都有较为固定的援助对象。例如,美国对中东地区的发展援助约占 60%,对拉美和非洲的发展援助分别占 20% 和 15%;英国对撒哈拉以南非洲地区占 30%,此外还关注南亚、中亚地区;法国对法属海外领土占 50% 以上,此外还援助非洲讲法语的国家;日本主要援助亚洲尤其是东南亚国家;阿拉伯国家的援助对象国主要是邻近的阿拉伯国家,其次是非洲国家;巴西的援助对象主要是周边的拉美国家,占援助总额的 50% 以上;俄罗斯援助比较分散,包括周边国家、非洲国家、中东国家和拉美国家;印度的大部分受援国为邻国;中国对外援助的受援国涉及亚洲、非洲、拉丁美洲、加勒比、大洋洲和东欧等地区,亚洲和非洲作为贫困人口最多的两个地区,接受了中国 80% 左右的援助。

从不同的视角,国际发展援助可以分为双边援助和多边援助、项目援助和方案援助、资金援助和技术援助、官方发展支援等表现形式。双边援助较为常见,目前呈现出"双边是基础、话语权在多边、大国博弈在三方"的主流趋势。官方发展援助(ODA)则是一套由 DAC 所确立的统计规则和援助门槛,突出了援款对经济和社会发展的相关性和优惠度(即 25% 的赠予成分)。需要说明的是,国际发展援助不包括军事支援,例如,美国向乌克兰提供武器不属于国际发展援助范围;但如果通过军事力量进行人道主义援助则属于国际发展援助。

国际发展援助根据援助主体可以进一步区分出"北南援助"和"南南合作"两大类。自从农业社会进入工业社会后,西方发达国家在诸多方面都是先行者和示范者,而发展中国家则是后发者和跟随者。因大多数发展中国家在南半球，故常用"南"指代发展中国家；而用"北"指代发达国家。所以，"北南援助"为发达国家对发展中国家的援助，是当前国际发展援助体系的主流模式；"南南合作"则指发展中国家之间的支援合作，是新兴的国际发展合作模式。虽然南北支援国的对外援助终极目标具有一致性，但是它们在意识形态、经济体制及援助动机上存在较大的差异，因而其对外援助的模式呈现较大的区别。"北南援助"注重推进受援国民主政治、良治以及市场化进程，有学者将其概括为"过程驱动型模式"，即以过程为导向，注重援助过程的援助有效性评价。"南南合作"则强调通过对外援助促进双方的经济合作和经济发展，学者将这种对外援助概括为"增长驱动型模式"，以结果为导向，注重受援国经济增长和发展能力提升的发展有效性评价。有趣的是，这种逻辑有点类似于西方话语体系的"技术转移"和中国特色的概念"科技成果转化"。前者关注"转移"的过程，后者重点在"转化"的结果。或者也可以理解为"微分"和"积分"的关系，恰恰代表了西方和东方的不同底层逻辑。前者习惯于自下而上的自适应，后者则偏重自上而下的顶层设计。

## 北南援助

北南援助为发达国家对发展中国家的援助，即当前国际发展援助体系的主流模式。长久以来，西方发达国家一直在国际发展援助领域占据主导地位，2008 年 DAC 成员国提供的国际发展援助一度占全球 ODA 总额的 90% 以上。换言之，前述由发达国家主导、由 DAC 建立并规范的合作模式都可以归类为"北南援助"范式。

西方发达国家在对外援助中常常附加政治经济条件，例如在政治上强调参与、透明、问责和良治，在经济上强调私有化和自由化，强调援助过程的规范性和有效性，认为这是确保援助目标实现的必要条件。实际上也通过这些附加条件输出了西方的价值观和国家制度。例如，美国将人权作为条件纳入其《对外援助法》，并且将须实施"民主政治改革"等作为附加条件；欧盟在对非洲受援国分配援助时规定，当受援国解决了援助协议中的民主治理问题时,可以得到高达初始分配资金 1/3 的额外奖励;20世纪 80 年代,不少发展中国家爆发了严重的债务危机,国际货币基金组织及世界银行在提供新增贷款时,从自由市场经济理论出发,要求受援国实施结构性调整方案,鼓励经济开放和金融自由化,即所谓的"华盛顿共识"①。实际上这些附加条件也导致了很多发展中国家的不满,认为有干涉受援国内部事务、侵犯其经济主权之嫌,而且也并没有达到设想的效果。从某种程度看是陷入了一种困境:受援国应当是政治制度和政策环境相对良好的国家,但最需要援助的国家往往不具备这些条件。援助资金更多地流向那些符合条件的国家,而非最急需资金的国家。

自 1960 年以来,DAC 国家的对外援助资金流出量稳步上升,通过一些双边和国际多边机构,已有大约 3.2 万亿美元的援助资金从富国流入了穷国。学者们对国际发展合作之于贫困治理和经济增长的促进效果褒贬不一:

一部分学者的研究显示国际发展援助可以促进受援国的经济发展、财政、人力资源、公共服务和全要素生产率(TFP)水平。确实有少数发展中国家和地区经过国际发展援助和自主努力实现了本国经济社会的快速发展。

但更多学者对国际发展援助持怀疑态度,认为过去几十年间西方发达国家的大部分对外援助是无效或低效的。一方面,如果用逆向思维来看,实际上一些贫困国家和地区并没有接受太多的援助却得以发展起来,例如"亚洲四小龙"。针对世界上几百个国家的研究数据表明,接受更多援助的国家并不比其他国家发展得快。另一方面,一些研究表明大部分的援助效果并不尽如人意。例如,尼泊尔的可持续发展并未能得以促进;欧盟对孟加拉国的援助计划效率低下;有学者认为短期内的外国援助是经济增长和减贫的格兰杰原因②。有学者收集了 100 多个国家在 1971～

---

① 华盛顿共识(Washington Consensus),是指根据新自由主义学说,1989 年由美国国际经济研究所的约翰·威廉姆森提出的一整套针对拉美国家和东欧转轨国家的政治经济理论,包括 10 个方面的政策工具。

② 格兰杰因果检验用于检验一组时间序列是否为另一组时间序列的原因。如果说 A 是 B 的格兰杰原因,则说明 A 的变化是引起 B 变化的原因之一。

2002 年的数据进行分析,结果发现援助与减贫之间的关系不显著,不能证明援助能够减少贫困。尤其从长周期来看,外国援助与减贫之间的关系并不显著,可以认为北南援助不是解决贫困问题的长久办法。

而更糟糕的情况是,有时外国援助不但没有帮助其减轻赤贫,而且可能使贫困更加恶化,形成"援助—贫困—再援助—更贫困"的低水平内卷。例如,在最不发达国家较集中的撒哈拉沙漠以南的非洲,经历了长时间的巨额国际发展援助,几乎全球 ODA 的 30% 左右流入该地区,但其经济发展相比世界其他地区仍严重滞后,贫困人口不减反增,贫困状况更加恶化。有研究者分析,是由于后者经济管理薄弱、腐败程度高、治理能力欠缺以及政治经济环境不稳定造成的。事实上这些援助更多地流向了其他部门和人群,并未真正改善受援国的经济发展结构,甚至腐蚀和削弱了原有机构的作用,乃至阉割了非洲人的企业家精神。一些非洲国家深陷援助依赖而无力自拔,如塞拉利昂、马拉维等国家接受的援助在一段时间内超过其国民总收入的 20%。

北南援助模式在减贫和促进经济发展方面的低效短板可见一斑。这让国际社会重新思考发达国家国际发展援助的必要性和模式的适应性,许多学者反对以补贴或赠予的方式进行"输血式"扶贫,认为北南援助相当于外部补贴,将财力物力输送给没有能力或没有意愿执行减贫政策的政府手中,只会导致资源分配低效,使贫困人口丧失工作意愿,甚至可能会恶化受援国贪污腐败现象,引发新的道德危机。

另一个结论是,国际发展援助帮助受援国跳出"贫穷陷阱",要通过在关键领域投资,提高其生产力并带来更多投资,启动螺旋状上升的良性循环。这也解释了为什么对于柬埔寨而言,外国援助仅在短期内对增长具有积极作用,而在长期内却产生了负面影响;卢旺达在遭受种族灭绝之后的几年里得到了大笔捐款,扶助整个国家渡过难关后,卢旺达总统开始制定政策,自力更生,尽量不再接受援助。

## 南南合作

南南合作指发展中国家之间的援助与合作关系,是新兴的国际发展合作模式。进入 21 世纪以来,一些发展中国家跻身新兴工业化国家行列,转而成为支援国。尤其是近 10 年来,发展中国家整体 GDP 已超过发达国家,"北""南"实力发生逆转。一些不属于 DAC 成员的发展中国家,如金砖国家、阿拉伯国家等,以中国、印度、巴西等发展中国家为代表,作为新兴支援国开始在国际发展援助体系中扮演着越来越重要的角色。由于这些发展中国家对外援助的模式与 DAC 国家差异较大,体现了新的援助理念和援助模式,被统称为"南南合作"范式。

由于北南援助效果差强人意,进入 21 世纪以来,由新兴支援国家倡导的南南合作新范式,因经济发展成效得到受援国和国际社会的认可,同时推进了国际社会对援助模式的反思,促进了援助理念由"援助有效性"向"发展有效性"的转变,即更重视发展援助的结果,包括受援国经济水平的提高、贫困人口的减少、内生发展能力的增强等。

南南合作属于增长驱动型的援助模式。相比较北南援助主要是集中在医疗、教育等领域,南南合作更注重基础设施和生产性部门的建设,约一半的援助进入这两个领域,中国和印度被认为是最为重视基础设施援建并投入最多的两个国家。具体地,中国通常通过成套项目、一般物资、技术合作、人力资源合作开发等方式对其他发展中国家实施援助,促进双方的贸易平衡发展,拓展相互投资领域,加强发展中国家发展能力建设;印度主要通过项目援建,而且擅长通过培训和专家咨询,推广印度在减贫和经济发展方面的经验;巴西则主要通过资金和技术合作进行项目援建,重点向周边的受援国转让技术,弥补发展的不对称性。

与北南援助不同,发展中国家在南南合作框架下,提供不附加任何政治条件的对外援助,强调对外援助应尊重受援国主权,不干涉受援国内政,受援国与支援国之间是一种平等互利的合作关系。例如,中国始终坚持独立自主的发展方向;印度自 20 世纪 50 年代以来,一直把 1955 年万隆会议上确立的"国际关系十项原则"①作为其外交政策的指导原则,对外援助原则也建立在"互相尊重主权和领土完整、互不侵犯、互不干涉内政、平等互利以及和平共处"五项原则基础之上;巴西政府则称其对外发展援助并非建立在企业或者商业利益之上,而是无任何政治意图和无条件的。

因为南南合作与传统的北南援助相比,在援助的目标、原则、特点、管理体系等方面存在很大的不同,各自的实施效果也存在差异。南南合作这种增长驱动型援助模式的主要优势在于:一是援助集中于大型公共工程和基础设施建设,既能够为投资和贸易服务,又能改善受援国的经济发展环境,契合支援国和受援国双方的利益,具有自驱动特征。对贫困的发展中国家来说,基础设施作为典型的正外部性公共产品,可以改善投资环境,促进经济发展进入良性循环。二是支援国自身也是发展中国家,更能设身处地发现受援国的需求,进而提供更具有针对性的援助。有学者指出,南南合作的优势并不在于充裕的资金和多样化的合作模式,而恰恰在于彼此对发展动力的深刻理解,以及基于这种理解而形成的平等互利交往原则。三是注重相互之间发挥比较优势进行贸易和投资,使市场机制发挥主导作用,有利于促进受援国的本土经济增长,培植内生动力和可持续发展能力,避免形成援助依赖。

综上所述,南南合作较之北南援助,拓展了发展性的支援内涵,舍弃了附加条件,从而降低了受援助门槛,使许多原本依赖西方援助的受援国有了新选择。事实证明,南南合作对经济促进的效应更加明显,也更具活力,其发展有效性受到受援国和国际社会的认可。与此同时,发达国家也在随之调整自身的北南援助模式。例如,2018 年美国成立国际发展融资机构,开始重视国际发展融资在国际发展中发挥的作用;2020 年英国合

---

① 又称"万隆精神"。第一,尊重基本人权、尊重《联合国宪章》的宗旨和原则;第二,尊重一切国家的主权和领土完整;第三,承认一切种族的平等,承认一切大小国家的平等;第四,不干涉或不干预他国内政;第五,尊重每一国家按照《联合国宪章》单独地或集体地进行自卫的权利;第六,不使用集体防御的安排来为任何一个大国的特殊利益服务;任何国家不对其他国家施加压力;第七,不以侵略行为或侵略威胁或使用武力来侵犯任何国家的领土完整或政治独立;第八,按照《联合国宪章》,通过如谈判、调停、仲裁或司法解决等和平方法以及有关方面自己选择的任何其他和平方法来解决一切国际争端;第九,促进相互的利益和合作;第十,尊重正义和国际义务。

并国际发展部和外交部,对外援助从强调减贫转向注重商业利益。同时,发达国家也积极寻求与新兴支援国开展建设性对话,加强三方合作,希望借助新兴支援国的资金和经验进一步拓展援助渠道,同时将新兴国家纳入传统国际发展援助体系。

南南合作固然有其新锐之处,但在实际操作中,也存在一些缺陷和不足,甚至招致了传统支援国的批评指责。一是援助监管问题。由于南南合作不附加任何政治条件,导致支援国对资金的使用和去向缺乏监督和引导。当受援国政治腐败和治理能力严重落后时,难以保证援助资金的合理使用以及援助效果的完整实现。二是捆绑援助问题。南南合作项目通常与商品和服务的购买、劳动力的输出捆绑在一起。研究表明,捆绑援助不仅损害援助项目的效果,而且会使项目的成本上升15％～30％。所以当前的北南援助已经逐渐放松和取消了捆绑援助。三是援助信息透明度问题。一些发展中国家的对外援助规模有限,不采用DAC的援助体系规范,也没有建立专门的国家机构和部门管理对外发展援助,有关对外援助的信息披露很少。四是援助范围问题。南南合作提供的对外援助仅限于政府间项目,主要分布在基础设施和生产性部门,在医疗、教育部门的民生援助较少,受援地居民和企业的参与不多。此外,传统支援国对新兴支援国的诟病还包括在对受援国人权、环境保护等方面的不利影响等。

## 中国对外援助

在新兴国家参与国际发展援助和全球治理上,中国表现十分突出。中国的对外援助最早是从1950年抗美援朝战争和支持越南人民抗法战争开始的,指导原则、理念和模式几经变革。党的十八大以来,从对外援助逐渐转型为国际发展合作,实现了新的飞跃。总体来说可以划分为三个阶段。

### 探索阶段（1949～1978年）

这一阶段中国的对外援助带有国际主义精神,尽管自身还是受援国、经济百废待兴,但始终把对外援助作为重要的国际义务,坚持无偿援助原则,为受援国提供物资、技术及少量现金援助。这一时期的对外援助与外交战略密切相关,不同时期有不同的侧重点。例如,从 1949 年至 20 世纪 60 年代初,中国作为社会主义阵营一方,通过支援亚非拉国家的民族解放运动来反对帝国主义和殖民主义。60 年代中期以后,中国开始在第三世界对美苏"两面开弓",对外援助重点是第三世界国家的民族解放运动。

### 改革阶段（1979～2011 年）

随着外部经济全球化加速推进和内部启动改革开放政策,中国走上快车道,先后跨越了国家对外政策"韬光养晦""有所作为"和"积极有所作为"的发展历程。与之相应地,中国的对外援助原则从国际主义发展为"弘义融利",对外援助动机从政治外交向经济发展转移,把单纯赠予性的非营利性援助变成了互利双赢的共同发展模式,在援助中更加重视提高受援国的自主发展能力,以促进其经济发展和社会进步。尤其是新世纪以来,中国对外援助的范围和额度大幅增长,成为建立良好的国际关系、推动贸易和促进全球发展的重要工具。

### 跨越阶段（2012 年至今）

党的十八大以来,以习近平同志为核心的党中央在遵循"尽力而为、量力而行"原则的前提下,抓住机遇,主动作为,倡导正确义利观和共商共建共享的人类命运共同体理念。"积极参与全球治理,主动承担国际责任",启动"全球发展倡议"[①],以更加积极的姿态参与全球公共问题,贡献中国智慧和中国方案。坚持把中国人民的利益同各国人民的共同利益结合起来,在以联合国为核心的国际体系、南南合作框架、"一带一路"倡议下向其他发展中国家、特别是最不发达国家提供力所能及的援助。

党的十九大之后,为充分发挥好对外援助作为大国外交的重要手段

---

① 国家主席习近平于 2021 年 9 月在北京以视频方式出席第七十六届联合国大会提出的全球性倡议:一是坚持发展优先;二是坚持以人民为中心;三是坚持普惠包容;四是坚持创新驱动;五是坚持人与自然和谐共生;六是坚持行动导向。

作用,2018 年 3 月,根据国务院机构改革方案,组建了中国国家国际发展合作署。国家国际发展合作署的成立,标志着中国与西方发达国家一样,由独立的专职部门来开展对外援助工作,同时意味着中国对外援助正式开始向国际发展合作转型升级。至此,中国对外援助体制机制逐步完善,形成了一套基本完备的对外援助资金结构、项目体系和管理制度。

总的来看,党的十八大以来是中国国际发展合作创新发展最快的历史时期。中国作为世界上最大的发展中国家和新兴支援国,开创了具有中国特色的对外援助模式,树立了南南合作典范,为维护国家主权安全和发展利益,为完善全球治理体系、促进世界繁荣发展发挥了重要作用。中国的国际发展合作具有诸多创造性:

一是坚守发展中国家的角色定位和属于南南合作范畴的共同发展理念,坚持尽力而为、量力而行,走出了一条发展中国家互助合作和互利共赢的发展道路。

二是坚持"天下为公",塑造负责任的大国形象。始终坚持独立自主的发展方向和周恩来总理在 1964 年宣布的"对外经济技术援助八项原则"①的精神内核,坚持联合国宪章精神,坚持主权平等,不附加政治条件,不干涉内政,危急时刻人道主义优先等。

三是强调"标本兼治",构建长效机制。通过将国际发展合作与贸易投资促进、资源能源开发、产能产业合作等互利合作相结合,实现与受援国的共赢和可持续发展,共同融入全球价值链。

四是注重"授人以渔",强调能力建设。注重技术和人力资源开发合作等,支持提升受援国的治理能力、规划水平和行业发展能力,强调关注民生、以人为本,以利于开展国际对话。

---

① 第一,中国政府一贯根据平等互利的原则对外提供援助,从来不把这种援助看作是单方面的赐予,而认为援助是相互的;第二,严格尊重受援国的主权,绝不附带任何条件,绝不要求任何特权;第三,中国政府以无息或者低息贷款的方式提供经济援助,在需要的时候延长还款期限,以尽量减少受援国的负担;第四,中国政府对外提供援助的目的,不是造成受援国对中国的依赖,而是帮助受援国逐步走上自力更生、经济上独立发展的道路;第五,援助项目力求投资少,收效快,使受援国政府能够增加收入,积累资金;第六,中国政府提供自己所能生产的、质量最好的设备和物资;第七,中国政府对外提供任何一种技术援助时,保证做到使受援国的人员充分掌握这种技术;第八,中国援外专家同受援国自己的专家享受同样的物质待遇,不容许有任何特殊要求和享受。

　　五是追求"百川归海"，不断丰富合作体系。渠道更多样，将"一带一路"实践带入国际发展合作的话语体系中。主体更丰富，中央政府、地方政府、非政府主体都参与其中，市场力量和社会力量深度参与。领域更多元，包括绿色环保、基础设施、金融、公共卫生等。方式更灵活，与合资合作、关税优惠、投资等结合更加紧密。

　　六是紧扣"以农为本"，擅长解决农村贫困。通过各种农业援助项目，包括农业技术培训示范与合作开发、技术转移等，帮助受援国发展农业和农村。中国创造性的精准扶贫、开发式扶贫、充分利用劳动力资源优势、工业现代化带动农业现代化、促进农业全产业链发展等方面的成功经验也被借鉴到国际发展合作中。

　　中国国际发展合作在取得积极成效的同时，也面临着新形势和新挑战。当前，全球化退潮趋势持续，世界性经济衰退预警频发，大国竞合关系持续深化，科技进步产生复杂外溢效应，世界局势面临着不稳定性与不确定性。面对百年未有之大变局带来的深层次挑战，要系统思考国际发展合作与大国外交的关系，以及在国内国际双循环新格局中充分发挥独特作用：一要促进从"硬"向"软"拓展。加强总体战略设计，构建理论体系，加强智库建设，面向全球讲好中国国际发展合作故事，加强国际话语权；完善对接国际发展主流理念和受援国需的政策体系，破解中国国际发展合作的透明度问题；建立发展有效性的标准，对接联合国2030年可持续发展目标，证明发展成效，并关注治理漏洞和市场失灵问题；加强与受援国各阶层的广泛联系，促进相互了解。二要加强合作的多元性和包容性。加快从单一的双边援助向开放包容的多边援助、三方合作的多元合作体系转型；进一步厘清政府行为和企业行为的边界；持续创新发展合作和发展融资机制；建立与国际组织、政府、智库、企业、社会组织、私营机构等广泛的朋友圈。三要提升项目的系统性和可持续性。加强项目风险识别、环境和社会报告披露，更好地配合受援国各领域开展多边合作，变"九龙治水"为博采众长。

## 案例·复兴西欧的马歇尔计划

### 马歇尔计划的由来

马歇尔计划又称"欧洲复兴计划",是在第二次世界大战后的冷战时期,美国对百业凋零的西欧各国进行援助和重建的计划,被称为"美国对外援助最成功的计划",对欧洲的发展和世界政治经济格局产生了深远的影响。

第二次世界大战后,欧洲经济千疮百孔、百废待兴,急需大量资金重建。战后三年,欧洲推行了一系列经济措施但未见起色。1946 年底到1947 年初,欧洲又遭遇了百年罕见的严寒,西欧经济面临崩溃,经济危机进而引发社会矛盾,法国、英国、意大利、比利时等国工人运动不断。这种情况使美国意识到一方面要遏制苏联,另一方面必须扶持和拉拢西欧国家,无论如何也要稳定欧洲、复兴欧洲。

在此背景下,1947 年 6 月 5 日,时任美国国务卿的乔治·马歇尔在哈佛大学演讲时正式提出马歇尔计划,他认为根据第二次世界大战后欧洲的政治、社会和经济状况,美国需要对欧洲进行必要的援助。通过马歇尔计划援助欧洲是美国遏制苏联和维护自身安全利益的必要措施,是政治和经济动机的双重考量。

1947 年 7~9 月,法国、英国、意大利、奥地利、比利时、荷兰等 16 国代表在巴黎开会,决定接受马歇尔计划,建立了欧洲经济合作委员会,提出了由美国在 4 年内提供援助和贷款 224 亿美元的总报告。1948 年 4 月,美国国会通过《1948 年对外援助法》,正式执行马歇尔计划,一直持续到 1952 年 6 月。

### 马歇尔计划的措施

在马歇尔计划执行的四年间,美国对西欧受援国进行金融、技术、设备等各种形式的援助。《1948 年对外援助法》规定,美国在前 15 个月内拨款 53 亿美元,援助西欧各国复兴战后经济,以后逐年审批援助额。但在实际执行过程中,马歇尔计划不断增加预算,至 1952 年底实际援助额为 131.5 亿美元,其中赠款占 88%,其余为贷款。马歇尔计划援助总额相当于美国 1948 年名义 GDP 的 4.6%,四年平均每年的援助额相当于当年 GDP 的 1.2%,不可谓之不巨。依据美国国际开发署统计,马歇尔计划主要参与国家及份额分别为:英国(24.7%)、法国(21%)、意大利(11.7%)、德国(10.8%)等。

从援助的形式上看,主要包括美元援助、物资援助、技术援助、担保金等。其中,绝大多数的援助方式是美元援助,主要针对商品物资和具体的工程或者项目融资,主要采用对等基金形式,即将马歇尔计划的援助资金转化为由当地货币构成的资金,剩余未转为当地货币的资金大部分用于物资设备的购买等。在当时西欧各国币值不稳定、互相缺乏信任的情况下,马歇尔计划为各国贸易提供了结算担保,各国之间的贸易收支可以在专门的对等基金账户上登记,与美国进行双边结算,实现了资金对接。物资方面,早期主要是提供食物、饲料等,后期生产设备占比上升。技术援助主要是用于资助美国专家拜访欧洲及欧洲代表团访问美国的费用,到1951 年底,6000 多名欧洲人来到美国学习管理、技术和劳动力生产方法,花费 0.3 亿美元。担保金主要是为了鼓励美国商人投资欧洲发展工业和现代化,确保美国人的投资可以获得回报。

以德国为例,美国对战败的德国施以大量资金援助,助推了联邦德国的经济振兴,好比经济复苏的强心剂。解决了德国出口商品所需的外汇,不但为经济的复兴与发展提供了生产资本,而且加速了联邦德国同西欧经济合作的进程。同时帮助完成了西方在德三个占领区的合并,为联邦德国选择西方制度铺平了道路,也为其后经济腾飞打下了坚实基础,甚至对两德统一都产生了重要影响。

### 马歇尔计划的成效

马歇尔计划挽救了西欧濒于崩溃的经济,促进了西欧经济社会复兴,并且奠定了西欧走向繁荣的基础，帮助西欧工业生产能力得以快速复苏。通过一系列"输血式"援助，在美国援助期间，西欧的国民生产总值增长了32%，工业生产相比第二次世界大战前提高了近50%，欧洲内部贸易增加了35%，向世界其他地区出口增加了50%，农业生产也迅速上升。

促进了欧洲一体化进程。马歇尔在哈佛大学毕业典礼的演讲强调"欧洲作为一个整体"是美国提供援助的条件。即要求打破战前各国间贸易、关税的壁垒，缩小国与国的差别，创建欧洲经济的新结构。取得的成效是显著的，成功降低了欧洲各国之间的贸易壁垒，促进形成了西欧货物流通大市场和自由贸易的发展，组建了欧洲支付同盟，支持欧洲煤钢共同体谈判等，在一定程度上冲破了欧洲破碎的地缘分隔，减弱了民族国家界限，加强了西欧各国的经济联系。经济一体化辐射到政治领域，增强了各国之间的相互信任，极大地推动了欧洲一体化进程。在马歇尔计划下出现的欧洲经济联合体也为后来的欧共体和欧盟提供了借鉴。

诚然，西欧受援国在接受美国援助时，从美国进口了大量不需要的商品，并且由于较高的商品定价和运输成本，抬升了西欧的通胀水平。

美国尽管付出了巨大的经济成本，但获得了显著的正反馈，验证了美国的高超战略谋划能力。一是有力地拉拢了西欧盟友，联起手来对抗社会主义阵营，在经济上封锁、技术上限制、粮食和石油上抓通电，实现了对苏联的缓慢绞杀。二是大幅增强了美国的国际影响力和经济渗透力。这种影响不仅表现在经济方面，还搭载和输出了美式价值观，使得美国在第二次世界大战后的世界格局中逐渐占据领导地位，成为新的世界秩序的引导者。三是带来了巨大经济回报，尤其是取消欧洲国家间关税壁垒的做法给美国带来了丰厚的经济利益，不仅消纳了美国过剩的产品，还解决了美国高失业、大萧条以及由战后欧美债务引起的严重预算不平衡等问题。四是马歇尔计划实施过程中所建立的布雷顿森林体系促成了美元逐步成为世界货币。

## 案例·国际社会对非洲的援助

### 对非援助的由来

非洲大陆是一片广阔的土地,拥有丰富的石油、矿产、动植物、水能、风能,却长期饱受贫困、战乱、饥馑、瘟疫等折磨。非洲是世界第二大洲,也是人口第二大洲。面积 3020 万平方公里,人口 12.86 亿(2021 年),有 54 个国家和一千多种语言。非洲很多地区社会经济发展水平欠发达,基础设施落后,配套设施不足,安全形势不佳。根据 2022 年美国智库和平基金会编制的脆弱国家指数,15 个最脆弱国家里有 11 个位于撒哈拉以南的非洲。部分非洲国家长期面临困境甚至国家崩溃,军事政变和战乱不断,政局不稳,恐怖主义猖獗,多年的建设毁于一旦。贫穷和两极分化始终是非洲的标签,预计到 2050 年非洲贫困人口将达 20 亿。

非洲曾经美好。300 万年前第一批智人从非洲大陆走向全世界,并且孕育出了伟大的古埃及文明。然而,随着西欧在大航海时代开启的三角贸易,大约有 95% 的非洲土地遭受西方国家的殖民瓜分,许多资源都被掠夺,开始深陷水深火热。第二次世界大战结束后,帝国主义殖民体系受到重创,亚非拉人民掀起了规模空前的民族独立和解放运动,直到 1960 年,非洲独立年的出现才象征着非洲脱离了列强的统治,开启了独立发展的新篇章。独立后的非洲经过了半个多世纪的发展,经济水平仍然没有达到世界平均水平,新生的诸多非洲国家面临着生存和发展困境。

### 对非援助的措施

在过去的 50 年里,世界各国加上各种国际组织对非洲的援助保守估计高达 2.3 万亿美元。直到今天,仍有海量援助源源不断供往非洲。对非援助最多的前 30 个国家中,援助总额最多的国家是美国、英国、德国等发达国家,各个支援国从不同的动机出发,采取了不同的援助措施,开展了大量的社会发展援助、经济发展援助和人道主义救助。在接受援助的非洲国家当中,排名靠前的是埃塞俄比亚、埃及、尼日利亚等在非洲经济相对发达的国家,相反,真正经济发展较差的国家很难接收到大量的经济援助。据有关统计,每年世界各国对非援助当中的95％以上被非洲排名前十的国家所分摊,剩下的经济更差国家只能从5％的援助资金当中获得帮助。

### ■ 美国对非援助

长期以来,非洲并不是美国对外战略的优先区域。美国对非政策制定具有鲜明的经验主义倾向,每届政府在继承前任政策的基础上,研判新形势并加入新的内容。例如,在特朗普时期,非洲几乎沦为美国对外战略的边缘地带;拜登政府加强了对非战略布局,非洲被认为是拜登政府全球地区战略的"最后一块拼图"。总体来说,美国保持对非政策的总框架有如下特点:一是依赖多边体制。通过多边体制、多边组织,以多边主义精神制定对非政策。二是强化非政府组织作用。例如,主办非洲全球同盟、非裔美国研究所、卡特中心、"关怀非洲"组织以及国际民主研究院等,参与非洲国家政治进程。三是以"自下而上"的方式,培育亲西方的"公民社会"。四是在援助中附加政治条件。五是关注非洲的社会发展问题。例如,克林顿政府对非援助集中在环境治理、公共健康以及跨境移民等可持续方面。六是重视建立区域主义安全观,减少极端主义和恐怖主义对美国在非利益的损害,同时防止其他大国渗透。

### ■ 日本对非援助

非洲是日本"印太构想"的西翼,在日本安全战略和经济合作中的地位不断上升。日非关系在对非援助中占据重要地位,总体来说:一是主要体现在物质和资金援助,彰显了日本安全、经济、政治等领域的软实力外交战略。1966年日本分别向尼日利亚、坦桑尼亚、肯尼亚和乌干达首次提供了日元贷款。二是强调经济利益,具有明显的资源指向性和贸易平衡性。例如,1974～1991年日本对埃及、肯尼亚、摩洛哥、加纳等十国的援助总额达12838.58亿日元,占同期对非援助总额的近七成,凸显日本在石油危机后促进能源进口多元化的意图，通过援助非洲来获取资源战略保障。三是援助主体不断拓展，尝试与非洲构建合作伙伴关系。非洲民主化、经济制度改革、和平巩固、环境保护、人才培养等也是日非援助的重要议题。2016年后日本逐步推进非洲基础设施建设和法律制度环境等，着手创造营商环境。

**■ 中国对非援助**

非洲在中国外交全局中有着特殊的历史和地位。关于中非关系，毛泽东的点评非常形象："是非洲朋友把我们抬进了联合国。"巩固和发展中非友谊是中国对外政策的重要基石。

中国是第一个对非洲平等相待的伙伴。新中国成立后不久就开始对非实施援助，并在相当长时间内都将其作为中国对外经济交往最重要的内容。中国对非援助不附加政治条件、尊重受援国自主发展，不强调债权，创造了具有中国特色的对非援助模式，为非洲国家的民族独立和经济发展作出了重要贡献。中国对非援助根据双方发展诉求不断调整，呈现出鲜明的阶段性特点。

### 探索阶段（1955～1978年）

1955年万隆会议后，中国积极支持非洲国家民族独立和解放斗争。通过提供现汇援助、物资援助、技术援助以及成套项目等方式支持非洲国家自立自强。彼时的新中国一穷二白，面对同样新独立的非洲国家谋求自强的发展诉求，毫不犹豫地给予了无私支持，帮助非洲国家修建基础设施等。其中，最具有代表性的工程是1967年启动的坦赞铁路建设，也是迄今为止规模最大的援建项目。中国政府勒紧裤腰带，为坦桑尼亚和赞比亚政府提供了近10亿美元的无息贷款，先后派出工程技术人员近5万人次。

### 改革阶段（1979～2011年）

改革开放以来，重点推动中非双方的平等互利与共同发展。此时非洲国家的民族解放运动已经基本完成，发展民族经济成为非洲国家的主要任务。1983 年 1 月，中国宣布"平等互利、讲求实效、形式多样、共同发展"的四项援助原则，加大力度推动中非经贸合作。重点引导中国企业同非洲当地企业开展合作，注重因地制宜，通过合资经营、优惠贷款、技术服务、培训人员、承建工程、合作生产等方式，启动中非合作论坛，建立了中非之间常态化的多边协商对话机制等，促进了中非共同发展。

### 跨越阶段（2012 年至今）

党的十八大以来，在"中非命运共同体"思想指导下，对接"一带一路"，开启了全方位、系统性的对非援助计划，携手发展合作。2015 年，中非合作论坛约翰内斯堡峰会，确立中非全面战略合作伙伴关系，习近平主席宣布了"十大合作计划"[①]；2018 年的中非合作论坛北京峰会，确定构建更加紧密的中非命运共同体，习近平主席宣布"八大行动"[②]。越来越多非洲国家加入中非友好大家庭，54 个非洲国家中的 53 个已经与中国建立或恢复了外交关系。

尽管中国对非洲的债权数额和比例不大，但是对非投融资主要用于非洲国家的基础设施建设和生产性领域，支持了非洲的实体经济，夯实了非洲的工业基础，极大提升了非洲的生产力水平和自我"造血"能力，推动非洲走向独立自主。2021 年《新时代的中非合作》白皮书指出：2000 年至 2020 年，中国在非洲建成公路铁路超过 13000 公里，建设了 80 多个大型电力设施，援建了 130 多个医疗设施、45 个体育馆、170 多所学校，为非洲培训了 16 万余名各领域人才，打造了非盟会议中心等一系列中非合作"金字招牌"，涉及经济社会生活的方方面面。

中非合作关系持续深化。自 2009 年起，中国连续 13 年稳居非洲第

---

① 中非工业化合作计划、中非农业现代化合作计划、中非基础设施合作计划、中非金融合作计划、中非绿色发展合作计划、中非贸易和投资便利化合作计划、中非减贫惠民合作计划、中非公共卫生合作计划、中非人文合作计划、中非和平与安全合作计划。

② 产业促进行动、设施联通行动、贸易便利行动、绿色发展行动、能力建设行动、健康卫生行动、人文交流行动、和平安全行动。

一大贸易伙伴国地位,中非贸易额占非洲外贸总额比重连年上升。截至2022 年底,中国企业对非直接投资近 500 亿美元。中国在非洲设立各类企业超过 3500 家,聘用非洲本地员工比例超 80%,创造了数百万个就业机会。中国对非洲 33 个最不发达国家 97% 税目输华产品提供零关税待遇,帮助更多非洲农业、制造业产品进入中国市场,现已成为非洲第二大农产品出口目的地国。

**对非援助的成效**

在众多国家对非援助下,非洲地区的经济和生活得到了较大改善,居民收入有所提高,妇女权益得以维护,自然资源生态环境保护及动物管理更趋合理化等。尽管如此,非洲的经济社会状况依旧不容乐观。瘟疫、饥荒、战乱、暴政和腐败问题,依旧在这片美丽富饶的大地上时常上演,部分非洲国家非但没有富裕起来,反而跌入了更加贫困的深渊。大量的国际发展援助甚至给非洲本就脆弱的工业生产带来毁灭性的打击。联合国《非洲 2021 经济发展报告》显示,过去十年间非洲的总体贫困水平略微下降,但是贫富差距、不平等现象日渐突出,近年来的新冠疫情更是增加了非洲的贫困人口数量。仅在 2021 年,非洲地区的贫困人口率就增加了3 个百分点,贫困人口增加至 4.9 亿人,占到非洲总人口的 38%。

## 第二节　区域协调发展

### 区域协调发展与西方经验

从历史来看,第二次世界大战至今,经历了区域经济增长理论从"均衡发展"到"非均衡发展"和"协调发展"的几经变革,世界大部分国家的区域发展政策总体上是从"尽力而行"逐渐转向了"自由放任"。初始时各国家普遍实行积极的区域干预政策,通过财政转移支付、向落后地区公共基础设施投资等方式引导资源流向落后地区。随着全球经济性危机、经济增速放缓和公共财政紧缩,大部分国家开始逐步实行紧缩性财政政策,逐渐接受具有浓厚新古典自由主义色彩的多元协同治理理念,即以产业布局结构和公共服务均等化为核心,推进区域之间综合平衡发展。典型做法包括:德国实施州际横向转移支付机制,缩小东西部的综合发展差距;日本制定并实施全国综合开发计划;美国主要通过立法干预,鼓励各类资源向西部等流动。事实上,在欧洲经济一体化深化和扩大的进程中,也存在着成员国之间发展不平衡的矛盾,欧盟设立了多层次的区域协调体系,建立完备的法律体系,通过基金和贷款等金融工具,聚焦经济增长和就业问题进行投资,促进了欧洲经济一体化的快速发展和社会福利水平的整体提升。

上述发达国家的区域协调发展政策和实践表明,完备的法律保障体系、强有力的协调管理机构和积极多元的财政金融政策工具等措施在提高区域发展协调性和平衡性上取得了显著的成效。启示包括:(1)厘清不同职能部门间的权责划分,设立区域协调发展专门机构;(2)完善区域合作互助机制,鼓励不同区域间开展多层次、多形式、多领域的合作互助;(3)发挥城市群的增长极作用,以城市群推动区域协调发展;(4)合理制定区域协调发展税收政策,针对欠发达地区,积极实施倾斜性的税收优惠政策,重点扶持欠发达地区的中小企业和高新技术企业,降低税收负担;(5)创新区域政策金融工具,设立专门金融机构,实施贷款优惠政策,设立区域性基金和产业、基础设施、生态环境、民生建设等各类专项基金。

## 案例·福建、浙江的山海协作工程

"山海协作"的做法始于福建。1992 年,福建省提出了"南北拓展、中部开花、连片开发、山海协作、共同发展"的战略,主要目的在于发挥闽东南沿海地区的经济优势带动山区发展。2001 年,福建省委、省政府又发布了《关于进一步加快山区发展推进山海协作的若干意见》。作为一项协调福建省内区域协调发展的重要政策,该做法一直延续至今,并在实践中不断创新。

浙江的山海协作工程最初在 2001 年全省扶贫暨欠发达地区工作会

议上提出,2002 年 4 月正式实施。由于浙江的地形和经济结构与福建有所差别,所以在浙江,"山"主要是指以浙西南山区为主的欠发达地区和舟山市,"海"则指该省沿海经济发达地区。浙江的山海协作工程遵循"政府推动,企业主体,市场运作,互利双赢"主要原则,即通过政府的鼓励、引导和推动,促使发达地区的企业和欠发达地区开展优势互补的经济合作,促使省直有关部门和社会各界从科技、教育、卫生等方面帮扶支持欠发达地区。主要做法是以项目合作为中心,以产业梯度转移和要素合理配置为主线,通过发达地区产业向欠发达地区合理转移、欠发达地区剩余劳动力向发达地区有序流动,从而激发欠发达地区经济的活力,推动全区域经济加快发展,提高人民生活水平。

山海协作工程不是一般意义上的"富帮穷",它重在发挥市场机制的作用,把"海"那边的资金、技术、人才等优势与"山"这边的资源、劳动力、生态等优势有机结合起来,充分调动发达地区与欠发达地区"两头"积极性,在优势互补、合作共赢中实现互动发展。即优化生产力的布局。

## 案例·江苏南北结对帮扶合作

### 南北挂钩由来

由于地缘、文化、历史等因素,江苏省内南北区域之间发展差距较大。苏北地区国土面积 5.49 万平方公里,占全省 51.2%。2000 年,全国人均 GDP 为 7078 元,江苏人均 GDP 突破 1 万元,其中苏南超过 2 万元,而苏北五市人均仅 6288 元,苏南苏北人均 GDP 差值几乎是全国东西部差异的两倍,不均衡不充分问题十分突出。可以说,苏北地区是江苏决胜精准脱贫攻坚战的"最后一公里"。在脱贫攻坚期,江苏省 12 个重点帮扶县区、6 个重点片区、未脱贫的 97 个省定经济薄弱村全部分布在苏北,并且呈现出"四低一高"①特征。

---

① 村集体收入低、村民收入低、耕地集约经营程度低、农民合作组织化程度低、低收入人口占比高。

为实施精准扶贫、促进区域协调发展,加快苏北振兴推进全面建成小康社会,帮助苏北地区推进新型工业化和实现高质量发展,江苏省委、省政府高度重视区域发展差异,从 20 世纪 90 年代开始,相继出台了一系列加快苏北发展的切实有效的政策措施,以促进苏北地区产业发展为主攻方向,全面推进南北结对帮扶合作(以下简称"南北挂钩"),实施南北共建苏北开发区(以下简称"南北共建园区")。不断优化升级相关制度设计的广度和深度,为以对口工作为抓手统筹推进区域优化发展、特色发展、协调发展作出了积极有益探索。

**制度演进历程**

20 世纪 90 年代中期,鉴于改革开放后区域发展不平衡现象加剧,我国提出了"坚持区域经济协调发展,逐步缩小地区发展差距"的方针。为缩小苏南苏北发展差距,1994 年江苏省第九次党代会首次提出"区域共同发展战略",作为未来江苏现代化建设的三大发展战略之一。

江苏南北挂钩肇始于 2001 年。江苏省第十次党代会提出"深入实施区域共同发展战略",省委、省政府分别召开三大区域发展座谈会,部署区域发展工作,特别研究了支持苏北发展的政策措施,制定了《关于进一步加快苏北地区发展的意见》,成立以省长为组长、苏北苏南十市市长、省相关部门主要负责人为成员的苏北发展协调小组。会议明确了苏南五市与苏北五市跨江握手的"南北挂钩"关系:南京—淮安、无锡—徐州、苏州—宿迁、常州—盐城、镇江—连云港。

在南北挂钩后的 5 年间,江苏 4 次召开苏北发展协调会议,出台向苏北进行产业、财政、科技、劳动力"四项转移"措施。并以南北挂钩为轴心,延伸创新出"五方挂钩"①帮扶机制,引导资金、项目、资源向经济薄弱地区集聚。并进一步具化为"一个扶贫指导员驻村、一个科技特派员挂钩、

---

① 五方挂钩,是指江苏省级机关、高等院校(科研院所)、大型国有企业、苏南经济相对发达的县(市、区)与苏北经济相对薄弱的县(区)挂钩帮扶。后来又将优秀民营企业、省文明单位等主体纳入了挂钩范围。

一个工商企业帮扶、一个富村结对、一个主导产业带动",将"五方挂钩"帮扶落到实处。

2006 年,江苏省第十一次党代会提出"在更高层次上统筹区域发展……促进苏南加速提升、苏中加速崛起、苏北加速振兴"。出台了《关于支持南北挂钩共建苏北开发区政策措施》,采取先试点再推广的办法,支持苏南开发区与苏北开发区紧密挂钩,启动南北共建园区建设。自此南北挂钩有了新合作载体,进一步加大了产业转移推进力度。2006 年 12 月,苏州与宿迁结对共建的苏州宿迁工业园区问世,随后无锡新沂工业园、常州高新区大丰工业园等首批 10 个南北共建工业园区在苏北破土。2007 年苏北经济增速超过苏南,发展进入快车道。2011 年,江苏省第十二次党代会把区域共同发展战略深化为区域协调发展战略,构建了三大区域优势互补、互动发展机制。当年苏北人均 GDP 首次超过全国平均水平。2013 年,着眼于解决苏北全面小康建设的重点和难点问题,江苏省委、省政府决定实施"苏北六项关键工程"①,聚焦政策、集聚资源,集中力量解决问题。2016 年,江苏省第十三次党代会提出"在更高层次统筹区域发展",开始实施"1+3"重点功能区②战略,促进区域之间由行政区经济向功能区经济转变。2018 年,按照打赢脱贫攻坚战的总体部署,江苏开始实施产业引领脱贫致富行动,支持每个重点帮扶县(区)建设一个南北挂钩现代农业产业园。2019 年,江苏省紧扣长三角区域一体化发展国家战略机遇,提出加快推进"省内全域一体化",明确 3 年改善苏北地区 30 万户农民群众住房条件,印发《关于决胜高水平全面建成小康社会补短板强弱项的若干措施》及 5 个专项行动方案。2019 年 11 月,在新发展阶段对照"高质量"和"一体化"发展要求,江苏出台了《关于推动南北共建园区高质量发展的若干政策措施》,从全省 45 家园区中,合作双方优选重点园区,开展省级南北共建园区高质量发展创新试点和

---

① 脱贫奔小康重点片区帮扶工程、黄河故道现代农业综合开发工程、重点中心镇建设工程、苏北铁路建设工程、城乡供水与污水处理工程、科技与人才支撑工程。
② "1"是指扬子江城市群,"3"是指沿海经济带、江淮生态经济区、淮海经济区。

省级特色园区建设。2020 年,江苏印发《关于建立更加有效的区域协调发展新机制的实施意见》,省内区域协调发展进入新阶段,更加强调城市群一体化发展、城乡融合发展和区域间基本公共服务均等化,并且组织苏中、苏南地区农业农村部门和农业龙头企业与苏北地区对接,对重点帮扶县予以倾斜支持。

2022 年 3 月,江苏省委办公厅、省政府办公厅印发《关于深化南北结对帮扶合作的实施意见》,赋予南北挂钩合作新内涵。一是明确在南北挂钩合作的基础上,借鉴东西部协作和对口支援合作工作的经验做法,从产业帮扶向教育医疗、科教人才、健康养老等各领域拓展,实行全方位帮扶合作。通过完善南北发展帮扶合作机制,引导各地强化全产业链分工协作,更好实现苏南引领、苏中崛起、苏北赶超。二是调整了结对关系,由"5+5"调整为"4+4":"南京—宿迁""无锡—连云港""常州—盐城""苏州—宿迁",苏南的镇江、苏北的徐州不参加挂钩活动。三是以共建园区为基础,根据各地功能定位和资源禀赋,围绕实现全产业链分工协作、优势互补、协同发展,切实加以推进。四是将结对关系进一步拓展到县区,省里明确由苏南综合实力较强的县(市、区)与苏北 10 个重点结对帮扶县结对帮扶,徐州除外的苏北四个设区市的有关县(市、区)与苏南四个设区市的有关县(市、区)结对则由结对设区市自行商定。

回顾历史,江苏围绕苏北振兴、以南北挂钩为逻辑出台了一系列政策措施。经过 20 余年的共同努力和接续发力,南北合作渠道不断拓宽,范围不断扩大,深度不断加强,从开始给钱给物的"输血式"扶贫,到产业转移、园区共建、干部挂职交流、人才培训、科教文卫多个领域合作交流,再到深化省内产业合作、促进构建经济新发展格局……南北挂钩已发展成为互惠互利、互补双赢的跨区域合作关系,合作成果已经体现在经济社会发展的方方面面,并且不断衍生出新样态。例如,南京将淮安纳入南京都市圈,谋求同城化发展;盐城提出与上海、苏州、常州四地共同发力,积极扩大"朋友圈",打造长三角产业一体化发展基地等。

**南北共建园区**

在江苏开展南北挂钩、推动产业转移的实践中,南北共建园区(苏北开发区)是重要载体。即以政府引导、市场主导、企业主体为主要思路,将苏南地区园区建设先进管理理念、良好产业基础、优秀人才团队与苏北地区丰富的资源、低成本的劳动力和优惠的政策对接互补,为区域协调发展注入新动能。江苏省委、省政府高度重视共建园区的高质量发展,将其作为省内高质量发展考核指标。

具体做法是,在苏北地区省级以上开发区中,划出一定区域作为"区中园",与苏南地区合作共建,引导和推动苏南产业向苏北转移。"区中园"不固定统一模式,原则上由苏南合作方主要负责规划、投资开发、招商引资和经营管理等工作,园区所在地主要配合完成基础设施建设、拆迁和人员安置等工作。

自 2007 年首批 10 家共建园区获批以来,江苏全省南北共建园区发展到 45 家,基本实现苏北县(市、区)全覆盖(其中包括苏中苏北结合部经济薄弱地区 7 家,企业合作园区 2 家,与上海的合作园区 7 家),累计入园企业超 1700 家,项目注册金额超 2000 亿元,实际利用外资超过 40 亿美元,带动就业 66 万余人,主要经济指标增速均超过当地平均水平,年增长率保持在 15% 左右。以苏州宿迁工业园区为例,以占宿迁全市 0.16% 的土地,创造了全市 6.5% 的税收收入,8% 的规模以上工业增加值和 18% 的高新技术产业产值,每平方公里创造一般公共预算收入 1 亿元,为宿迁建成一片现代化新城,成为苏北产业集聚的重要板块。

**政策实施效果**

推进实施了 20 余年的江苏南北挂钩制度卓有成效。尤其是党的十八大以来,各项政策的一体化、精准化推进,显著促进了省内区域均衡发展。一是短板弱项明显改进,脱贫攻坚取得决定性胜利。2022 年全省254.9 万农村建档立卡低收入人口年人均收入达到 6000 元,821 个省定经济薄弱村集体经济年收入全部达到 18 万元。二是苏北地区经济实力明显增强,苏北地区生产总值从 1993 年占全省的 13.3% 上升到了 2021 年的 23%,省内区域协调发展质量显著提高。如今的徐州、连云港、淮安、盐城、宿迁等苏北城市,交通区位大为改观,各自的特色支柱产业和发展方向得以确立,发展面貌焕然一新。

# 第三章
# 时代背景｜对口支援协作合作的重要意义

我国区域发展不平衡和多民族融合的历史背景决定了其对口支援协作合作政策的实践基础。对口支援协作合作政策以促进区域高质量协调发展为逻辑主线，以实现全体人民共同富裕为价值旨归，着力创造一套"先富帮后富"，激励共同奋斗的制度体系。

## 第一节　促进区域协调发展是对口工作的逻辑主线

### 区域发展不平衡是基本国情

我国是一个拥有 14.2 亿人口的发展中大国。由于自然地理条件、人文历史特征、要素承载能力、金融环境差异，以及特定历史阶段的发展策略等多方因素综合作用，导致不同区域的人均收入分配差距显著，一直是世界上区域不平衡较为突出的国家之一。

我国自然地理格局复杂。地域广大，幅员辽阔，疆域南起南沙群岛南端的曾母暗沙南侧，北至漠河地区黑龙江主航道中心线，南北相距 5500 余千米；西起新疆维吾尔自治区克孜勒苏柯尔克孜自治州乌恰县以西的帕米尔高原，东至黑龙江省抚远市境内黑龙江与乌苏里江主航道中心线汇流处，东西相距 5200 千米。基本地理特征是地形地势西高东低，社会经济发展水平则是东高西低;基本气候特征是西部缺水、东部湿润;基本环境生态问题则是西部水土流失、东部水体污染、区域均衡、协调发展的战略任务艰巨而又紧迫。

要概括中国地理绝非易事,可以做三条辅助线:一是秦岭—淮河线,是南北方气候和文化差异"南橘北枳"的分界线;二是长城线,长城内外是农业和畜牧业的分界线;三是"瑷珲—腾冲线",也叫做"胡焕庸线",是人口和城市化水平"东密西疏"的分界线。

以胡焕庸线为例,自 1935 年从人口空间分布视角被提出后,这条从黑龙江的爱辉斜拉一根直线到云南腾冲的虚线始终坚定如山,力证了我国人口空间分布极不均衡:该线以西地区,草原、沙漠、山地、高原、丘陵约占陆域国土面积的 67%,降水少,生态环境脆弱,自古以来是游牧民族的天下。而以东地区,以平原、水网、丘陵为主,农耕经济发达,在 43% 的陆域国土面积中承载了 94% 的人口和 95% 的国内生产总值,形成了我国人口、经济重心与区域空间分布不均衡格局。不仅如此,越是往胡焕庸线的东西两端移动,这种人口分布"东密西疏"的不均衡性就愈加明显,并由此引发了我国在经济、社会、城镇、产业、财富等各个领域的一系列不均衡,从而构成了我国区域社会经济发展最为重要的基本国情。胡焕庸线的客观存在,说明中国发展受到资源禀赋和自然地理条件的制约。第一自然[①]起到了奠定经济地理格局的作用,社会经济发展水平的提高未能打破这一基本地理格局;第二自然[②]在第一自然的基础上,形成了循环累积效应,进一步强化了这一经济地理格局。

千百年历史钩沉折叠在同一方地理空间带来的文化、民俗地理差异极大,仅方言就有上百种。作为一个多民族国家,56 个民族文化迥异、理念不一、生活习俗不同。其中,宗教文化在西藏、新疆等地区较为盛行。西藏是藏传佛教在中国的主要集聚地。公元 7 世纪佛教由印度和中原两

---

① 第一自然,是指自然地理因素和自然资源,是稳定不变的先天性的自然条件。自然地理因素是指地形、港口、自然环境等;自然资源包括能源和矿产资源、土地资源、水资源、生物资源等。

② 第二自然,是指后天决定的经济地理因素,主要是指市场邻近、供给邻近等经济区位,以及人力资本等社会经济资源。这些因素随着时间推移不断变化,是形成集聚经济的基本条件。

个方向传入西藏,与西藏本土的宗教及其文化发生交汇、融合之后,于公元10世纪后半期逐渐形成藏传佛教。在藏民族的政治、经济、教育、文化及日常生活中,藏传佛教的影响无处不在。目前,以藏传佛教为核心的藏族文化广泛流传在西藏、青海、甘肃、四川、云南等藏族聚居地。又如,作为丝绸之路枢纽的新疆,自古以来就是东西方宗教传播和汇聚之地。大约从公元前4世纪起,盛行于东方和西方的一些宗教,就沿着丝绸之路陆续传入新疆。这些外来宗教与新疆本土原始宗教一起,逐渐形成了多种宗教并存的格局。随着时间的推移和统治阶级宗教政策的变化,各个宗教的社会地位不断发生变化。目前,新疆的宗教文化以伊斯兰教为主要宗教,佛教、基督教、天主教等多种宗教并存。长期以来,西藏、新疆以及包括青海、甘肃、四川、云南等涉藏州县在内的西部民族地区,受地缘政治博弈、民族与宗教矛盾等多重因素交织影响,一直是国家治理的重点和难点区域。其中,西藏和新疆地处边陲,是我国国防要冲,历史上许多时期被视为"地理偏远的边缘地带、拱卫核心的缓冲地带、经济落后的贫困地带、文化迥异的遥远地带"。境外势力不断利用宗教在我国边疆地区宣传极端思想和从事极端活动,对我国国防安全造成极大威胁。

基于中国各地区发展的基础和条件不尽相同的现实,尽管新中国成立以来先后采取区域均衡和协调发展政策,取得了显著成效,但区域不平衡问题依然突出:

一是东西发展差距仍然明显。居民收入水平、基础设施水平、基本公共服务水平和科技创新水平绝对差距显著。受地理位置和交通运输条件等因素影响,东部地区与中、西部地区之间在发展机会上差异明显。尤其是改革开放以来,东部地区利用有利的地理位置和社会因素,加之"先富带动后富"的经济政策推动,生产力布局得以倾斜,经济社会得以快速发展,形成了市场体系相对完善、产业外向度高、区域经济良性循环的发展态势,东部沿海地区以惊人的速度创造出大量财富,成为中国经济发展的中流砥柱。而中、西部地区受自然环境、历史、社会等多种因素制约,发展较为滞后,甚至一度以资源耗竭、生态破坏和环境污染为代价来发展经济,形成了一定程度恶性的循环累积效应,区域发展分化严重,部分中西部省市呈现转型停滞的低迷。

二是南方与北方发展不平衡。尤其是 21 世纪以来,中国东西差距扩大的态势开始出现转机,但南北分野却不断加剧。自 2013 年中国经济进入新常态后,囿于传统动力减弱、工业增长停滞等诸多因素,北方许多地区出现经济增速放缓、产业与市场活力下降等现象,河北、天津以及东北等地区经济增速放缓;而同时段西南经济板块在成渝"双核"带动下成为新的增长极,南北方经济发展迈入加速失衡期,并且这一趋势在短时间内尚未出现收敛迹象。对比 2000 年和 2021 年数据,北方地区 GDP 占全国GDP 比重由 41.8% 下滑至 35.3%,尤其是东北地区 GDP 占比由 9.82%降至 4.90%。

概而言之,在偌大的中国版图内,各地区的自然、经济、文化差异显著,区域发展不平衡是基本国情。一些沿海地区、大都市地区、新型工业化地区充满活力,而一些边疆地区、民族地区、老工业区、受灾地区和资源枯竭城市则逐渐衰落。区域间人均 GDP、基本公共服务水平等方面的差距仍然很大。这种差距不仅与主要发达国家相比偏大,也超过了一些发展中国家。区域发展不平衡影响了共同富裕的实现,成为制约我国整体战略推进、影响国家长治久安的结构性问题之一。

## 中国区域发展制度流变历程

从 1949 年新中国成立时的百废待兴,到今天踏上社会主义现代化建设新征程,围绕着区域之间长期存在的差异性,我国区域发展政策在不同时期的发展环境和发展理论影响下,以中国共产党治国理政的一个重要方式——五年规划(计划)不断与时俱进地制定、实施和动态调整为节点,大致经历了"均衡发展—非均衡发展—协调发展"三个阶段,逐渐形成了丰富的中国特色社会主义区域发展制度体系。

### 均衡发展阶段（"一五"至"五五"）

新中国成立初期一穷二白，经济结构简单，物质基础薄弱，工业化水平极低，地区发展严重不平衡，同时面对非常严峻的外部封锁和国防安全问题。彼时中国借鉴苏联的计划经济模式，学习苏联实施的工农业五年计划，制定实施了从"一五"（1953～1957 年）到"五五"（1976～1980 年）的 5 个五年计划，强调统筹兼顾、综合平衡，大范围实行区域均衡政策，强调在各产业部门和各区域之间均衡布局生产力，以大规模投资推进工业化。

1953 年，中央提出了过渡时期以"一化三改"①为核心内容的总路线。开始实施"一五"计划并启动区域均衡战略。1956 年，毛泽东在中央政治局扩大会议上所作的《论十大关系》报告中提出了沿海和内地均衡发展的思想，指出应在内地增建新的工业基地，并鼓励沿海大力支持内地发展。

在"一五"（1953～1957 年）和"二五"（1958～1962 年）时期，通过苏联援建的 156 项重点工程项目的引领，以及经历了"大跃进"运动和三年困难时期，均衡布局呈现了一定的规模。"三五"（1966～1970 年）计划从准备大打、早打出发，积极备战，把国防建设放在第一位，开始了大规模的"三线建设"②，形成了以兰州、西安、成都等城市为依托的新工业基地，同时加大了内陆地区铁路、公路建设，加快了内陆和少数民族地区的发展。

这些举国体制下的均衡发展举措，虽然有些政策被批评为"低效率"，但客观来说，作为特定时代背景下的制度安排，对于我国在一穷二白的情况下，较快建立起独立的、比较完整的工业体系和国民经济体系，改善人民生活和提升国际地位起到了十分重要的作用。例如，尽管三线建设出现了产业结构联系中断、资源要素无法扩散等问题，被认为是"孤岛经

---

① "一化"是逐步实现国家的社会主义工业化；"三改"是逐步实现国家对农业、手工业、资本主义工商业的社会主义改造。
② 一般是指当时经济相对发达且处于国防前线的沿边沿海地区向内地收缩划分三道线。一线地区指位于沿边沿海的前线地区；二线地区指一线地区与京广铁路之间的安徽、江西及河北、河南、湖北、湖南四省的东半部；三线地区指长城以南、广东韶关以北、甘肃乌鞘岭以东、京广铁路以西，主要包括四川（含重庆）、贵州、云南、陕西、甘肃、宁夏、青海等中西部省区和山西、河北、河南、湖南、湖北、广西、广东等省区的后方腹地部分。其中西南的川、贵、云和西北的陕、甘、宁、青俗称为"大三线"，一、二线地区的腹地俗称为"小三线"。

济[①],但是三线建设推动了我国生产力布局进一步向内地延伸,为中、西部地区打下了良好的重工业发展基础。

### 非均衡发展阶段("六五"至"七五")

结构主义非均衡发展理论认为,由于不同区域要素禀赋不同,以及不同经济部门中技术和劳动发挥的作用不同,故此有了进步与非进步之分,并导致投资效率差异。所以,应当将发展的重心和有限的资金优先投放于相对发达的地区和具有明显集聚效应的优势产业部门,从而产生最大的经济效益和社会效益,然后通过扩散效应逐步传递并带动相对落后地区共同发展。

1978 年 12 月,党的十一届三中全会重新确立了解放思想、实事求是的思想路线,实现了从"以阶级斗争为纲"向"以经济建设为中心"的伟大转变,作出了在中国实行改革开放的伟大决策。从此,中国进入了改革开放和社会主义现代化建设的新时期,推进了从计划经济体制向社会主义市场经济体制的改革和转型,开始迈向"富起来"的新征程。

从"六五"(1981~1985 年)开始,我国的五年计划增加了社会发展的内容,更名为国民经济和社会发展五年计划。从过去的指令性计划、政府直接配置资源逐步转变为符合市场经济规律的宏观经济管理,市场机制色彩越来越浓重,非均衡发展成为这段时期的重要思想。国家在政策和资源投入上更多向效率更高的东部和沿海地区倾斜,举全国之力优先实现部分地区的富裕,即"让一部分地区、一部分人先富起来"。从 1980 年开始,以东部沿海地区开发开放为重点,陆续建立了五大经济特区[②]作为改革开放的试验田。1988 年,邓小平同志提出"两个大局"[③]的战略构想,强调允许沿海地区首先快速发展起来,待时机成熟时反哺内地,给予内地

---

① 指某一地区经济发展过程中,由于较多地依靠外在投资的支撑而形成的与本地区资源禀赋相对割裂的经济结构状态。
② 深圳、珠海、汕头、厦门、海南五大综合性经济特区。
③ 一个大局,就是东部沿海地区加快对外开放,使之较快地先发展起来,中西部地区要顾全这个大局;另一个大局,就是当发展到一定时期,比如本世纪末全国达到小康水平时,就要拿出更多的力量帮助中西部地区加快发展,东部沿海地区也要服从这个大局。

发展更多的帮助。同时强调在国家统一指导下按照"因地制宜、合理分工、优势互补、共同发展"的原则来推进区域发展,鼓励各省市、各地区按照各自的省情、区情发展生产和搞活经济。

在非均衡发展战略的有力激励下,我国社会经济面貌大为改观,各地发展经济的热情空前高涨,综合国力迅猛增强,逐步形成以珠三角、长三角为核心的区域经济增长极。但是与此同时,也出现了区域贫富差距拉大的现象:由于大城市"虹吸"效应、工农业产品价格"剪刀差",城乡差距拉大;西部农村自身条件差、经济发展滞后,东、西部经济落差加剧;北方受产业结构调整缓慢、创新研发滞后等因素限制,一些老工业基地经济增速日益放缓,经济排名有所下降。

### 协调发展阶段("八五"至"十四五")

20 世纪 90 年代以来,可持续发展、多元协同治理理念逐渐成为主流,我国的发展环境也面临着新的机遇和挑战。一方面,面对着经济全球化的高涨和信息技术、知识经济的推动,以及周边接壤的一些原苏联国家、蒙古、越南等国的经贸往来增多等机遇;另一方面,面对着东部与西部、南方与北方之间的区域不平衡问题日益加剧等问题。我国不断对区域经济结构进行战略调整,在继续提高东部沿海地区发展水平的同时,着力促进区域经济和社会生态环境的协调发展,逐步构建了区域经济协调发展制度体系。

"八五"(1991～1995 年)计划将"促进地区经济的合理分工和协调发展"作为一条重要指导方针,着手探索区域协调发展政策。尽管这一阶段我国的区域发展重点仍在东部,但已逐步把加快中、西部地区的经济发展提上议程,陆续出台了一系列政策措施,增强国家和东部沿海地区对中、西部地区的发展援助,以保证全国经济的持续快速协调发展。例如,制定《国家八七扶贫攻坚计划》,推动对口支援和对口扶贫协作。

从"九五"(1996～2000 年)开始,我国正式进入区域协调发展新阶段。为遏制区域发展差距逐渐扩大的趋势,"九五"计划将解决地区发展差距问题提高到具有全局意义的高度,制定了跨世纪区域经济协调发展的战略部署和政策措施,这也标志着我国区域经济协调发展战略的确立。在此背景下,1999年提出实施西部大开发战略;"十五"期间的2003年和2004年又先后提出振兴东北地区等老工业基地和促进中部地区崛起战略,逐渐形成了区域协调发展的"四大板块"①战略。

从"十一五"(2006～2010年)规划开始,我国的"五年计划"更名为"五年规划",将规划指标分为预期性和约束性两类,注重以约束性指标促进政府职能转变,以预期性指标激发市场活力。增加了具有空间约束的主体功能区内容,强化了基本公共服务、社会治理、资源环境等方面的保障,同时加大了对特殊类型地区②的扶持力度。

党的十八大以来,以习近平同志为核心的党中央高度重视区域协调发展,将其提升为区域经济的引领性战略。并且根据国内外形势的变化及时调整了区域发展思路,标志着我国区域协调战略进入了中国特色社会主义建设的新阶段。从2013年开始,陆续提出了京津冀协同发展、长江经济带发展、粤港澳大湾区建设、长三角一体化发展等区域重大发展战略,形成了"五大战略"③体系。在党的十九大报告中明确提出了区域协调发展战略及其主要任务。此外,影响深远的脱贫攻坚战和突出区域性的"滴灌式"精准扶贫、新型城镇化、乡村振兴、对口支援协作合作也是区域协调发展大文章的重要组成部分,为形成更加有效的区域协调发展新机制注入强劲动力。

进入"十四五"(2021～2025年)时期,立足新发展阶段,贯彻新发展理念,构建新发展格局,区域协调发展被赋予了高质量发展的新要求。"十四五"规划指出,要加快构建以国内大循环为主体、国内国际双循环相互促进的新发展格局的重大战略部署,要求国内国际双循环相互促进,依托国内大市场优势,实现更大范围、更宽领域、更深层次的高

---

① 推进西部大开发形成新格局、加快东北老工业基地振兴、推动中部地区崛起、实现东部地区优化发展。
② 包括革命老区、少数民族地区、边疆地区、贫困地区、老工业基地、资源枯竭型地区和生态退化型地区七个地区。
③ 京津冀协同发展、长江经济带发展、粤港澳大湾区建设、长三角一体化、黄河流域生态保护与高质量发展。

水平对外开放。2022 年 12 月,中共中央、国务院印发了《扩大内需战略规划纲要(2022—2035 年)》,为促进区域协调发展,构建新发展格局提供了更有力的支撑。同时要求适应对外开放的新形势,积极参与国际竞争和交换,形成多元化的开放格局。

回看波澜壮阔的社会主义建设与改革的实践历程,我国区域协调发展取得了历史性的成就。绝对贫困问题得到历史性解决,扭转了区域差距不断扩大的趋势,初步形成了各大区域板块优势互补、协同发展的格局和生态。一是基本公共服务均等化水平不断提高。各地义务教育资源基本均衡,控辍保学①实现动态清零;基本医疗保障实现全覆盖,中、西部地区每千人口医疗卫生机构床位数超过东部地区;参加城乡居民基本养老保险人数超过 5.4 亿人,参加基本医疗保险人数超过 13.6 亿人。二是各地区之间基础设施通达程度更加均衡。中、西部地区铁路营业总里程达到 9 万公里,占全国比重近 60%,与东部交通可达性差距明显缩小;西部地区在建高速公路、国省干线公路规模超过东、中部总和;航空运输服务已覆盖全国 92% 的地级行政单元、88% 的人口。三是东、西部差距持续缩小。在大投资、大转移和大开放三大因素共同驱动下,中、西部地区生产总值快速增长,经济增速连续多年高于东部地区;东部与中、西部人均地区生产总值和人均可支配收入比差距持续缩小;中、西部地区就业和吸引力不断增加,农民工跨省迁移数量明显减少。

然而,真正实现区域协调发展目标还任重道远,区域发展不平衡的内在动力问题还没有得到根本改变。一是发展动力极化现象日益突出。二是各行政区划间的壁垒依旧突出,阻碍了生产要素在区域间的自由流动。三是不少地方将区域发展简单等同于 GDP 或人均 GDP 增长,热衷于发展重化工业项目,加剧了产能过剩,忽略了发展的结构和质量。

## 推动区域高质量协调发展

"不谋万世者,不足谋一时;不谋全局者,不足谋一域。"区域协调发

---

① 是"普及九年义务教育"工作所提出的,意思为控制学生失学、辍学,保证所有适龄儿童、少年入学就读,接受义务教育。

展,是一种适度倾斜的不均衡发展战略,强调在区域非均衡发展的同时,采取积极的方法进行适度的调控,以期实现区域整体的快速、健康和可持续发展。区域协调发展是推进中国式现代化的重要动能,目标是建立各区域优势互补、互通有无的新格局,打造区域经济规模协调、发展差距持续缩小、要素有序自由流动、基本公共服务均衡、人民群众福祉均等、资源环境可持续的发展新格局,在比较优势选择和优化产业结构的基础上,创造真正的经济活力。更进一步,区域协调发展不仅关乎经济发展,而且事关国家安全、民族团结和社会稳定,是重要的基本盘。

当前,随着我国经济由高速增长转向高质量发展,我国区域发展政策也随之进入了区域高质量协调发展的新阶段。新时代促进区域协调发展,不仅立足局部和当下,更着眼全局和长远;不仅关乎经济发展、效率提升,更牵动共同富裕、社会公平、国家安全;不仅影响一时一地,而且对把握新发展阶段、贯彻新发展理念、构建新发展格局、推动高质量发展具有深远意义。

我国区域协调发展政策的内容十分丰富。重点着墨于创新激励共同努力、共同奋斗的制度安排,在大一统体系内促进要素合理分配,更好地促进发达地区和欠发达地区,东、中、西部和东北地区共同发展,尤其通过对欠发达地区,特别是边疆地区、革命老区、民族地区、贫困地区的专门性投入,提升欠发达地区的内生发展动力,逐步改变经济"南强北弱"和"东强西弱"的局面,在推动高质量发展中逐步缩小城乡和区域发展差距。

2018年11月,中共中央、国务院印发的《关于建立更加有效的区域协调发展新机制的意见》提出了基本公共服务均等化、基础设施通达程度比较均衡、人民基本生活保障水平大体相当这三大目标。要求通过建立区域战略统筹机制、健全市场一体化发展机制、深化区域合作机制、优化区域互助机制、健全区际利益补偿机制、完善基本公共服务均等化机制、创新区域政策调控机制、健全区域发展保障机制等。总体来看,我国的区域协调政策包括多个方面,既有锦上添花、培育增长极的协作合作,更有雪中送炭、助推欠发达地区内生增长的支援帮扶。

### 促进区域功能合理定位

我国幅员辽阔，各地区资源禀赋、社会经济特点和发展阶段不同。（1）尊重客观规律和地区禀赋差异，立足资源环境承载能力，因地制宜、精准施策，充分挖掘比较优势，按照宜工则工、宜商则商、宜农则农、宜粮则粮、宜山则山、宜水则水的要求，走合理分工、优化发展的路子，不断根据形势变化加强区域战略统筹，明确各区域的功能定位和发展导向，促进区域合理分工和协调发展，深度参与国内国际产业链和价值链分工。（2）统筹行政区与功能区融合发展，以问题导向来划分区域类型，避免区域分割、要素隔离的局面。

### 深化细化财税体制改革

在经济政策、资金投入和税收政策等方面加大对欠发达地区的支持。（1）进一步改革并细化税制设计。税收作为经济调控的主要手段之一，对于地域发展的支持作用不言而喻。以西部地区为例，目前的税收优惠政策主要涉及企业所得税、关税、农业特产税等，符合条件的西部地区企业在进出口、土地政策倾斜、金融信贷等方面都享受一定程度的支持。例如，对于设在西部地区的鼓励类产业企业减按15％的税率征收企业所得税；在投资总额内进口的自用设备在政策规定范围内免征关税和进口环节增值税等。未来还需要结合央企总部布局进行税制调整，一方面促进央企总部布局在欠发达地区落地，另一方面要改革税制，税收属地管理不按照企业注册地而按照经营地（经营活动的发生地）进行征税。（2）进一步加大中央财政性建设资金、其他专项建设资金等的投入力度，支持欠发达地区建设。（3）合理划分基本公共服务的中央与地方的财权事权，使得公共品供给的事权与财权相匹配。

### 健全区域合作互助机制

健全区域合作机制，加大力度鼓励发达地区采取对口支援协作合作、社会捐助等方式帮扶欠发达地区尤其是特殊类型地区高质量发展,形成以东带西,东、中、西共同发展的格局。"十四五"规划对这些地区作出了具体规划:一是支持革命老区、民族地区加快发展;二是加强边疆地区建设;三是推进兴边富民、稳边固边;四是促进资源枯竭型地区、环境退化地区的转型发展;五是推动欠发达地区加快发展。改善基础设施条件,保护自然生态,建立健全市场化、多元化生态补偿机制,加大财政转移支付力度和财政性投资力度,对重点生态功能区、农产品主产区、困难地区提供支持。通过一定时期的帮扶、导入新的生产要素,充分激发这些区域发展的内生动力,推动解决发展不平衡不充分问题。

### 协调区域基础设施建设

基础设施建设是典型的具有正外部性的公共产品,同时具有"乘数效应",对拉动投资有很好的促进作用,进而创造出就业岗位和增加民众收入,是经济社会进入良性循环高质量发展的保障。加大对欠发达地区的基础设施投资支持,既能提高欠发达地区人民群众生活质量,又能提高工作效率,为要素跨地区流动、欠发达地区特色产品和资源对接大市场提供便利,增强欠发达地区发展的内生动力。包括西部大开发、中部崛起和东北振兴等在内的区域协调发展战略,都突出了国家对欠发达地区基础设施建设的支持力度。

### 促进基本公共服务均等

基本公共服务是共同富裕的重要表征。近年来,我国区域差异调控的重点从缩小收入差距开始转向缩小基本公共服务的差距上,在基本医疗、基础教育、基本养老等方面精耕细作,不断加大对欠发达地区基本公共服务的财政支持力度。"十四五"规划提出,2025 年"基本公共服务均等化水平明显提高",2035 年"基本公共服务实现均等化"。《"十四五"公共服务规划》则明确了以标准化推进基本公共服务均等化的路径,多元扩大普惠性非基本公共服务供给,丰富多层次多样化生活服务供给,努力增进全体人民的获得感、幸福感、安全感。要实现这一目标,需要优化财政支出结构,优先保障基本公共服务补短板;明确中央和地方在公共服务领域事权和支出责任,加大中央和省级财政对基层政府提供基本公共服务的财力支持。打造覆盖全生命周期、惠及全体民众的基本公共服务体系,促进各区域人民生活水平大体相当,保障各区域人民享受区域协调发展的成果。

### 建立经济循环统一市场

树立"一盘棋"思想,打破地区分割,通过制度设计激励要素资源在统一大市场体系内有序自由流动,促进商品自由贸易,促进各区域重大国家战略对接,打造抱团发展的整体竞争优势,形成相对平衡、优势互补、高质量发展的区域经济格局。(1)完善利益补偿体系,畅通区域经济流动性。例如,我国实施多年的对口支援协作合作制度和财政横向转移支付制度,促使欠发达地区的财政和人力资源得到一定程度的补充;近年来构建的多元化横向生态补偿机制、粮食主产区与主销区之间的利益补偿机制、资源输出地与输入地之间的利益补偿机制,也已取得积极成效。(2)立足新发展阶段,尤其要牢牢把握扩大内需这一战略基点,强化国内统一大市场建设,促进各地区找准自己在国内大循环和国内国际双循环中的位置和竞争优势,为构建新发展格局夯实根基。一是畅通东、西部之间的经济循环。促进中、西部地区在东部就地城镇化和市民化,推动沿海产业有序向中、西部地区转移,鼓励东部发达地区与中、西部欠发达地区共建产业园区,发展"飞地经济",实现产业布局、就业岗位与人口分布相匹配。二是畅通南、北方之间的经济循环。充分利用北方资源优势和东南部的资金和产业优势,推动南、北方开展多层次、多类型、多形式的经济技术合作,推动东北、西北地区与珠三角、长三角之间的深度合作。(3)集中力量建设一批关乎全局的重大项目。例如,扶持制造业从东部地区向中部地区和西部地区梯度转移,实现"东产西移";完善农特产品等供应链体系,促进"西货东销""北粮南调";促进文旅产业深度融合,助力"东客西游";把煤炭、水能资源丰富的西部省区的能源转化成电力资源,输送到电力紧缺的东部沿海地区,力推"西电东输";促进天然气资源和水资源重新布局,实施"西气东输"和"南水北调";将东部算力需求有序引导到西部,优化数据中心建设布局,启动"东数西算"等。

### 引进培育产业高端业态

打破行政区划的局限,促进生产要素在区域间自由流动,引进产业高端业态,培育高层次产业。(1)引导产业高质量转移。面向国际国内市场积极参与产业结构调整和产业布局重构,加大产业招商和项目建设力度,引导纺织、服装等劳动密集型制造业以及钢铁、石化、有色金属等资本密集型制造业向中西部地区转移,协同推进高端产业承接与东北老工业基地产业升级。(2)优化区域内三次产业结构,打造区域发展新增长点。各地区在保护当地的生态环境的同时,合理利用区域内的自然资源,按照区域分工的要求形成本区域的特色产业,在具有优势的领域精耕细作,逐步形成优势产业集群。(3)实施产业基础再造工程,推进产业基础高级化、产业链现代化。充分开发和利用产业先进技术,提高产业创新能力,发展绿色经济,实现从成本优势、速度优势向技术优势、产业链优势转换,提高产品附加值。

### 协调江河战略联动发展

"江""河"战略分别指长江经济带发展、黄河流域生态保护和高质量发展战略,共涉及19个省份,政策覆盖面广泛。以大江大河为纽带,促进中国东西部、南北方区域协调发展。(1)完善跨区域协调统筹机制,编制"江""河"协同联动的发展规划;(2)推动基础设施互联互通建设,畅通南北向煤炭运输、客货运输及特高压输送等通道,形成覆盖沿线城市群的现代化交通网络体系,优化沿线区域数据中心节点与网络化布局;(3)促进资源要素共融共享,增强沿线城市群产业协作能力,促进资源要素自由有序流动和高效集聚,避免出现同质化建设与低水平竞争。

### 协同保护生态环境资源

党的十八大以来，以习近平同志为核心的党中央赋予了生态环境以生产力属性，秉承"绿水青山就是金山银山"的理念，从生产、生活两方面论述了新时代构建资源节约型、环境友好型社会的构想，并且提出了"在2030年前实现碳达峰、2060年前实现碳中和"的要求。（1）综合考虑生态容量和资源承载力的双重约束，引导产业梯度转移有序推进，防止高污染产业向欠发达地区转移，健全环境污染的联防联控机制，促进循环经济、绿色经济持续健康发展。（2）完善跨区域生态补偿机制和生态产品价值实现机制，确保"生态蛋糕"与"经济蛋糕"的合理分配。

### 调节改善横向府际关系

长期以来，我国区域经济发展格局以竞争叙事为主，激烈的区域竞争甚至本身就是中国经济发展的一大动力因素。区域竞争既有长期的战略定位竞争，有中期的地缘经济竞争和产业发展竞争，也有短期的建设项目竞争。在资源总量有限的情况下，横向竞争中难免遇到地方保护主义的掣肘，从而导致地区间交易成本增大，以及同质化发展、重复建设和产能过剩等。各个区域画地为牢，阻碍了生产要素自由流动，成为分离散装的"诸侯经济"。由于行政区划难以消除，因此，优化调节横向府际关系，开展基于共同愿景的区域协同合作，对于促进商品贸易和要素自由流动具有重要的意义，尤其在国内国际双循环的新发展阶段意义更巨。

## 区域协调发展战略

党的十八大以来，习近平总书记亲自谋划、亲自部署、亲自推动一系列区域协调发展战略。提出京津冀协同发展、长江经济带发展、粤港澳大湾区建设、长三角一体化发展、黄河流域生态保护和高质量发展等区域重大战略，就深入推进西部大开发、振兴东北地区等老工业基地、中部地区崛起、东部率先发展等作出新部署。以习近平同志为核心的党中央提出了一系列新理念新思想新战略，不断推动形成优势互补、高质量发展的区域经济布局，国土空间布局更加优化，主体功能更加明显，区域发展更加平衡、更加协调，东中西和东北"四大板块"纵横联动、陆海江河统筹发展的区域协调发展新格局。

区域协调发展"一盘棋"大文章正在写进神州大地。党的十九大报告中提出实施区域协调发展战略；"十四五"规划对区域高质量协调发展进行了清晰布局；党的二十大报告提出以中国式现代化全面推进中华民族伟大复兴，对区域协调发展提出新要求，赋予区域高质量协调发展以新内涵，指出要"促进区域协调发展，深入实施区域协调发展战略、区域重大战略、主体功能区战略、新型城镇化战略，优化重大生产力布局，构建优势互补、高质量发展的区域经济布局和国土空间体系。"

### 区域协调发展战略·四大板块

为应对改革开放以来区域发展失衡问题，自 1999 年起，我国围绕区域协调发展进行了丰富的理论与实践探索，逐渐完善了以西部、东北、中部、东部"四大板块"为引领的区域协调发展战略。在 2023 年新年贺词中，习近平主席放眼新时代的中国："沿海地区踊跃创新，中西部地区加快发展，东北振兴蓄势待发，边疆地区兴边富民。"在 960 多万平方公里的中华大地，东西互济，南北协同，陆海统筹，地域发展差距正在变为追赶势能。

#### ■ 推动西部大开发形成新格局

1999 年 9 月，党的十五届四中全会正式提出"我国要实施西部大开发战略"。同年 11 月，中央经济工作会议从我国经济发展的实际出发，审时度势，部署实施西部地区大开发战略。进入新世纪后，随着西部大开发战略的稳步推进，多项相关政策规划相继出台，从"十一五""十二五""十三五"到"十四五"，相关规划不断纵深制定和压茬推进，发展任务和重点工作得到部署实施，制度成效得以显现。

作为中国区域经济格局中的后发区域,西部地区在西部大开发政策的推动下,在经济发展、产业体系、基础设施建设、生态环境等方面取得了重大突破。但不可否认的是,距离"建成一个经济繁荣、社会进步、生活安定、民族团结、山川秀美的新西部"目标的实现仍然道阻且长。下一阶段,将进一步细化政策的空间尺度,把西北地区和西南地区分开来进行规划;统筹提升创新能力,加快数字经济发展;解决欠发达地区和低收入人口的问题,强化基础设施建设;优化能源与水资源供需体系,加快生态文明与绿色发展;建设现代化产业、带动特色产业发展;在"一带一路"的框架下,发展面向中亚、中东、东欧等地的陆上边境贸易;建设中心城市与城市群,西部的国家中心城市有西安、重庆和成都,另有若干省会城市,城市群则有关中、成渝、兰西、呼包鄂榆,接续城乡融合发展;巩固国家边疆安全;依托国内大市场,充分挖掘投资和消费潜力,着力加快产业转型升级和现代化经济体系建设,在国内国际双循环中发挥更加重要的作用。绵绵用力,久久为功,推动西部大开发形成新格局。

■ **推动东北振兴取得新突破**

东北地区在中国工业体系建设史上曾经写下了浓墨重彩的一笔,但是改革开放之后,东北地区经济发展面临着传统产业衰落、产业升级和结构转型压力巨大、发展新动能不足、体制机制落伍、资源枯竭、营商环境不优等问题,背负着很多历史包袱。"投资不过山海关"的魔咒一度成为东北地区的地域标签。据此,党中央和国务院结合东北经济困境实况,提出了东北振兴战略。1995 年,国家在"九五"计划中将辽宁作为老工业基地改造调整试点,首次提出"东北等老工业基地要加快改造和调整的步伐,充分发挥它的作用,国家给予必要的支持。"与此同时,持续增加对黑龙江、吉林两地的投入。2003 年 10 月,党中央、国务院印发《中共中央国务院关于实施东北地区等老工业基地振兴战略的若干意见》,吹响了振兴东北老工业基地的号角。一系列政策文件相继颁布,《东北地区振兴规划》以及"十二五""十三五""十四五"规划有力推进。

东北振兴取得阶段性成果,基本保持了经济正增长。2020 年东北三省实现地区生产总值 5.1 万亿元,人均地区生产总值 5.2 万元,常住人口城镇化率 67.7%。实施东北振兴战略,根本目的就是要让东北地区跳出结构性矛盾约束与要素持续流失的衰退陷阱,推进东北地区经济转型升级,推动东北振兴取得新突破。东北振兴"十四五"规划强调要重点关注四个方面:一是破解体制机制障碍,优化营商环境,谨防地方债务风险,激发市场主体活力。二是维护国家安全问题,包括粮食、生态、能源、产业安全。三是重构产业体系提升产业竞争力,包括东北老工业基地的传统制造业改造以及数字经济等新技术产业的发展,构建区域动力系统。四是提高中心城市能级,发挥好沈阳、大连、长春、哈尔滨 4 个中心城市的引擎作用,辽中南城市群有潜力成为未来带动东北地区发展的主要增长极。把经济脱困与转型升级和体制再造结合起来,通过环境重塑、结构转型和体制再造,提升参与国内国际双循环的水平和能力。

■ 促进中部地区加快崛起

在中国东部地区率先发展和西部大开发战略实施的一段时间内,中部地区发展曾一度滞后。为补齐中部地区发展短板,2004 年 3 月,国务院总理温家宝在《政府工作报告》中首次提出"促进中部地区崛起"。2006 年 3 月,国家"十一五"规划纲要明确提出促进中部地区崛起。2006 年 4 月,国务院正式出台了《关于促进中部崛起的若干意见》,开启了中部崛起篇章。一系列重磅政策先后颁布:2009 年 9 月,国务院通过了《促进中部地区崛起规划》,提出了"四带六圈"[①]战略布局;2012 年 8 月,国务院出台了《关于大力实施促进中部地区崛起战略的若干意见》;2016 年 12 月出台的《促进中部地区崛起"十三五"规划》,根据新形势提出了中部地区"一中心、四区"[②]的新战略定位,明确了中部崛起战略的九

---

① 加快构建沿长江经济带、沿陇海经济带、沿京广经济带和沿京九经济带;大力发展武汉城市圈、中原城市群、长株潭城市群、皖江城市带、环鄱阳湖城市群和太原城市圈。
② 把中部地区建设为全国重要先进制造中心、全国新型城镇化重点区、全国现代农业发展核心区、全国生态文明建设示范区、全方位开放重要支撑区。

项任务<sup>①</sup>。

经过一系列政策助推,中部地区驶入发展"快车道"。粮食生产基地、能源原材料基地、现代装备制造及高技术产业基地和综合交通运输枢纽地位更加巩固,经济总量占全国的比重进一步提高,科教实力显著增强,基础设施明显改善,社会事业全面发展。"十三五"时期,中部地区经济年均增长达到 8.6%,增速居"四大板块"之首。与此同时,中部地区仍面临开放度不足、制造业创新能力有待增强、生态绿色发展格局有待巩固、公共服务保障有待提升等问题。2021 年 7 月,在中部崛起战略实施 15 周年之际,中共中央、国务院发布《关于新时代推动中部地区高质量发展的意见》,为中部六省<sup>②</sup>破"发展质量"之局把舵定向,提出了坚持创新发展,构建以先进制造业为支撑的现代产业体系;坚持协调发展,增强城乡区域发展协同性;坚持绿色发展,打造人与自然和谐共生的美丽中部;坚持开放发展,形成内陆高水平开放新体制;坚持共享发展,提升公共服务保障水平等促进中部地区高质量发展的政策措施。

■ 鼓励东部地区加快推进现代化

东部地区是中国经济增长和实现现代化的"排头兵",在畅通国内大循环中发挥了纲举目张的作用,尤其在中国经济承压前行稳中有进的阶段,东部经济大省勇挑大梁,发挥了关键性作用。进一步地,东部地区率先发展,能够带来更强的示范和协同效应,其产业转型升级与功能疏解的实践也可为欠发达区域提供新发展机遇。东部地区加快推进现代化的重点在于率先提高自主创新能力,率先实现经济结构优化升级和增长方式转变,构建现代化产业体系。要把国家中心城市、区域性中心城市和县城的发展紧密结合起来,打造立体化的城镇系统,提升国际竞争力、全球影响力和可持续发展能力。

---

① 一是优化空间,构建区域协调发展新格局;二是改革创新,培育区域发展新动能;三是转型升级,建设现代产业新体系;四是做强做优,开创现代农业发展新局面;五是统筹城乡,推动新型城镇化取得新突破;六是纵横联通,构筑现代基础设施新网络;七是绿色发展,打造蓝天碧水新家园;八是增进福祉,促进人民生活迈上新台阶;九是开放合作,塑造区域竞争新优势。

② 山西、河南、安徽、湖北、江西、湖南。

### 区域重大战略·五大战略

深入实施区域重大战略是在习近平新时代中国特色社会主义思想指引下,由"十四五"规划提出的重要制度安排。旨在强化不同类型战略功能区的示范引领作用,推动形成优势互补、高质量发展的区域经济格局,助力区域协调发展。

我国区域重大战略主要指"五大战略",根据实施区域可以大致分为两种类型:一类是京津冀、粤港澳与长三角等点状区域,另一类则是长江流域与黄河流域等轴带状区域,彼此联动在一起,共同构成了区域协调发展的支撑轴点。

**■ 加快推动京津冀协同发展**

京津冀协同发展战略于 2014 年 2 月上升为国家战略。其关键词是"协同","牛鼻子"是疏解北京非首都功能,重点在于寻求打破行政区划壁垒、推动要素有序流动、优化资源合理配置,进而探索经济和人口密集地区优化发展的路径和模式,打造我国自主创新的重要源头和原始创新的主要策源地。从成效来看,京津冀协同已经迈出坚实步伐,空间布局和经济结构不断优化提升。面向未来,雄安新区、北京城市副中心和天津滨海新区将成为京津冀协同发展的建设重点。

**■ 全面推动长江经济带发展**

横跨东中西、覆盖 11 省(市、区)的长江经济带战略构想提出于 20 世纪 80 年代,于 2013 年 9 月上升为国家战略。重点在于坚持"共抓大保护、不搞大开发"总基调,依托长江黄金水道推动长江上中下游地区协调发展和沿江地区高质量发展。从成效来看,"十年禁渔"、沿岸整治等重拳出击,长江经济带生态环境保护已经发生转折性变化,经济社会发展取得历史性成就。未来还将加大沿江各地通力协作,统筹经济发展和生态保护,探索航运、防洪、产业等领域耦合发展,建设沿江综合交通运输体系,深入推进长江生态环境污染治理"4＋1"工程①,把长江经济带建设成为黄金经济带。

## ■ 积极稳妥推进粤港澳大湾区建设

2017年7月1日香港回归20周年之际,正式启动了粤港澳大湾区国家战略。这是统筹国内国际两个大局下的战略谋划,也是推动"一国两制"事业发展的新实践,有利于支持和推动香港、澳门更好融入国家发展大局,打造开放、包容、多元的高质量发展样板。"大胆闯、大胆试,开出一条新路来"是党中央赋予大湾区的历史使命。从成效来看,粤港澳大湾区硬联通、软联通不断加强,三地合作日益深入广泛。未来重点在于持续支持港澳与内地合作,围绕建设国际科技创新中心战略定位,努力建设全球科技创新高地,推动新兴产业发展,促进要素高效流动和市场一体化发展。

## ■ 提升长江三角洲区域一体化发展水平

2018年11月,习近平总书记在首届中国国际进口博览会开幕式上发表主旨演讲,宣布支持长江三角洲区域一体化发展并上升为国家战略。要求"紧扣一体化和高质量两个关键词",秉持"不破行政隶属、打破行政边界"理念,打破行政区经济,降低交易成本,促进要素自由流动、商品互通有无和专业化分工协作。从成效来看,长三角区域一体化进程加快,全国发展强劲活跃增长极、全国高质量发展样本区率先基本实现。未来要在经济发展、基础设施、科技创新、生态环境、公共服务等重点领域实现更深层次的一体化发展,持续完善循环体系建设,打造城市群命运共同体,实现高质量发展与共同繁荣。

## ■ 扎实推进黄河流域生态保护和高质量发展

2019年9月,黄河流域生态保护和高质量发展成为国家战略。重点在于"共同抓好大保护,协同推进大治理",让黄河成为造福人民

---

① 沿江城镇污水垃圾处理、化工污染治理、农业面源污染治理、船舶污染治理和尾矿库污染治理。

的幸福河。就成效看,黄河流域生态保护和高质量发展扎实起步,黄河流域特色鲜明的高质量发展区域布局正在形成。未来还将探索统筹推进山水林田湖草沙综合治理、系统治理、源头治理的新方式,因地制宜构建以"上游水源涵养,中游水土保持,下游生态重建"为核心的生态保护格局。补齐黄河流域高质量发展不充分、不完全的突出短板,补强黄河流域民生发展不足的最大弱项,协同推进黄河流域经济社会联动发展。

### 主体功能区战略

我国的国土空间具有多样性、非均衡性、脆弱性三个突出特点,这意味着需要合理有序、节约集约、因地制宜、分类开发工业化和城市化空间。改革开放以来,我国不断探索国土空间开发规律,成效显著,但也存在一系列问题:空间结构不合理,经济分布与资源分布失衡;生产空间特别是工矿生产占用空间偏多,生态空间偏少;耕地面积减少过多过快;生态系统整体功能退化;经济布局、人口布局与资源环境失衡等。

一定尺度的国土空间都具有多种功能,但其中必有一种是主体功能。实施主体功能区战略,就是根据不同区域的资源环境承载能力、现有开发强度和发展潜力,统筹谋划区域空间的人口分布、经济布局、城镇化格局,确定其主体功能,从而明确其开发方向、开发强度和开发秩序,形成人口、经济、资源环境相协调的国土空间开发格局。强化统筹衔接,使规划空间布局更优化、产业布局更合理、城市建设更科学、生态优势更凸显、创新发展更具活力,推动城市精明增长。同时做好战略留白,为长远发展预留充足空间。增长极理论、点轴开发理论、中心—外围理论等对主体功能区规划设计具有重要指导作用。

为了促进区域经济,实现人口与环境、人口与社会经济协调发展,2007年,国务院提出编制全国主体功能区规划意见,要求各地区做好主体功能区的规划工作。2010年12月,国务院印发《全国主体功能区规划》，构建了"4＋3＋2"格局①。2017年《中共中央国务院关于完善主体功能区战略和制度的若干意见》进一步完善主体功能区战略和制度，将主体功能区战略格局在市县层面落地。重点编制"多规合一"的空间规划，从维护国家"五大安全"②政治高度，科学划定县域"三区三线"③空间格局，实施严格生态保护管控，健全各类主体功能区空间发展长效机制，优化开发区、重点开发区、农产品主产区、重点生态功能区等，高质量绘就未来空间蓝图。

### 新型城镇化战略

改革开放以来，我国城镇化快速发展，有效地拉动了消费增长，促进了投资，优化了产业结构，拉动了经济增长，推动了创新创业，增大了社会生产的财富总量。2022年，我国GDP超万亿的城市已增加至24个，占全国经济总量的比重达46％。

新型城镇化是实现中国式现代化的必由之路，也是实现全体人民共同富裕的必经之路。党的十八大以来，以习近平同志为核心的党中央推进以人为核心的新型城镇化。党的十九大报告明确了实施新型城镇化战略、推进形成城镇发展新格局的重点任务。要点包括：以城市群为主体构建大中小城市和小城镇协调发展的城镇格局，加快农业转移人口市民化等。党的二十大报告再次强调要深入实施新型城镇化战略。

#### ■ 突出"以人为核心"

近些年，中国城市化率增长速度大概是每年1％。根据"十四五"规划：到2025年，中国的城镇化率将从60.6％提高至65％。已然实现从"乡土中国"到"城乡中国"的转型，并朝着"城市中国"迈进。意味着到"十四五"末，将有5700万人从农村乡镇进入城市，意味着我们无论生在哪

---

① 按开发方式划分为优化开发、重点开发、限制开发和禁止开发4类地区；按开发内容划分为城市化地区、农产品主产区和重点生态功能区3类地区；按层级分为国家和省2级规划。
② 维护国防安全、粮食安全、生态安全、能源安全、工业安全。
③ "三区"是指城镇空间、农业空间、生态空间三种类型的国土空间；"三线"分别对应在三区划定的城镇开发边界、永久基本农田、生态保护红线三条控制线。

里,总有 65% 的中国人会走向城市,在城里的月光能够照亮的地方读书求学、成家立业、养儿育女。可想而知,这些城镇居民中等收入群体能否显著扩大、城镇居民能否平等优质地享受城镇基本公共服务,是共同富裕目标能否实现的重要标志。因此,必须围绕人的需求和发展,坚持共享发展理念,把人民对美好城市生活的向往作为发展目标,在发展中不断满足人民群众在就业、教育、医疗、住房、养老、文化等方面最关心、最直接、最现实的利益需求,使更多人民群众共享有尊严、高品质的城市生活。

■ 优化城镇空间布局

以新型城镇化为拉动,提高空间配置效率,促进大中小城市、小城镇和新型农村社区的协调发展。一是根据增长极理论,重点打造一批城市群、都市圈。"十四五"规划提出应以城市群和都市圈为着力点,推动城市组团式发展,"分类引导大中小城市发展方向和建设重点,形成疏密有致、分工协作、功能完善的城镇化空间格局"。规划还明确了发展 19 个城市群,即"两纵三横"城镇化战略格局[①]。实际上,这些中心城市和城市群正在成为承载发展要素的主要空间形式,发挥着经济"压舱石"作用。2022年,上述 19 个城市群贡献了超过 80% 的全国 GDP。截至 2022 年 12 月,国家发改委共批复了 7 个国家级都市圈[②]规划。二是增强小城市发展活力,重点培育发展县域经济,发展新的经济增长极,发挥县城辐射带动乡村经济发展的节点作用。

■ 促进城乡融合发展

城乡关系与城镇化进程相生相伴,随着我国城镇化率的提升,城乡边界日益模糊,一些区域已经从"农村包围城市"逐渐转变为"城市拥抱农村"。2019 年 4 月,中共中央、国务院发布《关于建立健全城乡融合发展体制机制和政策体系的意见》,确立了中国在较长时期内统筹城乡发展、推进新型城镇化的主要目标。结合乡村振兴战略弥合城乡发展鸿沟,突

---

[①] 优化提升京津冀、长三角、珠三角、成渝、长江中游等城市群;发展壮大山东半岛、粤闽浙沿海、中原、关中平原、北部湾等城市群;培育发展哈长、辽中南、山西中部、黔中、滇中、呼包鄂榆、兰州—西宁、宁夏沿黄、天山北坡等城市群。

[②] 南京、福州、成都、长株潭、西安、重庆、武汉都市圈。

出以县城为重要载体的城镇化建设,让城乡之间彼此共享资源、逐渐交融,通过城市和乡村之间人口、技术、资本、信息等要素的自由流动,积极响应先富带后富,促进农民市民化以及城乡一体化发展,破题城乡二元结构,探索出一条以工促农、以城带乡、工农互惠的城乡共同富裕的道路。根据国家统计局公布的数据,2021 年末,城乡居民人均可支配收入之比由 2012 年的 2.88 缩小至 2021 年的 2.50,人均消费支出之比由 2.57 缩小至 1.90。

■ 推动城镇发展模式转型

步入新时代,人民日益增长的美好生活需要赋予城镇化更丰富的内涵。评价一座城市的指标越来越趋向于多元,不少城市给自己精选了立意美好的高质量发展定位(参见表 4)。为加快转变城市发展方式,增强可持续发展能力,预防和治理"城市病",一系列政策陆续出台,大力提倡以创新、绿色、智慧、人文城市建设为方向,积极开展新型城市建设。

#### 表 3 常见的城市发展形态定位

| 视角 | 定位描述 |
|---|---|
| 人文视角 | 人文城市、宜居城市、落脚城市、消费城市、包容性城市、步行城市、未来城市 |
| 规划视角 | 田园城市、光辉城市、紧凑城市、多核城市、韧性城市 |
| 技术视角 | 科技城市、信息城市、数字化城市、智能城市、智慧城市、泛在城市 |
| 生态环境视角 | 绿色城市、泛生态城市、低碳城市、有机城市、可持续性城市、海绵城市 |
| 知识创新视角 | 学习型城市、创意城市、创新型城市、知识型城市、孵化城市 |
| 政治经济视角 | 后工业化城市、全球城市 |

注:
① 落脚城市(Arrival city):指外来流动人口,尤其是低技能人口,在迁入大城市后形成的稳定的居住社区。这些社区是大城市中的"灰色"地带,又是外来流动人口进入大城市的入口。
② 消费城市(Consumer city):指具有供人们"消费"的能力(健康医疗、优美环境、良好的公共服务)的城市,与生产城市相对应。消费城市就是宜居城市。

③ 步行城市（Walking city）：提倡以步行、骑自行车或乘坐公共交通作为优先出行方式，让城市从"以汽车为中心"转向"以人为本"。

④ 紧凑城市（Compact city）：强调通过土地资源的混合使用、密集开发等策略，提高城市土地的利用效率和城市发展的品质。

⑤ 多核城市（Multiple-cell city）：指由几个核心发展起来的城市。如武汉、布达佩斯。

⑥ 韧性城市（Resilient city）：指城市能够凭借自身的能力抵御灾害，减轻灾害损失，并合理地调配资源以从灾害中快速恢复过来。

⑦ 泛在城市（U-City/Ubiquitous city）：基于泛在信息技术，实现城市内随时随地网络接入和服务接入的城市建设形态。它是智慧城市建设的重要维度，无线城市理念的进一步延伸。

⑧ 泛生态城市（Wide-ranging ecological city）：从生态系统的角度综合看待城市发展，以市民生存环境改善和生态化为目的，建设具有低碳节能、深度融合、美丽宜居的城市。

⑨ 有机城市（Organic city）：指像有机的生命体一样，具有生态优化、自我调节、新陈代谢功能的城市。

⑩ 海绵城市（Sponge city）：指利用渗、沸、蓄、净、用、排等措施进行水管理的城市，以求城市水资源的高效可持续利用。

⑪ 孵化城市（Nursery city）：指那些容易产生新思想、新技术的创新型城市，具有多样化特点，与具有专业化特点的中小城市相对应。

⑫ 全球城市（Global city）：包括国内与国际的政治权力中心、政府组织中心、国内与国际贸易中心、金融保险中心、医疗中心、法律中心、高等教育与知识创新中心、信息中心、消费中心等，当具有一个或几个上述职能的城市就可被称为全球城市。

# 第二节　全体人民共同富裕是对口工作的价值旨归

## 共同富裕的内涵要义

共同富裕是社会经过长期发展积累的高阶理想状态，是人类长期追求的美好理想，是物质发展、人文关怀、社会面貌得以充分展现的"社会大同"发展样态。共同富裕是中国特色社会主义的本质要求，是中国式现代化的重要特征，是指全体人民在中国特色社会主义制度保障下，共同创造发达领先的生产力水平，共享幸福美满的生活，是有步骤、分阶段地对全体人民实现精神、物质、社会等多层面的拉动，是在相对公平和合理差距下建立的有差别发展机制，是社会主义的本质要求。对于共同富裕的内涵，可以概括为全面、共享、差异、渐进四个关键词：

共同富裕具有全面性。共同富裕主要包括两方面：一是实现全体人民的富裕,二是实现物质与精神的共同富裕。我国的现代化是"全体人民共同富裕的现代化",强调的不是少数人的富裕,而是全体人民的共同富裕,是地图板块上不分地区、不分民族的富裕,"共同富裕路上,一个不能掉队"。新时代的共同富裕已超出了单纯的物质富裕范畴,需要"口袋和脑袋"共富,囊括了物质与精神两大层面:既不能一味追求物质财富的创造和积累而忽视了精神层面的丰富和提升,又不能只注重精神而忽略了实践积累的财富创造。

共同富裕具有共享性。共享劳动财富、共享发展成果是新时代共同富裕的理念主旨与本质要求。所谓共享,是"人人享有、各得其所,不是少数人共享、一部分人共享"。实现共同富裕的过程需要社会全体成员的共同努力,共同富裕的最终成果是人人享受。发展是实现共同富裕的前提,共享性是共同富裕的核心元素,可持续性是共同富裕的关键要素,其中包含发展的可持续和共享的可持续。此外,从国家层面来看,实现共同富裕战略目标要求跨越"中等收入陷阱"①,这意味着需要规避社会阶层过度分化、贫富差距不断扩大的情况,要重视经济社会发展的适当公平性和共享性。

共同富裕具有差异性。习近平总书记强调:"不是所有人都同时富裕,也不是所有地区同时达到一个富裕水准,不同人群不仅实现富裕的程度有高有低,时间上也会有先有后,不同地区富裕程度还会存在一定差异,不可能齐头并进。"因此,实现共同富裕必须承认发展前提的历史差异性与现实不平衡性,允许发展中保持适度差距,在动态发展中逐步缩小区域、城乡之间的差距。杜绝"绝对公平"和"整齐划一"的平均主义,在保证效率与公平的有机统一下,先富带动后富促进协调发展。

共同富裕具有渐进性。全体人民共同富裕的实现过程,呈现"阶梯式递进、不断发展进步、日益接近质的飞跃的量的积累和发展变化"的特征。既要重视共同富裕提出的历史必然性,又要关注未来共同富裕与时代发

---

① 指一国发挥人口和自然资源等优势,推动本国经济迅速发展,促使居民收入达到中等收入水准,但较长时期内始终停留在该水平的一种经济现象。

展脚步的一致性。共同富裕的渐进性不单指其理论的形成过程,更是对其实践过程的特点描述。这是一项长期、艰巨、复杂的系统工程,既要结合我国国情、考虑人民实际需要,又要遵循客观事物发展变化规律,积极引导社会发展动向,以更大的力度、更实的举措实现共同富裕。

## 共同富裕的逻辑演进

我国古代对共同富裕的朴素思考。共同富裕的思想并非始于当下,而是存在于中国源源不断的历史长河中。从人文始祖阶段的萌芽,到诸子百家对于"天下""贫富"的热议,以及历代贤士关于"民本""平等""大同"等观点的论述阐发,甚而包括因贵族剥削和官府敛赋、底层人民生活困苦而被迫发动的以"等贵贱,均贫富"到"均田免赋"为口号的农民起义,都深刻体现了古人对美好生活的期盼和带有平均思想的朴素的民生诉求,成为当今共同富裕理论的发展的思想渊源。例如:孔子在《论语·季氏》的《季氏将伐颛臾》中提出"不患寡而患不均";法家提倡"以天下之财,利天下之人";儒家建构"老有所终,壮有所用,幼有所长"之"天下为公"的大同社会。然而在封建皇权的统治时期,贵族统治、百姓被剥削实为常态。

马克思主义对共同富裕的内涵诠释。马克思主义以公有制为制度前提、以发展生产力为物质基础的科学论断,奠定了共同富裕科学内核的理论基础。起初,马克思主义是在对资本主义社会存在的不平等、严重的两极分化等社会现象进行深刻批判的基础上而创立起来的理论体系。在马克思对共产主义论述中可以看出,共产主义不是平均主义,不是贫困经济,而是社会力求发展经济并实现人民期望的共同富裕。马克思共同富裕理论建立在扬弃资本主义私有制的基础之上,对科学社会主义学者的共同富裕观进行了批判性继承,使共同富裕的概念走向了科学化和体系化。既是理想性与现实性的统一,又是物质、精神、社会等多维度的统一。

中国共产党对共同富裕的庄严承诺。百年来,党的初心使命始终没有动摇过,实现共同富裕是中国共产党一以贯之的奋斗目标。中国共产党党史，是践行党的初心使命和根本宗旨、提出并不断兑现对人民的承诺的历史。通过社会主义实现共同富裕，是我们党对全体人民作出的郑重承诺之一。早在中国共产党建立之初，陈独秀、李大钊等就在研究和宣传中萌发了"共同富裕"思想。中国共产党诞生后，始终坚持把为中国人民谋幸福、为中华民族谋复兴作为自己的使命，团结带领广大农民"打土豪、分田地"，实行"耕者有其田"，为摆脱贫穷落后、实现共同富裕创造条件。1953 年《中共中央关于发展农业生产合作社的决议》中明确提出，要摆脱贫困状态，努力实现共同富裕和普遍繁荣的生活。1992 年邓小平在南方谈话中就社会主义本质指出，要解放生产力，发展生产力，消灭剥削，消除两极分化，实现共同富裕。其后，每次党代会均提及共同富裕。

党的十八大以来，习近平总书记站在新时代坚持和发展中国特色社会主义的战略和全局高度，就扎实推动共同富裕作出一系列重要论述和科学指引，作出了我国现在"已经到了扎实推动共同富裕的历史阶段"的重大论断，"让老百姓过上好日子"是我们一切工作的出发点和落脚点。他指出："让人民群众真真切切感受到共同富裕不仅仅是一个口号，而是看得见、摸得着、真实可感的事实。""贫穷不是社会主义，贫穷的平均主义不是社会主义，富裕但是不均衡、两极分化也不是社会主义。共同富裕才是社会主义。"要求坚持共享发展理念，把实现共同富裕作为社会主义本质的核心内容，作为社会主义区别于资本主义的根本性因素，作为党和政府的重大责任，作为践行初心使命的光荣任务。

党的十九大报告提出：经过长期努力，中国特色社会主义进入了新时代。"这个新时代，是全国各族人民团结奋斗、不断创造美好生活、逐步实现全体人民共同富裕的时代。"具体来说，就是要到 2035 年基本实现社会主义现代化时，全体人民共同富裕迈出坚实步伐；到本世纪中叶把我国建成富强民主文明和谐美丽的社会主义现代化强国时，全体人民共同富裕基本实现。而要实现这一目标，必须着力解决"人民对美好生活需要和社会发展不平衡不充分的矛盾"。

"十四五"规划在 2035 远景目标中明确提出"全体人民共同富裕取得

更为明显的实质性进展",在改善人民生活品质部分突出强调"扎实推动共同富裕",并在"提高人民收入水平"中提出了一系列重要要求和重大举措。

党的十九届六中全会通过的《中共中央关于党的百年奋斗重大成就和历史经验的决议》在阐述第二个百年奋斗目标时指出:"全体人民共同富裕基本实现,我国人民将享有更加幸福安康的生活,中华民族将以更加昂扬的姿态屹立于世界民族之林。"

党的二十大明确提出,"中国式现代化的本质要求是:坚持中国共产党领导,坚持中国特色社会主义,实现高质量发展,发展全过程民主,丰富人民精神世界,实现全体人民共同富裕,促进人与自然和谐共生,推动构建人类命运共同体,创造人类文明新形态",将"实现全体人民共同富裕"提高到现代化的本质高度。

## 共同富裕的实践路径

共同富裕是社会主义的本质要求,是中国式现代化的重要特征。习近平总书记指出:"共同富裕本身就是社会主义现代化的一个重要目标,要坚持以人民为中心的发展思想,尽力而为、量力而行,主动解决地区差距、城乡差距、收入差距等问题,让群众看到变化、得到实惠。"促进全体人民共同富裕,是全面建设社会主义现代化国家新征程上的关键任务,是推进区域协调发展的共同目标,也是完善收入分配制度、全面推进乡村振兴的题中之义,而科技创新和数字经济则为共同富裕提供了澎湃的新动能。

### 完善收入分配制度

促进财富的合理分配,是推动共同富裕的实践路径之一,在促进共同富裕中发挥着重要作用。收入分配制度表现为人与人之间的利益关系,具体是指一个国家或地区所创造的价值财富在不同部门、地区及群体之间分配的制度安排,主要由初次分配、再分配和三次分配构成。

2021年8月中央财经委员会第十次会议进一步阐明了共同富裕的

内涵和要求,强调共同富裕是全体人民的富裕,不是少数人的富裕,不是整齐划一的平均主义,明确提出"构建初次分配、再分配、三次分配协调配套的基础性制度安排""形成中间大、两头小的橄榄型分配结构",强调要着力扩大中等收入群体规模,推动更多低收入人群迈入中等收入行列。

初次分配,是指市场经济体系中按照各种要素在生产中的作用进行分配,体现效率优先原则,更多地侧重于市场,由市场主导。初次分配是国民收入分配制度的重要组成部分,决定了收入分配格局的基本盘。改革开放以来,我国初次分配政策基本体现了社会主义市场经济统筹效率与公平的特点,取得明显成效。一方面坚持按劳分配,有效地提高了广大劳动者的生产积极性,形成了勤劳创新致富的良好局面;另一方面,坚持多种分配方式并存,强调按劳分配和按生产要素分配有机结合,尊重资本、土地、知识、数据等生产要素的价值和作用,提高了全社会的资源配置效率。尤其是党的十八大以来,党中央一再重申坚持按劳分配为主体、多种分配方式并存的分配制度。2019年党的十九届四中全会通过的《中共中央关于坚持和完善中国特色社会主义制度推进国家治理体系和治理能力现代化若干重大问题的决定》,将"按劳分配为主体、多种分配方式并存"的分配制度与"社会主义市场经济体制""公有制为主体、多种所有制经济共同发展"并列,上升为社会主义基本经济制度。

再分配,是指生产之后政府利用税收与财政支出,在不同收入主体之间进行的再分配。主要通过税收、社会保障、公共服务、财政转移支付等制度来优化收入分配格局。再分配由政府主导,是重要的基础性收入分配制度安排,凸显"有为政府"在促进社会公平中的作用,尤其注重底线公平,使所有人都能享受基本公共服务。

三次分配,是指鼓励高收入人群在自愿和保护产权的基础上,以募集、捐赠和资助等慈善公益方式对社会资源和社会财富进行分配。重点关注"市场不为"且"政府不能"之事,是对初次分配和再分配的有益补充,主要通过社会化机制运行。

完善收入分配制度的重要任务。一要促进更多低收入群体迈入中等收入行列。当前,低收入群体体量还比较大,占全部人口的 60% 以上。需要增加低收入人群就业的稳定性和高质量就业岗位比重,不断完善基本公共服务,面向更低收入群体开展精准帮扶,巩固脱贫攻坚成果、防止规模性返贫。二要合理调节高收入。理性用好税收政策工具,鼓励和引导高收入群体积极回报社会,营造慈善事业氛围。三要取缔非法收入,营造风清气正的干事创业环境。

## 全面推进乡村振兴

农,天下之大业也,重农固本是安民之基。在中国迈向现代化的进程中,乡村发展思想不断传承创新,从"土地革命""农村包围城市",到"乡村改造""乡村建设""乡村改革""乡村振兴","乡村"二字始终是党和国家最为关切的主题,始终是国家治理的重要内容和基础保障。当前我国人均GDP 已超过 1.27 万美元,跨入上中等偏上收入国家行列,但城乡收入差距依然显著,乡村人口始终是中国式现代化进程中的决定性群体。尽管我国已经实现全面脱贫的目标,但部分乡村贫困人口脱贫质量不高,存在返贫致贫风险。错综复杂的国际形势以及其他自然灾害,对乡村地区扶贫产业的发展、脱贫人员的就业等造成了新的冲击。

自党的十八大以来,以习近平同志为核心的党中央高度重视乡村工作,就做好"三农"工作特别是实施乡村振兴战略发表一系列重要讲话、作出一系列重要指示批示。2017 年 10 月,党的十九大报告提出实施乡村振兴战略,强调"按照产业兴旺、生态宜居、乡风文明、治理有效、生活富裕"的总要求,建立健全城乡融合发展体制机制和政策体系,加快推进农业农村现代化。当年 12 月,中央农村工作会议对乡村振兴战略实施提出了"三步走"计划[1],首次提出走中国特色社会主义乡村振兴道路[2],让农业成为有奔头的产业,让农民成为有吸引力的职业,让农村成为安居乐业

---

[1] 到 2020 年,乡村振兴取得重要进展,制度框架和政策体系基本形成;到 2035 年,乡村振兴取得决定性进展,农业农村现代化基本实现;到 2050 年,乡村全面振兴,农业强、农村美、农民富全面实现。

[2] 城乡融合发展之路、质量兴农之路、共同富裕之路、乡村绿色发展之路、乡村善治之路、乡村文化兴盛之路和中国特色减贫之路。

的美丽家园。2018 年 7 月，习近平总书记强调指出，实施乡村振兴战略是决胜全面建成小康社会、全面建设社会主义现代化国家的重大历史任务，是新时代做好"三农"工作的总抓手。2018 年全国"两会"期间，习近平总书记提出要推动乡村"五大振兴"①。2018 年 9 月，中共中央、国务院印发《乡村振兴战略规划（2018～2022 年）》，开启了全面推进乡村振兴的新时代。2020 年，全国上下打赢了决战决胜脱贫攻坚的伟大战役，开启了全面实施乡村振兴战略的新篇章。"十四五"规划提出，实现巩固拓展脱贫攻坚成果同乡村振兴有效衔接。党的二十大报告强调全面推进乡村振兴，是构建新发展格局、推动高质量发展的重要组成部分。

全面推进乡村振兴是实现共同富裕的应有之义、必由之路和可用之机。就乡村振兴与共同富裕两者关系而言，实现共同富裕是全面推进乡村振兴的价值目标，乡村振兴则是实现共同富裕的战略路径，两者具有对立统一的关系，一道作为中国式现代化的重要内容与本质要求，对我国全面建设社会主义现代化国家、取得第二个百年奋斗目标伟大胜利具有重要的战略意义。

坚持以"五大振兴"为路径扎实推进乡村振兴。一是产业振兴。乡村要振兴，产业振兴是核心、是乡村形成自我造血能力的关键所在。加快构建现代农业产业体系、生产体系、经营体系，推进农业由增产导向转向提质导向。通过发展乡村集体经济，开展农业适度规模经营、特色产业经营及农村三次产业融合发展，探索乡村文化旅游产业等模式，将绿水青山变成金山银山，将金山银山变成增加群众收入的"金碗银碗"。二是人才振兴，不仅要提高乡村专业人才的比重，而且要提高广大农民的文化科学素质。三是文化振兴，传承中华民族的优秀传统文化。四是生态振兴，守护青山绿水。五是组织振兴，充分发挥乡村基层党组织的领导作用，振兴农村集体经济组织和村民自治组织，发展农民需要的各种新型经济组织和社会组织，提高农民推进乡村振兴的组织化程度。推进乡村振兴还要发

① 产业振兴、人才振兴、文化振兴、生态振兴、组织振兴。

挥乡村的特有功能。习近平总书记曾经讲过,搞新农村建设要注意生态环境保护,注意乡土味道,体现农村特点,保留乡村风貌,不能照搬照抄城镇建设那一套,搞得城市不像城市、农村不像农村。

### 用好科技创新金钥匙

科技向善是共同富裕的必由之路。根据内生经济增长理论,研发和创新是推动经济增长与技术进步的重要因素。在我国经济进入新常态的时代背景下,依靠投资和要素驱动的发展路径已难以为继,亟须将创新置于突出位置,以科学技术作为第一生产力,以科技创新为驱动力,促进全体人民共同富裕。习近平总书记指出,"谁牵住了科技创新这个牛鼻子,谁走好了科技创新这步先手棋,谁就能占领先机、赢得优势"。

推进创新链产业链耦合。要着眼新发展格局,贯彻实施创新驱动发展战略,着力构建自主可控、安全高效的现代化产业体系,围绕产业链部署创新链、围绕创新链布局产业链,促进"两链"融合融通,不断优化产业发展质态,推进产业转型升级和新旧动能转换,充分发挥科技创新在做大国民经济"蛋糕"中的乘数效应,为实现共同富裕奠定物质基础。

打好关键核心技术攻坚战。关键核心技术,一般指控制着同行业技术制高点的技术体系,具有不可替代、不易掌握、难以超越的关键核心作用。关键核心技术攻关,往往具有成本高、见效慢、不确定性和外溢性强、创新主体多元和协同要求高等特点。要加大协同创新力度,积极开展有组织的科研,不断提升体系化创新能力,加强关键核心技术领域"卡脖子"技术攻关,加快科研成果转化落地,不断增强自主创新能力和核心竞争力。

以创新驱动区域协调发展。完善区域科技创新体系,强化自主创新能力。加快科技体制机制改革步伐,推动产学研深度融合,加快科技成果转移转化。以共建创新联合体为载体,以专业技术人才团队为"尖兵",促进科技创新资源从发达地区不断向欠发达地区延伸,共同打造创新驱动发展的雁阵格局,实现先发区域带动后发区域,共同推动创新型国家建设。"十四五"规划明确:支持北京、上海、粤港澳大湾区形成国际科技创新中心,建设北京怀柔、上海张江、大湾区、安徽合肥综合性国家科学中心,支持有条件的地方建设区域科技创新中心;强化国家自主创新示范区、高新技术产业开发区、经济技术开发区等的创新功能。

需要说明的是,科技进步对于贫困治理在某种程度上是一把双刃剑。一方面,加大对科技的投入,会创造新经济、新行业和新业态,新的工作职位;但另一方面又会带来旧产能的淘汰,导致一些工作岗位的流失,造成部分员工下岗,从而形成新的贫困人口。"风物长宜放眼量",从长远和辩证的眼光来看,科技是第一生产力,技术逻辑是知识社会的首要驱动力。所以更重要的扶贫在于"扶智",要提高贫困人员的教育水平和技术水平,使他们获得可持续的生产和生存能力,从而彻底摆脱贫困,走向共同富裕。

**拓展数字经济新动能**

数字经济正在成为共同富裕发展的新动能。近年来,新一轮科技革命和产业变革深入发展,以5G、大数据、云计算、人工智能、区块链、物联网等为代表的新一代数字技术蓬勃兴起,在人类生活中快速渗透。"十四五"规划明确提出"加快数字化发展,建设数字中国"。党的二十大报告也重点提到要建设"数字中国",加快发展数字经济。

数字经济具有高创新、强渗透、广覆盖等特点,对于造就新的经济增长点、改造和提升传统产业、突破生产要素局限、实现均衡化发展,以及提供公开透明的信息服务、提高善治水平具有明显优势,是知识经济中最具"均衡器"特征的一类,甚至具备颠覆性作用。数字经济带来的创新红利和正外部效应,为在新时代推进全体人民共同富裕提供了有力支撑。

数字技术的创新效应可以提高社会生产力水平。可以通过易复制和低边际成本的数据链接各项社会生产活动,优化要素配置,有效提高全要素生产率(TFP)和创新水平,降低生产经营成本,实现显著的规模效应和溢出效应。实践表明,数字经济已经极大地推动了社会财富的创造和宏观经济的一般性增长,逐渐成为引领经济发展和产业变革、构建国际新格局的核心力量。

数字平台的聚集效应可以帮助社会优化要素分配,为欠发达地区促进就业和实现经济赶超提供了可能。数字平台能够打破地域和时间上的限制,具有广覆盖、高聚集特点,平台上的企业、商家、创业者以及各类资源聚集融合发展,可以催生和滋养一大批成长周期短、发展速度快的经济新业态、新模式和新消费。例如,数字平台实现了分散生产和个性化需求的快捷对接,通过"长尾效应"推动小规模柔性生产,使得偏远地区的社区工厂也有了一席之地;数字金融缓解了小微企业融资难、融资贵的问题;电子商务拓展了农产品的供应链渠道,同时提供了快递、外卖等机动灵活且体量庞大的就业新选择。

数字经济的普惠效应可以推动区域均衡发展。《"十四五"数字经济发展规划》明确指出,数字化方式有效打破时空阻隔,提高有限资源的普惠化水平,数字经济发展正在让广大群众享受看得见、摸得着的实惠。数字经济推动了基本公共服务均等化,完善了欠发达地区的基本公共服务短板。例如,治理数字化优化了政府的行政职能;智慧城市提高了社会治理能力;远程医疗、远程教育等数字平台改善了欠发达地区的医疗和教育条件;数字农村的推进缩小了城乡差距。

数字经济的协同效应可以推动全国统一大市场的实现,可以促进东部地区的技术、资金、人才与中西部地区的自然资源相结合,深化区域均衡发展的深度和广度,加快完善国内大循环;可以引导上产业链中下游在不同地区合理布局,发挥不同区域的比较优势,实现全产业链精准耦合,助推产业自主可控发展。

来自文献的各项实证研究表明,数字经济对实现共同富裕起到积极促进作用。基础设施建设的推进和金融发展水平的提高对数字经济促进共同富裕具有正向调节作用。

需要强调的是,数字经济并不会自发生成共同富裕,数字技术如在不加干预的资本逻辑运行中,同样也会出现大平台企业垄断、数字鸿沟扩大、"马太效应"加剧等风险，会拉大社会贫富分化和社会撕裂，引起不同地区之间发展不平衡，影响社会财富分配的合理性和公平性，与共同富裕的内在要求背道而驰。所以必须用好制度工具，使数字经济成为新时代赋能全体人民走向共同富裕的精兵利器。

## 第三节　扛起对口工作的使命担当

习近平总书记指出，东西部协作和对口支援是推动区域协调发展、协同发展、共同发展的大战略，是加强区域合作、优化产业布局、拓展对内对外开放新空间的大布局，是实现先富帮后富、最终实现共同富裕目标的大举措。

对口支援协作合作是我国区域协调发展战略的组成部分，是中国式现代化的治理模式和中国特色社会主义的伟大实践，充分体现了我国特有的政治优势和制度优势。同时，对口支援协作合作契合共同富裕内涵，符合其全面、共享、差异、渐进的特点，真正做到了共同富裕实现的时间非同步性与空间差异性，吻合"先富帮后富"原则，是我国贫困治理的一项特有制度安排。

要以高度的政治自觉认识对口工作。习近平总书记在全国脱贫攻坚总结表彰大会上指出，"纵览古今、环顾全球，没有哪一个国家能在这么短的时间内实现几亿人脱贫"，强调"中国共产党领导和我国社会主义制度是抵御风险挑战、聚力攻坚克难的根本保证"。要始终牢记习近平总书记殷殷嘱托，从捍卫"两个确立"、做到"两个维护"的政治高度，把对口支援协作合作工作放到"两个大局"当中去审视、去谋划。大力弘扬伟大建党精神，更加自觉扛起光荣使命，完整准确全面贯彻新发展理念，更好地服务构建新发展格局，深入践行以人民为中心的发展思想。大力弘扬脱贫攻坚精神，与对口支援协作合作地区共同持续拓展脱贫成果，协同推进乡村振兴，着力增进民族团结，合力促进共同发展，体现全国"一盘棋"的责任担当，展现社会主义制度优越性的"国之大者"，奋力续写新时代的"山海情"。

# 第四章
## 制度演进｜对口支援协作合作国策的进程轨迹

习近平总书记指出，"组织东部地区支援西部地区，而且大规模长时间开展这项工作，在世界上只有我们党和国家能够做到，这就是我们的政治优势和制度优势。"对口支援协作合作制度肇始于 20 世纪 50 年代中期，随着我国经济社会发展需要不断与时俱进、开拓创新，在政策的制定和实施过程中逐步制度化、体系化，其演进轨迹蕴含着丰富的历史自觉和高度的时代担当。

## 第一节 对口制度概述

中国自古以来就有"山川异域，风月同天"的敬邻思想和"一方有难，八方支援"的济困精神。从春秋时期的"吴越同舟"到新冠疫情下的"守望相助"，在绵延数千年的中国的政治理念中，国家与地方、地方与地方之间向来都是密不可分的命运共同体，家国情怀和大同世界的观念深入人心，造就了大一统的中华文明底色。当前，党和国家所倡导的"全面建成小康社会""扶贫路上一个都不能少"等政策话语，充分彰显了我国社会主义制度对底线公平的不懈追求，同时也是对中华文明优秀传统的继承。这种融于中华民族血脉里的大局意识，使得中央的区域发展政策可以用较低的交易成本获得各个区域的理解和支持，实则提升了政府宏观干预的效果与效率,成为我国发挥政治优势和制度优势的独特法宝。

从新中国成立以来,立足区域发展不平衡和多民族融合的基本国情,着眼共同富裕愿景,党中央不断提出、制定、实施并丰富完善"对口支援""对口协作""对口合作"系列制度,从未间断对经济欠发达地区的援助帮扶。其中,"对口支援"萌发于 20 世纪 50 年代社会主义建设初期,"对口协作"是在对口支援背景下服务于东西部协调发展的衍生政策,"对口合作"则随着振兴东北老工业基地和发展革命老区的相关政策得以促进。这一系列制度与政策是党中央在没有世界其他国家成功案例作参考的条件下、"摸着石头过河"的制度设计,是基于中国制度优势与文化优势在马克思主义理论指导下对国家治理的有效探索,是具有中国特色的制度实验。

## 第二节 对口支援制度

### 对口支援制度流变

一切历史都是当代史。我国的对口支援肇始于 20 世纪 50 年代社会主义建设初期,是在党中央号召加强民族团结的背景下产生的。1979 年 4 月在北京召开全国边防工作会议,以加速边疆少数民族地区经济建设、落实民族政策和加快拨乱反正为主要议题。时任中央统战部部长的乌兰夫同志在会上作报告,倡议国家作出制度性安排,从而确立了由内地对口支援边疆民族地区的政策。从这个意义上看,对口支援也可以算作民族政策之一,具有一定的政治功能。

#### 雏形阶段（1949～1978 年）

对口支援关系由社会互助关系演化而来。新中国成立后内忧外患、百废待兴,社会生产力水平低下,人民群众处于普遍贫困状态,国家建设负担沉重。彼时采取的是高度集中的计划经济体制,社会资源按计划分配,商品价格严格管控,户籍管理限制人群流动。作为救困济弱的一种方式,源自战争时期的军队对地方、地方对地方"一帮一"的支援延续了下来,特别是每逢春耕秋收或者发生旱涝灾情之际,城市都会派各部门去乡间帮忙,这种做法在城乡之间、工农之间、厂社之间、灾区和非灾区之间不断拓展和沿用。诚然,尽管彼时我国跨地区支援已经形成了一定规模,但仍未形成稳定、明确、体系化的国家政策,尚处于探索的雏形阶段。

50 年代中期,我国开始了省际较大范围的支援,主要体现为上海、天津等东部沿海地区对陕西、新疆、内蒙古等西部和边疆地区的援助。1955 年 12 月,中央从北京和新疆分别抽调了 9 名和 45 名干部进藏工作。这是干部援藏的开端,也是兄弟省市援藏的开端。1962 年,时任农垦部部长王震和上海市政府号召上海知识青年支援新疆建设,为新疆的开发建设输入了大量人才。

1960 年 3 月,《山西日报》发表社论,随后《人民日报》转载并发表社论。该社论介绍了 20 世纪 50 年代末以来,山西经纬纺织机械厂帮助曙光公社在修配机械、供应农具、建设基地以及培训技术人才方面所取得的成绩,对他们采取的"对口支援、一包到底"新模式给予点赞。这是最早明确提出"对口支援"这一互助形式的权威报道。

20 世纪 60 年代到 70 年代末,跨地区支援活动不断拓展铺开,代表之作为"三线建设"。1964 年 5 月,针对中苏交恶、中美台海争端等诡谲的国际形势,党中央做出了开展三线建设的重大战略决策,其根本目的在于加强以国防为主要考量的战略大后方建设,实质是东部发达地区支援内地。三线建设涉及中西部地区的 13 个省、自治区,在很大程度上改变了我国的生产力布局,拓宽了中国的战略纵深,稳固了大后方,缓解了西部地区与东部和中部地区的发展差距,为中西部地区奠定了坚实的重工业基础和国防军工实力,改善了内地交通闭塞情况,培养了大量的国防军工及经济建设的产业人才,增强了国家的硬实力和软实力。但因为计划经济体制本身存有弊端,也出现了资源浪费和效率不高等问题。

1976 年 8 月唐山大地震后,国务院提出了工业生产支援组织原则:"按行业由国务院有关部委商同有关省、市、自治区,按对口包干的办法进行支援。所需人力、物力,要提出方案,经国家计委平衡后,报中央抗震救灾指挥部批准执行。"这是对口支援重大灾区的一次尝试。

### 起步阶段（1979～1991 年）

边疆地区和少数民族地区情况复杂、发展基础薄弱。尽管自新中国成立后,党中央为缩小各民族间经济差距,在"全国一盘棋"思想指导下,依靠计划经济体制对各种资源进行全国性调配,给予了物资上的支持,但仅靠财政援助力量有限,也解决不了更为核心和严峻的人才和技术短缺问题。

改革开放后,党的十一届三中全会把党和国家工作中心从"以阶级斗争为纲"转移到"以经济建设为中心",实现了新中国成立以来具有深远意义的伟大转折。社会政治逐步走向常态化发展,国家管理的正常政治架构得到重构并逐步完善,人民代表大会制度、民族团结制度保障水平得到进一步提升。这是对口支援政策得以确立的时代背景。在改革的春天里,中央决定组织经济发达地区对口支援少数民族地区,对口支援国策得以推进,故称之为"起步阶段"。

1979 年 4 月,中共中央在北京召开全国边防工作会议,标志着民族团结工作步入正轨。会议研究了加速边疆、少数民族地区的建设和加强边防工作,中央统战部部长乌兰夫同志在会上作了题为《全国人民团结起来,为建设繁荣的边疆和巩固的边防奋斗》的报告。报告中指出,中央将对边境地区和少数民族地区增加资金和物资的投入,积极组织各省、市对口支援边境和少数民族地区,为共同繁荣发展作出努力。

1979 年 7 月,中央以中发〔1979〕52 号文件转批了乌兰夫的报告,提出国家"要组织内地省、市实行对口支援边境地区和少数民族地区"。这是中央第一次明确提出对口支援政策,由此开启了全国范围内的对口支援实践。国家各部门和对口省份积极响应中央的对口支援部署,纷纷组织力量,制定计划、开展工作,逐渐形成了一套制度体系。

1979 年的对口支援政策实践包括相当多的内容。其中经济技术支援、卫生支援和教育支援是最重要的组成部分。在经济技术对口支援方面,由国家经委、国家计委、国家民委三个部门共同负责,并由国家经委牵头;1980 年 9 月确定了结对关系:北京—内蒙古、河北—贵州,江苏—广西和新疆,山东—青海,上海—云南和宁夏,全国—西藏;1984 年增加了新的结对关系:上海—新疆和西藏,广东—贵州,武汉和沈阳—青海;支援形式也愈加丰富,包括经济技术协作、经济咨询效劳和智力支边,各援受双方也都成立了协调组织。此外,卫生支援由卫生部牵头,确立了结对关系;教育支援由国家教委和国家民委负责,以学校对口支援为主启动援助。在顶层设计引领下,全国性的广泛领域的对口支援工作陆续铺开。

1984 年 10 月 1 日,《中华人民共和国民族区域自治法》开始实施。该法规定"根据民族自治地方的需要,采取多种形式调派适当数量的教师、医生、科学技术和经营管理人员,参加民族自治地方的工作,对他们的生活待遇给予适当照顾。""上级国家机关帮助民族自治地方加速发展教育事业,提高当地各民族人民的科学文化水平。"对口支援首次在法律上予以支持。

1987 年 4 月,中共中央、国务院批转了《关于民族工作几个重要问题的报告》,再次强调发达地区应当继续做好对少数民族地区的对口支援。1988 年 4 月,国务院在北京召开第一次全国民族团结进步先进集体、先进人物表彰大会。1991 年 12 月,国务院下发的《关于进一步贯彻实施中华人民共和国民族区域自治法若干问题的通知》为对口支援给予指导。

### 结对阶段（1992~2009 年）

进入 20 世纪 90 年代,对口支援工作体系不断扩大,制度设计日益成熟,形成了结对支援的体系化建制,故称其为"结对阶段"。这一阶段主要发生三件大事:

一是随着三峡工程的推进,在 1992 年启动了三峡移民工作对口支援。这是我国首次围绕国家重大工程实施地开展定向性对口支援。

二是 1994 年和 1996 年,中央分别召开第三次西藏工作座谈会和新疆稳定工作会议,正式启动以干部支援为重点的特殊民族地区对口支援,由全国部分省市、国家有关部门、中央企业实施对口援藏和对口援疆。时至今日,援藏、援疆是实施时间最长、实施行动最连续、内容最丰富、支持力度最大的对口支援行动。

三是在 2008 年汶川特大地震发生后,党中央、国务院明确提出"一省帮一重灾县"的对口支援机制,启动恢复重建的对口支援。自此对口支援被经常性地用于应对各种重大灾害,逐步成为一种常态化的资源统筹措施和跨区域救助合作机制。也正是从这一年开始,中央制定了支援额度与各支援省市的财政收入的百分比挂钩的资金投入制度。

随着国家日益重视边疆民族地区和中西部地区的发展,一系列国家战略和政策的颁布实施为对口支援提供了支撑。例如,1992 年的沿边开放战略,1999 年的兴边富民行动,尤其是世纪之交的西部大开发战略,为对口支援带来了新的契机,成为又一关键节点。

在这时代所向的大背景下,对口支援的细节不断丰富、能级越加提高。与此同时,对口支援制度本身也在细化、分化中发生着转化和演化。1996 年,国家正式确立以扶贫协作取代 1979 年以来的经济技术对口支援。自此,着眼于区域协调发展和扶贫开发的东西部扶贫协作体系,逐渐从对口支援体系中分化出来,形成了另一系列的对口协作制度体系。许多原先的对口支援内容都被改换门庭复制到了对口协作体系。例如,教育部在 2001 年 6 月启动"对口支援西部地区高等学校计划",确定了北京大学与石河子大学、清华大学与青海大学等 13 对东西部高校建立对口关系,并且将这个名单不断延长,成为高等教育领域的对口支援协作合作的增长极。2020 年,根据中央精神,此前的教育、文化、医疗卫生、科技等行业性对口支援原则上都纳入对口协作体系。

### 跨越阶段(2010 年至今)

在国家治理现代化时代背景下,对口支援体系不断优化。以新一轮对口援藏、援疆工作为起点,新时期的对口支援工作强调多主体共同参与、多领域协同推进、合作双方精准对接与互利共赢等,将该制度体系推向了纵深,体现了其对国家治理体系和治理能力现代化建设要求的适应,故称为"跨越阶段"。

2010年,随着西藏、新疆的经济社会发展面临新的机遇和挑战,中央先后召开了第五次西藏工作座谈会(2010年1月)和中央新疆工作座谈会(2010年5月),对新疆、西藏实现跨越式发展和长治久安进行全面部署,并作出了组织开展新一轮对口支援新疆、西藏工作的重要决策,提出了对口支援青海省涉藏地区的战略部署。新一轮对口援藏、援疆工作是更深层次、更广范围的对口支援:一是着眼于建立健全对口支援长效机制,统筹推进经济支援、干部支援、人才支援、教育支援、科技支援和企业支援,形成全方位、多层次、宽领域的对口支援工作格局。二是强调民生优先,着力解决各族群众生产生活中最直接、最现实、最紧迫的问题,扎实推进教育、医疗、就业、社会保障等民生工程建设,促进基本公共服务均等化。三是着力培育西藏、新疆自我发展能力,把资源、地缘优势尽快转化为经济优势,强调"输血"与"造血"相结合、"硬件"建设与"软件"建设相结合、资金支持与人才支持相结合、物质支援与文化交流相结合。四是坚持对口帮扶与互利合作相互促进,积极挖掘合作潜力,拓展合作领域,提升合作水平,积极促进互利共赢、共同发展。

对口支援工作体系进一步丰富。一是2012年6月,国务院下发文件建立了中央国家机关对口支援赣州的机制,拉开中央国家机关对口支援赣南苏区的序幕。二是2020年初新冠疫情暴发后,举国范围内的对口支援再次迅速启动、有序运转、驰援疫区,充分彰显了大国治理的制度优势。

## 当前省际对口支援工作体系

我国对口支援工作随着实践不断发展。对口支援政策实施初期,主要以选派党政干部为纽带、以开展项目建设为载体。随着政策不断走深走实,对口支援的内容和形式不断丰富、规模不断扩大、援助资金稳定增长,逐渐扩展了经济支援、人才支援、技术支援、教育支援、就业支援、智力支援等新维度，向工业、农业、商贸、科技、人才、文教、卫生、扶贫、劳务、服务等多领域辐射，逐步形成相对固定的网络状的对口支援格局。按照中央要求，不少援助省市把受援地纳入本地的发展规划，作为本地的一个特殊地区加以特殊扶持，这是世界上绝无仅有的援助方式。

根据受援客体的不同，我国在省际层面由中央统筹安排下开展的综合性对口支援主要有三大类型：对口支援民族边疆地区、三峡库区、重大灾区。

## 对口支援民族边疆地区

按照木桶短板理论，实现整体发展首先必须克服最薄弱的环节。针对中国国情，人们已经充分意识到，不缩小边疆民族地区与内地的差距，难以实现区域的协调发展；没有边疆民族地区全面建成小康社会，就不能说全面建成小康社会；没有边疆民族地区现代化，就不能说实现了中国的现代化。因此，对口支援制度的出发点即民族团结和边疆稳定，其首要场域是边境和民族地区。概而言之，对口支援是发展政策，更是民族政策，意在推进受援地的长治久安和跨越发展，是中国特色的边疆治理政策和跨域协作治理实践，是国家治理体系和治理能力现代化的重要环节。

目前，全国大规模开展的边疆地区常规性对口支援主要包括对口援藏（含西藏自治区和四川、云南、甘肃、青海四省的涉藏州县，下同）和对口援疆（新疆维吾尔自治区）。

从 1979 年党中央组织内地省市支援边境地区和少数民族地区开始，对口支援工作不断走向深入，对口工作体系不断走向丰富。为了加大工作力度，中央连续召开西藏、新疆工作座谈会。有两个时间节点具有里程碑意义，一次是 20 世纪 90 年代召开第三次西藏工作座谈会（1994 年）和新疆稳定工作会议（1996 年），正式以结对形式确定了对口援藏、援疆工作；另一次是 2010 年先后召开了第五次西藏工作座谈会和新疆工作座谈会，确定了开展新一轮对口援藏、援疆工作，将对口支援推向更深层次和更广范围。

对口支援机制不断完善。中央、实施援助的省市和中央单位、受援地都建立了相应的统筹机制。中央西藏工作协调小组、中央新疆工作协调小组全面领导。中央西藏工作协调小组经济社会发展办公室、中央新疆工作部际联席会议办公室设在国家发改委(具体由地区振兴司承担)。

### ■ 对口支援西藏(包括涉藏州县)

西藏是特殊的边疆民族地区,是重要的国家安全屏障、重要的生态安全屏障和重要的战略资源储备基地,战略地位十分重要。在长达千年的历史长河中,我国藏区由于受到封建农奴制和政教合一的影响,特别是在和平解放前的二三百年间,经济社会发展始终处于低谷。尽管西藏和平解放、民主改革为西藏经济社会发展开辟了康庄大道,但由于经济发展的起点低,自然条件受限,西藏仍是中国最欠发达的区域之一。

对口支援西藏是党中央、国务院从国家发展全局出发作出的重大战略决策,是一项长期的政治任务,是推动西藏长治久安和高质量发展的重大举措,是全国各民族团结奋斗、共同繁荣发展的生动实践。回顾对口援藏历程,滥觞于计划经济时代,以改革开放后的"全国援藏"为起步,1994年的"对口援藏"为结对起始,2010年的"新一轮对口援藏"为跨越起点,制度内涵不断丰富,机制更加明确,格局逐渐稳定,体系不断完善,制度建设成效显著,参与援藏的内地各省份、国家有关部门和中央企业对西藏作出了实实在在、真心实意的援助。

党中央历来高度重视西藏工作,始终从国家大局出发谋划西藏工作。

(1)雏形阶段:早在1950年1月,正在苏联访问的毛泽东主席就从莫斯科致电中共中央和彭德怀、邓小平、刘伯承、贺龙:"西藏人口虽不多,但国际地位极重要。"1974年,在各项工作受到"文化大革命"严重干扰的情况下,国家还安排内地6省市对口支援西藏的8所中学和1所师范学校。

(2)起步阶段:1979年,中央召开全国边防工作会议,要求内地省市支援边境地区和少数民族地区,以4省(直辖市)为重点支援单位率先开启对口援藏工作。之后,七次组织召开西藏工作座谈会,三次召开对口支援西藏工作会议等,为西藏的长治久安和长足发展注入了强大动力。1980 年,中央在北京召开首次西藏工作座谈会,加大了对西藏的援助,并相应制定了对西藏的各种优惠政策。1984 年,中央召开第二次西藏工作座谈会,确定了由 9 省(直辖市)和水电部、农牧渔业部、国家建材局等国家有关部门,帮助西藏建设 43 项工程,作为西藏自治区成立 20 周年大庆的庆典工程,启动了全国援藏工程。

(3)结对阶段:1994 年 7 月,第三次西藏工作会议召开,中央提出了"分片负责、对口支援、定期轮换"的援藏方案,制定了"干部援藏为龙头、技术援藏为骨干、资金援藏为补充"的框架。将"全国援藏"具化为"对口援藏",明确了全国 14 个省市、33 个国家部门对口援助西藏 7 个地市的重大决策。第二年,各省、市和国家部门共选派了 621 名年轻干部支援西藏,被称为"第一批援藏干部"。2001 年,召开中央第四次西藏工作座谈会,增加了 15 家中央企业承担对口援藏任务,同时将原有结对关系进行微调,西藏自治区 74 个县和双湖特别行政区全部被纳入对口支援的范围;强调"把干部援藏与经济援藏结合起来",突出了新世纪后援藏理念的变化。2005 年"中央 12 号文件"增加了"人才援藏"和"智力援藏"要求。

(4)跨越阶段:2010 年 1 月,中央召开第五次西藏工作座谈会,部署开展新一轮对口援藏工作,构建了全方位对口援藏工作新格局。会议将青海省涉藏州县纳入对口支援范围,明确了 6 省市、13 家中央企业和 26 个国家部门与青海省 6 个藏族自治州结对。明确了建立援藏资金稳定增长的机制,按照地方财政一般预算收入的千分之一核定了 17 个援藏省市的援助资金量,并按每年 8% 递增建立援藏资金稳定增长机制[①],标志着省市对口援藏制度的进一步规范化、标准化。明确了援藏资金分配"两个倾斜"的政策规定,即将"确保 80% 以上的援藏资金用于民生领域、用于基层和农牧区"作为硬指标。2014 年 8 月,在对口援藏 20 周年电视电话会议上,

---

① 地方财政一般预算收入增幅高于上一年 8%,援助资金按 8% 增长;等于或低于 8%,按实际增长率增长;负增长的,则按上一年度基数计算。

中央对结对关系做了小调整,将福建省对口支援林芝调整为对口支援昌都,并且将三省市的援藏资金调出一部分归昌都统筹使用①。2014 年,国务院印发《发达省(市)对口支援四川云南甘肃省藏区经济社会发展工作方案》,确定由 4 省市对口支援四川、云南、甘肃三省藏区(后改称涉藏州县)。

概而言之,对口援藏的工作体系不断丰富,呈现多元协同的格局。自 1994 年开始实施对口援藏以来,受援地从最初单一的西藏,到 2010 年增加青海藏区,再到 2014 年增加甘肃、四川、云南三省藏区。支援地在 14 个省市逐步增加为 17 个省市(参见表 4),同时增加了一部分国家部门和央企参与支援。此外,除中央统筹指定的省市、国家部门和央企外,也鼓励引导非公有制企业、社会公众进入援助领域。据统计,党的十八大以来,共有 7000 多名有关省市、国家部门、央企援藏干部进藏工作。

表 4　我国 17 省市对口支援西藏(包括涉藏州县)结对关系

| 支援地 | 受援地 |
|---|---|
| 北京 | 西藏拉萨市、青海玉树州 |
| 上海 | 西藏日喀则市、青海果洛州、云南迪庆州 |
| 山东 | 西藏日喀则市、青海海北州 |
| 江苏 | 西藏拉萨市、青海海南州 |
| 天津 | 西藏昌都市、青海黄南州、甘肃甘南州、甘肃天祝县 |
| 浙江 | 西藏那曲市、四川阿坝州、四川木里县 |
| 广东 | 西藏林芝市、四川甘孜州 |
| 辽宁 | 西藏那曲市 |
| 福建 | 西藏昌都市 |
| 重庆 | 西藏昌都市 |

---

① 2016 年 1 月开始,北京市、江苏省和广东省每年从援藏资金中调出 1/4 资金用于援建昌都。

| 支援地 | 受援地 |
|--------|--------|
| 湖南 | 西藏山南市 |
| 安徽 | 西藏山南市 |
| 湖北 | 西藏山南市 |
| 黑龙江 | 西藏日喀则市 |
| 吉林 | 西藏日喀则市 |
| 河北 | 西藏阿里地区 |
| 陕西 | 西藏阿里地区 |

■ 对口支援新疆

新疆工作在党和国家工作全局中具有特殊重要的战略地位。新疆社会稳定和长治久安,是新疆 2500 多万各族儿女的根本利益所在,是全国 14 亿人民的共同意志所在。对口援疆是党中央、国务院从战略和全局高度作出的重大决策部署,对于全面建成小康社会、夺取新时代中国特色社会主义伟大胜利、实现中华民族伟大复兴具有深远意义。

(1)雏形阶段:1955 年,新疆维吾尔自治区成立,百废待兴,急需加快建设步伐。1958 年,中央作出《关于动员青年前往边疆和少数民族地区参加社会主义建设的决定》,组织湖南、湖北、山东、安徽、江苏、河南等省大批青年到新疆支援建设。

(2)结对阶段:1996 年,中央召开新疆稳定工作会议,开启对口援疆序幕。会议下发《中共中央关于新疆稳定工作的会议纪要》,作出"培养和调配一大批热爱新疆,能够坚持党的基本理论、基本路线和基本方针,正确执行党的民族宗教政策的汉族干部去新疆工作"的战略决策。1997 年,8 省市和一些中央部委选派首批 200 多名援疆干部进驻新疆,大规模开始对口援疆工作,其后又有 6 省市参与其中。2002 年中央组织部开展援疆干部担任新疆县(市)委书记试点工作。2005 年,中央对援疆政策作了调整,将无偿援助与互利互惠结合起来促进新疆特别是南疆地区的发展与稳定,以干部支援为龙头,推进经济、科技、文化全方位支援。新增了辽宁省和15家中央企业承担对口援疆任务,扩大了援疆规模。

(3)跨越阶段:2010年中央新疆工作座谈会,拉开了新一轮对口援疆大幕,构建了全方位的对口援疆工作新格局。对援疆资金作了明确规定,要求援疆资金量基数和增长率不变,由援疆省市按地方财政一般预算收入的一定比例进行安排,按每年8%递增实施援疆资金稳定增长机制[①]。明确了19个省市对新疆12个地州和生产建设兵团的12个师进行对口支援(之后多次微调结对关系)。之后,共召开三次中央新疆工作座谈会和八次全国对口支援新疆工作会议,对支援新疆经济社会发展工作进行了全面部署,提出要长期坚持对口援疆,提升对口援疆综合效益。

概而言之,目前共有19个省市对口援疆(结对关系参见表5)。此外还有国家机关、央企开展对口援疆。1997年以来,中央组织部、人力资源和社会保障部先后组织10批共2万多名干部人才进疆工作。

表5　我国19省市对口支援新疆结对关系

| 支援地 | 受援地 |
| --- | --- |
| 北京 | 和田地区和田市、和田县、墨玉县、洛浦县,兵团第十四师昆玉市 |
| 天津 | 和田地区策勒县、于田县、民丰县 |
| 河北 | 巴音郭楞州、兵团第二师铁门关市 |
| 山西 | 昌吉州阜康市、兵团第六师五家渠市 |
| 辽宁 | 塔城地区、兵团第八师石河子市、第九师白杨市 |
| 吉林 | 阿勒泰地区阿勒泰市、哈巴河县、布尔津县、吉木乃县 |
| 黑龙江 | 阿勒泰地区福海县、富蕴县、青河县,兵团第十师北屯市 |
| 上海 | 喀什地区巴楚县、莎车县、泽普县、叶城县 |

---

[①] 地方财政一般预算收入增幅高于上一年8%,援助资金按8%增长;等于或低于8%,按实际增长率增长;负增长的,则按上一年度基数计算。

续表

| 支援地 | 受援地 |
|---|---|
| 江苏 | 克州阿图什市、阿合奇县、乌恰县,伊犁州直八县两市,兵团第四师可克达拉市,兵团第七师胡杨河市 |
| 浙江 | 阿克苏地区一市八县,兵团第一师阿拉尔市 |
| 安徽 | 和田地区皮山县 |
| 福建 | 昌吉州昌吉市、玛纳斯县、呼图壁县、奇台县、吉木萨尔县、木垒县 |
| 江西 | 克孜勒苏州阿克陶县 |
| 山东 | 喀什地区疏勒县、英吉沙县、麦盖提县、岳普湖县,兵团第十二师 |
| 河南 | 哈密市、兵团第十三师新星市 |
| 湖北 | 博尔塔拉州博乐市、精河县、温泉县,兵团第五师双河市 |
| 湖南 | 吐鲁番市、兵团第十二师 |
| 广东 | 喀什地区疏附县、伽师县,兵团第三师图木舒克市 |
| 深圳 | 喀什地区喀什市、塔什库尔干县 |

## 对口支援三峡库区

三峡工程(长江三峡水利枢纽工程,1994～2009年),是指长江中上游段建设的大型水利工程项目,分布在重庆市到湖北省宜昌市的长江干流上,大坝位于宜昌市夷陵区三斗坪。三峡水电站是世界上规模最大的水电站,也是中国有史以来建设的最大型的工程项目,累计有110多万移民因此而告别故土。三峡工程一直受到党中央、国务院的高度关注。2018年4月,习近平总书记视察三峡大坝,详细了解三峡工程建设、发电、水利、通航、生态保护等方面的情况。他指出:三峡工程是"国之重器",是"改革开放以来我国发展的重要标志"。

三峡工程规模最大、影响最久,对口支援三峡库区从工程伊始就被列入党中央议事日程。重点解决库区移民安置和脱贫解困,移民美丽家园

建设和经济发展,以及自然环境恢复等突出问题。对口支援三峡库区主
要分为两个阶段:

第一阶段是解决百万三峡移民安置难题。通过深入开展地方政府合
作,推动地区间横向转移支付,对受援地进行"输血"支援。20 世纪 90 年
代初,三峡大坝、三峡水电站先后获批建设。根据三峡水库淹没处理的规
划方案,三峡库区将淹没 129 座城镇,其中包括万州、涪陵两座中等城市
和十多座小城市,需要移民 113 万,移民搬迁安置成了三峡工程亟需妥善
解决的重要任务。在此背景下,1992 年 3 月,国务院发出《关于开展对三
峡工程库区移民工作对口支援的通知》,要求上海等 16 个省市对口支援
三峡移民工程。1993 年 6 月 29 日,《长江三峡工程建设移民条例》指出:
"国家鼓励和支持国务院有关部门和各省、自治区、直辖市采取多种形式,
从教育、科技、人才、管理、信息、资金、物资等方面,对口支援三峡库区移
民安置。"1994 年 4 月,《国务院办公厅转发国务院三峡工程建设委员会
移民开发局关于深入开展对口支援三峡工程库区移民工作意见的报告的
通知》确定了国家 50 多个部门,21 个省、市、自治区,10 个计划单列市对
口支援三峡库区移民建设(结对关系参见表 6)。

### 表6　21省市对口支援三峡库区结对关系

| 支援地 | 受援地 |
| --- | --- |
| 黑龙江省、上海市、青岛市 | 夷陵区 |
| 江苏省、武汉市 | 秭归县 |
| 湖南省、大连市 | 兴山县 |
| 北京市 | 巴东县 |
| 广东省、广州市、深圳市、珠海市 | 巫山县 |
| 吉林省 | 巫溪县 |
| 辽宁省 | 奉节县 |
| 江苏省 | 云阳县 |

续表

| 支援地 | 受援地 |
|---|---|
| 上海市、天津市、福建省、南京市、宁波市、厦门市 | 万州区 |
| 四川省 | 开县 |
| 山东省、沈阳市 | 忠县 |
| 云南省、江西省 | 石柱土家族自治县 |
| 河北省 | 丰都县 |
| 浙江省 | 涪陵区 |
| 江西省、云南省 | 武隆县 |
| 广西壮族自治区 | 长寿区 |
| 安徽省 | 渝北区 |
| 河南省 | 巴南区 |

第二阶段是解决后三峡工程时代的发展难题。为减小三峡工程建成后对下游生态、生产、生活等方方面面的影响，一方面要恢复生态推进可持续发展，积极争取重点生态功能区财政转移支付，发挥生态补偿的环境保护功能；另一方面要扶持库区经济社会高质量发展，实现从"输血"到"造血"的转变。2001 年 2 月，国务院重新修订并颁布《长江三峡工程建设移民条例》，指出，"国务院有关部门和有关省、自治区、直辖市应当按照优势互补、互惠互利、长期合作、共同发展的原则，采取多种形式鼓励名优企业到三峡库区移民点投资建厂，并从教育、文化、科技、人才、管理、信息、资金、物资等方面对口支援三峡库区移民。"2008 年 3 月，国务院批复了三峡办《关于全国对口支援三峡库区移民工作五年（2008～2012 年）规划纲要》，指出"有关地方、部门和单位要立足库区经济社会发展的特殊性和长期性，切实把对口支援工作深入持久地开展下去"，要求各支援省市将对口支援资金纳入省市年度财政预算。至此，三峡工程的对口支援工作逐步形成了以政策支持为重点的中央国家机关对口支援，以招商引资为重点的省市对口支援，以解决移民就业为重点的主城区对口支援的工

作格局。2014年8月26日,国务院批复了《全国对口支援三峡库区合作规划(2014~2020年)》,指出要构建政府引导、市场主导、以社会组织和企业为参与主体的对口支援格局,围绕产业布局、环境保护、扶贫开发、就业培训等领域开展帮扶工作,实现对口支援从单方受益为主向双方共赢的转变,促进对口支援工作的平衡、协调、可持续。2021年12月15日,水利部、国家发改委印发了《全国对口支援三峡库区合作规划(2021~2025年)》,要求"十四五"时期稳定并完善对口支援三峡库区工作机制。

## 对口支援重大灾区

对口支援受重大自然灾害地区是对口支援的重要内容。当国内某地区遭受地震、洪水、干旱等灾害袭击而造成巨大损失时,国家通过对口支援对受灾地区进行紧急性人道主义支援,对重大灾害后可能出现的疾病传播、灾民安置以及设施重建等进行整体考量和制度安排。目的在于短期内迅速帮助灾区人民摆脱困境,减少人民群众的生命和财产损失,帮助灾区尽快恢复生机活力。这种支援不仅是物质层面的,而且包括精神层面和政治层面,是一项系统性工作,是为了最大限度避免社会动荡甚至政治动荡,减少恐慌和其他次生灾害的产生。天地无情人有情,尽管迄今为止,人类还不能阻止严重自然灾害的发生,但我国社会主义制度的举国支援体制可以最大限度降低灾害损失,最大力度保护人民生命财产安全,最大可能帮助群众重建家园。

2008年5月12日,一个让世人刻骨铭心的日子。四川汶川发生了里氏8级特大地震,破坏地区达50万平方千米。截至2008年9月25日,汶川大地震造成69227人遇难、17923人失踪、374643人不同程度受伤、1993.03万人失去住所,受灾总人口达4625.6万人,直接经济损失8451.4亿元。这是新中国成立以来破坏性最强、波及范围最广、灾害损失最重、救灾难度最大的一次地震,灾后恢复重建的任务十分艰巨。汶川大地震发生后,6月5日中共中央政治局常务委员会会议研究部署了汶川地震灾后恢复重建对口支援工作。6月11日,国务院制定《汶川地震灾后恢复重建对口支援方案》，提出"一省帮一重灾县，举全国之力，加快恢复重建"，要求在中央政府的统一协调下，依据各个地区的经济发展水平和区域协调发展的战略目标，东部和中部的 19 个省市分别对口支援四川省的 18 个县市以及陕西、甘肃的严重受灾地区，以不低于 1% 的财力支援重灾县市 3 年，在规模、内容、机制、投入和时间各方面进行了部署。这是首次在全国范围内紧急启用针对重大自然灾害救灾重建的对口支援政策，开创了救灾常态化机制。后续评估发现，许多省、市提前一年完成了重建工作，且援助金额均高于中央制定的标准，创造了抗震救灾、恢复重建的伟大奇迹。

自汶川地震之后，对口支援灾区成为一种常态化的要素资源统筹措施，被经常性地用于应对各种重大灾害之中。例如，2009 年甲型 H1N1流感的疫情防控。在 2020 年湖北武汉、2022 年上海新冠疫情防控期间，通过对口支援的形式为受援地提供医务人员和防护、医疗物资等援助，大幅缓解了受援地医护力量和医疗物资短缺的局面。

## 第三节　对口协作制度

### 对口协作制度流变

对口协作着眼于改革开放后东部沿海地区和西部内陆地区经济发展的区域不平衡问题，以扶贫开发为着眼点，是我国落实先富帮后富、沿海帮内地、最终实现共同富裕目标的重要举措之一。

对口协作制度的主体为促进东西部协调发展的"东西部协作"，前身为"东西部对口帮扶""东西部扶贫协作"；更早则滥觞于针对边境地区和少数民族地区的对口支援政策，1996 年之前归属于对口支援中的经济技术协作条线。

相比较于对口支援，对口协作将对口支援的范畴进行了有限的拓展，将协作帮扶的对象拓宽到其他西部贫困地区，更加突出社会广泛动员，更加注重产业、贸易、就业、消费协作等发展性维度，并且随着干部人才交流、技术转移和产业转移机制的成熟而不断演进,在长期实践探索中形成了一套系统完备、内涵丰富、行之有效的制度体系。

### 雏形阶段（1986～1995 年）

西部欠发达地区区位条件差,经济社会文化发展滞后,生态环境脆弱,自我发展能力不强,脱贫工作极为艰难复杂。随着改革开放的激发和区域非均衡发展的推波助澜,东部地区与中西部地区的发展差距逐渐凸显出来,推进区域协调发展开始提上议事日程,中央开始对东西部协作作出制度安排。实际上,从一开始邓小平同志就把沿海帮扶内地发展作为"两个大局"构想中的一部分:"发展到一定的时候,又要求沿海拿出更多力量来帮助内地发展,这也是个大局。"认为应由沿海一个省帮内地一个或多个省。

1986 年,国务院贫困地区经济开发领导小组成立,标志着以政府为主导的扶贫开发进入历史新时期。确定了扶贫标准、重点片区和贫困县,启动实施"三西"[①]农业建设,引导发达地区对欠发达地区进行帮扶。东西部扶贫协作关系在此过程中逐步得以确立。

1994 年,国务院制定和发布的关于全国扶贫开发工作的纲领——《国家"八七"扶贫攻坚计划》,要求北京、天津、上海等直辖市,广东、福建、浙江、江苏、山东、辽宁等沿海较为发达的省,都要对口帮助西部的一个或两个欠发达省（自治区）发展经济。动员大中型企业与欠发达地区发展互惠互利合作。"九五"计划（1996～2000 年）要求加强发达地区对欠发达地区的支援,继续巩固和发展各种形式的对口扶持。2001 年以后,我国又启动实施了两个十年扶贫开发纲要,提高国家扶贫标准,调整贫困县,将连片特困地区作为扶贫开发的主战场。

综上,针对东西部发展不平衡问题,国家开展了多形式、多层次、多渠道的扶贫开发措施。这些改革成为孕育对口协作制度的土壤。

---

① 甘肃省定西市、河西地区和宁夏回族自治区西海固地区,曾是中国最贫困的地区之一。

### 结对阶段（1996～2015年）

与扶贫减贫的其他形式相比,对口扶贫协作因采取双方结对模式,措施更富有针对性,范畴更具拓展性,在20世纪90年代随着中国扶贫开发的大规模开展走上了历史舞台,被西部大开发等一系列区域协调发展战略点亮了高光。

1996年7月,国务院办公厅转发国务院扶贫开发领导小组《关于组织经济较发达地区与经济欠发达地区开展扶贫协作的报告》,标志着东西部扶贫协作关系正式建立。1996年9月,中央召开了扶贫开发工作会议,决定实施东西部对口帮扶。江泽民同志在中央扶贫开发工作会议上强调,东部经济较发达省市要把扶贫协作当成一项政治任务,主要领导要亲自抓,切实抓出成效;西部贫困地区要充分发挥主观能动性,主动搞好对口协作。确定了东部9个省(市)和4个计划单列市与西部10个省(自治区)的结对扶贫关系:北京—内蒙古,天津—甘肃,上海—云南,广东—广西,江苏—陕西,浙江—四川,山东—新疆,辽宁—青海,福建—宁夏;深圳、青岛、大连、宁波—贵州。其中,深圳、青岛、大连、宁波4个计划单列市采取"一对二"的帮扶模式对口帮扶贵州8个市。

自此,"扶贫协作"替代过去由国家各部门分头落实的"经济技术协作"成为新的一类"对口协作"体系被单列出来。由国务院扶贫办统一主管,与"对口支援"体系并驾齐驱,各项帮扶内容也都统一到扶贫开发工作上来。

到了新世纪之交,随着西部大开发等战略的推进,东西部扶贫协作的重要性更加凸显。国务院于2000年和2001年分别发布《国务院关于实施西部大开发若干政策措施的通知》和《国务院办公厅转发国务院西部开发办关于西部大开发若干政策措施实施意见的通知》,明确指出西部大开发要坚定不移地推进地区协作和对口支援。2001年6月,国务院下发《中国农村扶贫开发纲要(2001—2010年)》,强调"继续做好沿海发达地区对口帮扶西部贫困地区的东西扶贫协作工作……特别是要注意在互利互惠的基础上,推进企业间的相互合作和共同发展"。

东西部扶贫协作从起步到开展十多年,在党的十八大后继续提高能级,被创新性运用在南水北调水域协调可持续发展的实践中。2013 年 3 月,国务院针对南水北调水域,颁发《关于丹江口库区及上游地区对口协作工作方案》,要求丹江口库区、上游地区与沿线地区开展互助合作,建立结对关系,这是"对口协作"四个字第一次出现在官方文件中。

### 精准阶段（2016～2020 年）

党的十八大以来,以习近平同志为核心的党中央实施精准扶贫、精准脱贫,加大扶贫投入,创新扶贫方式,扶贫开发工作呈现新局面,脱贫攻坚战取得决定性进展。2015 年国家提出"精准扶贫",与之相应的,东西部扶贫协作也向"精准化"转变,采取了很多精准扶贫的方式。这一阶段或可称为"精准阶段",即把对口协作和精准扶贫联系起来,进行精准把握并精准发力。对口地区需要什么就帮扶什么,并且着重根据其需要的轻重缓急程度,按照其优先排序选择对口帮扶的领域和方式。

2015 年 11 月,中共中央、国务院颁布了指导当前和今后一个时期脱贫攻坚的纲领性文件《中共中央国务院关于打赢脱贫攻坚战的决定》,提出目标:到 2020 年,稳定实现农村贫困人口"两不愁三保障",确保我国现行标准下农村贫困人口实现脱贫,贫困县全部摘帽,解决区域性整体贫困。同时明确加大东西部扶贫协作力度,东部地区要根据财力增长情况,逐步增加对口帮扶财政投入,并列入年度预算。

2016 年 7 月,在东西部扶贫协作开展 20 周年之际,东西部扶贫协作座谈会在宁夏银川召开,习近平总书记出席会议并作重要讲话,东西部扶贫协作作为打赢脱贫攻坚战的重要举措被要求进一步深化落实。习近平总书记指出,西部地区特别是民族地区、边疆地区、革命老区、集中连片特困地区贫困程度深、扶贫成本高、脱贫难度大,是脱贫攻坚的短板。东西部扶贫协作和对口支援,是推动区域协调发展、协同发展、共同发展的大战略,是加强区域合作、优化产业布局、拓展对内对外开放新空间的大布局,是实现先富帮后富、最终实现共同富裕目标的大举措,必须认清形势、聚焦精准、深化帮扶、确保实效,切实提高工作水平,全面打赢脱贫攻坚战。

2016 年 11 月,中共中央办公厅、国务院办公厅印发了《关于进一步加强东西部扶贫协作工作的指导意见》,将东西部扶贫协作工作纳入国家脱贫攻坚考核范围。重点包括:一是加大结对主体关系覆盖面。东部 9 省 13 市结对帮扶中西部 15 省 22 市,结对关系覆盖各民族自治州,加强云南、四川、甘肃、青海等重点贫困市州的帮扶力量,实现对民族自治州和西部贫困程度深的市州全覆盖。调整后的东西部扶贫协作结对关系为:北京—内蒙古、河北张家口和保定;天津—甘肃、河北承德;辽宁大连—贵州六盘水;上海—云南、贵州遵义;江苏—陕西、青海西宁和海东,苏州—贵州铜仁,浙江—四川,杭州—湖北恩施、贵州黔东南,宁波—吉林延边、贵州黔西南;福建—宁夏,福州—甘肃定西,厦门—甘肃临夏;山东—重庆,济南—湖南湘西,青岛—贵州安顺、甘肃陇南;广东—广西、四川甘孜,广州—贵州黔南和毕节,佛山—四川凉山,中山和东莞—云南昭通,珠海—云南怒江。二是推进结对主体关系下沉。启动携手奔小康行动,在原来省市结对关系的基础上推进县县结对,即东部省份组织辖区内 267 个经济较发达县(市、区)对口帮扶西部地区 390 个扶贫任务重、脱贫难度大的贫困县(后来经过动态调整,增加为 342 个发达县帮扶 570 个西部贫困县);探索在乡镇之间、行政村之间结对帮扶。三是积极探索东部县域内学校、医院、企业、街道、乡镇与西部贫困地区学校、医院和贫困村建立结对帮扶关系。随着这一调整,东部帮扶西部的范围扩大,东西部扶贫协作关系得以强化,深度、广度、力度空前。

### 衔接阶段（2021 年至今）

我国脱贫攻坚战取得全面胜利,解决了农村、农民的绝对贫困问题,但乡村发展仍然是中国式现代化建设和共同富裕的薄弱环节。于是,根据党中央要求,"三农"工作重心历史性地由脱贫攻坚转向全面推进乡村振兴,"东西部扶贫协作"改称"东西部协作",进入巩固脱贫攻坚成果与促进乡村振兴有效衔接的新阶段。所以将这一阶段称为"衔接阶段",即以全面小康为目标,以共同富裕为使命,推进乡村振兴成为新阶段东西部协作的工作重心。

2020年12月,中共中央、国务院印发《关于实现巩固拓展脱贫攻坚成果同乡村振兴有效衔接的意见》提出:"脱贫摘帽不是终点,而是新生活、新奋斗的起点。打赢脱贫攻坚战、全面建成小康社会后,要在巩固拓展脱贫攻坚成果的基础上,做好乡村振兴这篇大文章,接续推进脱贫地区发展和群众生活改善。"

2021年2月,习近平总书记在全国脱贫攻坚总结表彰大会上发表重要讲话。庄严宣告:我国脱贫攻坚战取得了全面胜利! 现行标准下9899万农村贫困人口全部脱贫,832个贫困县全部摘帽,12.8万个贫困村全部出列,区域性整体贫困得到解决,完成了消除绝对贫困的艰巨任务,创造了又一个彪炳史册的人间奇迹。

2021年2月,为建立防止返贫长效机制,中共中央、国务院发布《关于全面推进乡村振兴加快农业农村现代化的意见》,开始全面实施乡村振兴战略。该《意见》提出,为实现巩固拓展脱贫攻坚成果同乡村振兴有效衔接,对摆脱贫困的县,从脱贫之日起设立5年过渡期,做到扶上马送一程,过渡期内保持现有主要帮扶政策总体稳定,并要求坚持和完善东西部协作和对口支援、社会力量参与帮扶等机制。

2021年3月,中共中央办公厅、国务院办公厅印发《关于确定国家乡村振兴重点帮扶县的意见》《关于坚持和完善东西部协作机制的意见》和《关于坚持做好中央单位定点帮扶工作的意见》,确定了对口协作考核评价对象和主要内容,为衔接阶段的对口协作工作落实落细增添了似工笔画般的细节。一是调整优化东西部结对帮扶关系。形成东部8省(直辖市)结对帮扶西部11省(自治区)结对关系:北京—内蒙古,天津—甘肃(不含定西、陇南、临夏),上海—云南,江苏—陕西、青海,浙江—四川,福建—宁夏,山东—重庆和甘肃的临夏、陇南、定西,广东—广西和贵州。在新一轮结对关系中,除广东、江苏、山东为"一帮二"以及甘肃为"二帮一"关系外,其余各省均为"一帮一"关系;辽宁省不再承担结对帮扶任务;河北省、吉林省、湖北省、湖南省以省内结对帮扶为主,不再实施省际间结对帮扶;中部地区脱贫攻坚后不再参与东西部协作;东西部县级结对关系基数保持国定 832 个脱贫县(原贫困县)不变。二是组织东部 8 省(直辖市)的经济较发达县市区结对帮扶 160 个脱贫基础较差的国家乡村振兴重点帮扶县,并将结对帮扶重心向其倾斜。三是拓展帮扶领域,健全帮扶机制,优化帮扶方式,加强产业合作、资源互补、劳务对接、人才交流,动员全社会参与。

## 当前省际对口协作体系

长期以来,对口协作政策将不同省级政府的扶贫开发能力进行了耦合。经济较发达地区与经济欠发达地区省际间一一结对,以双方高层互访、资金援助、工作专班、人才支持、层层结对、产业协作、劳务协作、消费协作、社会帮扶等丰富形式,建立密切的对口协作互助模式,引导民众广泛参与,形成了一体化对口协作体系。

2021 年 4 月,习近平总书记在深化东西部协作和定点帮扶工作中指示:"东西部协作工作要适应形势任务变化,要完善东西部结对帮扶关系,拓展帮扶领域,健全帮扶机制,优化帮扶方式,加强产业合作、资源互补、劳务对接、人才交流,动员全社会参与,形成区域协调发展、协同发展、共同发展的良好局面。"

当前,随着对口协作不断走深走实,协作任务有所调整,范畴不断延展。原来以资金、基础设施、公共服务、农业技术为主的帮扶逐步向劳动力培训与转移、产业高级化和规模化、科教文卫多样化、生态环境可持续等多个领域纵深发展,逐渐演化成为涉及不同地区、不同主体的多领域、多层次、多渠道、多形式、多内容的体系化协作体系。

根据协作主题的不同,我国在省际层面由中央统筹安排开展的综合性对口协作主要有两大类型:东西部协作、南水北调对口协作。

### 东西部协作

东西部协作,即由一部分东部发达省市对口协作西部欠发达省区,是对口协作制度形成的初衷,也是当前我国对口协作体系中体量最大、分量最重的部分。

回顾东西部协作制度的演进进程。自 1996 年正式启动,2016 年通过精准化协作措施助推脱贫攻坚,2021 年进入巩固脱贫攻坚成果与促进乡村振兴有效衔接的新阶段,东西部协作绵延 26 年来,协作双方各省市以极大的真情真意、真金白银、真抓实干,取得了非凡的成就。仅党的十八大以来,东部 9 省(市)就向对口地区投入财政援助和社会帮扶资金1005 亿元,东部地区企业向对口地区累计投资 1 万多亿元,有力促进人才、资金、技术向贫困地区流动,在世界扶贫减贫史上书写了光辉的一页。

2021 年衔接阶段东西部协作工作开启后,原有结对关系进一步优化,帮扶力量有效整合、协作效率不断提升。由于在此前的结对关系中,西部许多省份既有对口支援的涉藏州县,又有国家贫困县,对口支援和对口协作结对关系交叉严重,存在东部一省对西部多省、西部一省对东部多省现象。因此中央决定,将东西部协作结对关系重新调整,原则上一个东部地区省份帮扶一个西部地区省份,形成长期固定结对帮扶关系(广东、江苏继续"一对二";山东对一省,加另一省的几个州)。以对口协作贵州为例,1996 年确定为深圳、青岛、大连、宁波 4 个计划单列市以"一对二"模式对口帮扶贵州除贵阳外的 8 个市(州)。2013 年,国务院发布《关于开展对口帮扶贵州工作的指导意见》,启动新一轮的对口帮扶贵州工作,新增上海、苏州、杭州、广州 4 个东部发达城市参与帮扶,即共有 8 个经济发达城市对口帮扶贵州除贵阳市之外的其他 8 个市(州)。结对关系为:上海—遵义、深圳—毕节、宁波—黔西南、大连—六盘水、青岛—安顺、苏州—铜仁、杭州—黔东南、广州—黔南。2021 年,按照党中央关于新阶段东西部协作的部署安排,统一调整为广东省帮扶。

2022 年中央一号文件《中共中央国务院关于做好 2022 年全面推进

乡村振兴重点工作的意见》，对新阶段东西部协作进一步作出部署：一是要深化东西部劳务协作，做好省内转移就业；二是要深化区县、村企、学校、医院等结对帮扶；三是要继续开展城乡建设用地增减挂钩节余指标跨省域调剂。对东西部协作工作提出了更明确的"三转"①要求。要求聚焦"守底线、抓发展、促振兴"、聚焦 160 个国家乡村振兴重点帮扶县，在政策、力量上予以倾斜，为新阶段东西部协作指明了方向。

### 南水北调对口协作

习近平总书记指出，"水网建设起来，会是中华民族在治水历程中又一个世纪画卷，会载入千秋史册。"与对口支援三峡库区相类似，对口协作体系中为我国推进重大水利工程另辟了宏阔篇章。

南水北调工程，是我国的战略性工程。构想始于 1952 年，共规划了东、中、西三条调水线路，与长江、淮河、黄河、海河相互连接，构成我国中部地区水资源"四横三纵、南北调配、东西互济"的总体格局。其中，东线工程源自长江下游扬州江都抽引长江水；中线工程从位于湖北省丹江口市和河南省南阳市淅川县丹江口水库引水；西线工程规划在长江上游通天河、支流雅砻江和大渡河上游筑坝建库。南水北调工程涉及人口 4.38 亿人，其中，中线工程、东线工程（一期）已经完工并向北方地区调水。自 2014 年全面建成通水以来，穿越时空而来的"南水"已成为京津等 40 多座大中城市 280 多个县市区超过 1.4 亿人的主力水源。

为保障南水北调工程运行治理，发挥支撑经济循环的综合效益，切实保障南水北调中线工程"一泓清水北送"，同时也体现"滴水之恩、涌泉相报"的责任担当，在工程推进的同时实施了丹江口库区及上游地区对口协作。2013 年，国务院批复国家发改委、国务院南水北调办编制的《关于丹江口库区及上游地区对口协作工作方案》，要求北京、天津、部分中央单位等作为受水区，与河南、湖北、陕西 3 省水源地开展对口协作。结对关系

---

① 把工作对象转向所有农民，把工作任务转向推进乡村产业振兴、人才振兴、文化振兴、生态振兴、组织振兴，把工作举措转向促进发展。

为:北京—河南南阳、三门峡、洛阳和湖北十堰、神农架林区水源区;天津—陕西商洛、汉中、安康水源区。协作内容包括:大力发展生态经济、促进传统工业升级、加强人力资源开发、加大科技支持力度、深化经贸交流合作、加强生态环保合作、增强公共服务能力。

以水为媒,因水结缘;一渠相牵,共谋发展。南水北调对口协作的开展,为水源地和受水区的社会、经济、生态发展注入生机,激扬澎湃活力。2021年6月,国家发改委和水利部发布《关于推进丹江口库区及上游地区对口协作工作的通知》,提出丹江口库区及上游地区对口协作期限延长至2035年。

## 第四节　对口合作制度

### 对口合作制度流变

地方合作久已有之,通常以优势互补为出发点,以双方自发的社会经济发展动机为驱动力。本书重点关注由中央安排、自上而下开展的省际对口合作关系。

这种由中央统筹安排的省际合作,即官方定义的"对口合作",是指部分东部经济发达地区与相对落后地区(包括东北老工业基地、部分革命老区重点城市)携手,在中央的统筹下,自上而下开展全方位合作。

对口合作是对口协作合作制度体系的重要组成部分。旨在以平等合作和市场化运作为底层逻辑,强调双方互鉴、优势互补、互利共赢、共谋发展、共同进步。实际上,中央在安排省际对口合作"结对子"时,已经综合考虑了相关省市资源禀赋、产业基础、发展水平以及合作现状等因素,尽量匹配双方的合作性和发展性。但也无须讳言,这种对口合作仍然存在相对发达和相对欠发达之分,仍有一定的发展势能差,所以参与合作的主体依旧担负着一定的传帮带的任务,即要帮助对口地区加快发展。

区别于"既出钱、又派人"的对口支援和对口协作模式,对口合作"既不出钱、又不派人"。开展对口合作的主要目的,一是解决对口地区在思想观念转变、体制机制创新、产业结构调整等方面存在的问题，二是促进区域协调发展，助推对口地区经济转型升级和拓展发展新空间。

对口合作是我国对口支援协作合作体系中最年轻的一个序列。2016年11月，国家推进实施新一轮东北振兴战略，明确了三省四市7个对口合作关系，代表着我国对口合作制度的开端，经过7年的实施运转已初见成效。2022年6月，国家继续推进针对革命老区发展的对口合作，明确了20个革命老区重点城市与发达地区部分城市的对口合作关系，相关合作尚在谋篇布局中。

## 当前省际对口合作体系

由中央直接安排的对口合作主要有四类。第一类是与东北地区对口合作；第二类是与革命老区对口合作。这两类都是由中央统筹、自上而下推进的"官方"对口合作关系。第三类是面向区域一体化的省际对口合作。第四类是在已经结束的对口支援、对口协作关系上延续生成的合作关系，某种程度上可以认为是对口支援和对口协作政策的副产品、衍生品，可视为制度红利。

### 对口合作东北地区

组织东北地区与东部地区部分省市建立对口合作机制是党中央、国务院作出的重大决策部署，是实施新一轮东北地区等老工业基地振兴战略的重要举措。东北地区是我国重要的工业和农业基地，维护国家"五大安全"的战略地位重要，关乎国家发展大局。新时代东北振兴，是全面振兴、全方位振兴。尤其在我国进入经济发展新常态以来，东北地区经济受结构性和周期性因素影响，经济增速持续回落，部分行业生产经营陷入困境。因此，助力东北地区重塑环境、重振雄风，实现全面振兴，是"时代考卷"。

2003年10月，中共中央、国务院发布《关于实施东北地区等老工业基地振兴战略的若干意见》，提出了东北地区等老工业基地振兴战略。

2009年9月,国务院出台《关于进一步实施东北地区等老工业基地振兴战略的若干意见》,从优化经济结构、加快企业技术进步、加强基础设施建设、深化省区协作等九个方面,提出了28条举措。

2016年11月,国务院印发《关于深入推进实施新一轮东北振兴战略加快推动东北地区经济企稳向好若干重要举措的意见》,明确了三省四市7个对口合作关系:辽宁—江苏,吉林—浙江,黑龙江—广东,沈阳—北京,大连—上海,长春—天津,哈尔滨—深圳。要求开展务实合作并实现互利共赢,从14个方面加大对东北地区的支持力度。2017年3月,为稳步推进东北地区与东部地区部分省市对口合作,国务院办公厅进一步印发《东北地区与东部地区部分省市对口合作工作方案》,具体部署工作,提出了四个方面共18项任务。至此,对口合作正式登台亮相,新的区域发展对口合作格局呈现了概貌。

2018年9月,习近平总书记在深入推进东北振兴座谈会上指出,要以东北地区与东部地区对口合作为依托,深入推进东北振兴与京津冀协同发展、长江经济带发展、粤港澳大湾区建设等国家重大战略的对接和交流合作,使南北互动起来,就深入推进东北振兴提出6个方面的重要要求:一是以优化营商环境为基础,全面深化改革。二是以培育壮大新动能为重点,激发创新驱动内生动力。三是科学统筹精准施策,构建协调发展新格局。四是更好支持生态建设和粮食生产,巩固提升绿色发展优势。五是深度融入共建"一带一路",建设开放合作高地。六是更加关注补齐民生领域短板,让人民群众共享东北振兴成果。

在开展对口合作东北地区以来,各有关地区在携手构建新发展格局、科技与产业创新、文化旅游、干部交流等方面深化合作,在对标学习和复制推广经验做法、干部交流挂职和系统培训、产业对接、园区共建和重大项目合作等方面形成了一批合作成果,推动对口合作取得了积极进展,为建立区域协调发展新机制作出了有益探索,也为东北振兴注入了新动能。

### 对口合作革命老区重点城市

2022 年 6 月，结合既有协作、合作、交流关系，综合考虑资源禀赋、产业基础、发展水平以及合作现状等因素，国家发展改革委印发了《革命老区重点城市对口合作工作方案》，明确了 20 个革命老区重点城市与发达地区部分城市的对口合作关系，包括：赣州—深圳、吉安—东莞、龙岩—广州、三明—上海、梅州—广州、延安—无锡、庆阳—天津、六安—上海、信阳—苏州、黄冈—宁波、百色—深圳、巴中—金华、郴州—佛山、张家界—南京、恩施—杭州、遵义—珠海、长治—北京、汕尾—深圳、临沂—青岛、丽水—杭州。明确了对口合作的重点任务，从聚焦传承弘扬红色文化、衔接推进乡村振兴和新型城镇化、完善基础设施和基本公共服务、促进生态环境保护修复和绿色低碳发展、共同建设产业合作平台载体五个方面展开合作。

### 面向区域一体化的省际对口合作

一体化发展是区域协调发展战略的重要内容。为缩小长三角区域内经济社会发展差距，实现长三角更高质量一体化发展，加强长三角边缘城市与核心城市的融合，2021 年 12 月，国家发展改革委印发《沪苏浙城市结对合作帮扶皖北城市实施方案》，组织沪苏浙 8 市区结对合作帮扶皖北8 市。结对关系为：上海闵行——安徽淮南、上海松江—安徽六安、上海奉贤—安徽亳州、江苏南京—安徽滁州、江苏苏州—安徽阜阳、江苏徐州—安徽淮北、浙江杭州—安徽宿州、浙江宁波—安徽蚌埠。目标是构建产业、技术、人才、资本、市场等相结合的结对合作帮扶工作格局，进一步激发皖北地区内生发展动力。工作期限为 2021 年～2030 年。

### 已结束结对关系的延续转化

这一类实则不是严格意义上的"对口合作"，但它发轫于对口支援协作制度母体，继承着对口制度的精神内核和血脉基因。在前期双方对口支援或对口协作的结对关系结束后,借助前期援建帮扶过程所积累的良好府际关系和合作基础,结对关系转化为自发合作的形式得以延续。从某种程度上讲,在横向财政转移支付结束后,在"既不出钱、又不派人"的状态下,能够把结对关系自发延续下去,靠自驱动作用将单向帮扶转为双向合作关系,正是体现了前述对口支援和对口协作制度生生不息的生命力,可以认为是对口政策的制度红利。

最典型案例是对口支援汶川地震灾区的结对关系转化。由于对灾区的援建有时间期限,理论上讲对灾区的恢复重建任务完成后对口支援便可以停止了,但是有的援受双方把对口支援转变为自发合作,以长久的合作伙伴关系固定下来。例如,对口支援汶川完成后,2010 年广东省与汶川县签订《粤汶长期合作框架协定》,北京市与什邡市签订了《北京——什邡 2010~2013 年合作框架协议》;2018 年江苏苏州吴江区与绵竹市缔结友好城市关系,建立了友好战略合作关系。

对口协作关系也可以通过合作而绵延传承。以江苏对口协作贵州为例,2021 年随着国家调整对口协作关系,长达 8 年的江苏苏州与贵州铜仁对口协作就此告一段落。但是苏铜两地建立的深厚友谊毫不褪色,2021 年 5 月 5 日,苏州与铜仁结成友好城市,明确"结对关系调整后,协作关系不断档,将以合作促发展、以发展促共赢",开启了区域合作的新征程。

## 第五节 对口制度演化规律

"对口支援""对口协作""对口合作"系列制度虽然各有目标、各有特色、各有侧重,但其紧密关联、相互重叠、彼此嵌入。三类制度有机集成,形成了对口支援协作合作制度体系。

回看其制度演化规律,可以看到"对口支援—对口协作—对口合作"存在时间上的线性演化关系,属于同一个"家谱树"。在这个线性关系中,众多关联要素循着这一脉络从前向后渐进演变。其演化规律主要有三个特点：

一是结对关系逐渐精准化。例如，对口援藏一开始为模糊的"全国支援西藏"；再通过构建结对关系，具体到 7 个地市；之后又通过层层结对下沉到 73 个县市区，实现结对全覆盖。对口支援协作合作逐渐形成了由"线"到"点"的精准对接。

二是运行机制逐渐互利化。从对口支援的支援地区"既出血""又流汗"的单边输出、受援地区单方受益；到东西部协作围绕扶贫开发或者乡村振兴合力攻坚；再到共谋发展、互惠互利、礼尚往来的对口合作。对口工作向多元主体互利共赢的全方位合作演化。

三是市场逻辑逐渐凸显化。从对口支援以政府财政援助和经济技术援助为主；到对口协作的各项帮扶协作，开始加入产业和企业等要素，呈现出政府、市场和社会多元协作状态；再到对口合作状态下，政府不再强制投入人员和资金，主要是在市场机制下促进跨区域的生产要素流动和集聚。可以看到市场机制发挥了越来越突出的作用，由单一的"政府主导"向"政府引导、市场运作"演化。

第五章

态势分析｜对口支援协作合作的成效与趋势

对口支援协作合作制度是中国特色社会主义治理体系的重要组成部分。党中央不断作出新的部署安排，历经一代代人的不懈努力，我国已经形成了多层次、多形式、全方位的对口支援协作合作格局，为确保国家安全和长治久安、促进当地经济社会发展作出了突出贡献。本章对当前我国对口工作的实施成效、趋势前瞻和问题建议进行总揽性剖析。

## 第一节　八大成效

对口支援协作合作作为中国共产党创造的一套制度体系，是通过在国家层面进行宏观调控和顶层设计，实现资源跨省横向配置优化的手段。对口支援协作合作制度的推进实施已经产生了诸多社会经济效益，已逐渐成为满足人民美好生活向往、战胜各种重大自然灾害、协调区域均衡发展和维护社会稳定的重要途径。大量对口工作的实践和成效显示了中国"集中力量办大事"的能力，发挥了"全国一盘棋"的制度优势，体现了中国在辽阔疆域和庞大体量下强大的资源调度和配置能力，揭示了中央对地方的强大约束能力，反映了地方对中央决策的强大执行能力，方方面面彰显"中国之治"的制度自信。

在组织东部沿海先发地区对口支援协作合作欠发达地区以来，西部贫困地区、民族边疆地区、革命老区等对口地区的经济社会发展取得了重大进展。历史性解决农村绝对贫困,群众收入大幅提高,基础设施明显改善,综合实力大幅增强,区域发展差距扩大的趋势得到逐步扭转,区域发展协调性逐渐增强,城乡发展差距不断缩小,为实现全体人民共同富裕创造了良好条件。

## 提高人民群众生活水平

贫困是人类社会的顽疾。对口支援协作合作制度设计的初衷就是解决贫困地区发展短板和贫困人口生计问题,精准瞄准贫困村和贫困人员,帮助其克服自然环境、区位劣势、灾难灾害等带来的生存生活生产困难,解决区域性整体贫困问题。

作为"先富带后富"典型的对口支援协作合作制度实施以来,强化结果导向,通过提供财力、物力、人力、智力等多方面的支持,聚焦深度贫困地区和贫困人员,培育对口地区内生能力。特别是党的十八大以来,对口支援协作合作有力助推了我国区域共同发展,协助对口地区打赢脱贫攻坚战,对历史性解决农村绝对贫困、全面建成小康社会、夯实共同富裕基础发挥了关键性作用。一些对口地区经济增长路径改变,产业结构重组,推动区域创新和技术创新,地区内发展能力得到激活,乡村振兴有力推进。2016~2020 年,五大自治区和滇、黔、青三个多民族省份贫困人口累计减少 1560 万人,28 个人口少数民族全部实现整族脱贫。

## 促进区域协调均衡发展

促进各地区域均衡协调发展是对口支援协作合作方略的逻辑主线。在区域协调发展"组合拳"推进中,我国西部地区与东部地区发展差距扩大的趋势得以有效遏制,区域发展的均衡态势有所增强。例如,2020 年西藏城乡居民人均可支配收入分别增长 10% 和 12.7%,增速位居全国前列。2022 年 9 月 20 日,国家发改委举行新闻发布会,介绍了党的十八大以来区域协调发展取得的历史性成就、发生的历史性变革:一是区域发展相对差距持续缩小；二是动力源地区引擎作用不断增强；三是重要功能区关键作用更加明显；四是特殊类型地区实现振兴发展；五是基本公共服务均等化水平不断提高；六是基础设施通达程度更加均衡；七是人民基本生活保障水平逐步接近。

## 维护对口地区社会稳定

对口地区大多处在边疆民族地区，特殊的地理位置和区位优势，赋予其重要的战略地位和安全意义。我国对口支援协作合作政策的实施，尤其对边疆民族地区的对口工作，有效地解决了当地的生产生活问题，加快了贫困地区脱贫致富的步伐，使人民群众"住有所居，心有所安，生有所养"，保障了对口地区的安全秩序，加强了民族团结，维护了社会稳定，提高了政府合法性和各族群众的国家认同，通过文化交流融合增强了各民族地区的凝聚力，维护了国家的统一。

## 营造紧密合作府际关系

对口支援协作合作制度实际上形成了一种新的府际关系。它丰富了府际关系的内涵，扩展了府际关系的范围。由政府强力推动的对口支援协作合作打破了偌大国土内的空间限制和行政区划壁垒，搭建了不同地域、不同文化背景、不同职业条线人群之间友谊的桥梁。对口双方通过紧密的结对共建，加强了横向的合作性的府际关系，取代了过去以竞争为主的博弈性关系；同时也调节了纵向的央地关系；甚至还通过对口工作，融合了自身的内部关系。良好稳定的府际关系为持续深入的交流合作提供了有利的条件，也为区域经济可持续健康发展提供了良好的制度环境。

很多外派干部都感到在对口工作中收获了超越以往的友谊。实际上是以对口为"媒"，形成了一种交叉重叠的府际关系网络。在这张网络中，每一个各层级人员都发挥着节点作用，以超越原本层级的包容性姿态，形成了更具依赖性的亲密联系。正是在对口工作的特殊场域之内，双方干群结下这种血浓于水的深厚情谊，有力改善了群体关系、增进了行业关系、融合了民族情谊。

## 增强民族团结政治认同

对口支援协作合作制度,尤其是通过各层级的结对帮扶,实际上是构建了一种规范化、制度化、低姿态的界面关系。例如,汉族与少数民族面对面的、一对一的、持续性的沟通、交流与合作,直到逐渐建立相互信任。这种润物细无声的浸透,"沉"到基层的姿态,有其他制度所难以比拟的亲和力。从某种角度来说,对口支援协作合作是一种社会界面的融合剂,一种祖国大家庭的乳化剂,促成双方结下深厚情谊、不解之缘,极大加强了全国范围内社会互嵌以及区域、族际交往交流。固然需要付出额外的组织成本,但从长久来看,减少了民族、地区、群体之间的交易成本,发挥了制度的正外部性,有利于提高体系的凝聚力,筑牢共同体意识,促进政治稳定、民族团结和边疆巩固。

## 助推城乡有序融合发展

"十三五"以来,对口支援协作项目围绕产业合作、基础设施建设、社会事业发展、消费协作、劳务协作和人才培训等几个方面重点谋划实施,尤其在基础设施和公共服务领域加大投入,促进了资源要素向贫困地区的扩散和溢出。一方面改善了对口地区基础设施条件,如道路交通、物流体系、电网升级等,促成了以县域、乡镇交通枢纽为核心的区域性物流体系建设,改善了城乡融合的物理条件。另一方面,通过民生支援、智力支持、就业帮扶、产业协作、劳务协作和消费协作等,促进了劳动力向非农部门转移,加快了新型城镇化建设步伐。

## 更新思想观念价值理念

我国的对口支援协作合作制度与一般意义上区域间的横向财政转移支付存有差异,不仅是资金、技术和人才等资源要素的传递,还蕴含着智力支援等长周期要素。双方依托对口伙伴关系搭建起来的支援机制、帮扶机制、协作机制、交流机制、承接机制等,更像是一种软实力的载体,搭载着思想观念、管理理念、理想信念等无形的价值理念。在显性的对口工作实施中,潜移默化地内化了价值传播和共建。其收益也随着时间的推移逐渐显现出来,不仅促进了对口地区的治理能力提升,也促成了各族群众的思想观念更新和知识技能水平提高,激发了内生动力,增强了可持续发展能力。

### 奠定产业高级发展基础

当前的对口支援协作合作不仅帮助对口地区提升了农业产业价值链的附加值,而且帮助其产业发展重心逐渐由第一产业向第二、第三产业梯度转移,促使三产融合。首先,根据"六次产业"理论,实现农村的一二三产融合,将农业变成综合产业,可以产生乘数效应,从整体上提高包括农业经济在内的综合效益,从而带动县域经济的发展。其次,对口共建的产业承接转移平台、劳务协作平台、人才技术支持平台和营销贸易平台等协作合作载体,促进了要素自由流动与高效汇集,促进了对口地区深度参与国内国际产业链和价值链分工。最后,对口支援协作合作帮助对口地区产业转移和产业集聚,形成正反馈作用,助推产业走向高级化、合理化。

## 第二节 八个趋势

对口支援协作合作是中国共产党创造的具有中国特色的政策模式。我国对口支援协作合作政策随着环境发展和形势变化而不断演化,彰显着强烈的时代气息。时至今日,对口支援协作合作工作在深耕细作中行稳致远,目标日益明确,形式日益丰富,理念日益人本,治理日益规范,应用日益广泛。

回看我国对口援助协作合作政策的演化历程,从最初出现的对口支援解决边境地区和少数民族地区的贫困问题;再到转向对口协作,以缩小东西部差距和城乡不平衡,解决绝对贫困问题;再到转向对口合作以缩小区位差异和群体差距……这一系列政策的总体发展趋势，是从东部发达地区和西部欠发达地区之间的单向输出到双方协作攻坚、再到共谋发展的转变；是从单向依存到互惠互利、再到合作共赢的转变；是从"输血"式援助到形成"造血"能力、再到携手服务新发展格局的转变，逐步走向制度化和体系化，在高度的历史自觉和时代担当中与经济社会发展大局同频共振。

## 宗旨·从小康社会转向人民共同富裕

从全面小康到共同富裕，是一种全方位、多层次、立体式的提级换挡过程，是中国式现代化的重要特征，是中国共产党对马克思主义发展观的落地性实践。"小康社会"是由邓小平同志于 20 世纪 70 年代末在规划中国经济社会发展蓝图时提出的战略构想，党的十八大报告首次正式提出"全面建成小康社会"。共同富裕是物质富足与精神富有的集大成者，具有全面性、共享性、差异性和渐进性。

2021 年我国打赢脱贫攻坚战，贫困县全部"摘帽"，贫困村全部出列，贫困人口全部实现"两不愁三保障"，完成全面建成小康社会的历史任务，实现第一个百年奋斗目标。这为促进共同富裕创造了良好条件，在此基础上乘势而上，开启全面建设社会主义现代化国家新征程，向第二个百年奋斗目标进军，向着全体人民共同富裕的目标久久为功。

## 任务·从贫困治理转向全面乡村振兴

关于贫困问题，习近平总书记多次强调，"小康不小康，关键看老乡，关键看贫困老乡能不能脱贫"。我国对口支援协作合作的对象多是边疆民族地区、山区、欠发达地区，多数自然条件恶劣，发展基础薄弱。而长期以来在对口支援协作合作中，存在一定"重城市、轻农村"倾向，导致援助帮扶的精准性存在偏差。因此要促进对口地区发展，必须牢固树立乡村观念，首先改变农村群众贫困的现状，把扶贫减贫工作一以贯之。

在这一时代背景下，"十四五"期间我国将"三农"的工作重心历史性地从"脱贫攻坚"转移到"全面推进乡村振兴"上来。习近平总书记强调："打好脱贫攻坚战是实施乡村振兴战略的优先任务。乡村振兴从来不是另起炉灶，而是在脱贫攻坚的基础上推进。"这一新阶段的工作重点是从解决绝对贫困转向解决相对贫困，推进贫困治理与全面乡村振兴有效衔接和平稳转型。

就对口支援协作合作而言，新阶段工作任务是"巩固拓展脱贫攻坚成果、全面衔接推进乡村振兴"。意味着当前的对口支援协作合作的重要任务要兼顾两头，一手抓巩固拓展脱贫攻坚成果，一手抓全面推进乡村振兴。一方面要做好后脱贫时代对口地区乡村的贫困治理，防止脱贫者返贫、贫困脆弱性等绝对贫困陷阱。另一方面，要按照"五大振兴"的要求，重点有序地推进乡村振兴战略实施。乡村振兴是一项复杂艰巨的系统工程，比脱贫攻坚的要求更高、更全面，目标是全面推进农业农村现代化，必须以深化农业供给侧结构性改革为抓手，从根本上改观乡村面貌。对口支援协作合作体量有限，不可能面面俱到，必须聚合力量找准突破口，在实现"五个转变"①中探索衔接有效路径。尤其要在农业产业化、乡村人才、乡村治理和生态价值等重点领域做好文章，在县、乡、村打造一批乡村振兴示范典型，由点带面有序推进。

## 逻辑·从物的建设转向人的全面发展

习近平总书记指出：我们必须坚持发展为了人民、发展依靠人民、发展成果由人民共享。一切以人民为中心，意味着对口支援协作合作工作的出发点必须聚焦"人"的全面发展，最终理想是构建全体人民共同富裕的大同世界。其"本"在发展，其"标"在民生。必须聚焦到人性关怀和人际界面的体验，对口地区人民群众的幸福感、获得感和安全感是衡量工作成效的重要尺度。必须坚持"人民至上，生命至上"的原则，保障人民生命

---

① 在工作对象上，从聚焦贫困地区、贫困人口向覆盖全部农村、全体农民转变；在工作任务上，从聚焦"两不愁三保障"向推进乡村"五大振兴"转变；在工作举措上，从聚焦帮扶到户到人向促进发展转变；在工作方法上，要坚持点面结合，既要聚焦重点实施好面上项目，又要服务大局抓好点上示范项目；在工作节奏上，从攻坚战倒排工期推进向持久战有序实施转变。

和财产安全,满足人民日益增长的美好生活需要,关注人的生活质量和发展前景,在全社会层面实现平等与正义的价值目标,让各族人民过上好日子。一方面要建设舒适便捷的基础设施,供给高品质的公共服务,打造丰富多样的物质消费环境,建设优美的人居环境和文化氛围。另一方面要营造公平的发展前景,在人的全面发展进程中构建人的自由个性,满足个体层面的内生性要求。

## 范畴·从经济援助转向五位一体布局

对口支援协作合作制度,始于经济援助、灾难援助;各地各级党委、政府在实践中不断探索更加有效的工作方式,不断融入干部、医疗、教育等维度并赋予新的内涵。经过多年探索实践,当前对口支援协作合作范畴已覆盖产业、人才、就业、消费、卫生等诸多领域。随着区域发展水平提升和理念深化,对口支援协作合作正在进一步向科技创新、体制创新、生态环境、文化交流、社会治理、对外开放等更深层次、更广领域拓展。

党的十八大以来,面对实现中华民族伟大复兴的战略全局和世界百年未有之大变局,以习近平同志为核心的党中央推进经济建设、政治建设、文化建设、社会建设和生态文明建设"五位一体"总体布局,这为对口支援协作合作提出了更宽领域、更高层次、更全方位的要求。以生态环境领域为例,随着绿色发展理念和生态文明思想的不断深入,生态移民搬迁、生态扶贫工程、生态公益就业岗位等新的协作方式不断发展壮大。

## 定位·从比较优势转向产业竞争优势

比较优势和竞争优势是两个相互联系的概念。比较优势,主要集中在劳动力、自然资源、资本等要素禀赋和技术的差异,是先天性相对静态的优势,结果体现为生产成本的差异,主要应用在贸易语境,实际是个宏观经济政策问题;竞争优势,是后天的动态变化的优势,强调商业环境分析和企业的价值创造力,既包括成本问题,也包括差异化策略的操盘,是个战略管理问题。

从静态的比较优势转向动态的产业竞争优势,必须进行产业结构调整和升级提档。根据前面的比较可知,强调资源禀赋的比较优势会对竞争优势产生影响,尤其是在产业发展的初级阶段具有决定性作用,奠定了产业空间格局的地域分工基础,但这还不是充分条件;要形成竞争优势,不仅要先天优势,更需要后天努力,需要运筹谋划和精耕细作,经历残酷铁血的现实比拼。而且随着工业化和现代化进程的推进,这些先天性因素的重要性会逐渐走低,聚集经济和知识经济会占据越来越显著的比重。根据"起飞"理论和主导产业更替原则,随着工业化进程到后期阶段,技术密集型和知识密集型产业的比重越来越高,对技术、创新、人才的依赖越来越强。例如,在我国东部沿海地区,尽管资源和市场"两头在外",制造业生产成本并不低,但通过制造业集聚以及技术溢出,形成了相对的区域竞争优势。而基于资源优势的中西部地区,如果停留在初级阶段的产业地域分工定位,不做产业结构和组织设计的"后天努力",将难以摆脱资源依赖,甚至会受困于资源诅咒,永远处于初级产品阶段,位于价值链低端,丧失区域竞争优势。

对于对口支援协作合作工作而言,要充分利用产业支援协作合作机制助推产业转移,促进对口地区产业基础高级化和产业链现代化。通过对口制度的桥梁,加强与对口地区在产业领域的支援协作合作,发挥产业的杠杆性和带动性作用,撬动形成更大价值,助力对口地区的可持续跨越式发展。近年来沿海地区的腾笼换鸟,中西部地区的产业梯度转移已经验证了我国产业分布格局正在发生地理变迁,为对口地区的产业发展带来新机遇。未来对口支援协作合作要把更多的工作举措转向促进产业发展,将更多的笔墨放在引进企业和引导产业转移,搞好协调沟通和配套服务,助推对口地区打造区域(尤其是县域)产业竞争优势,补链强链、做大做强主导产业。尤其要坚持问题导向,针对当前对口地区产业发展普遍面临的物流体系弱、高技能型人才匮乏、融资难融资贵、营商环境建设差等问题,利用对口机制针对性地帮助其补齐短板。

## 机制·从单向受益转向互利共赢合作

从府际关系的可持续性和长效机制的角度思考,对口支援协作合作在从单向援助向多边互利合作转变。由于发达地区与对口地区存在资源不对称性,后者常常是资源富集区、生态功能区、产业承接区,与前者有合作的匹配性和互补性,具备协作发展的启动条件。随着我国区域协调发展不断优化,东西部发展势能差不断降低,百川异源而皆归于海,最终将走向平等互利、自组织的合作治理。

一要充分发挥两地比较优势,深入挖掘合作点和互补点,在推进区域协调发展上互利共赢、携手共进,共同参与收益分配,共同融入国内国际产业链价值链。构建共建、共享、共管的区域合作机制,搭建技术互助、市场互动、资源互享、信息互通的发展环境,在产业协作、利税分成等方面达成协议,以共同投资、利益共享、运行共管的方式共建产业园区,形成长长久久的合作。二要突出对口支援协作合作的社会性、广泛性和参与性,聚集各方力量,整合各类资源,包括企业和大量的民间资源、社会组织资源,不断完善大众参与机制。

## 模式·从政府主导转向市场机制引导

习近平总书记多次强调民族边疆地区要"通过市场机制与沿海地区连接起来,实现优势互补。"对口支援协作合作制度要形成长效机制,必须更加强调市场机制的作用。这意味着要因地制宜、因时施策,坚持"有为政府和有效市场更好结合"的工作思路,不断整合政府、企业、社群、个人等利益相关者,发挥协同共生的效能,引导各类资源要素在跨区域的地理空间协调分布。

一方面,需要建好有为政府,通过政府的行政力量牵引对接、财政兜底保障,通过制度安排来优化营商环境、解决公共配套难题,以破解种种激励约束不相容问题。

另一方面,要强调市场的力量,构建有效市场。一要提高价值链,深入挖掘对口地区特有的生态资源和人文资源,释放乡村生态价值和人文价值;二要延长基于对口支援协作合作形成的产业链;三要创新供应链模式,培育与对口地区的产销对接和直供模式,打造乡村居民生产、企业加工、终端消费的一体化供应链;四要建立基金等,利用市场化机制带动社会资金投入。

## 体系·从内向封闭式转向开发开放式

当前,全球的产业链、供应链、价值链面临"分散化""区域化""本地化"等严峻挑战。为应对日趋复杂的外部环境变化,"十四五"规划提出要加快构建以国内大循环为主体、国内国际双循环相互促进的新发展格局的重大战略部署,提出到2035年"形成对外开放新格局,参与国际经济合作和竞争新优势明显增强"的远景目标。然而,眼前的情况并不容乐观,一方面,一些东部沿海地区劳动密集型产业在成本压力下向外"挤出"进行产业转移时,不是自东向西向内陆梯度转移,而是直接转向周边新兴经济体;另一方面,新疆、内蒙古等边境地区对外贸易尽管有了长足发展,但总量和水平依然很低,外向型经济能力不强,进出口贸易更多表现为"过路经济"。盖因这些边疆内陆地区产业结构轻重失衡、产品结构单一、层次低、初级商品市场竞争力差,缺乏特色自主品牌,金融等对外贸易能力不足、相关人才匮乏等所致。

就对口支援协作合作而言,坚持问题导向,意味着要根据国内国际双循环的要求,协助对口地区提高国际竞争力,形成多元化的开放格局。要促进区域横向交流,将东部地区的外向型经济经验向对口地区扩散溢出,推动对口地区参与国际分工,拓展国际产能合作空间,形成更为密实的产业链供应链合作体系,发展"飞地经济",优化"飞地港"布局,打造有国际竞争力的产业集聚区。尤其要用好高质量共建"一带一路"、《区域全面经济伙伴关系协定》签署等重大机遇,完善综合路网建设,推进基础设施互联互通,提升口岸等级,积极参与高铁外交,提高产品和企业"走出去"的便利性。支持对口地区承接国际大型会议、大型赛事,协助其改善营商环境。不断完善区域协调和开放合作体系,与对口地区携手构建陆海内外联动、东西双向互济的开放格局,为促进构建新发展格局提供更有力支撑。

## 第三节　问题挑战

对口支援协作合作政策作为重大国策,在对口地区社会稳定和经济发展过程中起到重要推动作用。然而在实施过程中还存有不少薄弱环节,主要表现在以下方面:

就制度来看,存在相关政策的稳定性和系统性不足,边界不清晰甚至存有矛盾;行政色彩重,应急性强,"运动式"治理的味道比较浓,法律规范化程度偏低;府际利益冲突和地方保护主义仍然在一定范围内存在等。

就实施来看,体现在结对关系的安排不尽合理;缺乏统一的组织协调机构导致"九龙治水"局面难以根本改变;治理手段单一,缺乏协调、监控、评价等精细化政策工具,资金使用效率和安全性不高;市场机制发挥不充分,资源配置效率不高;宣传动员和理念总结不到位等。

就后方来看,存在激励机制和补偿机制不健全,现有制度只能抑制其"不作为",但不能鼓励其"积极作为";企业、第三部门[①]和社会公众的参与度不高;外派人员中行政干部偏多,专业技术人员不足;参与对口工作的发达地区间竞争性大于合作性等。

就前方来看,主要是对口地区内生发展困难,被动性强,容易产生"等靠要"思想,形成一定程度的援助依赖症;缺乏民众意见反馈渠道;支援方经济实力不同,导致援助帮扶资金投入在对口地区内部失衡;对民族地区"过度"扶持,可能导致民族意识过强等。

就项目来看,主要是重短期、轻长期,存在"短平快""面子工程"等,导致攀比建设、趋同跟风和低水平重复建设,产业项目层次不高,造成产业

---

① 又称志愿部门,是指介于政府(第一部门)和企业(第二部门)之间的非营利组织(NPO)和非政府组织(NGO),如俱乐部、慈善组织、科研机构、工会等。

同质化竞争、产能过剩和项目效益低下等；重投入、轻结果，后续衔接和运维不足，导致项目存活率不高；重城市、轻农村和牧区；产业项目囿于行政区划"画地为牢"，违背市场规律；一些社区工厂缺乏有效的利益联结机制，不能有效嵌入当地就业劳动力；对生态环境关注不足，出现了产业转移中的外部不经济性；和对口地区本地发展规划融合度不高等。

## 第四节　六项机制

针对我国对口支援协作合作制度的理论建构与实践成效，着眼发展趋势和未来前瞻，坚持问题导向，突出目标引领，着力构建"六项机制"，细分为14条建议，可用来指导和规范全面深入开展对口支援协作合作工作。

### 横向转移支付退坡机制

建议1：加强中央财政的统筹作用，用纵向转移支付逐步替代横向转移支付。实际上在中央财政的纵向转移支付中，已经包含了东部省份对欠发达地区的资金支持。而且从纵向和横向两种转移支付方式对比来看，纵向优于横向。因为横向转移支付涉及多支付主体，难以避免利益冲突和低效率；纵向转移支付只涉及中央政府一个支付主体，在平衡地区间财力、资源配置方面的合理性和效率都更优。

建议2：横向转移支付建立"退坡机制"，争取在"十五五"以后逐步退坡。在对口支援协作的初始阶段，加大财政投入是为了解决民族边疆地区和西部欠发达地区突出的深度贫困、基础设施和公共服务落后的问题。但依赖横向转移支付并非长久之计，在大量的经费投入协助这些地区跳出"贫困陷阱"后，需要从内生发展上做长足文章。在中央纵向转移支付的财政支持下，东部沿海地区向对口地区应该将更多精力投入到乡村振兴、人力资本、产业协作、治理能力和创新驱动等方面，开展更具长效机制的援助帮扶。

## 多元化筹融资机制

建议 3：注重对口支援和对口协作的财政资金提质增效，强化各类专项资金、协作资金、衔接资金等的统筹，发挥财政资金"四两拨千斤"的作用。

建议 4：鼓励社会募集资金和物资，建立募集机制，设立专门的募集机构，充分动员广大群众和海内外华人实业家积极集资集物。

建议 5：用好精细化财政工具，借鉴欧盟设立"团结基金"和优惠贷款等经验，积极拓宽多元化投融资渠道，扩大贷款规模，通过所得税、关税优惠、定向费用补贴、增量奖励、优惠贷款、设立灾害处理和重建基金、增加农业生产性保险等路径，提高金融服务力度，加快社会福利水平的整体提升。

## 利益相关者共赢机制

建议 6：对口支援协作合作不仅是政治责任和义务，还应赋予其长效性激励机制。坚持以"利益引导为主、政治动员为辅"，将无偿援助的非对称利益分配，转化为对等性利益分配；甚至还可在利益分成上有所退让和补偿，加大奖补措施，撬动企业资本参与，吸引东部地区到对口地区进行产业转移和投资兴业。

建议 7：鼓励对口双方通过合资、合股、合作等方式开展多赢合作，通过股权、期权、分红激励、税收分成等形式，让各方主体和人民群众建立利益联结，构建利益共同体，一道参与在合作治理中。例如，通过完善联农带农利益联结机制，将农户与企业联结在产业链上，助力培育发展壮大村级集体经济。

建议 8：鼓励和有序引导各类企业、第三部门和志愿者等力量在对口支援协作合作中发挥更大的作用。鼓励和重视中小企业等微观经济主体的参与。

## 开放式产业集成机制

随着对口支援协作合作的精细化和精准化不断提升,从省际结对逐渐下沉到市际、县际、乡际结对乃至村际结对,形成了密集的府际关系网络。但精细度和精准度提升的同时也丧失了一定的空间自由度,导致项目常常囿于结对的行政区划而"画地为牢",各行其是,难以在更大的范围内遵从市场机制原则高效配置资源。一则减弱了产业匹配度,影响项目规模、层次和水平,存在一些园区入驻企业少的现实;二则项目落地在各自的区划内,宏观上造成产业布局呈离散状,不利于产业集聚,难以发挥规模效应。

建议9:打破行政区划壁垒,在更高层面上加强顶层设计,加强战略管理能力,根据区域长远目标制定系统性资源配置方案,围绕区域经济一体化进行规划布局、载体建设和招商引资。

## 精准化考核评价机制

当前全国对口支援协作合作工作考核评价是根据工作条块分开进行的。(1)对口支援绩效综合考核评价工作,分别由中央西藏工作协调小组经济社会发展办公室和中央新疆工作部际联席会议办公室具体负责,这两个办公室均设在国家发展改革委地区振兴司。对口支援绩效综合考核评价每五年两次,第一次是期中考核,第二次是期末考核。绩效指标包括完成基础工作、落实规划重点任务、组织领导和制度化,突出援受双方担当共同责任。期中考核在对口支援规划的规划期内根据年度或中期工作需要,视情况组织开展,侧重考察年度计划执行、规划任务阶段性完成情况及其成效。期末评价在规划期末组织开展,侧重考察规划任务完成情况及其成效。(2)对口支援三峡库区工作由水利部牵头,不作考核;(3)对口协作的评价由中央农村工作领导小组负责,中央农办和国家乡村振兴局会同国家有关部门组成考核评价工作组,负责考核评价工作的组织实施。由国家乡村振兴局承担具体工作,每年考核评价一次。

（4）对口合作工作评估由国家发展改革委组织实施，国家有关部门结合职能指导本领域评估工作，国家发展改革委地区振兴司承担具体工作。在五年规划期内，分别开展期中考核和期末评价。

概而言之，中央通过严格的考核评价机制，激励地方政府不断发挥各自主观能动性，不断创新和优化工作模式，提升了对口支援协作合作工作质效，有力推动府际关系由弱变强。但也存有可优化调整之处。

建议10：当前在国家层面对投入对口工作的东部沿海省市仅设有考核问责机制，以及非常态化的表彰先进工作。建议加大正向激励作用，建立常态化奖励激励机制。

建议11：折算地方政府的关联贡献。例如，刘铁曾提出"关联GDP计划"，他认为在对口支援协作合作的地方政府计算GDP时，应将其资源投入在对口地区所产生的生产总值中部分计入，按照适当的比例折算出该地区的关联贡献，这种全口径的统计更加科学准确。

建议12：动态调整考核指标体系。（1）对口支援。建议加大产业支援合作的权重，避免微观化、碎片化、实用主义的倾向，改变受援地分钱分项目的现状，围绕可持续发展优化标准体系，加大对人才支援、智力支援和"三交"的考核比重。（2）对口协作。按照国家部署，新阶段东西部协作已从脱贫攻坚转向巩固脱贫攻坚成果与乡村振兴有效衔接。但目前考核的指标体系还停留在脱贫攻坚时期，特别是一些考核指标的设置、考核手段的运用，均与乡村振兴联系得不够紧密。建议在迈向常态化治理后，适当淡化组织领导比重，例如不再机械规定主要领导、分管领导到访次数，不为应付考核而"走形式"；对于产业协作的考核，应该考虑产业集中度和可持续发展后劲；对于资金的考核目前都是分配到项目之中，存在碎片化隐忧，建议重点围绕对特色、先进产业的带动能力，围绕人民共同富裕增强宏观性和支撑性考量，强化集中使用和集聚效应，探索将部分资金作为引导资金或者贴息。加大对人才培训、干部交流、智力帮扶、产业顾问组的考核比重。（3）对口合作。建议紧紧围绕产业合作，发挥双方优势扬长避短，关注补链强链，优化升级双方的产业结构。

## 全过程法律约束机制

建议 13:完善对口支援协作合作的统领性立法。明确:(1) 各参与主体及其权利义务;(2) 对口工作的启动和退出机制;(3) 对口工作的实施标准、范围和程序。以法律法规为准则,确保对口工作有章可循、规范化运行。

建议 14:将对口支援协作合作的全流程纳入法制的框架,加大制度化和规范化治理水平,促进对口支援协作合作从政治任务向法律义务转变。当前的对口支援协作合作具有较为明显的政治动员和计划经济特点,在启动和实施的过程中,常常以政府政策文件为依据,各地方政府按照文件精神制定具体的规划和实施方案,通过协商制定协议方式确定对口工作的方式、程序、资金使用、纠纷等,用考核和审计的"指挥棒"代替监管,规范性不强,约束力不足,"运动式"治理的味道比较浓。需要在对口支援协作合作的全流程赋予法治内涵,尤其在实施程序、争端解决、监督实施和考核评价等环节全面提升法治化水平,划出法律红线,涵养制度文明。

# 第六章
## 江苏范式｜江苏对口支援协作合作的战略实践

实践是检验真理的唯一标准。深化新发展格局下江苏对口支援协作合作工作,是党中央赋予江苏的重大政治责任,更是在服务全国构建新发展格局上争做示范、争当表率的重大历史使命。江苏勇担使命、勇挑大梁、走在前列,不断开拓创新对口支援协作合作广度和深度,为中国式现代化江苏新实践先行探路、积累经验。

## 第一节 江苏省情

江苏位于我国东部沿海,地处美丽富饶的长江三角洲,跨江滨海,平原辽阔,水网密布,气候宜人,是经济、教育、文化大省。党的十八大以来,习近平总书记多次赴江苏考察,亲自擘画"强富美高"宏伟蓝图,亲自赋予"争当表率、争做示范、走在前列"重大使命。2023年3月5日,习近平总书记在参加他所在的十四届全国人大一次会议江苏代表团审议时,充分肯定江苏经济社会发展和党的建设各方面取得的成就,希望江苏继续真抓实干、奋发进取,在高质量发展继续走在前列,为谱写"强富美高"新江苏现代化建设新篇章实现良好开局,为全国大局作出新的更大贡献。江苏始终沿着总书记指引的方向,全面把握新发展阶段的新任务,以创新举措贯彻新发展理念,争做经济"压舱石"、改革"探路者"、开放"新窗口"、发展"新标杆"。

一是综合实力雄厚。从 2019 年起连跨四个万亿元台阶,对全国经济增长的贡献超过 1/10。2022 年经济总量 12.29 万亿元,增长 2.8%,占全国比重为 10.2%,经济增量 6512 亿元,在各省区排名第一;人均地区生产总值 14.4 万元;实现一般公共预算收入 9258.9 亿元,居全国第二。第二产业增加值为 5.59 万亿元,同比增长 3.7%,占全省地区生产总值的比重为 45.5%,其中制造业增加值 4.59 万亿元,占全省地区生产总值的比重达 37.3%,规模和占比均为全国最高。

二是创新能力先进。全省拥有 40 个工业门类,产业门类齐全,产业链完整,机械、电子、轻工、冶金、石化等一批产业规模超万亿元,集成电路、新材料、节能环保、新能源、海工装备等新兴产业规模稳居全国第一,南京新型电力(智能电网)装备、南京软件和信息服务、无锡物联网、徐州工程机械、苏州纳米新材料、常州新型碳材料等 10 个产业集群获批国家先进制造业集群,数量居全国第一,工业战略性新兴产业、高新技术产业产值占规模以上工业比重分别提高到 39.8% 和 47.5%。数字产业化和产业数字化加快推进,智能制造水平全国领先,企业两化融合发展水平连续八年位居全国第一。产业链加速向中高端迈进,其中 7 条产业链基本达到中高端水平、国际竞争优势明显。苏南国家自主创新示范区成为全国首个以城市群为基本单元的国家自主创新示范区。优质企业加速壮大,2022 年全省营业收入超百亿元的工业大企业大集团达 172 家,其中超千亿元企业 12 家;累计培育国家制造业单项冠军 186 家、专精特新"小巨人"企业 709 家,均居全国前列。

三是开放动能强劲。2022 年实际使用外资、进出口总额分别达到 305 亿美元、5.45 万亿元,同比增长 5.7%、4.8%,占全国的比重为 16.1%、12.9%,分别位居全国第一、第二位。目前全省共有外商投资企业 4.1 万家。

四是人文潜力深厚。江苏是古代吴越文化的发祥地,是近代民族工业的发源地,南京是六朝古都十朝都会,苏州以园林胜迹享誉天下,无锡太湖明珠蜚声中外,南通濒江临海气势磅礴,扬州精致秀美令人神往,徐州两汉文化闻名遐迩。当代江苏籍科学家、文学家、艺术家、实业家更是灿若星河,不胜枚举,其中,江苏籍两院院士近 300 人。南京明孝陵、中国大运河等入选世界文化遗产,全省有 13 座国家历史文化名城、43 个中国历史文化名镇。

## 第二节　工作体系

截至目前,江苏共与西藏、新疆、陕西、青海、三峡库区的重庆和湖北、辽宁、湖南、河南、安徽共 10 个省(市、自治区)结对(对口支援灾区除外);36 个市(州、区、师)结对;与 133 个县(市、区、团场)结对,其中包括陕西、青海两省的 26 个国家乡村振兴重点帮扶县结对(结对情况参见表 7、表 8)。

**表 7　江苏对口支援协作合作概况**

| 类型 | 对口地区和起始时间 |
| --- | --- |
| 对口支援 | 西藏自治区(1956 年至今) |
| | 新疆维吾尔自治区(1959 年至今) |
| | 三峡库区(1992 年至今) |
| | 四川绵竹地震灾区(2008~2010 年) |
| | 青海省海南藏族自治州(2010 年至今) |
| | 新冠疫区(2020~2022 年) |
| 对口协作 | 陕西省(1991 年至今) |
| | 贵州省铜仁市(2013~2020 年) |
| | 青海省(2016 年至今) |
| 对口合作 | 辽宁省(2017 年至今) |
| | 陕西省延安市(2022 年至今) |
| | 河南省信阳市(2022 年至今) |
| | 湖南省张家界市(2022 年至今) |
| | 安徽省滁州市、阜阳市、淮北市(2022 年至今) |

表8　江苏省对口支援协作合作任务一览表①

| 序号 | 地区 | 新疆 | 对口支援 | | | | 对口协作 | | | 对口合作 | |
|---|---|---|---|---|---|---|---|---|---|---|---|
| | | | 西藏拉萨市 | 青海海南州 | 重庆市 | 湖北省 | 陕西省 | 青海省 | 辽宁省 | 革命老区 | 产业转移结对② |
| 1 | 南京 | 伊犁州伊宁市 特克斯县 | 墨竹工卡县 | — | 万州区 | — | — | — | 鞍山市 | 湖南省张家界市 | 陕西省西咸新区—南京江北新区 |
| 2 | 无锡 | 伊犁州霍城县 克州阿合奇县 | — | — | 云阳县 | — | 商洛市 | 西宁市 | 盘锦市 | 陕西省延安市 | — |
| 3 | 徐州 | 伊犁州奎屯市 | — | 兴海县 | 云阳县 | — | 延安市 | 海东市 | 抚顺市 | — | — |
| 4 | 常州 | 伊犁州尼勒克县 克州乌恰县 | — | 共和县 | 云阳县 | 秭归县 | 宝鸡市 | 玉树州 | 葫芦岛市 | — | 辽宁省沈抚示范区—常州高新技术产业开发区 |
| 5 | 苏州 | 伊犁州巩留县 霍尔果斯经济开发区 克州阿图什市 | 林周县 | — | 云阳县 | 秭归县 | 西安市周至县 | 海南州 果洛州 | 锦州市 沈抚示范区 | 河南省信阳市 | 安徽省滁州市苏滁高新技术产业开发区—苏州工业园区 |
| 6 | 南通 | 伊犁州伊宁县 | — | 贵德县 | — | 秭归县 | 汉中市 | — | 辽阳市 | — | — |
| 7 | 连云港 | 霍尔果斯经济开发区 | — | — | — | — | — | 黄南州 | 营口市 | — | — |
| 8 | 淮安 | 兵团七师胡杨河市 | — | — | — | — | 铜川市 | — | 铁岭市 | — | — |
| 9 | 盐城 | 伊犁州察布查尔县 | — | 同德县 | — | 秭归县 | — | 玉树州 | 阜新市 | — | — |

续表

| 序号 | 地区 | 新疆 | 对口支援 | | | | 对口协作 | | | 对口合作 | |
| --- | --- | --- | --- | --- | --- | --- | --- | --- | --- | --- | --- |
| | | | 西藏拉萨市 | 青海海南州 | 重庆市 | 湖北省 | 陕西省 | 青海省 | 辽宁省 | 革命老区 | 产业转移结对② |
| 10 | 扬州 | 伊犁州新源县 | — | 贵南县 | — | 秭归县 | 榆林市 | 果洛州 | 丹东市 | — | — |
| 11 | 镇江 | 兵团四师可克达拉市 | 达孜区 | — | — | 秭归县 | 渭南市 | — | 朝阳市 | — | — |
| 12 | 泰州 | 伊犁州昭苏县 | 曲水县 | — | — | 秭归县 | 咸阳市 | — | 本溪市 | — | — |

注：

① 制表时间为 2023 年 1 月 31 日。江苏结对任务共涉及 10 个省（市、区）、36 个市（州、区、师）、133 个县（市、区、团场）、3 个开发区。其中，共和县既有对口支援关系，又有东西部协作关系；延安市既有东西部协作关系，又有革命老区重点城市对口合作关系；沈抚示范区既有对口合作关系，又有产业转移结对关系。

② 产业转移结对为国家发改委在对口合作工作中提出的补充要求。

## 发展目标

实施对口支援协作合作,是党中央着眼推动区域协调发展、促进共同富裕作出的重大决策。长期以来,江苏在保障自身高速发展、勇挑大梁的同时,坚决贯彻落实党中央、国务院关于对口支援协作合作的决策部署,明确提出"江苏对口支援协作合作工作要走在全国前列"的总目标,始终将对口支援协作合作工作作为重大政治任务和义不容辞的责任,坚定不移高标准完成各项指标任务。

## 工作思路

江苏坚决贯彻习近平总书记重要指示精神和党中央决策部署,牢牢把握新发展阶段、新发展理念、新发展格局的内涵要求,从坚定拥护"两个确立"、坚决做到"两个维护"的高度,胸怀"两个大局",牢记"国之大者",大力弘扬伟大建党精神,自觉扛起光荣使命,根据新阶段对口支援协作合作的最新任务要求,深刻理解和把握"三农"工作重心的历史性转移,统筹安排对口支援协作合作工作,不断加大力度,与对口地区携手,持续拓展脱贫成果,协同推进乡村振兴,着力增进民族团结,合力促进区域协同发展,实现全体人民共同富裕。

## 成效概览

实施对口支援协作合作,是党中央赋予江苏的重大政治责任。自1956 年开始援藏、1994 年正式对口支援拉萨以来,江苏的对口支援协作合作已历经 67 载风霜雪雨。一茬茬江苏援派干部人才奔赴祖国的天南海北,真情实意帮、真抓实干扶、真金白银投,离开故土扎根在雪域高原、荒漠戈壁、崇山峻岭,为之奉献青春与才华。江苏每年投入对口支援协作的横向财政转移支付资金逾 70 亿元;坚持精准施策,聚焦对口地区可持续发展的薄弱环节,开创"苏产西移""苏才西用""西货苏销""西业苏就""西电苏纳"等工作路径,形成"江苏范式",帮助 102 个贫困县打赢脱贫攻坚战,近 400 万贫困人口脱贫。一片冰心在玉壶,江苏的倾力付出投入,有力助推了对口地区在经济、社会和生态发展上取得长足进步、面貌一新,同时也为促进民族团结进步和边疆安全稳定贡献了江苏智慧和江苏力量。在助力增强对口地区内生动能的同时,促进了江苏自身的结构调整、转型升级,为构建国内国外双循环发展作出了新贡献。江苏的对口支援协作合作成效得到了党中央、国务院的高度肯定和对口地区各族干部群众的充分认可。在国家考评中,多次获得对口支援工作"综合绩效突出"、东西部协作"好"的等次。

## 第三节 六大任务

江苏对口支援协作合作初期,多以"输血"方式为主,突出扶贫性项目、公益性项目,侧重民生和基础设施建设,提供了大量的资金和人才帮扶,有效解决了对口地区无钱办事、缺人干事的窘境。随着对口工作不断深入,尤其在我国进入后脱贫时代,全面推进乡村振兴、促进全体人民共同富裕取得实质进展的新发展阶段,江苏对口支援协作合作不断提档升级,更加注重对口地区内生动能的形塑,不断提升智力帮扶和产业协作的力度、广度和深度,不断加大产业互补、人员互动、技术互学、观念互通、作风互鉴。主要聚焦在六方面重点任务开展工作。

### 基层民生

江苏对口支援协作合作始终把改善民生作为工作重心,坚持将财政资金和项目向民生倾斜、向基层倾斜、向乡村倾斜、向困难人群倾斜;在制约长远发展的弱项和短板上下足功夫,着力帮助对口地区解决住房、水利、交通、能源、信息以及教育、医疗等人民群众牵肠挂肚的各类民生问题,办了一批批对口地区急需、群众急盼的实事。

■ 一是构建相对贫困治理的长效机制

对口支援协作合作本身就具有贫困治理的功能,尤其对口协作源于扶贫开发目标,其底层逻辑早已结合在一起密不可分。江苏对口的西藏、新疆、青海、陕西、贵州、三峡库区等地,生活条件艰苦、自然灾害频发、产业基础薄弱、人才匮乏,有许多脱贫攻坚的"硬骨头"。长期以来,江苏大力弘扬脱贫攻坚精神,坚持问题导向,始终坚持把协助对口地区减贫治理当作义不容辞的政治责任。加大财政投入力度,筑牢兜底保障,创新工作方法,围绕"两不愁三保障"短板弱项,始终紧盯重点贫困人群、深度贫困地区、重点贫困县,通过就业扶贫、消费扶贫、教育扶贫、产业扶贫等方式,助推西藏、新疆、陕西、青海、贵州等 102 个贫困县全面打赢脱贫攻坚战,近 400 万人脱贫摘帽,使对口地区各族人民群众深切感受到中华民族大家庭的温暖。

在巩固脱贫攻坚成果衔接全面乡村振兴的"后脱贫"新阶段,江苏重点聚焦"守底线、抓发展、促振兴"做好对口工作。

(1)落实中央要求。按照中央关于在 5 年过渡期内继续实行"四个不摘"①和对脱贫人口和脱贫地区"扶上马、送一程"的要求,对口协作工作在保持政策、资金总体稳定的情况下,严格落实"两保持、三加强"②的总体要求。瞄准脱贫村和脱贫户,瞄准产业合作和人才培训,持续开展精准帮扶。

(2)防止脱贫者返贫、贫困脆弱性等绝对贫困陷阱。针对可能存在因病返贫、因病致贫问题,支持协作结对市县建立健全防止返贫预警机制,开展易返贫人口常态化监测,防止局部回潮、个别反弹,做到"动态监测"和"动态清零"两加强。聚焦对口地区脱贫不稳定户,加大产业就业消费帮扶力度,助力补齐基本公共服务和基础设施领域短板,打造特色农业产业园区,确保不发生规模性返贫。

(3)构建相对贫困治理的长效机制。着力培植低收入群众的自主潜能,厚植脱贫地区内生发展能力。推动国家乡村振兴重点帮扶县有效衔

---

① 2019 年 4 月,习近平总书记主持召开解决"两不愁三保障"突出问题座谈会,提出:贫困县党政正职要保持稳定,做到摘帽不摘责任;脱贫攻坚主要政策要继续执行,做到摘帽不摘政策;扶贫工作队不能撤,做到摘帽不摘帮扶;要把防止返贫放在重要位置,做到摘帽不摘监管。
② 保持资金投入力度和干部选派交流力度;加强劳务协作、产业协作和消费协作。

接工作落细落实。充分发挥援助资金、援建项目的带动作用,采取发展产业项目、支持土地流转、带动进厂入社、定向购销农副产品等方式,促进当地老百姓特别是脱贫人口就业。

### ■ 二是补齐基础设施和基本公共服务短板

江苏高度重视对口地区的基础设施和基本公共服务设施建设,持续发力、久久为功,坚持把事情办实办到位,靠一腔热血一片真心赢得了对口地区各族人民群众的认可。

（1）倾力援建各类基础设施。采用"交钥匙"与"交支票"并行的方式,充分发挥江苏农村人居环境综合整治所长,导入江苏科研院所和设计单位的专家资源,参与项目规划和工程建设。鼓励江苏各类社会资本参与对口地区重大基础设施项目建设。开展新基础设施投资,共建跨区域基础设施网络。在对口地区,随处可见江苏援建的溪桥、供水、供暖、道路、住房,它们已经成为对口地区群众心中的连心桥、团结井、致富路、温暖屋。江苏援建的便民服务中心、党员活动中心、文化活动室、村民小组活动室等基层公共服务基础设施,有力提升了当地基层组织服务保障能力。例如,在援建绵竹灾区中,"三年任务两年完成",让新绵竹拔地而起,四川省委主要领导批示:江苏省的援建工作成效显著,规模大、进展快、质量好,给灾区重建注入了许多新的理念,为改善民生、加强基础设施和推动产业发展提供了巨大支持。江苏的援建工作素质过硬、作风过硬、工作过硬,赢得了对口地区党委、政府和广大人民群众的广泛赞誉和真诚尊重。在拉萨流传着这样一个动人故事:江苏援建拉萨的江苏大道通车后,出租车司机载了江苏客人一律自发不收费,体现了两地人民群众的鱼水深情。

（2）做好温暖人心的民生微实事,提高基本公共服务均等化水平。帮助对口地区解决饮水安全、生活污水处理、垃圾处理等突出问题,不断改善基层群众生产生活条件,获得了各方面高度肯定。例如,江苏援疆克州先后创新开展12项"江苏情"品牌项目,爱护特殊群体,着力解决边境各族群众急难愁盼的事;南京援藏工作队着眼小处细处,组织实施墨竹工卡县"民生微实事 100＋计划"。

### ■ 三是共享优质教育医疗资源

"输血"不如"造血",教育和医疗一直是江苏对口支援协作的重点领域。通过多种途径,力推江苏教育医疗的优质资源向对口地区基层延伸和共享,不断提高对口地区教育医疗质量水平和城乡一体化水平。

(1)大力开展教育支援协作合作。通过拓展合作办学、异地办班、中高衔接等模式,打造多个示范校和示范班,积极探索异地合作人才培养新模式。例如,江苏援建的拉萨江苏实验中学被当地藏族群众誉为"家门口的内地西藏班";西藏、新疆、青海在江苏省开设的中学西藏班、新疆班、海南州班教育水平一流,高考入学率几近 100%,所培养的优秀人才在大学毕业后带着深厚民族感情回到家乡、建设家乡、回馈家乡。

(2)"传帮带培"带队伍。江苏持续把师徒结对、优秀包科、跟班跟岗的教师、医生、农技师等各类人才"送过去",同时将对口地区人才队伍"请进来",开展交流培训,不断完善结对帮扶、临床带教、手术示教、学术研讨、定期走访、共同申报课题等模式,通过开设专家工作站、名师工作室、"1＋N"跟学等帮扶机制,进行宽口径深层次的"传帮带培",助力对口地区打造一批名师、名医、名校和特色专科,培养了一支支带不走的高素质人才队伍。例如,2016 年以来,根据新疆克州需求,江苏从 9 家省属三甲医院选派了三批次共 94 名医疗管理人才和业务骨干人才,为当地培养了21 个医疗团队,传授了 200 多项新技术,帮助克州人民医院建成了三级甲等医院和南疆地区医疗中心。该院不但受到当地城乡居民的青睐,还享誉周边国家,许多邻国患者纷纷前来看病治疗。

(3)充分利用数字技术,开展远程教育、远程培训、远程会诊和远程病理诊断等体系化建设,借助"互联网＋"和共享"智慧空中课堂""名师在线"、网络直播等途径,推动双方优质教育医疗资源实时共享。例如,2010年以来,江苏积极搭建受援地医院与江苏后方医院远程诊疗平台,对口地区已有 120 多家医院与江苏 87 家医院建立了远程诊疗关系，共享"触屏可及"的江苏优质医疗资源。

## 民族团结

江苏支援协作合作的对口地区大部分是民族地区。发展问题、民生问题、民族问题、宗教问题、强边问题和稳定问题常常交织在一起。做好对口工作，要不断增强政治判断力、政治领悟力、政治执行力，认真贯彻落实新时代党的治藏、治疆方略和习近平总书记关于民族工作的重要论述，全面落实中央民族工作会议精神和全国宗教工作会议精神。不断增强政治自觉、行动自觉，始终坚持把维护祖国统一、促进民族团结进步作为着眼点和着力点，以铸牢中华民族共同体意识为主线，通过细致扎实、富有温度的工作，开展全方位、多层次、宽领域的"三交"①活动，使对口地区群众切身感受到党中央的无限关怀和祖国大家庭的无比温暖。不断增进"五个认同"②，使各族人民像石榴籽一样紧紧拥抱在一起。

■ 一是加大交往交流交融力度

江苏各前方指挥部、工作队发挥身处一线的优势，紧密团结和充分依靠当地各族干部群众开展工作，以更高政治站位提升思想认识，扩大江苏人民与对口地区各族人民的交往交流交融。

（1）促进"三交"向基层延伸。构建区市结对、县区结对、部门结对、镇村结对、村企结对等模式，形成制度化常态化的结对互动机制。

（2）向全社会拓展、向青少年延伸。广泛组织开展对口交流、结对共建活动，丰富学习团、考察团、夏令营、冬令营、家庭联谊等多样形式，强化国情教育、励志教育、经验交流。江苏创造性地采用了"连心券""万人帮万户""万企帮万村"等特色做法，深入开展"结对子、结亲戚、交朋友、手拉手"活动，开展"万里鸿雁传真情""民族团结一家亲""苏克一家亲石榴计

---

① 民族交往交流交融。
② 认同伟大祖国、认同中华民族、认同中华文化、认同党、认同中国特色社会主义。

划""银发援疆"等特色活动,持续推进"心佑工程""光明行""灭包行动"等公益活动,开展"手拉手"民族团结主题教育、"姐妹校"结对等两地青少年与家庭的交流交往活动,有力促进了彼此间的相互理解尊重、相互包容欣赏、相互学习帮助。

(3)以诚相待、广交朋友。前方干部充分尊重当地民风民俗,搞好团结、增进友谊,促进各地各族干部群众多层次、多方式、多形式交流互动,把"爱我中华"的种子植入人民心灵深处。

(4)鼓励和支持对口地区更多群众,特别是西藏、新疆、青海等地区少数民族群众"走出来",来江苏就业创业、成家乐业。聚焦关键少数,组织对口地区的村(社区)干部、乡镇妇女工作者、致富带头人、乡村老党员、"最美家庭"代表、青少年、爱国宗教人士代表和民族团结模范等来江苏学习交流。

■ 二是加强文化浸润汇聚民心

(1)促进文化互鉴互赏。支持对口建设博物馆、文化馆、图书馆、农家书屋、石榴书屋、融媒体中心健身广场等文化阵地建设。开展优秀文化作品的展览展示和巡回演出,加强特色文化作品的宣传推介,做深文化交流的大文章。

(2)精心创作文化精品。突出中华文化的浸润和各民族优秀地域文化的融汇发展,增强各民族群众对中华文化的认同。例如,与新疆文艺院团联合创排歌舞剧《玛纳斯》《天山魂》《解忧公主》《伊犁将军》等艺术精品,展现民族团结进步的时代新风采。

(3)协助培育社区文化。根据社群特征、人口学特征、文化习俗特征、自然生态特征,以社会主义核心价值观为导向加强对口地区社区文化建设。完善社区服务、支持移风易俗、环境整治、文明塑造,打造积极向上的社会交往体系。

## 乡村振兴

长期以来,江苏协助对口地区开展了财政转移支付、开发式扶贫、精准扶贫的生动实践,助推对口地区脱贫攻坚取得决定性进展,彻底摆脱了绝对贫困。随着"十四五"时期"三农"工作重心转向全面推进乡村振兴、对口支援协作合作进入"巩固拓展脱贫攻坚成果、全面衔接推进乡村振兴"的新阶段,一方面要完善"后脱贫时代"的相对贫困治理体系,坚决巩固脱贫攻坚成果;另一方面,要紧扣"五大振兴"要求,厚植体系化能力,以乡村振兴支撑起对口地区的减贫和可持续发展。

■ 一是有序推进乡村建设与治理

(1)因地制宜整合资源,强化典型示范。移植江苏乡村振兴样板工程经验做法,帮助对口地区完善乡村振兴建设规划、特色乡村建设行动方案,把美丽乡村建设作为重要抓手,注重融合历史、产业、民族、文化、生态等元素,助力打造一批乡村振兴示范乡镇、示范村,培育有影响力的乡村品牌。目前江苏已有常州新北区薛家镇等 6 个镇、南京浦口区青山村等 60 个村获全国乡村治理示范村镇,数量居全国第一。

(2)完善乡村治理体系建设。坚持问题导向和目标引领相结合,突出农村人居环境整治、农村厕所革命、乡村基层党组织、数字乡村建设、乡村公共空间治理、美丽乡村创建等重点,引入江苏网格化管理、便民服务体系、农村信用体系建设等方面经验,加强双方在基层治理、社会救助、社会工作服务、民政管理与服务等方面交流合作。助力对口地区打造一门式办理、一站式服务、线上线下结合的村级综合服务平台,健全自治、法治、德治相结合的乡村治理体系,提升精细化管理水平。积极建设政府、村级组织、居民等多元主体参与的共建共治共享治理格局。

(3)助力新型城镇化建设。组织对口双方的规划、建筑、交通、施工和监理等领域专业化团队开展业务合作交流,引导江苏相关高校院所、企业参与对口地区城镇规划编制、建设管理、开展培训交流,加强城乡功能布局,谋划培育一批"产业重镇、商贸强镇、文化名镇、生态美镇"。

■ 二是强化生态治理与绿色低碳协同布局

以创新驱动、绿色转型为牵引,深入践行"两山理论",在不断延展对口支援协作合作的深度和广度中,做好生态保护、污染治理、生态价值实现,携手对口地区走上经济发展和生态环境互融共进的绿色发展之路。

(1)深化生态文明和绿色低碳发展理念。以对历史负责、对人民负责、对人类负责的态度,坚持把生态文明建设摆在更加突出的位置,坚决扛起生态保护重大政治责任,牢固树立"绿水青山就是金山银山、冰天雪地也是金山银山"的理念,守护生灵草木、万水千山,让美丽与富裕携手共进。

(2)共同谋划生态环保战略与行动计划。高起点规划生态空间布局,统筹环境、统筹城乡、统筹产业,结合双碳、双控等战略目标,以江苏先进理念和发达技术促进对口地区乡村传统产业向绿色化、数字化转型。在保护三江源、黄河流域生态环境、太湖治理、长三角生态绿色一体化示范区建设等方面加强互鉴;在国家公园、自然保护区、湿地等自然保护地建设和动植物保护等方面加强交流;在生态环境综合治理和监管服务方面加强合作;在生态环保人才培养和污染治理技术运维方面加强互动,共同为生态文明建设书写答卷。

(3)携手促进环保产业发展。加强环保科技创新合作,发挥江苏环保治理先发优势,积极开展生态环保领域的科技合作与交流,支持提升对口地区环保技术研发、科技成果转移转化和推广应用能力。引导江苏环保产业领军企业到对口地区开展环保技术和产业合作,探索共建环保产业技术园区及示范基地的创新合作模式。推动生态环保信息产品、技术和服务合作,支持地区生态环保监管能力和环保大数据服务平台、生物多样性数据库、保护成效评估体系等信息化平台建设。

(4)推动生态价值实现。着眼于将生态优势转化为生态价值,探索生态产品价值实现机制,推进生态产业化和产业生态化。在一些生态环境脆弱、敏感和重点保护区,探索建立生态保护地与受益地之间、资源输出地与输入地之间常态化的区际利益补偿机制。根据两地不同的城乡产业发展定位,支持两地合作开发碳汇项目、碳储量评估、碳汇本底调查、潜力分析。支持建设国家生态产品交易中心,建立生态资产与生态产品市场交易服务体系,推动用能权、排污权、碳排放权、水权等要素交易。推进生态资源和产业融合发展,鼓励资源就地转化和综合利用,大力发展绿色循环经济。推进绿色金融合作,探索开发绿色金融创新产品,推动形成有价值、可抵押、能贷款的生态资产。

#### ■ 三是壮大县域经济

县域是乡村振兴的单元空间载体。县域经济是江苏的发展优势,活跃度高,灵活度强。江苏注重以对口支援协作合作为抓手,以超越县际合作的视野和格局推进工作,帮助对口县解决技术、设施、营销、人才短板,助推产业发展和县域竞争结合,做大做强主导产业,发展产业集群,形成规模经济,助推形成区域产业竞争优势。例如,借鉴江苏果业三产联动的经验,推进东西部产业协作,助力陕西果业高质量发展,通过科学规划布局赋能陕西果业产业链、价值链、创新链向纵深拓展。

## 劳务协作

就业是最大的民生工程、民心工程、根基工程,是社会稳定的重要保障。立足新发展阶段,稳就业为"六稳"①"六保"②之首。长期以来,江苏在对口支援协作合作中高度重视就业帮扶与劳务协作,发挥自身的产业优势,通过投资兴业、拓宽就近就业渠道,减税降费、助企纾困稳岗、扩大劳动力来苏就业渠道,开展劳务技能培训、培植优秀劳务品牌、加强特殊群体扶持、职业教育协作等多种方式,有效联通劳动力的供给侧与需求侧,通过"江苏投资＋西部就业""江苏企业＋江苏就业""江苏职教＋江苏就业"等形式助力对口地区低收入人群技能提升、有业可就、收入增加。

#### ■ 一是"江苏投资＋西部就业"拓宽就地就业渠道

(1)鼓励二产带动就业。鼓励和引导江苏企业赴对口地区投资设厂,扶持当地发展产业,有效带动就地就近就业。新建扩建、改造升级对

---

① 稳就业、稳金融、稳外贸、稳外资、稳投资、稳预期。
② 保居民就业、保基本民生、保市场主体、保粮食能源安全、保产业链供应链稳定、保基层运转。

口地区的"乡村振兴车间""社区工厂"和"社区产业园"。帮助对口地区引进江苏的劳动密集型产业,助力打造集工作车间、公共就业服务中心、公共活动场所于一体的综合性场所。壮大生产经营主体,培育龙头企业和新型农村经济组织。例如,常州市支持陕西安康市发展毛绒玩具文创产业,在带动就地就业、提高脱贫人口收入等方面取得了丰硕成果。

（2）实施以工代赈,吸纳对口地区贫困群众就业。结合农村基础设施建设、人居环境整治和社会治理改革,创造一批与农村人居环境、小型水利、道路建设管护、农田整治、造林绿化、垃圾污水处理、保洁保绿保安、治安巡防等相关的乡村就业岗位,优先安置无法外出、无业可扶的农村低收入劳动力。

（3）开展就业创业培训。组织专家团队赴对口地区开展创业项目推介和培训基层行等活动,建设农村创新创业和返乡创业实训基地。组织力量为对口地区的退役军人、大学生、乡村振兴致富带头人、农业种养大户、新型职业农民等开展技术指导、创业培训和实用技术培训,引导其返乡就业创业,带动乡亲致富。例如,西藏墨竹工卡县依托江苏援藏资源,发布"格桑花开人才＋"计划,包含成立大学毕业生特训营、成长营、建立数据库及成立创业就业基金、对接南京企业进藏开发就业岗位等,有效促进了大学生就业创业。

■ 二是"江苏企业＋江苏就业"畅通异地就业机制

打好减负、稳岗、扩就业"组合拳",确保对口地区务工人员在江苏能够"岗有常在、薪有常增"。

（1）全力以赴为对口地区创造高质量就业空间。引导江苏企业为对口地区劳动力提供家政服务、物流配送、养老服务、餐饮服务、建筑施工、机械修理等工种岗位。通过给予路费及生活用品费用补助和奖励等方式,鼓励对口地区劳动力或者职校学生赴江苏务工或顶岗实习。鼓励江苏企事业单位为对口地区高校、中职毕业生提供实习、技能培训机会和岗位,并向安置对口地区贫困劳动力的江苏企业发放社会保险补贴。江苏用心用情吸引和安排对口地区群众"走出山门、跳出农门、跨进城门"来苏安居乐业,目前中西部 22 省市在江苏稳定就业 88 万人。以西藏为例,"十三五"期间,江苏在全国率先采取指令性安置政策接收西藏籍高校毕业生来苏就业。在全省范围内腾挤出一定的事业单位和国有企业岗位进行定向专项招聘,并在招聘工作中采取"三放宽"①政策,做到最大限度地招聘西藏籍高校毕业生。2015~2021 年,江苏累计提供安置就业岗位 1258 个,共接收 276 名(其中安置到事业单位 115 名、国有企业 161 名,汉族 211 名、藏族等少数民族 65 名)西藏籍高校毕业生来苏安置就业,为西藏发展作出江苏贡献。

(2)强化劳务输出精准对接,促进人岗高效匹配。结合江苏企业用工需求,形成岗位供给清单,对接对口地区就业需求清单,建立常态化、跨区域岗位供需信息共享机制。动态更新贫困户就业和企业招工供需台账,统筹对口地区劳动力到江苏务工,实现精准对接。

(3)加强跨省劳务输出组织化水平。创新和完善有组织劳务输出工作机制,以脱贫群众为优先保障对象,为对口地区劳动力外出务工提供便利服务。探索"政府引导+人力资源服务机构+贫困劳动力"运作模式,搭建"县—乡—村"劳动就业和社会保障服务平台,采取现场招聘、网络招聘、直播招聘等多种形式,推广使用就业帮扶直通车、互设劳务协作工作站等形式,有序推进异地转移就业。例如,2020 年新冠疫情期间,苏陕协作中采取包机包车、网络招聘、提供"一站式服务"等方式,保证了对口地区低收入群众稳岗就业。

(4)培树优秀劳务品牌。坚持市场化运作、组织化输出、产业化打造,帮助培育、发展、壮大一批关乎电商物流、建筑技工、采摘、家政月嫂等地域鲜明、技能突出、行业领先的劳务输出品牌,借助品牌效应带动更多人稳岗就业。例如,南京市协助陕西省商洛市成功打造"山阳辅警""镇安月嫂""柞水汽配工""丹凤厨工"等劳务品牌。

---

① 放宽学历、专业和岗位要求。

（5）强化异地就业指导与服务。协力开展对口地区来苏就业人员的就业指导、社会保障、法律咨询、跟踪援助调度等服务，建立就业服务档案。维护好在苏就业人员合法权益，将其纳入江苏省综合服务体系开展管理服务，落实社会保险补贴等扶持政策。

（6）解除来苏群众后顾之忧。为在苏务工经商、参观考察、求学务工、就业创业的对口地区群众提供优质的公共服务，帮助解决在社区生活、子女入学、就医养老等方面遇到的实际困难，营造宜居宜业环境。开展暖心关爱慰问行动，为来苏就业人员在就医、饮食、住宿、出行等方面提供便利，针对在苏生活、就业心理变化及时深入开展教育疏导。引导江苏用工企业营造和谐宽松的企业文化，因地制宜建设互嵌式社区环境，做好生活服务供应保障，营造来苏人员"愿意来、留得住、过得好"的良好氛围。例如，江苏建立了克州籍在苏人员联络协调机制，搭建服务管理工作智慧平台，设立 500 万元专项资金用于社保补贴、就业培训、困难补助和创业扶持等帮助克州籍在苏人员。

### ■ 三是"江苏职教＋江苏就业"帮培高水平职业教育

职业教育的门槛低、成本小、就业通道直接，不仅可以点亮贫困家庭子女的人生梦想，也可以阻断贫困代际传递，改写贫困家庭的命运。我国脱贫攻坚的成功实践充分证明，职业教育扶贫作为教育扶贫的"排头兵"，是见效快、成效显著的扶贫方式之一。通过职业教育精准扶贫，让贫困人口掌握一技之长、拥有安身立命本领，有助于帮助贫困人口稳定脱贫，从根本上拔除"穷根"，实现"职教一人、就业一人、脱贫一家"的可持续发展目标。

（1）充分发挥江苏的职业教育优势。江苏职业教育位居全国前列，品类齐全，拥有中职、高职以及全国首个职业教育本科等全系列教育类型，教育资源丰富，办学质量好，普职融通、产教融合、中外合作、校企合作等走在全国前列。在对口工作中，大力推动江苏的中职学校、高职院校、职教集团与对口地区技工学校开展联合办学招生，开展校校结对、中高职联合培训、校企合作培训模式，引导对口地区生源到江苏就读职业学校，共同培育新型产业工人。

（2）推进产教高质量融合。帮助搭建江苏企业和职业院校的合作平台，加大校企合作和产教融合力度，"订单式"培养、"定向式"输出毕业生到江苏企业就业。促进职业教育与职业资格认证衔接，支持公共职业技能实训基地建设。例如，苏州技师学院等中高职技校、35家重点用人企业与铜仁贵州健康职业学院、铜仁交通职业技术学校等中高职院校开展校校合作、校企合作，开设28个"订单班"，形成了批量式技能人才供给方案，共有1292名铜仁籍学生到苏州就读职业学校。

（3）帮培就业技能。督促江苏企业落实培训责任，建设劳务实训基地，引导社会化人力资源企业参与其中，高质量开展为劳务人员的入职培训、岗位培训、技能提升培训等，进行定点定向技术指导。

## 产业合作

发展是硬道理，产业兴、人心定。长久以来，江苏坚持"输血"与"造血"并重，把激发内生动力、促进对口地区产业可持续、跨越式发展作为做好对口支援协作合作工作的长久之策，不断发挥自身科教、制造、营销、开放等优势，深挖合作潜力，提高合作能级，通过引入江苏的企业、品牌、资金、技术、人才等要素，强龙头、补链条、兴业态、树品牌，让"江苏企业＋西部资源""江苏企业＋西部农业""江苏产业＋西部空间""江苏企业＋共建园区""江苏企业＋西部景点""江苏研发＋西部制造"等产业合作模式开花结果，探索出一套助力对口地区经济高质量发展的"产业密码"。

■ 一是"江苏企业＋西部资源"立足优势做强主导产业集群

不断完善产业支援协作合作机制，搞好沟通协调和配套服务，争取各方支持，选准切入点和突破口，做好产业匹配，强化配套建设，促进江苏企业与对口地区密切经济交流合作，助推适宜产业转移，促进对口地区产业基础高级化和产业链现代化。

（1）加强顶层设计。整合对口双方比较优势和产业基础,以产业振兴为目标,以重点项目为抓手,深入分析对口地区自然资源禀赋,开展前期调研、把脉问诊、科学研判,因地制宜编制产业规划,强化科技创新、打造特色产业平台,提高对口地区产业竞争优势。

（2）做强做优特色主导产业集群。帮助对口地区改造壮大传统产业,支持发展"接二连三"能力强、成长性好、市场销路宽、就业容量大的富民产业项目,以头雁型企业为核心驱动力,着力打造"一县一业、一乡一品"。帮助对口地区重点发展特色农牧业、民族手工业、文化旅游等产业,培育壮大特色产业集群。共同推进产业基础高级化,提高产业链现代化水平,推动产业变革质效升级、动力升级。例如,在苏陕合作中,结合双方比较优势,重点打造安康毛绒玩具产业集群、陕南中药材加工基地和汉中的服装产业集群。

（3）引导江苏适宜企业优先向对口地区进行梯度转移。坚持市场主导、企业主体,抓住"一带一路"建设机遇,围绕推进供给侧结构性改革,以及江苏大力度推进的创新驱动、数字赋能、智改数转、培育专精特"小巨人"企业、转型升级、腾笼换鸟等政策机遇,推动江苏适宜产业有序向对口地区转移。积极探索混合所有制、国企带民企等方式,鼓励和引导江苏的农产品精深加工、纺织服装等劳动密集型产业,能源石化、钢铁、有色金属等资本密集型产业,先进制造、电子信息等优势互补型产业,以及大生态、大旅游、大健康等绿色生态型企业向对口地区转移,协同推进高端产业承接。

（4）帮助对口地区引进江苏行业龙头企业。积极引导江苏企业赴对口地区调研考察、投资兴业。借助江苏各地经贸活动平台,宣传推介对口地区的资源禀赋、产业基础、优惠政策和投资环境,组织江苏各类企业积极参加对口地区举办的"丝博会""西洽会""青洽会""数博会""支洽会""西部企业东部行"等经贸活动,推动企业双向对接交流、产业转移项目落地。

（5）鼓励两地围绕制造业开展互补共赢合作。发挥江苏制造强省和西部地区资源优势,实现跨区域产业链上下游、产供销有效衔接,联合实施强链、补链、延链工程,提升对口地区产业竞争优势能级。大力发展工业设计、定制化服务、供应链管理、全生命周期管理、总集成总承包等服务型制造新业态新模式,合力拓展第三方市场。加快推进数字技术与制造业深度融合,抓住5G技术推广应用机遇,拓展"5G+工业互联网"应用场景,推动具备条件的制造业企业开展数字化改造。

■ 二是"江苏企业＋西部农业"推动一二三产融合发展

协助做好对口地区农业"土特产"文章,依托农业农村特色资源,坚持质量兴农、科技兴农、绿色兴农、品牌强农,以第一产业为基础,发展二三产业融合和拓展新业态,推动对口地区乡村产业全链条升级。

（1）推进农业供给侧结构性改革。开展"三农"工作领域专题研讨、培训等交流活动,由农产品种植向初加工、精深加工延伸,实现农产品多元化开发利用。培育农村电子商务,着力解决"最后一公里"问题。

（2）探索科技支撑农业产业走向高端化、绿色化、数字化。鼓励江苏农业科研院所与对口地区进行产学研对接,加强新品种及良种繁育、农艺技术、农机装备、特色农产品精深加工等在生物科技与农业科技方面的研发合作,推广一批先进适用种养技术,推动一批科技成果转移转化。例如,江苏先后投入援藏资金近亿元,在拉萨建设集产、学、研一体化的净土健康产业园区,并委请江苏省标准化研究院围绕拉萨净土健康六大产业进行标准化体系建设。

（3）打造区域农产品品牌。导入江苏企业和研发团队,在改进和提升加工工艺、包装设计、文化创意等方面,为对口地区农特产品赋能,下大力气提升产品附加值。强化农产品供给侧标准化、工业化,完善质量安全监管追溯体系,保证特色农副产品质量安全。紧紧围绕品种培优、品质提升、品牌打造和标准化生产,聚焦"三品一标"①打造安全优质农产品公共品牌,助力对口地区实施一批农文旅融合发展、现代农业产业园、绿色农

---

① 无公害农产品、绿色食品、有机农产品和农产品地理标志。

产品供应基地项目。例如,江苏指导对口地区在灵芝、中医药等领域合作,开展桑黄、赤松茸深加工,研发灵芝面膜、灵芝酒、灵芝咖啡等新品,打造"柞水木耳""勉县小龙虾""洛南辣上天""富平圣唐乳品""淳化爸爸的苹果"等一批特色农产品品牌。

(4)完善联农带农利益联结机制,拓宽农民增收致富渠道。坚持宜农则农、宜工则工、宜商则商,助力对口地区培育发展壮大村级集体经济,加大对农村专业合作社、种粮大户、家庭农场、种植养殖基地、农业龙头企业等扶持力度,加强现代农业产业园运营模式,发挥助力提升规模化经营程度,助推农村集体经济壮大。实现村企联合、产业连片、基地连户、股份连心、责任连体,建设利益共同体乃至命运共同体,发挥对口工作的最大效益。

■ **三是"江苏企业＋飞地园区"助力产业集群链式发展**

园区经济使企业、产业集聚,共享共用基础设施,减少能耗和排放,能够贯通生产、分配、流通、消费等各个环节,发挥产业集群效应,强力推动区域经济发展。实践经验表明,发展园区经济是促进对口地区经济增长的重要增长极、壮大特色产业的重要基地和带领群众脱贫致富的重要载体,为对口地区调整经济结构、转变经济发展方式具有重要意义。

(1)充分借鉴和复制江苏的产业园区建设经验。江苏产业园区起步早、规模大,以苏州工业园区为代表,在园区规划建设、运营管理、招商引资等方面具备综合优势,全国百强产业园区中江苏占席1/5。此外,江苏在南北共建合作园区方面有17年成功实践经验,通过结对帮扶共建,有力促进了区域协调发展。复制江苏的经验,以共建园区为重点,以项目为抓手,是对口支援协作合作走向可持续发展的"杀手锏"。

(2)协助对口地区共建一批产业园区,开展"飞地经济"合作。共建的产业园区包括农业产业园、农业产业基地、工业园、创业园、商贸园、科创园等不同表现形式。主要共建方式:一是在对口地区共建新园区。二是在对口地区原有的园区内开辟"专区",即以"区中园""园中园"的形式,利用现有的配套基础"借船出海",可避免现有用地等严格性的指标,有助于项目落实落地。三是鼓励按照市场化原则和方式采取政府与社会资本合作等模式,鼓励江苏的民营企业和社会资本在对口地区进行园区开发和运营管理,吸引企业和高端人才落地,释放市场机制活力。例如,陕西洛南县的环亚源生态岛环保科技产业园,是苏陕协作民营经济项目中的典范,吸引了一大批来自江苏的龙头企业集群落户洛南。四是探索"逆向飞地"以及托管代管、税收分成等共建模式,构建以技术、项目等为纽带的可持续的利益联结机制。

（3）持续提升共建园区合作层次。从前期共建情况看,主要以复制江苏园区开发、管理、运营等方面成功经验为主。通过援建园区基础设施,协助园区功能规划,帮助开展招商引资、招商选资,选派园区管理人才,发展园区配套、完善共商共建相关机制、优化营商环境等,不断提升对共建园区运营管理水平和产业发展能级。着眼长远,将不断加重共建特色产业带和科创园区的笔墨,探索建设共性技术平台、产业融合发展联盟等新业态,开展"总部＋基地""总装＋配套""前端＋后台""研发＋制造""孵化＋产业化"等新型园区合作方式。

在对口援藏中,重点建设拉萨——江宁（国家级）经开区产业合作示范园,加大对达孜工业园区、曲水工业园区的支援力度。在对口援疆中,在伊犁州和兵团重点建设伊犁（江苏）轻纺工业园、霍城（江阴）数字工装产业园、奎屯（徐州）装备制造新材料产业园等特色园区,着力打造百亿级产业集聚区;在新疆克州持续打造"三园一中心"（阿图什市江苏扶贫产业园、昆山电子产业园、阿合奇无锡轻工园、乌恰常州高新技术和人才推广中心）,重点发展服装服饰、地毯、刺绣、消费电子等劳动密集型产业。在对口支援青海海南州中,合作共建海南州绿色产业园（江苏工业园）,重点发展新能源产业。在陕西、青海对口协作地区,共建工业园区 42 个、农业园区 31 个,成为带动对口地区群众脱贫致富、促进经济增长的主阵地。在对口合作辽宁中,推动苏州工业园区、常州高新区与沈抚创新示范区合作,重点推进有序承接先进制造、电子信息、生命健康的产业项目转移,并在其他产业领域开展合作。在对口合作延安中，无锡创造性地建设了多个"科创飞地"，探索了研发孵化在延安、产业落地在无锡的模式。

■ 四是"江苏企业＋西部景点"加快文旅深度融合

坚持"以文塑旅、以旅彰文"，利用江苏技术、人才优势以及在资本市场、数据平台等方面的优势，携手对口地区开发优质资源，推动文旅产业深度融合发展。

（1）加强文化旅游产品合作开发。引导江苏省优质设计单位、知名商旅企业和社会资本，与对口地区联合开展文旅资源挖掘、旅游市场拓展和文化品牌推广，共同研究、设计、开发适合市场需求的特色旅游线路和文旅项目。共同探索创新农家乐、特色民宿、房车营地等新业态新模式，开发精品景区和精品旅游线路，打造一批网红打卡地，推动自然生态游、红色文化游、休闲农业游、避暑康养游、乡村休闲游、民俗风情游、历史文化游、研学探险游等融合发展。协助现有景区配套设施进行提档升级，指导景区编制规划，支持基础条件好的申报国家级景区、区域申报全域旅游示范省（区）等，全力打造世界级旅游目的地。例如，江苏助力推进伊犁老城、天马文化园—湿地公园创建 5A 级景区和伊犁河国家级旅游度假区创建。

（2）开通与对口地区直航航班、航线，联合发行数字旅游年卡，促进两地居民游客互访交流。例如，开通南京直飞伊犁、拉萨、喀什（克州）；无锡直飞延安；南通直飞汉中；扬州直飞榆林等航线。

（3）开展精准营销。构建覆盖全媒体、宽渠道的旅游推广营销网络，向社会推荐对口地区精品景点线路，帮助对口地区打开面向长三角、珠三角等重点客源市场。

（4）助推智慧旅游发展。支持智慧旅游平台升级改造和重点文旅景区数字化改造，实现市场信息共享，增强游客体验感。例如，江苏助力拉萨市智慧旅游建设，着力提升拉萨市旅游行业监管和旅游信息服务水平，打造"净美西藏"原生态智慧旅游品牌。

■ 五是"江苏研发＋西部制造"促进科技协同创新

发挥江苏科教资源优势,促进协同创新,加快创新要素双向流动,推动科技赋能对口地区事业发展。

(1)加大协同创新力度。支持两地高等院校、科研院所、科技园区和高科技企业加强合作交流,促进创新要素双向流动,提升协同创新水平,突出原始创新、产业共性技术创新等方面合作,加强"卡脖子"技术联合攻关,加速产业链、创新链深度融合。

(2)加强创新载体合作。协同推动技术需求信息互换、科技成果共享、科技人才联合培养等,共同开展成果转移转化对接活动,促进科技成果在对口地区优先转化。促进江苏创新平台与对口地区之间的交流合作,促进创新成果在对口地区加快转化应用。协同推进科技金融服务。例如,在苏辽合作中,重点推进沈阳产业技术研究院与江苏省产业技术研究院的合作,在新材料、智能制造、生物医药、新能源、新一代信息技术、碳达峰碳中和等重点领域开展跨区域合作。

## 流通合作

对口支援协作合作是连接江苏和对口地区要素流通的桥梁。江苏在率先发展中积累了技术、人才、市场和物流等方面的坚实基础;江苏所对口的西藏、新疆、三峡库区、陕西、青海、辽宁等地区拥有丰富的自然资源、劳动力和开发潜力。双方以"江苏市场"为指向,通过商品流通、能源资源、对外开放等诸多领域,打开广阔的协作合作空间,加快构建全国统一大市场,畅通国内大循环,服务新发展格局。

■ 一是"江苏市场＋西部产品"完善农特产品供应链体系

江苏及其腹地长三角区域市场化程度高、社会购买潜力大。江苏在生产端与消费端双向发力,积极引导江苏商贸流通企业、大型农贸市场等市场主体与对口地区特色产业、优质产品精准对接,加强消费帮扶,畅通"西货苏销""西货出境"。想方设法把对口地区农特产品送到江苏、送出境外、送上百姓餐桌。

（1）加强跨区域物流业合作。助力对口地区大力发展航运物流、智慧物流、县乡村三级快递物流网络，打造农产品仓储保鲜冷链网络，拓展国际货运航线，培育农村物流服务品牌。例如，苏辽合作中强调航线对接和港口互通，促进联动发展，共同参与"一带一路"建设。

（2）整合多元渠道，促进消费帮扶。2019年11月7日，国家发改委在苏州举办全国消费扶贫市长论坛，江苏省分管对口支援协作合作的省政府副秘书长王志忠曾就江苏消费帮扶十大模式进行了介绍，受到多方媒体赞誉好评，相关经验陆续在全国各地推广：

一是"菜单式"消费帮扶。采取点对点的方式，直接向对口帮扶支援地区生产者采购，直供直销，减少中间环节。比如，每年直接采购湖北秭归脐橙5000多吨2000多万元，帮助解决销售难的问题。

二是"打包式"消费帮扶。引入企业参与生产、加工、销售以及售后等全过程。从种什么、怎么种到收获后的再加工，再到销售以及售后反馈，充分利用反馈信息指导生产，形成良性闭环。例如，苏州食行生鲜的社区智慧微菜场，为对口地区农产品量身定制个性化生产、全程化运输、网络化销售、溯源化查看，实现"一条龙"服务，解决贫困农户的后顾之忧。

三是"链接式"消费帮扶。通过对产品包装和品牌打造，提高信誉度、美誉度；通过帮助完善冷库、加工厂等相关产业配套基础设施，提高当地供给能力等，间接性起到促进消费、实现扶贫之效。

四是"补贴式"消费帮扶。从产和销两端发力，建立贫困户、专业合作社和龙头企业利益联结机制，联系加工流通企业对贫困户产品进行上门收购，拿出帮扶支援资金对贫困户和企业各给予一定的补贴，促进贫困户增收脱贫。例如在新疆克州，采取向贫困户发放定制农产品"连心券"的形式，用部分援助资金给予一定种植补贴，建立起"贫困户＋专业合作社＋龙头企业"的稳定利益联结机制，既增加了贫困人口的收入，又培养了自立自强的品质，收到扶贫扶志双重效果。

五是"阵地式"消费帮扶。立足线下，延伸到大型商超、农贸市场、基层社区,通过固定平台常年促销。在江苏开设农产品展示馆、批发交易中心、电商商城、直营店等,建设消费帮扶专区、专柜、专馆,拓展消费协作的"前沿阵地"。

六是"触角式"消费帮扶。调动社会各界参与消费协作,把销售"触角"从商场向政府、企事业单位、民营企业的食堂餐厅、高速道路服务区等地延伸辐射,推动扶贫产品进机关、进企业、进学校、进医院、进军营、进超市、进社区,扩大到整个江苏市场,甚而扩大到整个长三角市场。例如,在中石化江苏387家高速公路加油站设立"易捷陕西农特产品形象店",在江苏省500多个居民小区设立对口地区产品代销点。

七是"联姻式"消费帮扶。针对对口地区产业特点和优势,联系省内相关龙头企业,赴对口地区开展产销对接活动,解决当地贫困户销售问题。例如,在青海,江苏引导省内六家制药企业赴互助县考察对接藏药销售,与对口地区签订3000吨藏药销售协议,合同金额超8000万元。

八是"网络式"消费帮扶。充分利用互联网、大数据、物联网、区块链等数字化手段,通过奖补电商经营主体等途径,引导电商企业落户对口地区,推动组建销售联营、联手搭建购销平台、链接线上平台和直播间等,构建"电商公司＋基地""电商＋合作社＋脱贫户"等模式,架设起线上线下同时发力、供需畅通对接的桥梁。

九是"福利式"消费帮扶。鼓励企事业单位在符合有关政策规定的前提下,安排干部职工到对口地区疗养休养。例如,仅南京、南通两市就组织劳动模范、先进工作者、优秀教师、医生和职工赴对口帮扶的陕西商洛、汉中疗养休养3000多人次。开展"消费扶贫月"等活动,支持拼购直采基地建设,动员社会"以购代捐"。2021年,江苏省总工会出台《关于江苏省工会实施消费帮扶、支持对口支援地区两年行动计划》,明确在规定的节日慰问品发放额度之外,根据经费实际情况,按每位工会会员每年不超过500元标准,专门用于购买对口支援协作地区消费帮扶产品。以江苏省现有工会会员2100万名计算,仅此一项政策每年即可拉动江苏工会会员多消费对口协作地区农特产品100亿元。

十是"导入式"消费帮扶。开通与对口地区通勤的航班、航线;运用新媒体平台,分时分类向社会推荐对口地区精品景点线路,打造旅游爆款。例如,2018 年启动了"无锡市民游海东"首发仪式,无锡市民赴青海旅游人数突破 1 万人,硕放机场飞青海曹家堡机场航线一度成为无锡最热门航线之一。

■ 二是"江苏市场＋西部能源"构建能源协作一体化布局

着眼于国内国际双循环体系构建,加大与对口地区的能源资源协作力度,创新协作模式,提升协同效应,融入"西电东送""西气东输""东数西算"等国家宏观层面的一体化大格局。

"西电苏纳"是绿色能源跨区域合作的典型案例。通过电网通道为媒,促成江苏与西部对口省份对接,共同发展绿色能源。每年以签订协议方式确定西部省份外送江苏电量及电价,由江苏消纳。此举既缓解了东西部用电不平衡问题,也大力支持了西部省份发展绿色清洁新能源,同时为江苏的光伏、风能、储能等制造企业到西部发展新能源产业开辟了更大空间,成功打造一批"光伏＋种植业""光伏＋养殖业"等"光伏＋"示范项目。截至 2020 年,江苏累计消纳西部来电约 2500 亿千瓦时,定向购入西部新能源 100 亿千瓦时,陕西、青海两地仅此一项就增加收益 37 亿元。2022 年,来自江苏的天合光能、阿特斯等企业的超过千亿元项目落户青海,助力后者高质量打造国家清洁能源产业高地。2023 年 4 月 14 日,江苏省人民政府与青海省人民政府签署《建设青海至江苏特高压输电工程框架合作协议》,两省政府联合上报国家有关部门,规划建设青海向江苏输送清洁能源特高压通道。

■ 三是"江苏市场＋西部口岸"共建对外开放平台

江苏处于对外开放的前沿,开放起步早、程度高,具有许多可资借鉴的宝贵经验。与此同时,江苏所对口地区多处"一带一路"重要节点,对外开放口岸众多,分布在祖国的东、西部重要边陲,具有得天独厚的对外拓展区位优势。推动双方结合,优势互补、平台对接、渠道共享、功能叠加,形成人才流、物资流、资金流、信息流交汇聚集,将进一步放大对口支援协作合作的协同效应,与"一带一路"国家加大创新合作、产业合作、开放合作、人文交流,共同助力国内国际双循环新发展格局。

（1）江苏充分发挥自身"一带一路"交汇点区位优势,高起点打造徐州国际陆港、连云港海港、淮安空港、南通通州湾等开放平台,实施江苏"一带一路"五大计划①,不断扩大向东开放、深化向西开放。以对口支援协作合作所夯实的紧密府际关系为基础,持续加强江苏与对口地区在重要节点、枢纽、基地合作,建立陆海合作发展联盟,共同推动中欧班列高质量运营和差异化发展,携手共建亚欧陆海贸易大通道,助力共同构建形成东西双向互济、陆海内外联动的全方位开放新格局。

（2）共同搭建对外开放平台,开拓周边市场。通过自由贸易试验区在制度创新集成、科技成果转化、承接高水平产业转移等方面开展交流合作,促进双方资源互通、平台互用、产业互促、政策互动、经验互鉴。发挥两地境外经贸合作园区等产业平台作用,引导两地企业抱团出海"走出去",联合投资境外项目、共同开发境外市场、协作提供境外服务,携手助力两地企业"走得出""走得稳"。

## 第四节　四大保障

对口支援协作合作的有序可持续进行,需要形成党委政府统筹决策、协调、执行、动员,市场有效参与,全社会关心支持,制度设计保驾护航的四方联动效应,最大化地挖掘和利用各方面要素,广泛动员和吸纳社会各界力量自觉自愿参与,方能拥有永久长青的生命力。

### 加强组织领导

对口支援协作合作涉及跨省跨区域工作,既需要前方大力度推进,又

---

① 国际综合交通体系拓展计划、国际产能合作深化计划、"丝路贸易"促进计划、重点合作园区提升计划、人文交流品牌塑造计划。

需要后方的协调对接,所形成的府际关系网络十分复杂,所开展的工作周期长、战线长,是一项复杂的系统工程。必须坚持高站位、强部署、重衔接,多方协同、系统推进,把加强组织领导作为做好对口支援协作合作工作的重要保证。

### ■ 一是坚持党的领导

把对口支援协作合作的制度优势转化为治理效能,必须坚持党的领导。中国共产党的领导是中国特色社会主义最本质特征,是中国特色社会主义制度的最大优势。党的领导是对口支援协作合作制度的根本政治保证。有了党的领导,才能有效调动各方积极性,一方有难、八方支援,最大限度地显示出社会主义集中力量办大事的政治优势。

习近平总书记指出:"东西部扶贫协作和对口支援协作合作,充分彰显了中国共产党领导和我国社会主义制度的政治优势,必须长期坚持下去。"对口支援协作合作,必须认真贯彻落实习近平总书记重要指示批示精神,切实提高政治站位,扛牢政治责任,增强"四个意识"、坚定"四个自信"、坚持"两个维护"、做到"两个确立",把党的领导体现在前后方、各层级的全体系,贯穿到对口支援协作合作从规划、组织到实施的全流程,为顺利完成各项任务提供坚强保障。

### ■ 二是坚持统筹谋划、高位推进

在对口支援协作合作政策实施中,涉及的地区、机构和部门很多,包括各地区、各部门单位和条线,呈现多行为主体协同、多资源要素组合、多层级利益联结的复杂性。为了避免交叉管理、重叠管理甚至是"三不管"现象,必须加大协调、沟通和配合以形成合力。江苏省委、省政府高度重视加强顶层设计,坚持高点谋划和高位推进,充分发挥省领导小组的组织推进作用,实行省统一协调、设区市负总责、县(市、区)抓落实的工作机制。注重高点站位高位推动,强化政府引导、市场主导,精准对接谋划,持续聚力聚焦,形成全局"一盘棋"。

(1)成立江苏省对口支援协作合作工作领导小组。省委书记任第一组长,省长任组长,省委副书记、常务副省长、省委组织部部长任副组长,省级相关部门和前方机构主要负责人为成员。负责领导、协调各相关设区市、县(市、区)和省各有关部门单位,贯彻落实党中央、国务院和省委、省政府关于对口支援、东西部协作和对口合作工作的决策部署,督促检查党中央、国务院和省委、省政府决定事项的落实情况;加强对口支援、东西部协作、对口合作工作的统筹协调;组织开展调查研究,及时向省委、省政府报告对口支援、东西部协作、对口合作工作重要情况,研究提出对策措施,供省委、省政府决策参考;负责审定江苏省对口支援、东西部协作、对口合作总体规划和年度计划;负责审定江苏省对口支援、东西部协作资金和项目。2023年初,江苏再度调整对口支援协作合作工作领导小组成员,除省委、省政府主要领导继续担任第一组长、组长外,将小组成员增至37个部门单位,进一步加强组织领导。

(2)明确决策机制。江苏省委常委会、省政府常务会议每年定期听取对口帮扶支援合作工作专题汇报,研究解决重大问题,始终把这项工作摆在重要议事日程,精心谋划相关政策,周密部署年度工作任务。江苏省委、省政府主要领导定期作指示提要求,并且与分管领导多次带队赴对口地区考察交流、对接工作。建立支援协作合作双方高层领导互访制度,定期召开联席会议,联合部署推进各项对口工作。省政府每年年初召开年度工作会议,研究部署当年对口支援协作合作工作,书记省长作批示,常务副省长作工作部署;省政府每年年初与对口地区政府协商签署协议,制定工作计划;每个季度召开工作调度会,总结前期工作,部署下阶段任务,确保工作有序推进;定期组织督促检查,实地调研,检查进度,实时调度,保持工作的连续性。省委、省政府定期召开前方工作机构负责人座谈会,推动各项任务落到实处。

(3)成立江苏省对口支援协作合作工作领导小组办公室(简称"省对口办"),设在省发改委,具体负责日常工作。构建了包括组织、农业农村、科技、工信、教育、人社、商务、卫健、文旅、市场监督、工商联、供销社等省级机关部门单位和部分国有企业的联动机制,推动问题解决落实。江苏省发改委成立支援合作处统筹管理对口支援、对口协作、对口合作具体工作。

（4）确保组织横向到边、纵向到底。横向：在各对口地区分别成立省、设区市、县（市、区）对口支援协作前方指挥部、对口支援协作工作队、对口支援协作工作组，明确相应级别，并设置党委、纪委、工会、共青团等组织。纵向：各设区市、有对口任务的县（市、区）也成立与省相对应的领导机构。

■ 三是建立前方、后方、对口地区协同顺畅的联动机制

不断完善前方指挥部、工作队（组）和后方对口办的配合机制。形成前后互动、运转有序、务实高效的工作格局，努力做到分工更加明确，责权更加清晰，配合更加紧密。

（1）建立起纵向到底、横向到边、兼顾前后方的援派干部人才管理服务体系。各级组织人事部门和派出单位明确专门处室负责和专人联系。援派干部做好与后方单位的及时汇报和密切沟通。

（2）优化前方工作机构与对口地区的沟通协调机制。更多争取当地党委政府的支持，使资金安排、项目建设更加贴近当地实际，提升对口支援协作合作工作效能。

■ 四是持续提升精准结对

在国家明确对口分工的基本要求下，江苏不断深化"镇村结对、部门牵手、平台合作"援助模式，将结对关系向下垂直拓展至市与市、县与县，并进一步扩大到乡镇与乡镇、村与村、学校与学校、医院与医院、企业与村、社会组织与村等更多层面，推动各类资源向基层投放，因地制宜，持续提高协作的精准性、针对性与互补性，形成了牢不可破的结对共建网络。

截至目前，江苏共与西藏、新疆、陕西、青海104个县（市、区）结对（指对口支援协作），其中与陕西、青海两地80个县（市、区）结对，其中国家乡村振兴重点帮扶县占26个。以苏陕协作为例，江苏10个设区市、52个县（市、区）分别与陕西10个设区市、56个贫困县（区）挂钩，并将结对延

伸至经济强镇与陕西贫困乡镇层面,开展镇镇结对 316 个,村村结对 424 个,企村结对 247 个,社会组织结对 28 个,校校结对 417 所,医院结对 143 家。在村级结对层面,2022 年苏陕还创新了"四方双结对,共建示范村"模式,即江苏经济强县(市、区)各选一村或几村与陕西 56 个脱贫县(区)各选的一村结对,江苏对口支援协作工作队、对口支援协作工作组各选一位成员与陕西 56 个村的村支书结对,以党建为引领,集聚政策、规划、资金、技术、人才等多种资源,加强前后方力量的协同效应,共推示范村乡村振兴。

■ **五是广泛动员社会力量参与**

广泛动员社会力量参与,积极营造人人参与、人人奉献、人人助力对口地区高质量发展的良好社会氛围。

(1)广泛聚合社会力量。发挥江苏后方优势,广泛动员和汇聚江苏各级党政机关、学校、医院、科研院所、行业协会学会促进会、商会、中介机构、基金会、民营企业、民主党派、各界人士等多种资源,构建多元社会力量参与对口支援协作合作的畅通渠道。

(2)探索构建新型联合体。例如,跨行业、跨领域、跨层级打造党建联合体,开展行业学会协会促进会、龙头企业、科研院校协同创新,组建人才创新联合体等。

(3)积极动员江苏社会各界开展社会公益活动。鼓励"人人公益",引导慈善、捐赠、义拍、救济、公益资助、志愿服务等方式支持对口工作,动员江苏爱心企业、爱心人士、志愿者服务团队等各类主体参与公益性项目,向对口地区开展捐助、济困、救孤、养老、助残、助学、救灾、支教等服务。例如,苏州长期派青年医疗志愿者赴陕西榆林参与对口帮扶事业。

(4)发挥财政资金的信号机制和引导作用,通过政府与社会资本合作、政府购买服务等方式,鼓励更多社会资本赴对口地区投资,加强金融和信用领域合作。

(5)发挥江苏民营经济优势。引导江苏企业投身"万企兴万村"等行动,鼓励其设立乡村振兴产业发展基金、公益基金等,倡导开展企业共同富裕价值投资。例如,江苏每年为陕西提供社会捐助1亿多元;江苏民营企业与陕西重点帮扶县实现结对全覆盖。

## 细化目标举措

江苏不断提升对口支援协作合作工作的能力建设,推进治理现代化,充分发挥各级政府统筹、决策、执行作用,推动形成各领域协同配合、共同推进的工作格局。

■ 一是精心编制五年规划和专项规划

结合对口地区经济社会发展实际,精心组织编制各类对口支援、对口协作、对口合作的五年规划。在总体规划框架内,按照各专项工作任务要求分项编制对口支援协作合作干部人才发展规划。协助对口地区编制城市总体规划、重点乡镇总体规划、村庄(农牧民定居点)建设规划等,填补了多项对口地区相关领域的规划空白。

■ 二是层层签署协作合作协议

(1)就对口协作而言,为保障协作目标完成,江苏与对口省份每年度签署协作协议。一般为"1+X+X+N"模式,即1个省级政府的战略合作协议,X个省直部门、X个设区市、N个市直部门的对口合作协议。例如,苏青协作以来,江苏省政府与青海省政府每年初都签署年度协作协议,两地发改、教育、工信、人社、商务、卫健、农业、民政、文旅、红十字会10个省直部门单位分别签署具体协作协议,南京市与西宁市、无锡市与海东市签署市级政府年度协作协议,南京市、无锡市直部门单位与西宁市、海东市直部门单位分别签署具体协作协议,对口县(市、区)也签署年度协作协议。苏陕协作也是如此。

(2)就对口合作而言,根据工作需要不定期签署合作协议。

■ 三是认真制定年度工作计划

每年初,与对口省根据对口支援协作合作五年规划和年度协议共同制订年度工作计划,并一一细化分解落实到两地省级责任部门单位和各相关设区市。在省级协议和年度工作计划约束下,有对口任务的设区市、县(市、区)进一步根据结对地区实际制订工作清单,以目标化、具体化、清单化举措推动对口工作落实。细化的任务清单覆盖对口双方,既有政府统筹,也有部门配合,形成对口双方各负其责、相关领域协同配合、共同推进的格局。

■ **四是强化需求摸底**

围绕产业合作、园区共建、企业管理人才培养等重点领域开展合作交流,摸底数、明需求、确定切入点,加强对口双方优势资源盘点和合作需求研究。按照"受援方所需,支援方所能"原则,梳理西藏、新疆、陕西、青海、辽宁与江苏在产业、人力、区位等方面的优势和短板,形成潜在合作导向清单和合作产业目录、项目库,研究测算陕西、青海、辽宁三省在指标交易、消费市场等方面的潜在空间,为江苏全面盘活对口资源提供决策支撑。

■ **五是健全责任管理机制**

建立严格的责任体系是提高对口支援协作合作项目实施成效的保障。江苏会同对口地区建立推动责任落实的工作管理机制,切实强化项目资金管理、监督检查和绩效考核,推动形成闭环的责任追溯链条。

(1) 资金管理机制。按照国家要求,江苏每年安排财政资金帮扶对口地区。财政帮扶资金由省、市、县按比例组成,市县资金归集至省财政专户,省财政统一拨付至对口地区,接受对口地区财政部门监管。江苏配合对口地区加强资金管理,强化项目监督,提高资金使用和项目监管效率。特别在项目资金安排上,坚持既符合中央要求、严肃财经纪律,又充分尊重当地意见,绝不搞形象工程、面子工程,切实为群众带来实惠。例如,苏青协作中,江苏对口办协同青海省扶贫开发局印发《关于加强江苏帮扶项目资金管理工作的通知》,无锡市会同海东市进一步印发《江苏省无锡市对口帮扶资金管理办法(试行)》,规范无锡市对口帮扶资金管理。

苏铜协作中,苏州市会同铜仁市印发《铜仁市关于江苏省苏州市对口帮扶项目和资金管理办法的通知》,要求资金和项目紧紧围绕脱贫攻坚、增强基本公共服务功能、深化经济技术交流合作、加强干部人才培养交流等重点工作任务进行安排。

（2）监督考核机制。各级党委、政府和相关部门根据规划压实工作责任,制定实施方案,明确"时间表""路线图",对规划实行年度评估和五年规划中期评估,定期开展自评自查,做好重大事项、重点工程进展跟踪,及时查缺补漏,对发现的问题做到立行立改,确保规划目标如期实现。对过往项目定期"回头看",防止项目流产、支持力度弱化。

（3）干部管理机制。把选派讲政治、精业务、高素质的援派干部作为重要抓手,认真做好选派干部培养使用和管理,全面抓好资金使用和项目实施过程中的党风廉政建设,确保资金安全、项目安全、干部安全。

■ 六是强化绩效评估

江苏省纪委监委在督促有关职能部门建立扶贫项目资金跟踪问效机制的基础上,推动省政府抓好项目完成后评估机制的探索和完善。江苏省对口支援协作合作工作领导小组牵头,负责年度任务完成和督查考核或评估工作。例如,根据《关于深入推进东西部扶贫协作工作的实施意见》,督促有对口任务的各设区市制定相应的考核考评、信息通报、督查督办、跟踪审计等工作制度,形成闭环的东西部扶贫协作工作责任体系。

## 配强人才队伍

江苏始终坚持把干部人才队伍建设作为关键之举,采取双向交流、两地培训、跟岗锻炼等多种形式,为对口工作培养输送高质量干部人才,在对口工作中锻造忠诚干净担当的干部人才队伍。充分发挥江苏党政干部和专业技术人才的桥梁纽带作用,把先进发展理念、精湛行业技术、宝贵智慧经验带到对口地区,在教育、卫生、科技、文旅等领域持续发力,久久为功。这些优秀的援派干部人才,不断强化政治担当,满怀深情厚谊,充分发扬不怕吃苦的精神,全力以赴支持对口地区发展、造福对口地区人民,向党中央、向对口地区群众和江苏人民交上了一份份合格答卷。

### ■ 一是强化干部人才选派和组织力度

坚持高起点谋划、高规格选派、高标准要求,经过多年不懈努力,江苏为对口地区选派了一批又一批敢于担当、勇于奉献、善于攻坚的优秀干部人才,打造了一个又一个前方指挥部、前方工作队(组)战斗堡垒,形成了一支又一支政治过硬、综合素质强、特别能战斗的工作队伍。

(1)坚持把政治素质过硬、业务能力强、综合素质好的精兵强将,选派到对口支援协作一线,全面融入对口地区工作。采用定期轮换、压茬轮换相结合的方式,不断完善援派干部派遣、轮换机制。

(2)导向鲜明地培养使用援派干部人才。对在艰苦地区建功立业的同志,组织上重视合理提拔培养、大胆使用。同时,对援派专业技术人才落实好同等条件优先评聘的政策。

(3)加强前方机构的工会、团组织建设,做好援派干部医疗就诊等工作,减少后顾之忧。

### ■ 二是鼓励干部互派互学

人才资源短缺是制约对口地区发展的瓶颈之一。江苏协助对口地区开展常态化干部人才培养培训,有效提升对口地区干部人才综合能力、专业技能、业务素质。

(1)持续拓展培养培训渠道。与对口地区不断加大采取双向挂职、两地培训、跟岗培养、组团帮扶、定向委培等模式,助力对口地区人才队伍建设。通过"团队带团队""专家带骨干""师傅带徒弟"等路径,提升对口地区干部人才能力素质,帮助其打造一支留得住、能战斗、带不走的人才队伍,把江苏的工作理念、实干精神、创新实践、制度方法、管理手段毫无保留地复制到对口地区。

(2)突出培养培训主体。以对口地区基层党政干部和紧缺领域专业技术人员为重点,为其提供丰富的交流学习机会。重点做好三支队伍的培训:一是党政干部队伍。着眼工作需要,协助对口地区各级党政干部,尤其是行政管理和教育、医疗、文旅、农业、电子商务、园区管理等领域的基层干部到江苏进行轮流培训,助力对口地区打造一支想干事、能干事的党政干部队伍。二是创业创新人才队伍。依托江苏企业和高层次人才创业创新基地,引导对口地区有情怀、有担当的农民企业家、家庭农场主、农民合作社领办人、致富带头人来江苏考察学习、挂职锻炼、专项培训,助力对口地区打造一支乡村经济发展带头人队伍。三是公共服务领域人才队伍。结合民生需求,通过双向挂职、专题培训、技能培训和网络培训以及支教、支医、支农等多种途径和方式,助力对口地区打造一支职业化、专业化的公共服务领域人才队伍。

(3)细化培养培训内容,创新培养培训方式。坚持"缺什么、补什么",精心安排培训课程,科学设置培训内容,分地、分层、分类开展"滴灌式"培养培训。利用网络信息技术,搭建网上干部人才交流培训平台,有效整合、互通、共享优质课程、教材、案例等教学资源。

■ 三是持续创新"组团式"智力帮扶模式

(1)持续创新"组团式"智力帮扶模式。江苏率先开创了教育、医疗"组团式"智力支援协作模式,即整合江苏的学校、医疗卫生机构、农业技术机构技术团队,以组团形式向对口地区提供智力帮扶,为后者提高教育医疗保障水平和发展现代农业提供精准技术服务。"组团式"模式可以有效助推对口地区教育医疗系统资源耦合,发挥协同效应,实现整体效能,在多年的对口支援协作合作实践中发挥了显著的协同效应。当前,"组团式"模式在中组部的支持下已推广到全国,并且随着全面乡村振兴布局不断向科技、农业、文旅等领域拓展,再向园区建设等领域延伸,工作半径不断扩大,内涵不断延展。经过多年培育创新,又细分和演化出了新的样态:例如,衍生了服务对口地区发展的"大组团"和精准匹配在具体领域的"小组团";通过"订单式+项目化"运行的专家服务团机制,将"一团火"的集中式服务与"满天星"的分散式服务相结合。

（2）精心选派、系统组建专业技术人才队伍。突出专业技术人才选派的系统性，有效发挥"传帮带培"作用的体系化能力，为对口支援协作合作源源不断贡献智慧力量。例如，针对对口协作，江苏形成了支教、支医、支农"666"组团式人才选派①模式，有效促进了观念互通、思路互动、技术互学、作风互鉴。针对援疆工作，江苏组织科教文卫系统退休老专家开展"银发援疆"行动，进行技术指导、项目协作和人才培养。

（3）不断完善柔性引才激励保障机制，为对口地区输送高端人才和智力帮扶。完善激励政策，鼓励江苏各类专业技术人才，特别是农业科技、医疗教育、经营管理、社会治理等行业领域的骨干和专家，通过挂职兼职、签约聘用、技术咨询等方式，成为对口地区的"候鸟式专家""周末工程师"，为对口地区贡献智慧。设立产业顾问专家库，组成专家组到对口地区实地调研，助力发展产业。

## 广泛宣传引导

江苏高度重视对口工作宣传，围绕中心、服务大局，立足特色、发挥优势，宣介推广江苏对口支援协作合作工作的做法和成效，充分展示好形象、弘扬正能量。

### ■ 一是加大总结汇报宣传力度

按照省委、省政府主要领导批示要求，常务副省长每年带队赴国家发改委、水利部、乡村振兴局等主管部门汇报对口工作，省政府分管副秘书长督办江苏对口工作信息上报，推动江苏对口工作在国家层面影响力不断提升。与对口省市建立定期沟通协调机制，立足对口地区实际需求和前后方工作团队与个人情况，不断畅通表彰渠道，定期开展先进事迹宣传，表彰先进个人和优秀集体，放大榜样示范效应，推动对口支援协作合作精神赓续传承，激扬前后方干部内生动力、荣誉感和使命感。

例如，江苏编制完成并出版发行全国第一套系统讲述省级对口支援

---

① 由江苏各对口县每年安排 6 名教师、6 名医生、6 名农技人员到其所对口的县开展帮扶工作。

历史的志书《江苏省对口支援西藏建设志》《江苏省对口支援新疆建设志》，展示了江苏在贯彻中央援藏、援疆工作部署中的责任担当，记录了江苏援藏、援疆的非凡历程。

### ■ 二是讲好江苏对口工作好故事

坚持内强素质、外树形象，通过各类宣传窗口彰显江苏对口支援协作合作战线的强大凝聚力、向心力和战斗力。注重对江苏各地方的具体实践进行"解剖麻雀"式的个案推广，提炼总结其成效经验和治理方案。

例如，徐州市、江苏省科技厅、常熟市、太仓市被国家发改委评为消费帮扶助力乡村振兴典型案例单位。《富丹产业园为乡村振兴注入新动能》《太周共谱山海情东西携手奔小康》《立足构建双循环塑造青货新优势》《乡村振兴路上闪耀"昆山力量"》等被选为全国典型案例，作为全国东西部协作培训班资料汇编入册。"格桑花开·南京墨竹周"被西藏自治区作为援藏典型工作案例进行宣传。2019 年与国务院扶贫办、陕西省政府联合主办"一带一路"国际减贫合作论坛，全面宣传江苏省东西部扶贫协作经验做法和取得的阶段性成果。举办"2019 全国消费扶贫市长论坛"，江苏"消费帮扶十大模式"获得各界褒扬。

### ■ 三是多措并举打好新闻宣传主动仗

充分发挥媒体传播效应，加强与中央、省级主流媒体的联系沟通，加大宣传力度，及时报道对口支援协作合作的创新举措、特色亮点和典型案例，为动员社会各方力量积极参与支持对口工作营造良好舆论氛围。

（1）在中央主流媒体宣传上，主动与新华社、《人民日报》、中央电视台等中央媒体驻苏机构对接，定期、不定期地召开对口支援协作合作新闻发布会、通气会，专题宣传江苏对口工作。例如，"组团式"医疗援克被中组部作为范例推广到全国，中央电视台新闻联播予以报道；江苏援伊柔性引才新机制被《人民网》予以报道。

（2）在对口地主流媒体宣传上，商请对口地区省市宣传主管部门支持，安排对口地区主流媒体宣传江苏对口工作的典型做法、积极成果、先进事迹等。例如，"心佑工程""光明行"援青医疗卫生公益活动被青海海南州报、海南藏族自治州电视台及江苏卫视等 10 余家媒体持续关注和报道。

（3）在江苏主流媒体宣传上，依托《新华日报》、新华网、中江网、江苏广电总台等主流媒体，围绕江苏省委、省政府主要领导赴对口地区开展高层互访、调研对接以及召开对口工作座谈会等重要时间节点，专题宣传报道江苏对口工作，不断提升对口工作在省内外的知名度和美誉度。前方指挥部和工作队开通微信公众号，加大新媒体宣传报道力度。

# 第七章
## 对口支援 | 望长城内外·华夏兄弟一家亲

对口支援工作,是党中央从战略全局高度作出的重大决策部署,也是江苏义不容辞的政治责任。江苏对口支援工作始终走在全国前列,从扬子江畔到雪域高原,从鱼米之乡到天山草原,一批批江苏对口支援干部满怀热血深情,在西藏、新疆、青海、三峡库区、四川绵竹等受援地不懈奋斗,与对口地区结下兄弟情谊,受到党中央的高度肯定和人民群众的广泛赞誉。

## 第一节　江苏对口支援概况

江苏是全国最早承担对口支援工作任务的省份之一,也是全国承担对口支援任务最重、对口支援范围最广、派出援建干部人才最多的省份。

根据党中央的统一部署,江苏于不同时期开启对口支援西藏自治区拉萨市、昌都市,新疆维吾尔自治区伊犁州、克州,新疆生产建设兵团第四师可克达拉市、第七师胡杨河市,青海省海南藏族自治州,三峡库区的湖北省秭归县、重庆市万州区和云阳县,以及阶段性的援建四川绵竹地震灾区和驰援新冠疫情严重地区的任务。其中,对西藏昌都市只提供资金,对三峡库区采取资金支援和经济合作互动,其他地区按照"既出钱、又派人"的方式进行定向援助。

从党中央的要求和江苏承担的任务及推进特征来看,江苏对口支援工作大致可分为起步期、结对期、跨越期三个不同的历史阶段。对口支援模式从单一的党政干部和专业技术人员援助发展为项目援助、资金援助、民生援建、产业援助、智力援助等,支援形式不断丰富完善。

实施对口支援以来,江苏落实区域协调发展、协同发展、共同发展的大战略布局,以市县为主体、条块结合,圆满完成各项目标任务,为对口地区的经济社会发展和民族团结作出积极贡献,也为东部兄弟省、市响应国家对口支援政策提供了一个切实可行的优良解决方案。

回顾对口支援工作,江苏探索总结归纳出“真情支援、科学支援、持续支援”12字工作方针,以强烈的责任意识、深厚的民族感情、扎实的工作作风,有力有序有效开展工作,积累了宝贵经验,形成了鲜明特色:一是坚持规划先行、科学引领,二是坚持“输血”与“造血”相结合,三是坚持对口支援与加强民族交流并重,四是坚持统筹协调、凝聚合力。

具体做到“五个突出”:一是项目援建突出改善民生、凝聚人心这个出发点,二是产业援助突出扩大就业这个核心,三是智力援助突出切合受援地发展的内在需求,四是推进交流合作突出促进民族团结这个根本任务,五是维护社会稳定突出长治久安这个总目标。

## 第二节　对口支援西藏·共创富裕之路

### 背景综述

西藏自治区(简称“藏”)位于青藏高原西南部,素有“世界屋脊”之称。唐宋时期称为“吐蕃”,元明时期称为“乌斯藏”,清代称为“唐古特”“图伯特”等,清朝康熙年间起称“西藏”至今,西藏是重要的国家安全屏障、生态安全屏障、战略资源储备基地、清洁能源接续基地和面向南亚开放的重要通道。西藏约占全国总面积的1/8,以其雄伟壮观、神奇瑰丽的自然风光闻名。

江苏对口援藏的区域主要是拉萨市和昌都市(只提供资金)。

拉萨,别称"逻些""日光城",是西藏自治区首府以及政治、经济、文化和科教中心,面向南亚开放的国家级流通节点城,同时也是藏传佛教圣地,是国务院批复确定的具有雪域高原和民族特色的国际旅游城市,被评为首批国家历史文化名城。国土面积 2.95 万平方公里,平均海拔 3658 米,辖 5 个县[①]、3 个区[②],常住人口 86.79 万人(2022 年)。拉萨天蓝、地绿、水清,是我国环境质量最好的地区之一,全年多晴朗天气,年日照时间超过 3000 小时,既有高原湖泊、雪山、冰川、高原密林等自然风光,又有寺庙、石刻等人文景观,以风光秀丽、历史悠久、风俗民情独特、宗教色彩浓厚而闻名于世。

昌都,古称"康""客木"。地处横断山脉和三江(金沙江、澜沧江、怒江)流域,位于西藏东部,是川藏公路和滇藏公路的必经之地,也是"茶马古道"的要地,素有"藏东明珠"美称。唐代为吐蕃王国的一部分,明清以后统称为康藏地区。国土面积 10.98 万平方公里,平均海拔 3500 米以上,常住人口为 76.10 万人(2022 年)。

拉萨的发展存在不少制约因素。地属高原大陆性气候,无霜期约为 120 天,年最低气温达-20℃以下。气候多变,冰雹、霜冻、雪灾等自然灾害时有发生。作为高海拔高寒地区,拉萨的环境承载能力相当脆弱,山地贫瘠、土壤层浅薄,植被生态系统结构简单、生长期短、生态调节能力弱。此外,各类人才匮乏是长久以来一直困扰拉萨发展的主要因素,特殊的高原气候环境造成了"引人难、留人难"之弊。

党的十八大以后,习近平总书记深情牵挂西藏人民,亲自为西藏工作把舵定向、谋篇布局,对西藏工作作出一系列重要批示和指示:2013 年,参加十二届全国人大一次会议西藏代表团审议,提出"治国必治边、治边先稳藏"重要战略思想;2015 年和 2020 年亲自主持召开中央第六次、第七次西藏工作座谈会,提出新时代党的治藏方略,明确新形势下西藏工作的指导思想和目标任务,确定了中央支持西藏的一大批重点建设项目,制定了惠

---

① 林周县、当雄县、尼木县、曲水县、墨竹工卡县。
② 城关区、堆龙德庆区、达孜区。

及西藏各族人民的一系列特殊优惠政策;2015 年,在西藏自治区成立 50 周年时,作出"加强民族团结、建设美丽西藏"的重要指示;2017 年,党的十九大刚刚闭幕,就给山南市隆子县玉麦乡牧民卓嘎、央宗姐妹回信,嘱托她们"做神圣国土的守护者、幸福家园的建设者";2018 年,致信祝贺西藏民族大学建校 60 周年,强调要"加强民族团结进步教育""自觉维护民族团结";向"2019·中国西藏发展论坛"致贺信,希望"描绘新时代西藏发展新画卷";2021 年,亲临西藏视察指导工作,强调要重点做好"稳定、发展、生态、强边"四件大事,强调要发扬"老西藏精神",缺氧不缺精神、艰苦不怕吃苦、海拔高境界更高,在工作中不断增强责任感、使命感,增强能力、锤炼作风。习近平总书记对西藏工作的一系列重要指示批示和关于治边稳藏的重要论述,创新、丰富、发展了党的治藏方略,进一步强调了西藏工作在党和国家工作全局中的重要战略地位,为西藏开启全面建设社会主义现代化新征程指明了前进方向、提供了根本遵循、注入了强大动力。

自 1994 年中央正式实施对口支援西藏政策以来,江苏全面贯彻落实中央历次西藏工作座谈会精神,坚持"依法治藏、富民兴藏、长期建藏、凝聚人心、夯实基础"的重要原则,坚持真情援藏、科学援藏、持续援藏,扎实有效开展各项工作,为拉萨市经济发展、民生改善、社会稳定作出重要贡献。累计安排财政性援藏资金 61.3 亿元,完成援建项目 700 多个,选派10 批共 981 名干部人才到拉萨工作,构建了全方位、宽领域、多层次援藏格局。一茬接一茬的援藏干部人才,充分发扬老西藏精神、孔繁森精神、"两路"精神,勇于担当、积极作为,不怕牺牲、乐于奉献,在雪域高原上谱写了一曲曲动人的援藏华章,助力拉萨全面实施"六大战略"①,全力打赢"三大攻坚战"②,经济社会发展取得全方位进步和历史性成就,率先在西藏实现整体脱贫。2018 年 12 月,拉萨市贫困人口实现动态清零,贫困村(居)全部退出、贫困县(区)全部摘帽,成为全国第一个整体脱贫的"三区

---

① 党建统市、环境立市、文化兴市、产业强市、民生安市、依法治市。
② 防范化解重大风险、精准脱贫、污染防治。

三州"①深度贫困地区的设区市。经济社会不断进步,民生快速发展,文化得以繁荣,初步形成以文化旅游、净土健康产业为支柱,以绿色工业、商贸物流产业为支撑,以现代服务业、高新数字产业为支点的现代化产业体系。

在近 30 年的对口援助中,江苏帮助拉萨市创造了众多第一:西藏第一所希望小学、拉萨第一条双向四车道快速通道、第一家三级乙等医院等。一个个标杆性项目,一个个暖心工程,造福了拉萨人民,也在拉萨乃至西藏各族群众心目树立起一座不朽的丰碑、留下了永不磨灭的烙印。经过坚持不懈努力,拉萨教育、卫生等基本公共服务能力显著增强,保障和改善民生能力水平显著提升,经济发展内生动力显著增强;当地群众对中华民族认同感有效提升,民族团结融合更加巩固。江苏援藏工作得到了党中央、国务院的高度肯定,多次被国家考评为援藏工作绩效突出省份。

江苏对口援藏的实践充分证明,中央关于对口援藏的战略决策是完全正确的,援藏工作对推动西藏跨越式发展和长治久安带来的成效十分显著。时代在发展,援藏在继续,新时代党的治藏方略为做好进一步援藏工作指明了方向,提供了根本遵循。

## 发展历程

江苏对口援藏工作始于 1956 年,分为三个阶段。

### 起步阶段(1956 ~ 1994 年)

江苏援藏始于 20 世纪 50 年代中期,在全国对口支援西藏统一部署下,江苏以干部援藏为主要形式,动员选派江苏党政干部赴藏工作。1979年中央边防工作会议后,江苏选派了一批党政干部、技术人员进藏工作。

---

① "三区"是指西藏自治区,四省(青海、四川、甘肃、云南)藏区、南疆四地区(和田地区、阿克苏地区、喀什地区、克孜勒苏柯尔克孜自治州);"三州"是指四川省凉山彝族自治州、云南省怒江傈僳族自治州、甘肃省临夏回族自治州。"三区三州"是国家层面的深度贫困地区,是国家全面建成小康社会最难啃的"硬骨头"。

1984年中央第二次西藏工作座谈会后，江苏积极推动教育援藏工作，选派了一批援藏教师赴西藏山南地区任教。同年，江苏按照西藏提出的要求，分两批帮助建设43个西藏迫切需要的项目，开展项目援助。

### 结对阶段（1994～2009年）

1994年，根据第三次西藏工作座谈会精神，中央制定了"全国支援西藏"的战略方针和"分片负责、对口支援、定期轮换"的援藏模式，安排了17个省、市承担对口支援西藏任务。其中，江苏省和北京市共同对口支援拉萨市。

江苏省委、省政府坚决贯彻党中央决策部署，将对口援藏作为重大政治任务和义不容辞的责任，持续响鼓重锤、高位推进，提出"江苏援藏工作要走在全国前列"的总体目标，安排省级机关对口支援拉萨市级机关，南京市、苏州市、镇江市、泰州市分别对口支援墨竹工卡县、林周县、达孜区（原达孜县，2016年撤县设区）、曲水县（1994年由扬州市支援，2000年起由扬州市和泰州市共同支援，2011年起由泰州市单独支援），构建了"分工协作、齐抓共管"的对口支援格局（详见表9）。同时，明确了江苏每年不定量安排援助资金，用于拉萨市教育、医疗和其他社会公共事业项目建设。

**表9 江苏对口支援西藏拉萨结对关系**

| 江苏 | 西藏拉萨 |
| --- | --- |
| 南京市 | 墨竹工卡县 |
| 苏州市 | 林周县 |
| 镇江市 | 达孜区 |
| 泰州市 | 曲水县 |

从1995年开始，江苏选派2～3名副厅级干部到拉萨市兼职，领队兼任拉萨市委副书记、常务副市长，副领队兼任副市长，并派出少量处、科级干部兼任拉萨市政府相关部门同级职务。

2001年,中央第四次西藏工作座谈会决定,对口支援工作在原定10年基础上再延长10年,江苏继续对口支援拉萨市。江苏省委、省政府坚决贯彻中央决策部署,健全对口援藏组织体系,继续安排对口支援专项资金,落实结对期目标责任,积极开展干部援助、资金援助、项目援助、智力援助等工作,全面助力拉萨经济社会发展。

**跨越阶段（2010年至今）**

2010年,中央召开第五次西藏工作座谈会,启动新一轮援藏工作,要求转变发展观念、创新发展模式、提高发展质量,推动西藏跨越式发展。新一轮援藏要确定援助资金量,明确对口援藏省（市）按照2010年本省（市）财政一般公共预算收入的1‰核定援藏资金额,并按每年8%递增实施援藏资金稳定增长机制①。

江苏省认真落实中央要求,进一步加大支援力度,构建全方位、多层次、宽领域的援藏工作新格局。2012年,在拉萨市成立了江苏省对口支援拉萨市前方指挥部,总指挥1名（正厅级,兼任拉萨市委副书记、常务副市长）;副总指挥2名（副厅级,均兼任拉萨市副市长）。截至目前,先后选派援藏干部人才10批共981人,现有125人在藏工作。为保持工作连续性,采取压茬方式选派。例如,总指挥、副总指挥与省发改、财政和住建部门的援藏干部于2021年9月轮换,其他援藏干部人才于2022年6月集中轮换。

按照援助资金口径要求,"十二五"（2011~2015年）期间江苏安排援藏资金18.36亿元;"十三五"（2016~2020年）期间安排援藏资金25.14亿元。2021年7月,财政部明确"十四五"（2021~2025年）期间对口支援西藏年度资金量保持2020年核定的5.12亿元水平,"十四五"拟安排援藏资金25.6亿元,其中2021年、2022年已拨付援藏资金10.24亿元。此外,从"十三五"开始,按中央规定,西藏自治区从江苏支援拉萨的资金总

---

① 财政一般公共预算收入增幅高于8%,援建资金按8%增长;等于或低于8%,按实际增长率增长;负增长的,则按上一年度基数计算。

额中切块 1/4 用于对口支援西藏昌都市。

## 组织领导

1994 年,中央确定江苏对口支援西藏拉萨市后,即成立江苏省援藏工作领导小组。此后,根据对口支援工作需要,并结合后来的东西部协作、与东北的对口合作,不断调整充实领导机构,进一步加强组织领导,先后成立(更名)江苏省援藏工作领导小组、江苏省对口支援工作领导小组、江苏省对口援藏援疆工作领导协调小组、江苏省对口支援工作领导协调小组、江苏省对口帮扶支援合作工作领导协调小组、江苏省对口支援协作合作工作领导小组。省委主要领导担任第一组长、省政府主要领导担任组长。

江苏历届省委、省政府始终将援藏工作摆上重要议事日程。通过召开省委常委会议、省政府常务会议、全省对口支援工作会议、江苏西藏两地区经济社会发展工作座谈会、江苏拉萨两地区对口支援工作座谈会等会议,印发有关援藏组织机构、干部队伍、发展规划、会谈纪要等文件,以及省委、省政府主要领导率团前往拉萨开展考察调研,精心制定援藏目标,周密部署援藏任务,认真组织项目实施,为援藏工作提供有力保障。

丰富完善对口支援工作机制。江苏成立省对口支援西藏拉萨市前方指挥部,南京市、苏州市、镇江市、泰州市分别组建前方工作组。强化援藏工作一线指挥,形成党委政府统一领导、前后两方协调配合、援受双方齐抓共管、各族群众积极参与的援藏工作体系,切实加强对援藏工作的统筹协调,形成统一领导、前后互动、务实有序、高效运转的对口支援工作机制。江苏援藏干部全部在受援地党委、政府及有关部门任职,全面融入受援地工作。

创新干部人才选拔轮换机制。按照"选优挑强"的原则和定期轮换、压茬轮换相结合的方式,建立援藏干部选拔轮换机制,先后选派 10 批共 981 名干部人才到拉萨任职。严格挑选前方指挥部领导及担任受援地县委、县政府相关领导人选,重视选派后备干部、优秀年轻干部进藏,重视把好干部考察关、选拔关,加强干部教育培训和自我管理,较好地满足拉萨经济社会发展对干部援藏的需求。压茬轮换的特色做法很好地解决了前后轮援藏干部的工作衔接问题,保持了援藏工作的连续性,得到中组部充分肯定。

扎根雪域高原奉献拼搏。一批批江苏援藏干部情系高原、主动作为,用真心和热情书写了新时期汉藏友谊新篇章。面对高寒缺氧的生存环境,他们弘扬"特别能吃苦、特别能忍耐、特别能战斗、特别能奉献"的老西藏精神,扎实工作、无私奉献,展现江苏干部优良作风;针对受援地实际情况,充分尊重受援地主体地位,结合当地群众意愿和客观条件确定援助内容和方式;深入援藏一线,为支援地和受援地各族群众交往交流搭建桥梁,用实际行动把一粒粒民族团结交融的种子播撒在拉萨大地上。历届援藏干部始终怀着深厚的民族感情开展工作,在艰苦环境中经受锻炼和考验,用真心、以热情书写了汉藏友谊,为拉萨改革发展和现代化建设贡献了力量,充分展现了江苏干部的优良风采。周广智、温端改等江苏援藏干部的先进事迹在雪域首府广为传颂,得到拉萨人民广泛认同和赞扬。

注重规划引领。为增强援藏工作的科学性和延续性,推进援藏工作向纵深发展,江苏省委、省政府始终坚持规划先行,助力拉萨市以科学规划引领经济社会发展,帮助拉萨市开展有史以来规模最大、投入最多、组织严谨、影响深远的系列规划编制工作,先后完成《拉萨市城市总体规划(2009～2020 年)》《拉萨市主城控制性详细规划(2009～2020 年)》《拉萨市城市综合交通体系规划(2009～2020 年)》《拉萨市城市管线综合规划(2009～2020 年)》《拉萨河城市设计》《江苏大道城市设计》等一系列重要的规划编制和城市设计工作。"十二五""十三五""十四五"期间,江苏省还先后制定了《江苏省对口支援拉萨市综合规划(2011～2015 年)》《江苏省"十三五"对口支援西藏自治区拉萨市经济社会发展规划》《江苏省"十四五"对口支援西藏自治区拉萨市经济社会发展规划》等,很好地衔接了拉萨经济社会发展规划,统筹了江苏干部援藏、项目援藏、产业援藏、智力援藏等工作。有对口支援任务的设区市根据总体规划要求,也结合实际同步编制了《南京市"十二五"人才援藏规划(2011～2015年)》《林周县十年对口支援规划(2011～2020)年》《达孜县产业扶贫规划(2013～2020年)》《曲水县城市总体规划(1999～2020年)》等一系列规划,对拉萨市经济社会发展发挥了重要的前瞻引领作用。

## 民生援助

　　江苏在对口援藏中,针对拉萨实际,坚持民生优先原则,将援助资金和项目重点向保障和改善民生倾斜,80％以上的援藏资金投向民生领域,着力加强农牧区基础设施和公共服务建设。重点解决好水、电、路、气、房五大问题,同步推进配套工程,因地制宜推进定居兴牧、富民安居工程。加大对教育卫生软硬件投入,建设了一大批县、乡镇学校和示范乡镇卫生院、社区卫生服务中心,提升受援地基本教育和医疗水平。充分发挥江苏教育、医疗人才优势,为受援地培养了一大批骨干教师和医生,极大提高了服务基层群众的水平。严格援建项目管理,确保江苏援建工程均为优质工程、廉洁工程、人民满意工程。由江苏援助的受援地城乡面貌和各项社会事业发生了翻天覆地的变化,人民群众的生产生活条件显著改善,获得感、幸福感明显增强。

　　1994年9月,拉萨市人民医院住院部项目启动,拉开江苏对口援藏序幕。至2010年,江苏高质量完成拉萨市人民医院门诊楼、江苏东路、江苏路、江苏大道、拉萨江苏中学改扩建、拉萨科技信息大厦、市急救中心、市实验幼儿园、墨竹工卡县南京路、林周县苏州新村、达孜县人民医院门诊楼、曲水县有线电视安装等一大批重点民生项目。2010年,新一轮援藏工作启动后,江苏在对口支援中进一步突出民生优先原则,支持受援地开展农牧民集中居住区建设和村容村貌整治,加大受援地水、电、气、路、房、通信等基础设施及学校、医院、文化活动中心等公共服务设施建设力度,不断改善基层群众饮水、用电、住房、交通、就学、就医、就业、养老等方面条件。江苏援建的拉萨市当热路、达孜区丹阳路、曲水县泰州路延伸段等工程先后竣工,拉萨群众出行更加方便快捷;拉萨市综合展馆、拉萨市群众文化活动中心、拉萨市妇女儿童活动中心等逐步完工,拉萨百姓文化生活更加丰富多彩;拉萨江苏实验中学、林周县职业教育中心、墨竹工卡县嘎则新区南京实验幼儿园等陆续建成,拉萨市及所属县区教育资源更加均衡高质;拉萨市人民医院医技楼、拉萨市东城区人民医院、拉萨市人民医院中心院区、拉萨市疾病预防控制中心儿童计划免疫规范化门诊项目等相继竣工,群众接受医疗服务更加优质便捷。

加强道路交通和公共设施建设。将拉萨市交通设施建设作为援藏工作重要任务,紧盯薄弱环节,不断加大援建力度,优化项目结构,扩大建设规模。援助项目覆盖道路建设、质量检测、工区道班房建设、应急设备和工程车辆配套、规划编制等领域。投入援助资金8000万元建设的拉萨市江苏大道,成为拉萨城市道路建设的典范之作。受援地电力、给排水、供热等基础设施建设成效明显。拉萨市尼木110千伏变电站扩建工程光伏间隔建成和投入使用,藏能尼木20兆瓦新能源光伏电站成功并网;拉萨所辖的墨竹工卡、林周、达孜、曲水4县(区)的自来水工程和供暖设施等项目也相继投入使用。

加强教育设施建设。投入大量人力、物力、财力,积极援建拉萨学前教育设施及大中小学校,坚持以援助拉萨基础教育设施为重点,加大对薄弱学校的改造力度,加快幼儿园和中小学校改造升级的步伐,完善教学用房、教辅用房、学生活动场所及配套设施,努力提升学校硬件条件。1995年,江苏以"把拉萨市师范学校当作江苏的第120所高校、当作自己的学校来建设"的热情和决心,援建拉萨第一所高校——拉萨市师范学校,累计投入援助资金2000余万元。经过多年努力,该校成功升格为拉萨师范高等专科学校。2019年8月,江苏省援建的拉萨市江苏实验幼儿园开园招生,标志着江苏教育援藏实现从学前教育到高等教育完整学段、从普通教育到职业教育完整类型的全覆盖。江苏还援建拉萨江苏中学、拉萨江苏实验中学、拉萨市第一中学、墨竹工卡县扎西岗乡南京希望小学等一批重点学校。1995~2020年,江苏省共援建幼儿园8所、小学14所、中学5所、县级职业教育中心3所、高等学校1所,促进拉萨教育事业快速、均衡、优质发展。

加强医疗卫生文体公共设施建设。在对口支援拉萨过程中,逐步完善受援地卫生和文化体育设施,提高基本公共服务能力。持续援建拉萨医疗卫生项目,重点援建拉萨市人民医院、拉萨市东城区人民医院、拉萨市白定医院(一期)等重点医院和各县、区基层医院,使拉萨市及所辖4县(区)医疗卫生硬件设施得到极大改善和提升,一大批乡镇卫生院标准化建设取得显著进展,推动拉萨整体医疗水平迈上新台阶,拉萨群众对卫生健康保障的满意度逐年提高。积极支援拉萨所辖4县(区)的村庄综合服务中心建设,拓展了拉萨乡村基层组织服务领域,丰富了农牧民精神文化生活。援建了拉萨所辖4县(区)的敬老院、颐养院、社会福利院、残疾人康复中心等社会福利设施,并不断对其进行升级改造和完善,使孤、老、残、幼和其他有特殊困难的弱势群体有所栖,切身感受到党和政府的关爱与温暖。重点打造拉萨市妇女儿童活动中心、青少年科技馆、群众文化活动中心等一批亮点工程。2011年,由江苏援助9850万元建设的拉萨市综合展馆,是继承革命传统、弘扬历史文化、培育民族精神的重要阵地,成为拉萨东城新区一道亮丽的风景。援建的林周县群众文化体育中心等设施,为改善受援地群众健身环境、提升公共体育服务水平发挥了积极作用。

大力推进住房建设和村容村貌整治,开展旅游富民工程。援建内容涵盖民房改造与搬迁安置等,推进中心村、小康示范村等形式的农牧民集中居住区建设,支持农牧民集中居住区水、电、路、供暖等人居环境建设,加快推进村容村貌整治,提高乡镇人畜安全饮水保障水平,切实改善农牧民的生活环境。例如,通过墨竹工卡县乡镇村容村貌整治工程,对农牧民住房周边道路进行硬化、亮化,改造排水系统,打造整洁、舒适、健康的生活环境。林周县江热夏村实现了通路、通电、通水、通电话,广播电视覆盖率达到100%,成为林周县社会主义新农村建设典范。提升曲水县才纳乡才纳村、达孜区扎叶巴村、墨竹工卡县工卡镇等村镇的村容村貌,改善周边农牧民群众生产生活条件,充分挖掘和展现传统民俗文化,在藏族群众的参与下将当地民居、牛棚等改造成藏乡民宿,让藏族群众在享受美丽乡村时还能创收,赢得了民心,推动了旅游产业发展。

致广大而尽精微,办好民生微实事。民生无小事,枝叶总关情。"十四五"以来,更加注重着眼于老百姓身边的小事、琐事、操心事,通过问需于民,立足服务民需、尊重民意、体现民愿,将保障和改善民生落在细微之处,不断增强群众的获得感、幸福感、安全感。南京援藏工作队着眼小处细处,组织实施墨竹工卡县"民生微实事100+计划",包括溪桥40座、幸福驿站15座、青稞小磨坊7个、点亮乡村路9条、暖阳微公益7个以及爱心订购等104件民生实事。在实际工作中聚焦生活细微处,精准对接群众需求,化解难处、疏通堵点,在群众生活的方寸间尽显温暖关怀。《人民日报》刊发新闻小特写,《西藏日报》发表时评《群众的事,再小也是大事》点赞"有的放矢,将好事实事做到群众的心坎里"。

## 产业援助

江苏积极推动产业援藏,培育壮大拉萨特色优势产业,促进产业转型升级,提升自主发展能力。经过20多年的援建,一个个重点招商项目落地生根,一批批产业项目次第开花,一座座产业园区拔地而起,一簇簇产业新亮点培育壮大。产业援建结出累累硕果,切实增强了拉萨经济社会发展内生动力,使之"既长骨头又长肉",实现了产业发展和脱贫致富的共同推进。

抓好产业园区建设。江苏针对拉萨经济社会发展实际,积极推进产业园区建设。南京市江宁开发区与拉萨经济开发区展开战略合作,强化资源整合、产业协作、人才互动、经验互鉴,合力打造"拉萨—江宁(国家级)经开区产业合作示范园",成为西藏唯一的国家级经济开发区,成为东西部国家级经开区合作和江苏产业援藏的新典范,为西藏的发展注入新能量。同时,持续加大对达孜工业园区、曲水工业园区的支援力度,达孜工业园区成为西藏首家自治区级工业园。不断完善园区基础设施配套,优化功能布局和规范现代化管理,提升园区产业集聚功能,推动园区建设成为当地经济的重要增长极。在提升园区硬件的同时加强软环境建设，派遣援藏干部到拉萨经济开发区、柳梧新区、西藏空港新区、西藏文化旅游创意园区任职，出台园区管理措施，使园区的管理进一步规范，营商环境进一步优化；协助开展规划编制和项目建设；加大招商引资的力度，开发"拉萨之窗"和柳梧国际总部城。

引进江苏企业落地拉萨。江苏在省内积极推介拉萨，宣传拉萨招商引资优惠政策，鼓励引导江苏企业到拉萨市投资建厂、兴办实业，引入一批吸纳就业人员多、税收贡献大、低碳无污染、带动能力强的大型企业落户拉萨。振发新能源、鱼跃医疗、雪鹰航空、日出东方、藏建科技等江苏企业带来投资32.5亿元，带动1万多贫困人员就近就业、脱贫增收。其中，鱼跃集团投资10亿元建成集研发、制造、仓储、装配、测试等多功能的高原制氧产业园，为高原地区多种用氧场景提供稳定可靠解决方案。江苏若尔通用航空与拉萨布达拉文旅集团共同投资设立拉萨雪鹰通用航空公司，主要开展紧急救援、医疗救护、环境保护、空中观光、短途运输等通航业务，填补了西藏通航产业的空白，同时开展建档立卡贫困户藏族飞行员培训工作，首批培训藏族飞行学员15名、机务人员8名。2022年6月，镇江工作组引进的江苏最大产业援藏项目——拉萨朗热酒村项目开工，项目总投资10亿元，投产后年产值超10亿元，直接创造就业岗位近500个，带动周边农牧民1000余人就业增收。

培育特色产业链群。江苏安排产业专项资金支持江苏企业和拉萨企业开展合作，围绕藏毯、藏药、青稞、牦牛等拉萨当地特色资源促成企业合作，培育龙头骨干企业，探索"公司＋基地＋农户""合作社＋农户"的产业化养殖模式，帮助大批受援地农牧民脱贫致富。（1）发展净土健康产业。帮助"拉萨净土"区域公共品牌17类商标在国家市场监督管理总局成功注册，援助完成藏香猪、藏鸡、拉萨好水等6个产品标准体系建设，积极推进"拉萨净土"区域公共品牌运用工作，着力抓好贯标宣传培训、行业协会自律、规范品牌使用等配套工作，推动拉萨特色产业规范发展、规模生产、提档升级，实现从"产品"到"品牌"转变，开辟净土健康产业走向全国大市场的新通道。拉萨净土健康产品业已形成饮品、食品、药品(保健品)、饰品的"四品"产品体系,培育发展出天然饮用水、高原奶产业、生猪(藏香猪)养殖、藏鸡养殖、食用菌种植、藏药材种植、经济林木与特色花卉、高原特色设施园艺和藜米产业等主导产业。(2)打造特色农林牧业。江苏援建墨竹工卡县优质蔬菜生产基地、林周县现代农业示范区、曲水县现代农业示范基地、达孜县现代农业产业园等园区建设,建设蔬菜、瓜果、花卉、苗木等生产基地,引领受援地农业规模化、特色化发展。协助拉萨开展青稞育种工作,"苏拉青"系列青稞新品种产量稳步提升。恒顺集团通过技术援助,助力达孜区成功研发出青稞醋产品。开发墨竹工卡小菜籽油,帮助提升生产工艺,优化产品结构,注册"天边墨竹"商标,通过渠道建设、品牌打造和营销设计,"小油菜"成就了墨竹工卡"致富油"大名声。支援拉萨畜牧业养殖繁育基地建设,重点建设达孜县唐嘎乡奶牛养殖基地和德庆镇藏鸡养殖基地、林周县格桑塘现代农牧产业示范园等项目,推动奶牛、藏鸡、藏香猪等富民养殖项目,提升当地农牧业规模化养殖水平和农牧民持续增收能力。(3)综合规划开发拉萨文旅产业。帮助受援地深度挖掘提炼以文化遗产为核心的旅游文化、以雪顿节藏博会为龙头的节会文化、以藏餐为代表的饮食文化。持续帮助打造"拉北旅游环线"等区域品牌,将生态资源转化为发展资源,将"绿水青山""冰天雪地"变为"金山银山"。帮助编制旅游发展规划,培育打造精品旅游线路,安排资金援助拉萨重大旅游项目、重点发展区域,支持拉萨市旅游北环线资源开发,培育多条特色鲜明、配套完善的精品旅游线路。持续推进墨竹工卡县甲玛旅游景区建设、曲水县乡村旅游等项目建设。支持拉萨市智慧旅游建设,着力提升拉萨市旅游行业监管和旅游信息服务水平。开展拉萨文旅产业宣传推广工作,打造"净美西藏"原生态智慧旅游品牌。(4)推进"小组团"产业集群。集中优势资源,聚焦"三产融合",构建全产业链,重点打造达孜白纳沟高原生态旅游、墨竹小菜籽油特色产业等经济"小组团",着力推进第一产业特色种植、第二产业生产加工、第三产业旅游经济的融合发展,联动供应链、产业链和价值链,实现"三产融合""三链联动",持续扩大产业集聚效应。2017年江苏省省长率领江苏代表团到西藏考察时,计划外投入资金1.5亿元,建成了林周县格桑塘现代农牧产业示范园。该园区是西藏首座现代农牧产业示范园,目前存栏牦牛3000多头,不仅构建起草、牛、肉、奶一体化产业链,而且通过"公司＋基地＋合作社＋农户"模式,带动5000多户农牧民增产增收,补齐补强了当地特色产业发展链条。

加强创新平台建设。着眼制约拉萨特色产业发展的薄弱环节,把完善产业发展配套条件作为援助重点,组织实施了达孜、曲水中小企业创业孵化中心、墨竹工卡净土健康产业园区研发基地、林周县中小企业孵化基地等援建项目,有效增强了受援地产业自我造血与创新发展能力。江苏支援拉萨在信息化平台、专家资源共享、开展远程异地评标等方面推进公共资源交易平台整合共享。2021年6月29日,首个"不见面"项目开标,开启西藏公共资源交易项目"不见面开标、与江苏共享专家资源、远程异地评标、线上监管"的数字化运营新时代。

## 智力援助

江苏充分发挥科教大省优势和智力援助特长,重点做好拉萨各级党政干部、创新创业人才、公共服务领域人才三支队伍的培养工作。常态化选派专业型人才到拉萨帮助工作,不断加大拉萨各行各业人员到江苏学习培训力度,夯实受援地可持续发展能力。2010年以来,江苏共投入人才智力经费13.424亿元,实施人才和智力援藏项目143个,安排拉萨市党政领导干部5000多人次、专业技术人员6000多人次、企业经营管理人员1000多人次、基层农牧民群众5000多人次赴江苏学习培训。受援地干部职工和农牧民群众开阔了视野、增长了见识,激发了干事创业激情,为拉萨经济社会发展提供了坚强的智力支撑。

搭建人才培养平台。(1)依托江苏优势资源,积极协助拉萨搭建培养培训平台,协助实施党政干部素质提升工程、社会主义新农村"带头人"培养工程、首府城市"建设者"培养工程、"人文拉萨"人才培养工程、"和谐拉萨"人才培养工程等。(2)协助搭建交流合作平台,助力实施专业技术人才倍增计划、急需紧缺人才引进计划、"项目＋人才"捆绑引进计划、苏拉企业"直通车"计划等。（3）协助搭建产业振兴平台，助力实施"企业之星"孵化计划、特色产业"火炬手"开发计划、藏药研发人才培育计划等。（4）协助搭建基础建设平台，助力实施"拉萨人才网"升级改造、党员干部教育培训基地建设等。（5）协助搭建就业创业平台，助力拉萨做好高校毕业生就业观念转变、就业思路拓宽、就业技巧掌握等工作，提供就业见习机会和就业岗位。

支援拉萨基础教育优质均衡发展。（1）完善基础教育基础设施。投入 2.6 亿元援藏专项资金，建设了硬件基础和教学设施一流的拉萨江苏实验中学；投入 8000 万元援藏专项资金改建墨竹工卡县扎西岗乡南京希望小学、改扩建南京实验小学等。2019 年拉萨市江苏实验幼儿园正式开园，率先实现幼儿园、初高中、职业教育等各领域各门类广覆盖。整合援藏专项资金，先后建成了功能配套齐全、环境优美的拉萨市第一幼儿园、拉萨市第一中学、达孜县中心小学，高标准配置了信息化教学设备。安排2000 余万元援藏资金实施了曲水县中学综合教学楼和职教中心实训楼建设。江苏省一大批教育援藏项目的实施，极大地改善了拉萨基础教育办学条件。（2）通过选派干部挂职、教师"组团式"援藏、万名教师支教等方式，推动江苏 20 余所优质学校与拉萨市学校结对共建。先后选派2000 多名教师和管理人员进藏工作，带去江苏先进教学理念和经验，帮助受援地培养了一支带有鲜明"江苏烙印"的骨干教师队伍。例如，"组团式"援助江苏拉萨实验中学以来，促进该校教育质量快速提升：2015 年，该校首届高考大专以上上线率达到 80.16％，创造了西藏教育史的奇迹；2022 年高考上线率达 99.5％，本科率达 90％，名列同类学校榜首，被誉为家门口的"内地西藏班"。（3）在江苏举办对应的中专班、初中班、高中散插班、中职班、高校西藏班等，让拉萨学生到江苏接受教育。至 2020年，江苏举办了南通西藏民族中学和常州西藏民族中学，两校连续多年中考成绩在全国西藏班中名列前茅；江苏省南通中学和江苏省奔牛高级中学举办散插班；6 所中职院校面向西藏开办中职班；南京大学等高校开办专门的西藏班,南京审计大学等高校则面向多省定向培养非西藏生源到西藏就业。江苏西藏班(校)办学规模不断扩大,类型日趋齐全,社会效益不断提高,成为拉萨人才培养的重要基地、民族文化交流的窗口和民族团结进步的纽带。2022年江苏继续协调推动新增1个南通拉萨班,首批30名学生已顺利入学。(4)不断加大职业教育援助力度。紧扣拉萨市重点产业方向,推进对口支援职业教育工作,不断加大对受援地职业教育的软硬件扶持力度,加快优势专业和工、农、医等急需紧缺型技能人才培养。积极探索职业教育援藏新模式,协调两地教育部门联合攻关,推动两地产教融合深度发展。(5)提升教育信息化水平。以乡镇中小学为重点,以信息化手段为重要突破口,稳步推进学校信息化与远程教育平台建设,协助构建和升级线上线下教育、校园管理、电子图书馆等信息化条件。(6)通过结对帮扶、培训交流、奖学助学等方式,多层次、多领域为提高西藏教育发展水平提供支援。

开辟高校毕业生就业创业新渠道。针对部分高校毕业生零散就业的情况,2019年11月,墨竹工卡县在南京举办首届"格桑花开大学生就业创业特训营",开展"1+3+N"(1个月集中培训,3个月企业见习,学习N项本领、实现N种就业可能和长期稳定就业)培训。至2020年4月,32名大学生全部实现就业。随后,在持续巩固该特训营活动的基础上,推出"格桑花开大学生创业就业成长营",开设墨竹工卡"格桑花开人才+"计划,立足提高大学生就业率、稳岗率和成才率目标,供需方共同发力、多措并举,为高校毕业生高质量就业创业提供最优解。

加强医疗卫生体系化能力建设。江苏不断加大对拉萨的医疗卫生援助,在补齐当地基础设施短板的基础上,更加注重当地的医疗卫生的体系化能力建设。(1)通过资金和项目援助,在改善拉萨市人民医院和拉萨所辖4县(区)人民医院硬件设施的同时,每年安排10多名医生赴相关医院开展为期一年的援助。至2019年,江苏先后派出13批约200名医务人员参加医疗援藏工作,带去先进的医疗设备和适用的新技术、新疗法,填补受援地多个医学空白,开创多项医疗纪录,让西藏人民在家门口就能享受到高水平医疗服务。(2)开展医疗人才"组团式"援藏,与受援地医生结对帮扶,开展医疗示范、学术讲座、现场授课、业务培训等,为当地打造"带不走"的医疗队伍。(3)组织援藏医疗队、医疗专家等到农牧区开展巡诊义诊,为群众和患者开展健康教育、政策宣讲、健康咨询、疾病诊治和送药等服务。江苏援建的覆盖4县(区)的苏拉远程会诊系统和高原移动医院先后建成并投入使用,大幅扩大了优质医疗服务覆盖面。(4)实施拉萨市疾病预防控制中心和11个乡镇儿童计划免疫规范化门诊项目,使受援地儿童都能够享受安全、规范的预防免疫服务。

提升卫生健康服务水平。江苏省全方位、多层次、多渠道的医疗卫生援藏工作,助力拉萨市医疗卫生服务保障水平大幅提升。所援助的拉萨市人民医院2013年被评定为三级乙等医院,实现拉萨市三级医院"零"的突破,2018年又晋升为三级甲等医院。帮助林周县人民医院提档升级,制定《林周县人民医院信息化建设规划》,达到电子病历四级、智慧医院服务三级、智慧医院管理三级和医院互联互通标准化成熟度四级甲等标准。协助墨竹工卡县人民医院建立下沉到乡的病案管理系统和患者流向分析系统,规范建成拉萨市首个县级输血科,2019年评定为二级甲等医院,为西藏自治区首个县级二级甲等医院,并被推荐为国家县域医疗服务共同体试点单位,医疗水平走在自治区县级医院前列。在江苏医疗卫生援藏团队的不懈努力下,拉萨和偏远地区农牧民群众享受到了越来越好的医疗服务。2011年至2020年6月,江苏援藏医生共接诊11.6万余人次,开展各类手术5700余台,培训当地医务人员3.4万余人次,引进开展新项目400余项。前往农牧区开展巡回义诊,累计接诊2万余人次。持续实施"心佑工程",组织筛查近2万名学龄儿童,已完成36名先天性心脏病患儿的免费救治。

大力推进科技援助和文化援助。1994年中央第三次西藏工作座谈会及1996年全国第一次科技援藏工作座谈会后,江苏积极响应国家号召,对拉萨进行科技援助。2010年中央第五次西藏工作座谈会后,科技援藏被列为包括经济援藏、干部援藏、人才援藏在内的四大援藏工作机制之一。江苏坚持落实党中央决策，不断加大投入，加强援受双方在科技和文化领域的深度交流，将科技援助作为拉动拉萨经济内生动力的重要引擎，以文化交流促进拉萨文化事业和文化产业繁荣。从1998年江苏第二批援藏干部开始，每批均安排1名科技系统干部援藏，担任拉萨市科学技术委员会副主任（市科技局常务副局长、副局长）职务；几乎每批援藏干部中均有除医生、教师之外的专业技术人员。至2023年4月，江苏省先后从科技、农业、水利、城建、交通、国土、地矿、水利、广电等系统选派30名专业技术人员进藏工作。与此同时，江苏在农牧业生产、科技成果转化、产业发展等方面投入大量科技援助资金，由援藏干部协助科技援藏项目落地，推进拉萨产业结构优化升级。例如，针对受援地农牧业发展存在的"资源优势、科技空白"问题，江苏在西藏率先提出以高原有机农牧业为基础，着力开发融合第一、二、三产业的净土健康产业发展思路，带着江苏专家到拉萨开展培训指导和产学研合作工作，实施良种繁育、育苗攻关等项目，推广农牧业良种培育技术，有力促进当地农作物增产，带动农牧民增收。在各类援藏项目的带动、援藏干部的引导、江苏专家的指导下，过去只会种地、放牧的藏区农牧民，学会了养殖、种植等现代化生产技术。一些群众利用农闲到外地打工，一些致富能手带领群众建工厂、兴企业，全市各族干部群众激发出蓬勃的创造活力，昂首阔步奔小康。

## 交往交流

江苏对口援藏始终以增进民族团结融合为根本，将加强两地交流交往交融作为重要内容。结对市、县不断加强联系、密切往来，不断深化推进部门与部门、乡镇与乡镇之间的对口帮扶，互派干部挂职；广泛动员社会力量，深入开展"结对子、结亲戚、交朋友、手拉手"等活动，组织各类考察、参观、演出活动，推动双方干部、群众开展多层次、宽领域、多形式的走访互动、参观考察、学习培训，两地各行各业人员交往日益密切，文化、教育、卫生、体育等交流活动日益频繁。两地人民友谊不断加深。充分发挥共青团、妇联等社会团体作用，积极组织青少年、家庭开展交流交往活动,增进民族感情。

深化交流互访。苏拉两地及对口支援市、县领导定期率领党政代表团互访交流,援受双方平均每年开展各层次交流200多批、近2000人次。组织4个设区市与受援县区32个乡镇建立对口机制,在西藏率先实现了结对帮扶全覆盖。引导省内党政机关、社会团体、个人走进拉萨市开展活动、奉献爱心,推出"光明万里行""暖心窝""助学圆梦活动""爱心义卖"等一批响亮品牌。

促进文旅融合。开通南京至拉萨直航航班,推出拉萨旅游卡通形象大使和《跟着阿稞游拉萨》绘本。依托《国家地理杂志》深度挖掘沟域经济、乡村非遗和牧区生态等6条旅游线路,江苏团队游客每年进藏达1.8万人,成为组团送客游西藏最给力的省份之一。2022年投入1500多万元援藏资金实施"拉北环线"公路旅游服务标识提升工程,将拉萨重点文化景区、自然景观和乡村资源串联成景,打造出一条旅游黄金线、群众致富路。

深化苏拉合作。加大受援地宣传和推介力度,拓展援藏深度和广度,连续举办三届"南京墨竹周"活动,组织开展文化交流、招商推介、美食节、万人墨竹探亲游、"格桑花开"大学生就业创业特训营、藏族同胞探亲看南京、爱心救治患病儿童等多项专项活动。线上线下参与人次突破百万,让更多人了解了发生在雪域高原的"援藏故事""墨竹故事""民族故事"。举办"天边墨竹最西藏"净土产品与文化博览会,并在南京设立"天边墨竹藏式生活馆",打造苏拉两地交流平台窗口。

深化文化互嵌。根据文化部关于实施少数民族文化建设"春雨工程"要求,开展江苏省文化志愿者边疆行活动;整合发挥两地文化资源优势,深入发掘西藏传统文化资源,完成"拉萨市传统歌舞艺术数据库"建设。深化援受两地文化界沟通往来,共同打造艺术精品,推进两地文化融合发展。开展"文化彩虹桥"活动,组织苏拉两地文艺工作者共同参与采风创作、文艺汇演。组织开展"苏拉一家亲共圆复兴梦"惠民演出暨文化交流活动,并通过网络平台进行线上直播。2021年,联合中国国家地理杂志推出《你不知道的拉萨》特刊,深度宣传拉萨城市发展、旅游文化、地域风俗。2022 年 3 月,江苏援藏指挥部组织拍摄的《发现拉萨》纪录片在央视频道播出,全面展现拉萨壮美风光和风土民俗,让全球观众领略到西藏传统文化的魅力。2022 年 7 月,根据江苏援藏真实事迹编排的西藏首部原创音乐剧《天·梦》在江苏荔枝大剧院首演,生动讲述各民族之间共同努力携手共建美丽新西藏的故事。拍摄展映的援藏微电影《拉日宁布》、人文纪录片《在天边》《当昆曲遇上藏戏》,视频点击量超 200 万次,生动阐释藏汉一家亲的温度与情怀。

## 精准扶贫

按照拉萨市"两年脱贫、三年巩固"的目标要求,根据受援地实际情况,江苏将增加农牧民收入、改善农牧民生产生活状况作为援藏工作的重要任务,在资金投入、项目建设、产业发展、智力援助等方面向基层民生倾斜,向农牧民倾斜,不断提高群众生活水平。2018 年 12 月,由江苏援助的拉萨所辖 4 个县(区)全部提前实现脱贫摘帽。2021 年 2 月 25 日,党中央、国务院授予南京市对口支援拉萨市墨竹工卡县工作组"全国脱贫攻坚先进集体"称号。

以产业促就业,以就业促致富。按照中央部署要求,把增加就业作为江苏产业援助的主要目标,把吸纳当地群众就业作为检验成效的重要标准,积极引导受援地特色产业发展,加强对农业先进技术的援助和指导服务,深化旅游资源开发利用,增加受援地居民特别是少数民族居民灵活就业。充分发挥江苏劳动密集型加工工业优势,鼓励和扶持劳动密集型产业赴受援地投资,广泛吸收当地劳动力就业,致富一批受援地家庭,稳定一批社会群体,帮助建档立卡贫困人口脱贫致富。(1)以业脱贫,通过扶持创业带动就业、组织劳务输出吸引就业、完善就业服务体系促进就业。(2)以迁脱贫,针对生活在生态环境恶劣、基础设施落后、"一方水土养不活一方人"的贫困人口实施易地搬迁,统筹搬迁与住房、安居和乐业同步推进,为有就业意愿的搬迁户积极就近安排就业岗位,为搬迁户中的就学子女安排就近就学,所谓"挪穷窝、拔穷根、摘穷帽"。例如,曲水县易地脱贫搬迁"创新脱贫思路,强化产业带动,激发内生活力"的精准帮扶做法被《中办通报》刊载和通报表扬。

加强农牧民技能培训。以受援地产业发展方向为指引,有计划、有步骤地开展一系列农牧民生产技能培训活动,促进农牧区剩余劳动力转移就业和技能就业。(1)结合受援地特色农业产业园建设,大力培养新型职业农牧民。(2)结合受援地工业园区特色产业以及服务业和旅游业发展布局,开展技能培训。(3)开展民族手工艺品、机械维修等牧区实用型技能和家庭经营项目技能培训。

精准拓展就业创业渠道。有针对性地支持失业人员自强创业、妇女自主创业、残疾人自立创业,以及以家庭为单位的多种形式的创业经营项目。鼓励江苏企事业单位招录西藏生源高校毕业生或赴西藏招聘适龄劳务人员。

## 第三节 对口支援新疆·共奏丝路华章

### 背景综述

新疆维吾尔自治区(简称"新"),是中国西北的战略屏障和陆地面积最大、对外开放口岸最多的省级行政区。古称"西域",意为中国西部的疆域,是古丝绸之路的重要路段,自古以来就是我国不可分割的一部分。公元前60年,西汉在乌垒(今巴州轮台县境内)设立西域都护府,将其正式纳入中国版图。1884年,清朝正式在新疆设省,取"故土新归"之意改称为"新疆"。新中国成立后,建立新疆维吾尔自治区。进入新时代,"一带一路"倡议开创了我国对外开放新局面,也为新疆提供了前所未有的新机遇。江苏对口援疆的区域主要包括两部分:一是伊犁哈萨克自治州,包含两个兵团城市(第四师可克达拉市、第七师胡杨河市);二是克孜勒苏柯尔克孜自治州。

伊犁哈萨克自治州(简称"伊犁州")地处新疆西部天山北部的伊犁河

谷内,是新疆最特殊的一个行政区,不仅直辖 11 个县(市)<sup>①</sup>,而且还管辖 2 个地区<sup>②</sup>,是全国唯一的副省级自治州。国土面积 5.65 万平方公里,常住人口 286.7 万人(2022 年)。兵团第四师可克达拉市,是新疆直辖县级市,成立于 2015 年 4 月,为第四师驻地。"可克达拉"是综合哈萨克语和蒙古语后产生的地名,意为"绿色原野",位于伊犁河谷,国土面积 6340 平方公里,下辖 18 个团场;市域面积 979 平方公里,下辖 2 个街道、5 个镇,人口 7.5 万。兵团第四师前身是八路军三五九旅七一七团等部队组成的中国人民解放军五军十五师。兵团第七师胡杨河市,同样是新疆直辖县级市,成立于 2019 年 11 月,为第七师驻地,因境内的胡杨河而得名,国土面积 5907 平方公里,下辖 10 个团场;市域面积 678 平方公里,下辖 1 个区、4 个团,人口 8 万。兵团第七师的前身是中国人民解放军第二十二兵团第二十五师,1953 年改番号为农七师。兵团城市由新疆生产建设兵团管理,实施特殊的"师市合一"的管理体制<sup>③</sup>。伊犁州作为向西开放的"桥头堡"接壤哈萨克斯坦,"公、铁、航"交通网络畅达,是我国连接中亚、西亚和欧洲最便捷的通道。沿边有 9 个国家 1 类口岸,其中霍尔果斯口岸是新疆口岸之首,是丝绸之路经济带核心区的重要支点。伊犁地域辽阔,土地肥沃,气候湿润,雨量充沛,是全疆最大的绿洲,是新疆重要的粮食、油料、蔬菜、林果、畜产品生产基地,也是新疆细毛羊、伊犁马、新疆褐牛、中国美利奴羊的主要培育和生产基地。资源丰富,煤、铁、金、铀、石灰岩储量居新疆前列。自然风光壮观秀美,拥有 3 个国家级自然保护区和 2 个自治区级自然保护区,野生动物众多,是世界上少有的生物多样性天然基因库。历史文化丰富多彩,拥有夏特古城、包扎墩乌孙古城、格登碑以及草原岩画等文化古迹,天山世界遗产廊道、独库公路、伊昭公路、唐布拉百里画廊已成为国内外知名的自驾游风景道,那拉提、喀拉峻景区已成为国内知名旅游景区,热门歌曲中的可可托海即位于此。伊犁州虽然自然资

---

① 伊宁市、奎屯市、霍尔果斯市、伊宁县、霍城县、巩留县、新源县、昭苏县、特克斯县、尼勒克县、察布查尔锡伯自治县。
② 塔城地区、阿勒泰地区。
③ 师部和市委、市政府是"一套人马,两块牌子",师长兼任市长,师政委兼市委书记。

源丰沛,但同时也面临着严重的人才短缺、产业转型升级任务艰巨、基本公共服务供给不足等问题,巩固脱贫成果任务繁重,农牧民增收压力大。

克孜勒苏柯尔克孜自治州(简称"克州")地处祖国最西端,与吉尔吉斯斯坦、塔吉克斯坦两国接壤。国土面积 7.25 万平方公里,下辖 1 市[①]、3 县[②],常住人口 62.2 万人(2022 年),主要居住 11 个少数民族,其中柯尔克孜族人口约占总人口的 26%。边境线长达 1195 千米,有 254 个通外山口、2 个对外贸易口岸,是丝绸之路经济带核心区的重要门户、中巴经济走廊的重要节点。地跨天山山区、帕米尔高原、昆仑山山区及塔里木盆地边缘,地域辽阔、地形复杂,山地占全州总面积的 90% 以上,被称为"万山之州"。属典型的温带大陆性气候,日照充足、四季分明、干旱少雨、温差较大,是有名的瓜果之乡。历史文化悠久,民族风情浓郁,文化积淀深厚,是古代三大文明(华夏文明、古印度文明、古希腊文明)、三大宗教(佛教、基督教、伊斯兰教)、三大语系(阿尔泰、汉藏、印欧)的交集荟萃之地。自然景观多姿多彩,是集考察、观光、探险、休闲于一体的旅游胜地。拥有煤、天然气、铁、锰、铜等丰富矿产资源。但克州发展也存在突出的制约因素:一方面生态环境较为脆弱,沙漠化程度高、水资源时空分布不均、可利用土地资源不足,风灾、旱灾、水灾等经常发生,资源环境承载能力相对较差;另一方面,产业层次偏低,经济转型升级任务较重,基础设施和公共服务还有不少短板,城乡区域发展差距较大,口岸优势发挥不足,专业人才缺口大等问题较突出。

新疆是习近平总书记十分牵挂的地方。党的十八大以来,习近平总书记两次赴新疆考察调研,参加十二届全国人大五次会议新疆代表团审议,在两次中央新疆工作座谈会上发表重要讲话,要求"在新时代新征程上奋力建设团结和谐、繁荣富裕、文明进步、安居乐业、生态良好的美好新疆",从战略和全局的高度提出新时代党的治疆方略。习近平总书记的一系列重要论述和重要要求,为做好新疆工作提供了根本遵循。2014 年,

[①] 阿图什市。
[②] 阿克陶县、乌恰县、阿合奇县。

习近平总书记在党的十八大后首次来到新疆考察调研。他深入各地基层,召开了10场座谈会、汇报会,广泛听取意见和建议,共商新疆改革发展稳定大计,作出一系列重要指示:"紧紧依靠各族干部群众共同团结奋斗""发展要落实到改善民生上,落实到惠及当地上,落实到增进团结上""要把民族团结紧紧抓在手上,坚持正确的祖国观、民族观,全面贯彻党的民族政策,牢牢把握各民族共同团结奋斗、共同繁荣发展的主题,促进各民族和睦相处、和衷共济、和谐发展"。2014年和2020年,习近平总书记两次在中央新疆工作座谈会上发表重要讲话,明确把社会稳定和长治久安作为新疆工作总目标,用八个"坚持"①阐释新时代党的治疆方略,强调"依法治疆、团结稳疆、文化润疆、富民兴疆、长期建疆",为新疆发展领航定向。在2014年5月的第二次中央新疆工作座谈会上,习近平总书记鲜明提出了"中华民族共同体意识"重大论断。在2020年9月的第三次中央新疆工作座谈会上,他再次强调,要以铸牢中华民族共同体意识为主线,不断巩固各民族大团结。2017年3月,习近平总书记参加了十二届全国人大五次会议新疆代表团的审议,围绕推进新疆治理体系和治理能力现代化、发展经济和改善民生、精准扶贫精准脱贫等多个话题深入讨论,指出要"多搞一些改善生产生活条件的项目,多办一些惠民生的实事,多解决一些各族群众牵肠挂肚的问题""努力让各族群众过上更好生活"。2022年7月,习近平总书记在新疆考察时强调,"随着我国扩大对外开放、西部大开发、共建'一带一路'等深入推进,新疆从相对封闭的内陆变成对外开放的前沿,要推进丝绸之路经济带核心区建设,把新疆的区域性开放战略纳入国家向西开放的总体布局中"。此外,习近平总书记十分关心新疆各族群众的生产生活,同多位新疆群众有书信往来。2014年,他给达西村党支部书记沙吾尔·芒力克和全体村民回信,"达西村的发展变化说明,有党的好政策,有各族群众齐心奋斗,就一定能让乡亲们过上舒

---

① 坚持从战略上审视和谋划新疆工作;坚持把社会稳定和长治久安作为新疆工作总目标;坚持以凝聚人心为根本;坚持铸牢中华民族共同体意识;坚持我国宗教中国化方向;坚持弘扬和培育社会主义核心价值观;坚持紧贴民生推动高质量发展;坚持加强党对新疆工作的领导。

心幸福的生活"。2017年,在新春佳节来临之际,习近平总书记给"骑着毛驴上北京看望毛主席"的库尔班大叔之女托乎提汗·库尔班的回信中表示,希望你们全家继续像库尔班大叔那样,同乡亲们一道,做热爱党、热爱祖国、热爱中华民族大家庭的模范,促进各族群众像石榴籽一样紧紧抱在一起,在党的领导下共同创造新疆更加美好的明天。

对口援疆是党中央交给江苏的光荣任务,是江苏义不容辞的政治责任。自从1996年启动对口援疆以来,江苏讲政治、顾大局,坚决贯彻以习近平同志为核心的党中央确定的治疆方略,瞄准江苏省委、省政府关于"推动对口支援协作合作工作要走在全国前列"的目标定位,助推新时代新疆长治久安和高质量发展,坚持真情援疆、科学援疆、持续援疆,多谋长远之策,多行固本之举,不断提升对口援疆综合效益。累计安排援疆资金265.1亿元(含计划外资金4亿元),实施项目超3800个,共选派10批2475名援疆干部人才,其中党政干部852名、专业技术人才1623名。在改善民生、产业发展、智力支持、文化教育、交往交流交融、基层组织阵地建设等领域精准发力,为当地稳定繁荣发展作出积极贡献。

江苏援疆工作坚持以科学规划为引导,以改善民生为重点,以项目援建为抓手,以干部援助为关键,坚持经济援助与智力援助相结合,政府主导与企业参与、社会支持相结合,高起点、高标准落实对口支援任务。为提高援疆工作成效,江苏从实际出发,创造性探索实践,形成了"嵌入式援疆""小援疆"等富有成效的工作模式。所谓"嵌入式援疆",就是把援疆工作嵌入受援地党委、政府中心工作,把援助力量嵌入受援地经济社会发展进程,双方共同制定计划,共同安排项目,共同推进工作,共同考核绩效,深度交融,形成合力,最终成为工作共同体、情感共同体,实现促发展、增团结的目标。所谓"小援疆",就是针对援助工作集中在援受双方市县层级的状况,建立双方县级部门、乡镇及重点村、重点单位结对共建机制,让前方工作植根群众、更接地气,让后方单位和群众广泛参与、积极支持,做成一件件小事,完成一个个小项目,用"小爱心"汇成大团结,用"小援疆"实现大作为。此外,科教文卫领域退休专家短期赴疆指导的"银发援疆"、一名援疆干部人才对接多个受援地群众、单位需求的"1＋X"互动机制等,也都取得显著成效。

江苏援疆成效显著,为受援地各项事业发展注入了动力和活力。扎实推进新疆维吾尔自治区"1＋3＋3＋改革开放"①总体工作部署,坚定不移发展实体经济、旅游经济、口岸经济,经济社会呈现平稳健康的良好发展局面,决胜全面建成小康社会取得决定性成就。新疆经济社会发展明显加快,各族群众生活大幅改善,城乡面貌焕然一新,公共服务水平显著提高,基层组织建设不断加强。绘就了一幅各族群众团结一家亲、苏新两地共同繁荣的壮美画卷。在全国对口支援新疆发展的伟大实践中,体现出江苏特色,得到中央高度评价和新疆干部群众广泛赞誉。

江苏对口援疆的实践充分证明,中央对口援疆方针是从中国国情出发,贴近新疆实际、符合各族群众根本利益的。时代在召唤,援疆在继续,新时代党的治疆方略为江苏深入持久做好援疆工作提供了根本遵循。江苏将深刻认识新疆工作在党和国家工作全局中的重要战略地位,坚定扛起对口援疆的重大政治责任,着眼于铸牢中华民族共同体意识、助推受援地高质量发展、打造共建共治共享的社会治理格局,把"新疆所需"和"江苏所能"更好地结合起来,锐意进取,善作善成,向受援地源源不断注入发展新动力,为建设团结和谐、繁荣富裕、文明进步、安居乐业、生态良好的美好新疆贡献江苏力量。

## 发展历程

江苏对口援疆工作始于 1959 年,分为三个阶段:

### 起步阶段(1959～1996 年)

江苏援疆始于 20 世纪 50 年代。在全国对口支援新疆的统一部署

---

① "1"是围绕总目标抓好反恐维稳工作;第一个"3"是全面贯彻新发展理念,抓好"三大攻坚战";第二个"3"是推动高质量发展,抓好丝绸之路经济带核心区建设、乡村振兴战略和旅游产业发展三项重要工作;"改革开放"关键是要用足用好稳定红利,充分发挥市场机制作用,最大限度地吸引国内外各类企业来疆投资兴业。

下,江苏认真贯彻中央各个时期关于援疆工作的方针政策。1958年,中央提出进一步支援边疆和少数民族地区的要求,江苏于1959年出台《关于动员青壮年前往新疆参加社会主义建设的决定》,号召省内青壮年投身新疆建设,缓解当地劳动力不足问题。1979年,中央作出"加强边境地区和少数民族地区的建设"的决定,明确江苏省对口支援新疆维吾尔自治区。经两地政府商定建立稳定的支援协作关系:江苏11个省辖市(彼时扬州与泰州、淮安与宿迁尚未分设)分别支援新疆的14个州(地、市)。江苏先后派遣南通、扬州等地建筑队伍支援新疆建设,帮助新疆巩固边防、加强基本建设、改善城市面貌。同时,江苏在省计划委员会设立办事机构,负责支援新疆工作。20世纪80年代初,江苏建立与新疆的经济协作关系,积极帮助受援地发展工业、提高技术水平。1983年,江苏进一步成立省经济协作委员会及下属对口支援办公室,推动对口支援和经济协作工作。在这一时期,中央无资金援助和干部人才选派要求。

### 结对阶段(1997～2009年)

1996年,中央政治局常委会召开专题研究新疆稳定工作会议,作出"培养和调配一大批热爱新疆,能够坚持党的基本理论、基本路线和基本方针,正确执行党的民族宗教政策的汉族干部去新疆工作"的战略决策,拉开全国大规模对口援疆的序幕。

按照中央统一安排,1997年开始,江苏省对口支援伊犁州所辖伊犁、阿勒泰、塔城地区和奎屯市。江苏省派遣首批32名对口援疆干部前往伊犁州,正式启动干部援疆工作,并配以少量资金援助。2002年,根据国家统一部署,江苏省对口支援对象调整为对口支援伊犁州10个县(市),明确各设区市与伊犁州各县(市)结对关系。增加伊犁州霍城县作为对口支援试点县,由无锡市承担对口援助霍城县的试点任务,省级援助资金重点向该县倾斜,项目援建重点以社会公益项目为主,援疆工作进入干部援助与项目援助相结合的新阶段。2003年,江苏与伊犁州达成对口支援项目协议,启动江苏对口支援项目建设工作。2004年,苏新两地区举办经济社会发展座谈会,签署关于进一步加强经济技术合作的协议。2007 年,江苏新增对口支援新疆克州阿合奇县作为边境扶贫试点。江苏根据中央要求,安排无锡市对口支援阿合奇县,双方签署了对口帮扶框架协议,实施涵盖经济发展、社会稳定、民生改善等方面的"三年十项行动计划",包括资金支持、项目援建、智力帮扶等内容。

**跨越阶段(2010 年至今)**

2010 年,中央部署开展新一轮对口援疆工作后,江苏省在继续对口支援伊犁州 10 个县(市)的同时,增加对南疆克州 3 个市县(阿图什市、乌恰县,加之前明确的阿合奇县)以及新疆生产建设兵团第四师[①]、第七师[②],所支援的地域和受援地人口居全国首位。同年,江苏省委、省政府印发《江苏省对口支援新疆工作方案》,进一步明确江苏相关设区市、区(市)分别与伊犁州、克州相关县(区、市)及新疆生产建设兵团相关师的结对关系(详见表 10)。

**表 10　江苏对口支援新疆(含兵团)结对关系**

| 江苏 | | 新疆(含兵团) | |
|---|---|---|---|
| 设区市 | 县(市、区) | 州/师 | 县(市、区)/团 |
| 南京市 | | 伊犁州 | 伊宁市 |
| | 江宁区 | | 特克斯县 |
| 无锡市 | 江阴市 | 伊犁州 | 霍城县 |
| | —— | 克州 | 阿合奇县 |
| 徐州市 | —— | 伊犁州 | 奎屯市 |
| 常州市 | 武进区 | 伊犁州 | 尼勒克县 |
| | —— | 克州 | 乌恰县 |

---

① 兵团第四师,2015 年成立了可克达拉市。
② 兵团第七师,2019 年成立了胡杨河市。

| 江苏 | | 新疆（含兵团） | |
|---|---|---|---|
| 设区市 | 县（市、区） | 州/师 | 县（市、区）/团 |
| 苏州市 | —— | 伊犁州 | 霍尔果斯经济开发区 |
| | 张家港市 | | 巩留县 |
| | 昆山市 | 克州 | 阿图什市 |
| 南通市 | —— | 伊犁州 | 伊宁县 |
| 连云港市 | —— | 伊犁州 | 霍尔果斯经济开发区 |
| 淮安市 | —— | 兵团第七师 | —— |
| 盐城市 | —— | 伊犁州 | 察布查尔县 |
| 扬州市 | —— | 伊犁州 | 新源县 |
| 镇江市 | —— | 兵团第四师 | —— |
| 泰州市 | —— | 伊犁州 | 昭苏县 |

2014 年，第二次中央新疆工作座谈会后，省委常委会专题研究具体贯彻意见，以江苏省委、省政府名义制定下发《关于进一步做好对口支援新疆工作的实施意见》，为援疆工作顺利开展提供了有力的政策支持和组织保障。

根据中央要求，援疆资金盘子按照 2010 年全省一般公共预算收入的 5‰确定援助资金实物工作量，并按每年 8%递增实施援疆资金稳定增长机制[①]。

按此口径，“十二五”（2011～2015 年）期间江苏安排援疆资金 91.7 亿元，“十三五”（2016～2020 年）期间安排援疆资金 126.5 亿元。2021 年 7 月，财政部明确“十四五”（2021～2025 年）期间对口支援新疆年度资金量保持 2020 年核定水平的 25.58 亿元，“十四五”拟安排援疆资金 127.9 亿元，其中 2021 年、2022 年已拨付援疆资金 51.16 亿元。

此外，2014 年 6 月，江苏省委书记率党政代表团赴新疆考察交流，明

---

[①] 财政一般公共预算收入增幅高于 8%，援建资金按 8%增长；等于或低于 8%，按实际增长率增长；负增长的，则按上一年度基数计算。

确新增计划外援助资金1.5亿元；2017年9月，江苏省委书记率党政代表团赴新疆考察交流，又明确新增计划外援助资金1.5亿元；2018年9月，江苏省委书记率党政代表团赴新疆考察交流，新增计划外援助资金5000万元；2020年10月，江苏省省长率代表团赴新疆考察交流，新增计划外援助资金5000万元。

2010年8月，江苏在伊犁州和克州分别设立了江苏省对口支援新疆伊犁州前方指挥部、江苏省对口支援新疆克州前方指挥部。分别设总指挥1名（正厅级，分别兼任伊犁州、克州州委副书记）、副总指挥2名（副厅级，分别兼任伊犁州、克州副州长或纪委书记）。各个对口市（区）分别设立前方工作组，组长兼任县（市）委副书记。援疆干部计划每批次由中组部下达。截至2022年底，江苏先后选派干部人才10批共2798人，现有442人在新疆工作（其中，伊犁州350人、克州92人）。

## 组织领导

江苏省全面贯彻新时代党的治疆方略，坚持把援疆工作作为重大政治任务摆在重要位置，切实加强对援疆工作的组织领导，定期研究部署，抓好组织协调，推动援疆工作持续深入开展。省委、省政府每年都把援疆工作列入工作重点，省委常委会会议、省政府常务会议定期研究部署，省政府每年还召开一次全省对口支援工作会议或对口援疆专题会议，听取对口支援工作汇报，部署安排对口支援工作，明确目标任务，提出工作要求，保证对口援疆工作持续推进。

扎实抓好援疆组织机构和干部队伍建设。设立新疆伊犁州、克州两个前方指挥部，成为全国19个对口支援省（市）中唯一设有2个前方指挥部的省份。17个对口支援市（区）相应成立前方工作组，形成统一领导、各负其责、自上而下、前后衔接、高效运转的江苏援疆组织体系。

为增强援疆工作的科学性、系统性，江苏把编制援疆规划作为做好对口支援工作的重要前提，结合受援地经济社会发展实际，精心组织编制了《江苏省对口支援新疆伊犁州州直地区和新疆生产建设兵团农四师、农七师综合规划(2011～2015 年)》《江苏省对口支援新疆克州综合规划 (2011～2015 年)》《江苏省"十三五"对口支援新疆伊犁州直地区和新疆 生产建设兵团四师、七师经济社会发展规划》《江苏省"十三五"对口支 援新疆克孜勒苏柯尔克孜自治州经济社会发展规划》《江苏省"十四五"对口 支援新疆伊犁州直地区和新疆生产建设兵团四师、七师经济社会发展规 划》《江苏省"十四五"对口支援新疆克孜勒苏柯尔克孜自治州经济社会发 展规划》。在总体规划框架内,分项编制了对口支援干部人才发展规划, 协助编制了受援地区城市总体规划、重点乡镇总体规划、村庄(农牧民定 居点)建设规划、产业园区总体发展规划等,形成多层次、全方位、高起点 的发展规划体系。

## 民生援助

江苏坚持民生优先原则,每年援助资金的 80% 以上用于受援地农牧 民定居兴牧、扶贫脱困,以及基础教育、基本医疗等民生事业的改善和发 展。(1)着力加强农牧区基础设施和公共服务项目建设。重点围绕水、 电、路、气、房五大问题,同步推进配套工程,因地制宜推进定居兴牧、富民 安居工程建设,在充分调研、协商的基础上务实制定建设规划,以原地改 造为主,尽早尽快解决各族群众的实际困难。同时,把安居与富民结合起 来,帮助群众发展林果、养殖、建筑、民族手工等特色产业,加强劳动力职 业技能培训,让家家户户都有就业和致富门路。(2)全力提升受援地基 础教育、基本医疗水平。加大投入,建设一批县、乡镇国家通用语言学校 和示范乡镇卫生院、社区卫生服务中心;通过结对共建、双向交流、专业培 训等措施,支持受援地完善教育医疗体系,培养一批教师、医生的骨干力 量;鼓励和支持将江苏优质医疗资源在当地设立分院、诊疗中心、检查中 心、康养中心等,支持实施两地互动的现代远程教育工程和"互联网＋智 慧医疗"工程,引进和共享一批优质教育和医疗资源;充分发挥江苏支教、 支医人才队伍优势,推广一批公益活动,着力提高服务基层群众的水平。

1997～2010 年,江苏在伊犁州累计提供援助资金 6.4 亿元,援建 397

个基础设施和社会事业项目。包括伊犁州妇女儿童活动中心、社会福利综合服务大楼、残疾人综合服务中心，伊宁市江苏路、汉家公主纪念馆、霍城县江苏中学、江苏医院、党校、人民会堂、新闻传媒中心、清水开发区江苏大道，以及各地的广播电视中心、乡镇卫生院、基层组织阵地等，一大批项目陆续建成。在克州阿合奇县推行"三年十项行动计划"，援建了县中心幼儿园、太阳能电站、饮水安全工程、护边牧民抗震安居房、温室蔬菜大棚等项目 40 个，并资助建立农牧民大病统筹基金、开展免费巡回医疗服务等。相关援建项目坚持高起点规划、高水平设计、高标准建设、高效能管理，全面提升援建项目工程品质，体现"高、精、亮、新"等特点，成为当地的样板工程。

2011～2022 年，新一轮对口援疆工作启动后，江苏不断加大民生援助工作力度，始终把保障和改善民生作为援疆工作的出发点和落脚点，帮助解决老百姓最关心、最直接、最现实的问题。积极援建教育、医疗、文化、体育、产业、社区服务、社会福利等公共服务设施，推动受援地社会公共事业实现跨越式发展。共援建医院 160 所，投入资金 35 亿元；学校 200余所，投入资金 29 亿元；安居富民工程 26 万户，投入资金 23 亿元；定居兴牧工程 2.2 万户，投入资金 4.3 亿元。一大批教育、卫生、住房、文化教育、城乡建设、村级阵地等民生项目得以建成使用。伊犁州广播电视覆盖系统扩大工程，使州直地区广播电视覆盖率由原来不到 70% 提高到98%；伊宁县人民医院标准化建设工程荣获中国建设工程"鲁班奖"；新建克州广播电视台，首次实现同一栏目汉、柯、维三种语言同步播出；克州广播电视大楼，集高新设备于一体，让克州广电人告别了使用 38 年之久的办公条件差、设备简陋的办公用房。援建了伊宁市下苏拉宫村、新源县阿尔善村、尼勒克县尤喀克买里村、阿合奇县无锡新村（游牧民定居工程）等农牧民安居示范点，大批农牧民从此告别"冬窝子"，住进新房子；察布查尔县盐城大道、昭苏县小洪纳海自来水厂、阿图什市工业园供水工程、乌恰县引水工程、乌恰县常州大道、阿图什市帕米尔大桥等相继竣工，当地群众出行、生活更加便利；霍城县江阴小学、巩留县职工职业技能培训基地、霍尔果斯第二幼儿园、兵团第四师可克达拉市镇江高级中学、阿合奇县第三幼儿园(国家通用语言幼儿教学基地)、克孜勒苏职业技术学院、阿图什市职业技术学校、阿图什市昆山育才学校、乌恰县实验小学、克州教师培训中心等一所所学校拔地而起,整齐的校舍、完善的设施大幅提升了受援地办学条件;伊宁县人民医院、特克斯县江宁人民医院、奎屯市疾控中心、兵团第七师医院综合楼、克州人民医院新病房大楼、克州人民医院东院、克州妇幼保健医院、阿图什人民医院新院区、吐古买提乡迈丹村卫生室等医疗卫生项目陆续竣工,缓解了当地"看病难、看病远"问题。新建改建扩建一批抵边村政务服务大厅、党支部活动场所、农牧民活动场所、新时代文明实践站、综治中心、农牧民夜校和村民文化广场等,完善党员远程教育系统、农牧民生产生活信息服务系统和护边员巡边守边"数管智护"系统,支持完善边境维稳基础设施,进一步聚焦高原高寒边境一线,助力强边固防。

"组团式"医疗卫生援助亮点突出。江苏通过选派医疗卫生人才和"组团式"援疆等方式,帮助受援地医疗卫生机构接诊病人 70 余万人次,新建一批临床科室、特色科室及远程会诊平台,引进新技术、新项目 1000余项。(1)在伊犁州(含兵团),重点帮助伊犁州友谊医院建设"医学研究、人才培养、成果转化"三位一体的综合性医学研究机构——伊犁州临床医学研究院,并打造成为区域医疗中心。目前该院已经落地"健康伊犁"研究中心、5G 未来医学联合实验室、临床生物样本库、公共研究平台等项目,并邀请国内 30 多位专家对伊犁州直医疗人员开展培训 1000 多人次,同时联合江苏省科研团队针对新疆常见病、多发病和地方病开展基础研究和临床研究。着力破解基层医疗机构人才缺乏难题,联合南京医科大学对伊犁州直参加执业医师资格考试、住院医师规范化考试的考生进行培训,增加持证上岗的医护人员数量。(2)在克州,重点援助克州人民医院,促进江苏后方 9 家医院、克州人民医院、三县一市人民医院、各乡(镇)卫生院、各村卫生室"9+1+4+N+N"互联互通,构建州、县、乡、村四级远程医疗网络体系,帮助其于 2015 年建成三级甲等医院,并于 2022

年顺利通过复审,成为南疆第一家互联网医院,上线的三甲医院。重点发展"5G智慧医疗"并启用5G手术机器人,实现了江苏医疗专家在南京对克州患者的"远程问诊""远程检查""远程手术",获世界5G大会二等奖、第七季改善医疗服务行动全国擂台赛卓越案例奖、第一届互联网医院优秀实践案例百强(新疆维吾尔自治区唯一),成为目前全国唯一的互联网远程医疗规范标准。组织医护人员进修培训,开展"江苏医疗大巴扎""乡村振兴助边行"惠民义诊服务等巡诊义诊和特色医疗活动。新建阿图什市儿童福利院,为孤、弃、残等儿童提供日常照料和养护服务,给孕产妇尤其是高危孕产妇提供免费产前筛查等服务。开展女性"两癌"、残疾儿童筛查等,为重大疾病患者提供免费治疗及康复服务。试点探索居家养老医养结合服务模式,筹建惠民食堂,构建服务质量评估、监督管理等保障机制,积极促进社会福利事业发展。2021年8～11月,《人民日报》、中央电视台先后4次对江苏支援克州"组团式"医疗援疆工作进行专题报道。江苏医疗援疆形成以人才支援为重点,从医疗诊治到疾病防控、妇幼保健、卫生监督、卫校教育、血液供应全覆盖,从援助城市医疗卫生单位到城乡全覆盖,从单纯技术援助到专业、管理、科研和教育业务全覆盖,实现江苏医疗卫生援疆整体推进,使受援地医疗管理更规范,科室门类更齐全,新技术应用更普遍,医疗水平不断提升,医疗服务能力大幅提高,极大解决当地人民群众看病远、看病难、看病贵问题。新疆维吾尔自治区党委主要领导对江苏医疗援疆工作作出批示:"高技术手段援疆改善我们老百姓的医疗问题,是一个发展方向,应大力推广"。中央组织部常务副部长姜信治同志在全国"组团式"支援工作推进会上对江苏医疗援疆工作给予特别表扬,相关工作还受到中宣部、国家卫健委表彰,被新疆总工会授予"工人先锋号"称号。

## 智力援助

　　针对受援地缺技术、缺资金、更缺人才的实际状况,江苏充分发挥自身优势,整合教育卫生资源,通过加强基地建设、实地培训指导、结对帮扶、交流培训等形式,持续对受援地开展智力援助。选派教育、医疗、管理等领域专业人才赴受援地,带去先进技术和管理经验;接收受援地党政干部和实用型、紧缺型人才培养对象到江苏交流培训、跟班学习,帮助受援地培养一大批适应当地、懂技术、会管理、带不走的人才队伍,为受援地可持续发展提供智力支撑。2010 年之前,江苏接收新疆干部到江苏挂职培训 4755 人次,共为受援地培训人才 5.3 万人次,在江苏 7 个市设立新疆高中班,援疆医疗专家实施手术 1.2 万例、抢救危重病人 6000 多人次。2010 年新一轮对口支援工作启动后,江苏在全国率先制定援疆干部人才发展规划,以教育、医疗等公共服务领域为重点,全面构建以干部人才支援和受援地人才培养为重点的智力援疆新格局,持续推进受援地三支人才队伍建设。至 2020 年 6 月,江苏累计向受援地选派 10 批 2500 多名干部人才,其中教师 540 余名,医疗卫生人员 840 余名;累计投入培训资金 11 亿元,实施干部人才培训项目 700 余个,培训各类干部人才 40 万人次;招收新疆中职班学生 1360 人、普通高中学生 5639 人、普通高校本专科学生 12517 人,培训新疆未就业大学生 4842 人。此外,通过柔性引才、志愿者和“小援疆”方式,不定期选派人才实施支援,先后从内地引进农牧、水利及教育、卫生等相关专家 4000 余人次到受援地开展工作,有效缓解受援地人才短缺问题。

加大干部人才培养力度。紧贴受援地需求,制定对口支援伊犁州、克州、兵团四师、七师干部人才发展规划,持续实施强基固本管理人才、跨越发展经济人才、百年大计教育人才、普惠民生医务人才、就业富民实用人才和持续发展后备人才等“六大人才培养工程”。采取“请进来”与“走出去”相结合方式,开设“江苏·伊犁大讲堂”“苏克大讲堂”,通过就地培训、异地培训、挂职锻炼、委托培养、跟班学习、学历提升、柔性引才等措施,培育培养受援地亟需、紧缺的各类人才,并对未就业大学生实施专门培训培养。(1)在伊犁州(含兵团),建立了“四个转变、三个一批”柔性引才工作机制,即引进范围由江苏向全国转变,引进主体党政机关向机关、企事业单位、科研院所转变,引进形式由分散岗位向技术难题揭榜挂帅制转变,组织实施由用人单位“伸手要人”“坐等上门”,向积极对接、主动作为转变,实现"组织牵线搭桥对接一批、互联网公开招募一批、用人单位自主对接一批"。2021年9月,《人民网》以"广发'英雄帖'伊犁州引才引智不拘一格"作专题介绍。(2)在克州,实施"帕米尔人才工程",累计培养本土骨干和后备人才844名,完成重大课题和重大项目57个。建立"揭榜挂帅"机制,围绕"柯羊选育推广""柯药保护种植""盐碱地改良"等制约发展的难点组织重点攻关;开展柔性引进人才,在农田水利、林木驯化、畜牧繁殖、动植物检验检疫、园区建设、文化旅游、城镇规划设计等领域为克州引进300多名急需人才;建立江苏援克工作专家库,吸收全国120位高端专家入库,开展"克州求教、专家答题""克州求援、专家出手"活动。

把高质量教育援疆放在优先位置。江苏充分发挥教育资源优势,通过选派教育人才支援,创建支教品牌,设立"新疆·江苏班",打造新疆"江苏实验学校",开设内地新疆高中班、中职班,组织受援地教师培训,开展学校结对帮扶、奖学助学,实施联合办学和高校定向招生等措施,全面推进以国家通用语言教育、职业教育为重点的教育援助,从"硬件"到"软件",从"引智"到"育人"不断拓展,系统推进受援地教育事业快速发展。组织讲学送教等活动,使江苏教育理念、标准、模式在受援地扎根,帮助受援地学校管理理念不断更新,制度体系不断完善,教育方式不断创新,名校、名科、名师不断涌现,受援地教育教学整体水平持续提升。经过持续支援,伊犁州国家通用语言教育普及率达到95%,比全疆平均水平高出47个百分点;克州国家通用语言教育普及率已达90%,比2010年提高49个百分点。江苏坚决落实国家"援藏援疆万名教师支教计划",建立新疆与省内学校共享优质教育资源的常态化机制,选派优秀教师赴新疆支教,帮助受援地全面提升基础教育和职业教育发展水平。(1)在伊犁州(含兵团),建立由援疆教师领衔的江苏援疆名师工作室暨伊犁州教学能手培养工作室,结合学员特点,创新开展"10＋N"工作任务清单。成立陈莉大语文工作室等5个名师工作室。多名援疆教师被表彰为全国脱贫攻坚先进个人。援疆教师陈银海,连续递交5份援疆支教申请,在伊犁州特克斯县工作了7年半。在援疆团队中,有十余对夫妻双双援疆,充分展现新时代援疆情怀与大爱。（2）在克州，江苏援疆老师被亲切地统称为"苏老师"，克州有 14 个学校都挂有"苏老师工作站"标牌，作为江苏教育援疆的种子站，援疆教师全部入站，每年通过讲座、示范课等多种形式，培训当地老师 6000 多人次。此外，为了改变过去将援疆老师分散各校的做法，克州选择 5 所学校挂牌建设"克州江苏实验学校"，发挥集聚效应，提升克州教育教学水平。例如，2021 年挂"克州江苏实验中学"牌子的克州二中，在 2022 年的高考中迎来历史性突破：本科上线率跃居全州第一，63 人考上一本，其中 4 名学生的高考成绩进入全疆前 500 名。

"组团式"教育援疆有声有色。"组团式"教育援疆是放大援疆工作综合效益的有效方法，是全面提升受援地教育水平的重要抓手，可以有效提升硬件水平、建设示范阵地、培养培训人才、打造优势学科。"组团式"教育援疆精髓在于"团"，即各学校拿出本校最强专业，集中优质教育资源，精准对口援建学校的一个专业群，从根本上改变了原来"单打独斗"的援疆方式，有利于援疆教育人才与新疆教师和管理人员形成合力，将内地管理、教研、培训、教改等方面的先进经验带到受援学校，集中建设一批示范性学校。江苏坚决贯彻落实国家开展"组团式"援疆教育人才选派工作的要求，根据"组团式"援疆三年行动计划，跟进配套考核评价办法，通过"青蓝结对""优质课比赛""课例评选"等方式，最大限度整合援受双方资源，充分释放援疆教师特长和优势，不断提升本地青年教师能力水平。建立健全新疆伊犁州（含兵团）和克州与江苏学校共享优质教育资源的常态化机制，选派 372 名（伊犁州 221 名、兵团 50 名、克州 101 名）教师"组团式"支援 26 所学校（伊犁州 18 所、兵团 3 所、克州 5 所），以培养当地人才为主责主业，集中力量培训和带动当地教师，通过"支援一所学校、示范一个地区"，提高新疆受援学校管理和教育教学水平，提升受援地教育造血能力。为了确保教学质量，援疆团队还统一制定了帮带目标责任书，建立"组团式"援疆教师"一日一解析、一周一讲评、一月一座谈、一季一回顾、一年一评比"的"五个一"传帮带工作机制。

## 产业援助

对口援疆以来,江苏立足受援地现实基础和发展条件,积极搭建双方企业交流合作平台,通过投入资金、技术、管理等生产要素,推动受援地产业发展和转型升级。共实施产业援疆项目 500 个,总投资 2500 亿元,已经投入或开工项目突破 300 个,到位资金超千亿元。从单体项目向产业集群延伸,从单方援建向优势互补拓展,从政府主导向市场融合发力,产业援建正驶向高质量发展的新蓝海。同时,坚持把增加就业作为产业援助的主要目标,把吸纳群众就业作为检验产业援助成效的重要标准。江苏产业援助领域不仅涉及农牧业生产、农产品加工、纺织、化工、机械等传统产业,也包括太阳能光伏、风电装备制造、生物制药等新兴产业,以及金融、国际物流、文化旅游等现代服务业,填补部分地区产业空白;同时注重加大纺织服装产业、旅游富民产业等平台建设,培育内生发展能力,使受援地产业结构更加合理,特色产业更加壮大,发展活力不断增强。

1997 年对口援疆工作开始后,江苏在派遣干部人才援疆的同时,在全国范围内最早探索经济援建模式,产业援助雏形显现。按照"主动支持、密切配合、优势互补、共同发展"原则,鼓励江苏企业参与新疆建设,推动两地企业联合协作与优化重组,促进受援地经济结构调整和产业转型升级。彼时江苏的产业援助以项目为抓手,突出招商引资环节,注重打基础、补短板,关注项目的经济效益。1997～2010 年,江苏产业援建重点包括:着力加强农业技术推广和设施农业试点建设,推动受援地特色农牧业发展;重点援建霍城清水河江苏工业园等一批工业产业园,大力发展园区经济;积极参与霍城县惠远古城、察布查尔县锡伯民俗风情园等项目策划和前期建设,加快旅游产业发展;大力开展招商引资活动,吸引内地企业到伊犁州考察和投资兴业。江苏共有 400 多家企业到新疆投资,建设项目 630 多个,到位资金 130 多亿元;帮助招商引资签订协议 481 个,到位资金 46.53 亿元。

2010 年新一轮对口援疆工作开启后,江苏省委、省政府提出"产业援疆要走在全国前列"的目标,实施"政府主导、市场运作、互利共赢"的产业援建机制,产业合作的规模更加扩大,产业援助的内涵更加丰富。通过项目援建、技术指导,帮助受援地建设农牧业示范园,大力发展有机农业、设施农业、特色林果业、现代畜牧业,不断提高农牧业现代化水平。抓住丝绸之路经济带建设的历史机遇,帮助受援地招商引资,支持受援地做大做强特色优势产业,加快产业提档升级。

2011～2015 年,利用受援地政策优惠、市场广阔、成本较低的有利条件,引导江苏纺织、机械、能源、电子等行业企业到新疆投资兴业,带动当地产业发展。(1) 在伊犁州(含兵团)共实施产业发展项目 107 个,投入援助资金 8.76 亿元。扶持特色农业产业项目 24 个,投入援助资金 1.2 亿元,重点援建伊宁市达达木图乡设施农业标准化示范基地、奎屯市林果新苗圃繁育基地、霍城县牛羊育肥养殖基地、四师六十六团现代设施农业示范基地等项目,推进特色林果业、养殖业发展;投入 8.8 亿元支持霍尔果斯经济开发区建设,建成苏新中心、苏新工业坊、苏新公社三大载体;援建霍城县清水河江苏工业园北区、伊宁县城南中小企业产业园、兵团七师五五工业园区等园区的基础设施,提高园区吸引力和承载力;协助制定伊宁市喀赞其民俗旅游区、特克斯县喀拉峻大草原、伊宁县托乎拉苏景区、新源县那拉提镇"华夏哈萨克第一村"等景区规划,并援建景区基础设施。(2) 在克州,投入就业与支持产业发展类资金 6.78 亿元,实施项目 46 个,重点推进了援建阿图什市戈壁产业及农业示范园、乌恰县城东戈壁产业科技生态园、乌恰县特色养殖繁育基地等项目,助推特色戈壁产业快速发展;安排援助资金 5.86 亿元,重点建设阿图什昆山产业园、乌恰常州工业园区、阿合奇无锡轻工业园等园区;加大旅游和文化特色产业扶持力度,援建阿图什市怪柳林(仙木园)景区。

2016～2021 年,江苏继续高质量推进产业援建,促进各族群众就近就业,产业援建在受援地精准扶贫和全面建成小康社会中的作用日益凸显。(1) 在伊犁州(含兵团),共实施产业发展项目 160 多个,投入援疆资金 20 多亿元。农牧业方面,援建巩留县生态农业观光园、四师七十二团

"光伏滴灌＋土壤改良＋订单农业"示范项目、奎屯市开干齐乡畜牧养殖示范区等项目,推动农牧业转型升级和提质增效;实施"伊犁农产品到苏消费"行动计划,帮助名优特农副产品进入江苏市场。工业方面,完善巩留县中小微企业创业园、察布查尔县中小微企业园、兵团七师五五工业园区等园区的道路、标准化厂房建设,打造各类孵化基地和创新中心;全面落实苏新两地区《共建伊犁(江苏)纺织服装产业园区合作框架协议》,引导纺织服装产业向伊犁纺织服装产业园区转移,助推伊犁纺织服装产业做大做强,打造成全疆重要的家纺服装技术转化基地和布料、面料、辅料综合交易中心,重点建设霍尔果斯市、伊宁县、奎屯市纺织服装产业园,带动群众就业 1.6 万人,其中伊宁县轻纺产业区被中国纺织工业联合会授予"全国纺织产业转移试点园区"称号;2017 年制定《江苏省产业援伊引导资金管理暂行办法》,每年安排 6000 万元产业引导资金支持援疆企业发展;实施"江苏企业来伊投资"行动计划,共引进企业 205 家,落实投资 187 亿元,新增就业岗位近 2 万个,实际解决就业 1.3 万人,其中建档立卡贫困户 1300 多人。文旅产业方面,支持昭苏县天马文化产业园、霍城县央布拉克民俗村等旅游项目建设,助推伊犁州文旅业加快发展;实施"江苏人游伊犁"行动计划,2019 年江苏到伊犁游客超 100 万人次。(2) 在克州,实施产业发展项目 48 个,投入资金 7 亿元。农牧业方面,建设柯尔克孜羊良繁中心,以易地搬迁集中安置区为重点建成阿图什市昂额孜村、谢依提村、克孜勒陶村等 13 个现代化"江苏情·集体帮扶农场",形成 1＋13 克州江苏畜牧示范园体系,持续带动 150 个低收入家庭年均增加工资性收入 2 万余元,每个村集体年增收 15 万元以上;推动阿合奇县发展以沙棘为代表的特色林果产业,联合苏宁易购推动新疆首个电商扶贫实训店落户克州,打通农产品销售"最后一公里";支持建设"遇见新疆克州好礼"江苏体验馆、销售中心,扶持"遇见新疆"销售平台在江苏新建 20 个门店、"寻味新疆"增设 8 家直营店;举办"克州年货大巴扎进南京"活动,组织克州农牧业合作社加入江苏省发改委组织的"东西部扶贫协作联盟",3 年购买和帮助销售特色农副产品超过 1 亿元。工业方面,2020 年,调动各方资源,整合阿图什市昆山产业园、乌恰县常州产业园、阿合奇县无锡产业园,在州级层面成立克州江苏产业园,形成一体化"1＋3"园区经济发展新框架,园区企业全部达产后,新增年工业产值超过20亿元,较2019年提升40％以上;探索"逆向飞地"机制,推动乌恰县和阿合奇县国有投资平台在综合条件相对较好的克州江苏产业园内分别购地120亩建设常州园、无锡园两个"飞地园区",与昆山园连片发展,落地项目固定资产投资、税费收益、GDP等经济指标分别归集统计至对应的"飞出县"。文旅产业方面,实施"旅游兴疆"战略,加大旅游产品开发力度,新建集购物、餐饮、住宿、娱乐于一体的克州三千年风情街、阿图什市阿孜汗"无花果之乡"、乌恰县黑孜苇乡"美丽乡村"、阿合奇县柯尔克孜民俗文化村。

2021年我国打赢脱贫攻坚战后,江苏省更加注重夯实产业发展基础、健全特色产业链条、拓展产业增质增值增效空间、促进内生可持续发展,确保巩固拓展脱贫攻坚成果同乡村振兴有效衔接。针对受援地经济社会发展需求,江苏大力推动科技成果向受援地转移转化,加强受援地现代农牧业研究,加大良种选育、高效种养、农业节水、农产品深加工等技术支持力度,提升农牧业效益,增加农牧民收入。开展薰衣草精深加工关键技术研究、脱毒马铃薯良种繁育、冬小麦滴灌高产栽培技术、玉米大面积超高产研究以及水生蔬菜引种、小龙虾北疆养殖、稻蟹共作技术推广等科研项目,取得良好经济效益与社会效益。(1)在伊犁州(含兵团),指导藜麦种植技术,支持在海南三亚建立种子繁育基地,引进"稻鸭子"等有机绿色农产品,新增小龙虾、西杂鲟等养殖新品牌,填补疆内空白,提升黑蜂、三文鱼、牛羊马奶等农牧产品品质;开展"双十基地"建设,重点培育扶持特色突出、功能完善、承载能力强、具有一定示范和辐射带动作用的105个现代化就业实训基地和102个就业创业孵化基地。(2)在克州,聚焦土地和种子,开展耕地保护、定位监测,推进阿图什市盐碱地改造,建设1万亩高标准农田;扎实推进良种工程,建设农作物制种良种繁育基地,开展冬小麦、棉花、玉米、水稻四大农作物对比试验示范,引进江苏优质高产冬小麦新品种及9个棉花、8个玉米、10个水稻新品种试种。聚焦畜牧业发展,完善饲料、种源、扩繁、养殖、屠宰加工全产业链,实现小农户和现代牧业有机衔接。发挥戈壁资源优势,与南京农业大学合作发展设施农业、植物工厂,启动建设 1.3 万亩的克州江苏现代农业示范园,规划带动建设 10 万亩设施农业园区,补齐克州蔬菜等农副产品自给不足的短板。支持加快发展阿图什无花果、木纳格葡萄、乌恰县黑枸杞、阿合奇县沙棘果、药用大蒜等地方特色林果业,打造区域特色品牌。

## 交往交流

历次全国对口支援新疆工作会议均强调,对口援疆工作要牢牢扭住新疆工作总目标,坚持顺应民意、保障民生、凝聚人心,把促进各民族交往交流交融摆在更加突出位置。江苏始终坚持以铸牢中华民族共同体意识为主线,把促进“三交”作为加强民族团结、增强“五个认同”、促进援受两地融合发展的重要载体,坚持把凝聚人心、夯实长治久安基础作为对口援疆工作重中之重,深化各种形式的合作交流,创新发展“小援疆”模式,积极营造各族团结一家亲的浓厚氛围,坚定不移把援疆工作打造成民族团结工程。

深入开展“结对子、结亲戚、交朋友、手拉手”活动。（1）推进两地多渠道多层次交流合作,建立完善交流交往的常态化机制,通过结对共建、考察学习、参观旅游等方式,不断拓展两地经贸、文体、旅游等走访互动、加深友谊。加强援疆工作交流,援受两地党政主要领导定期互访。开展苏伊“百村结对”工作,116 个苏伊双方重点乡镇场、村(社区)结对共建,将结对关系向镇村一级延伸;启动苏南优强镇村与克州贫困乡村结对帮扶,并逐步推广到全州,实现所有乡村全覆盖。（2）组织少数民族干部、爱国宗教人士、民族团结进步模范代表、优秀青年代表开展“江苏行”。持续推进“10 万江苏人游伊犁”“少数民族江苏行”活动,协调受援地参加中国大运河文化和旅游博览会,开展“丝路行·苏伊情”江苏公益巡演文化交流活动;分批次组织 300 多名克州村书记、村委会主任、村妇女主任和“最美家庭”代表,实地考察学习江苏农村基层党组织。（3）动员社会力量,充分发挥江苏工会、共青团、妇联等社会团体作用,组织开展各类考察、参观、演出等活动,积极组织青少年、家庭开展交流交往活动。持续开展"江苏·伊犁少年儿童手拉手夏令营""万里鸿雁传真情手拉手书信交友"活动,增进各民族学生情谊,使学校成为民族团结的坚强阵地;组织克州先进工作者、劳模、"最美家庭"到江苏交流、学习。(4)在克州前方指挥部和3个前方工作组联系的行政村,以及"组团式"对口支援的医院、学校等35个基层单位,试点"石榴籽家园"建设。(5)江苏省教育厅积极协调省内高校增加面向伊犁投放的对口援疆扶贫定向招生计划,为伊犁州学生提供更多到江苏接受优质高等教育的机会,参与苏伊结对的共有江苏学校341所、受援地学校215所。

援疆干部人才与受援地干部群众交心交友、携手奋斗。江苏援伊指挥部组织援伊干部人才参加"民族团结一家亲"驻村入户行动,与1300多名少数民族群众结对子、认亲戚、交朋友,真心实意为群众办实事、做好事、解难事,架起各族群众心灵融合的桥梁;江苏援克指挥部组织援克干部人才开展"结亲连心·铸牢中华民族共同体意识"教育实践活动,把援疆干部人才培养成铸牢中华民族共同体意识的宣传员、落实者,每位援疆干部人才至少结1户民族亲戚,交1位民族朋友,联系1家企业或1个村居,坚持每月与结亲户交流一次,定期走访民族朋友和所联系的企业或基层村镇(社区)帮助解决问题,切实把结亲工作打造成民族团结工程。

为来苏新疆群众提供服务保障。紧紧围绕新疆籍在苏人员这个"三交"工作的"关键少数",出台一系列政策帮助新疆籍在苏人员排除各种困难。将新疆籍在苏少数民族群众作为"嵌入式"发展的种子,全方位提供服务保障,助推他们在文化情感等方面融入江苏。充分发挥江苏社区综合管理的平台作用,主动将来苏务工经商、就学就业的少数民族群众纳入社区进行统一管理,做好少数民族群众服务管理工作,帮助解决实际困难,使其尽快融入当地社会。例如,建立了克州籍在苏人员联络协调机制,切实发挥前方指挥部牵头的联席会议功能,加强与州政法、教育、公安、人社等7家成员单位沟通会商;搭建服务管理工作智慧平台,近千名克州籍在苏人员通过线上咨询政策法规,提出帮扶诉求。前方指挥部设立 500 万元专项资金用于社保补贴、就业培训、困难补助和创业扶持,更好地帮助克州籍在苏人员安心舒心工作、学习与生活,目前已有 908 人领取 105.6 万元补助。新华社 2022 年第 967 期国内动态清样以《江苏开展"多民族用工"解决边疆内地"两头难"》为题,介绍了江苏就业援疆工作。新疆维吾尔自治区党委书记、江苏省委书记就此作出批示。

深入开展"文化润疆"工程,积极打造民族团结载体。采取选派人才、援建文化设施、开展文化交流等措施,拓展文化援疆渠道,铸牢中华民族共同体意识,建设多民族共有精神家园。(1) 在伊犁州(含兵团),编制《伊犁州文旅产业高质量发展三年行动计划》《伊犁州文化润疆工程实施规划(2021～2030)》《伊犁州文旅"十四五"发展规划》。推动江苏省文联和伊犁州人民政府合作成立伊犁州苏伊文化交流中心,将其打造成为苏伊两地优秀文化展示交流传播的窗口,投入援疆资金 3.6 亿元,建设伊宁县县级新时代文明实践中心、巩留县公共文化中心、"石榴籽"书屋、奎屯数字图书馆、兵团七师职工文化体育中心、伊犁州图书馆、文化馆等公共服务项目。实施伊犁州博物馆新馆功能提升、林则徐纪念馆、那拉提博物馆、乔尔玛红色旅游服务区、伊犁老城喀赞其多民族文化展示区、汉家公主纪念馆、吐达洪巴依大院、特克斯奇石文化馆、全国重点文物保护单位"平定准噶尔勒铭碑"保护碑亭抗震加固及环境改造提升等建设项目。联合举办江苏文化产业伊犁行活动周、文艺巡回演出周,组织苏伊书画艺术家交流互动及江苏文博场馆、美术馆送展交流活动。援助伊犁州歌舞剧团成功打造展现伊犁多民族文化和民族团结一家亲的舞台剧《解忧公主》,并成功参演新疆维吾尔自治区旅游发展大会,亮相江苏紫金文化艺术节,得到文化和旅游部充分肯定。编排展现伊犁多民族融合发展的歌舞诗《四季伊犁》并在南京首演。开展伊犁民族民间音乐现代性编演推广交流创作项目,创排民族品牌音乐会《伊犁河·世纪新声》。(2) 在克州,建成克州三千年风情街"江苏馆",通过文字图片、声光电技术全面介绍江苏历史文化、风土人情、发展成就,引导受援地群众不断增进对内地优秀文化的认同。江苏援克前方指挥部联合中国摄影家协会、克州党委宣传部举办苏克杯"世界的帕米尔永远的玛纳斯"全国摄影大展系列活动,征集全国摄影爱好者创作作品6400多幅,评出100幅优秀作品,全面展示党的十八大以来克州经济社会发展成就和民族文化的绚丽风采。拍摄江苏援疆题材电影《情润天山》,展现江苏援疆干部人才为祖国尽责的家国情怀、为受援地奉献的崇高境界、为人生添彩的无悔选择。实施"中华经典诵读工程""广电精品润疆工程""网络视听作品创作工程",支持建设一批民族团结进步教育基地。引进江苏优秀团队编制《克州博物馆展陈大纲》,初步完成克州博物馆展陈装修工程,将克州博物馆建成集历史文化展示、红色教育基地、科学知识普及于一体的文旅综合性场馆。支持世界非物质文化遗产柯尔克孜族英雄史诗《玛纳斯》的保护与传承,无锡演艺集团与新疆阿合奇县歌舞团联合编排舞剧《英雄·玛纳斯》,歌颂民族团结合作,先后在江苏、新疆等地和俄罗斯、美国、加拿大等国公演,获得第五届全国少数民族文艺汇演银奖。

## 精准扶贫

江苏坚持民生优先原则,持续聚焦"两不愁、三保障",扶贫帮困相关资金占历年来援助资金总盘子的40%。"十三五"时期,江苏把助力受援地脱贫攻坚摆在突出位置,把援疆资金、项目最大限度地向最困难地区和群体倾斜。帮助受援地提高基层公共卫生和医疗水平,加大医疗救助,切实降低特困人口医疗负担。加大援疆扶贫资金安排力度,并纳入受援地统筹使用范畴,整合扶贫资金使用综合成效。(1)在伊犁州(含兵团),制定《脱贫攻坚援伊扶贫专项行动方案》,开展"万人帮万户,共同奔小康"等活动,广泛动员后方单位、党员干部职工、社会爱心人士开展扶持创业就业、发展生产、就医就学、帮扶生活、农业结构优化改良等多种形式的扶贫济困活动,筹集社会捐资8000万元,助力精准扶贫、精准脱贫。常州武进区通过乡镇结对帮扶、家庭结对认亲等,帮助国家级贫困县尼勒克县2018年整体脱贫摘帽;南京兜底解决伊宁市特困户养老保险、医疗保险保障问题,解除他们的后顾之忧。(2)克州作为南疆四地州之一,属于深度贫困地区的"三区三州",脱贫攻坚任务重、难度大。江苏援克前方指挥部坚决贯彻落实党中央决策部署,紧紧围绕"七个一批",聚焦助力受援地打赢脱贫攻坚战,探索精准扶贫新思路,创新精准扶贫新模式,为克州脱贫攻坚注入新动力。江苏对口支援的阿合奇县、乌恰县于2018年、阿图什市于2019年提前实现脱贫摘帽。昆山前方工作组被党中央、国务院授予"全国脱贫攻坚先进集体"称号;省援克前方指挥部和无锡前方工作组被江苏省委、省政府授予"全省脱贫攻坚暨对口帮扶支援合作先进集体"称号;常州前方工作组被新疆扶贫开发领导小组授予"自治区脱贫攻坚组织创新奖",获江苏省委、省政府通报表扬。安排180万元实施"江苏情·克州抵边村乡村振兴综合保险"项目,为1130个脱贫不稳定户、边缘易致贫户、突发严重困难户及818名残疾人办理种植养殖业保险、基本生活保障险、人身意外伤害险、自然灾害险等,为防止规模性返贫加装一道"保险杠",新疆乡村振兴局将这一做法向全区推广。为推动脱贫攻坚向乡村振兴更好衔接,江苏帮助受援地改善乡村人居环境,打造乡村振兴示范点。例如,所援建的克州阿图什市克孜勒陶村已成为远近闻名的网红打卡地,阿孜汗村成功入选国家住房和城乡建设部第六批中国传统村落名录、农业农村部中国美丽休闲乡村。

把援助产业、促进就业作为脱贫攻坚的重要抓手。积极组织江苏以纺织服装等为代表的各类劳动密集型企业到受援地投资兴业,创造更多的就业岗位。推进一批包括优化种植结构、发展特色庭院经济和加强技能培训在内的扶贫项目,支持发展特色高效农业带动群众增收。例如,在克州阿图什市不亚买提、麦依、阿孜汗、博依萨克等贫困村建设一批农村"卫星工厂(扶贫车间)"和农民合作社,按照"公司+卫星工厂+贫困户"的产业发展模式,拓展缝纫工、打馕、养鸽、电商超市、构树培育等就业岗位,帮助吸纳250余名贫困劳动力在家门口实现就业。实施"连心券"精准扶贫项目,推行"龙头企业—专业合作社(经纪人)—贫困户"产业链模式,推进了克州传统特色产品阿图什无花果、木纳格葡萄发展,避免了因市场滞销、新冠疫情等因素导致农民收入减少的情况，促进农业增效；联合国联期货、中华财险、华安期货开展"棉花价格保险＋期货"精准扶贫项目，使种植户避免棉花价格风险，累计为 4829 个贫困户 57568 亩棉花提供价格保险，累计理赔 396 万元。

## 第四节　对口支援海南·共筑青海之洲

### 背景综述

　　青海海南藏族自治州（简称"海南州"），地处青藏高原东部门户，因位于青海湖之南而得名，素有"海藏通衢"之称。国土面积 4.45 万平方公里，位于三江源生态保护区和青海湖自然保护区腹地，黄河横贯全境，四周环山，盆地居中。辖 5 个县①，常住人口 46 万人（2022 年），主要民族 28 个，其中藏族人口占总人口的 67％。海南州是稳藏固疆要冲。矿产资源丰富，水电、太阳能、风能、地热等资源充沛，具有发展清洁能源得天独厚的条件。群山起伏、河流绵延、草原广袤，旅游景点众多。青海湖是"大美青海"金名片，"天下黄河贵德清"、宗日文化遗址以及龙羊峡水电站闻名遐迩，丹霞、森林、沙漠景色秀丽壮美，还有大量生态、探险、高原避暑等旅游资源尚待开发。安多藏族文化生态保护实验区保留了特色鲜明的地域文化和民族风情。贵德古城、同德宗日文化遗址集中展现了独特的民俗文化、宗教文化、屯边文化。此外，海南州的生态地位显著，居于三江源生态保护区和青海湖自然保护区腹地，是我国重要的水源涵养区和高原生态屏障，全州五县均被列入三江源国家生态保护综合试验区，是"中华水塔"的重要组成部分。但海南州也存在颇多制约因素。属高原大陆性气候，自然条件较为恶劣艰苦。高寒缺氧，年最低气温－20℃以下，无霜期仅 120 天。平均海拔高度在 3000 米以上，空气含氧量低，高原反应明显。干旱少雨，用水短缺，气候多变，冰雹、霜冻、雪灾等自然灾害频发，给当地

---

① 共和县、同德县、贵德县、兴海县、贵南县。

经济发展、民生改善造成了较大困难。与此同时,海南州产业基础相对薄弱,受制于经济总量偏小、产业结构相对单一、产业能级不高等因素,招商引资难度大,行业龙头企业匮乏,专业人才十分紧缺。此外,生态环境容量要求对矿产资源开发等产业发展有较大制约,城乡基础设施建设存在较大短板。

对口支援青海涉藏州县是党中央作出的重大战略部署,是缩小涉藏州县与全国发展水平差距的有效途径。根据党中央统一部署,江苏从2010年起承担对口支援青海海南州任务。自从开展对口援青工作以来,江苏深入贯彻落实习近平总书记关于扶贫开发、对口支援重要论述和对青海"四个扎扎实实"①的重要指示,深入贯彻落实新时代党的治藏方略,按照省委、省政府的部署,围绕脱贫攻坚和全面小建成小康社会的总要求,紧扣"继续走在对口支援西藏和涉藏州县工作全国前列"目标定位,坚持真情支援、科学支援、持续支援,融入青海"五个示范省"②建设,先后制定《江苏省对口支援青海省海南藏族自治州综合规划(2011～2015)》《江苏省"十三五"对口支援青海省海南藏族自治州经济社会发展规划》《江苏省"十四五"对口支援青海海南州经济社会发展规划》,着眼于全面提高对口援青工作综合效益,明确了援建工作方向、援助领域、重点任务和建设时序。

长期以来,江苏对口援青工作以科学规划为引领,契合受援地需求,狠抓项目落地,全力推进援建项目组织实施,在改善民生、产业发展、智力支援、文化教育、交往交流交融等领域精准发力,为当地经济社会发展作出积极贡献。在援受双方的共同努力下,2010年海南州所属5县全部实现脱贫摘帽,11.6万户贫困人口全部清零,打赢了脱贫攻坚战;2020年,海南州城市、乡镇常住居民人均可支配收入分别较2010年增长160%和180%。海南州经济综合实力明显增强、民生福祉持续增进,在助力海南

---

① 2016年8月,习近平总书记视察青海,提出"四个扎扎实实"的重大要求,即"扎扎实实推进经济持续健康发展,扎扎实实推进生态环境保护,扎扎实实保障和改善民生、加强社会治理,扎扎实实加强和规范党内政治生活"。
② 国家公园示范省、清洁能源示范省、绿色有机农畜产品示范省、高原美丽城镇示范省、民族团结进步示范省。

州发展"四大产业"①、打造"四区三样板"②方面取得重大成果,"苏青一家亲"的观念越来越深入人心。

至 2022 年,江苏先后选派 5 批 124 名援海南州干部人才,选派 850 名柔性人才。累计安排对口支援海南州财政性援助资金 33.19 亿元,实施援建项目 300 多个、合作项目 160 余个,招收江苏"海南民族高中班"学生 12 届 936 名,培训各类人员 2 万多人次。广大援青干部人才把对口支援工作作为光荣任务和政治责任,克服高寒缺氧、条件艰苦等困难,充分发挥自身优势和特长,积极为受援地区编规划、争项目、筹资金、谋思路、促发展,不断促使对口支援任务落到实处、取得实效,形成了全方位、多层次、宽领域的对口援青工作格局。

### 发展历程

2010 年中央第五次西藏工作座谈会,明确了江苏在继续对口支援西藏拉萨市的基础上增加对口支援青海省海南州。随后,江苏明确 5 个设区市与青海省海南州所辖 5 个县结对(详见表 11)。

**表 11　江苏对口支援青海海南州结对关系**

| 江苏 | 青海海南州 |
| --- | --- |
| 常州市 | 共和县 |
| 徐州市 | 兴海县 |
| 扬州市 | 贵南县 |
| 盐城市 | 同德县 |
| 南通市 | 贵德县 |

2011 年国家未明确援助资金金额,江苏在与青海省沟通基础上确定当年援助资金为 7000 万元,用于尽快启动实施一批青海海南州社会发展

---

① 现代生态农牧业、新型清洁能源产业、文化旅游及服务业、大数据信息技术产业。
② 现代生态农牧业集聚发展先行区、新型清洁能源及大数据产业示范区、国家可持续发展议程创新示范区、民族教育文化深化改革创新区,以及黄河流域生态保护样板和高质量发展实践样板、"中华民族共同体意识"实践样板。

急办、老百姓急需的重点援助项目,启动资金量在东部 6 个支援省市中名列前茅。

从 2012 年起,中央明确援青资金按照 2011 年全省财政一般公共预算收入的 0.5‰的比例确定援助资金实物工作量,此后按每年 8%递增实施援建资金稳定增长机制①。

按此口径,"十二五"(2011～2015 年)期间安排援青资金 10.86 亿元,"十三五"(2016～2020 年)期间安排援青资金 15.39 亿元。2021 年 7 月,财政部明确,"十四五"(2021～2025 年)期间对口支援青海海南州年度资金量保持 2020 年核定 3.34 亿元水平,江苏"十四五"拟安排援青海省海南州资金 16.7 亿元,其中,2021 年、2022 年已拨付援助青海省海南州资金 6.68 亿元。

2016 年 3 月,设立江苏省对口支援青海省海南州前方指挥部,设总指挥 1 名(副厅级,兼任青海省海南州委常委、副州长)。截至目前,江苏先后选派干部人才 5 批共 124 人,现有 33 人在青海海南州工作。

## 组织领导

江苏省委、省政府对援青工作高度重视,把对口支援海南州工作作为全省对口支援工作的重要组成部分,加强组织领导,坚持高层推动,建立完善对口支援工作机制,确保有力有序有效地推进对口援青工作。省委、省政府主要领导对做好援青工作多次作出批示,分管副省长狠抓各项工作落实。各地、各有关部门从加强调研、编制援青规划,加大资金筹措力度、加快援建项目建设,推进产业援青等方面,扎实做好对口援青工作。

不断完善对口结对机制。江苏、青海两地党政领导定期互访,就深化合作交流、开展对口支援进行座谈交流,形成共识。2020 年 7 月,苏青两地政府签署"1+2+10"对口合作协议,包括战略合作协议及 10 部门合作协议,明确合作原则、合作领域、合作重点和保障机制,全方位对接对口支

---

① 财政一般公共预算收入增幅高于 8%,援建资金按 8%增长;等于或低于 8%,按实际增长率增长;负增长的,则按上一年度基数计算。

援工作,推动对口支援各项工作任务的落实。发展改革、教育、工信、民政、人社、农业农村、商务、文旅、红十字会等部门单位与受援地对应部门单位逐一结对共建,将结对关系向镇村一级延伸,把支援工作向基层拓展,形成制度化、常态化的结对机制。

## 民生援助

江苏援青优先安排民生项目、社会公益项目、基础设施项目建设,着重解决农牧民最直接、最现实、最紧迫的民生问题,着力提升受援地的自我发展能力。

2011年对口援青之初,为加快启动对口援青工作,江苏省委、省政府安排启动资金7000万元,首批启动实施11个援建项目:海南州民族体育场、共和县中医院综合住院楼、兴海县藏医院住院医技综合楼、同德县中心幼儿园、贵南县城关第二幼儿园、贵德县河西初级中学运动场、海南州农牧民牧区定居工程、海南州无电地区2689户太阳能户用系统、海南州藏医院药浴诊疗综合楼等。

"十二五"期间,江苏累计安排10.61亿元资金对口支援海南州,共实施90多个援建项目,涵盖海南州城乡建设、农牧业基础设施建设、社会事业、产业发展、生态保护等各个方面。

"十三五"期间,投入援助资金17.61亿元,实施190多个援建项目。共和县城北新区民族寄宿制学校、贵德县江苏大道、工业园区道路、贵德县人民医院、贵南县人民医院、同德县自来水净化厂等一批重点援建项目陆续建成并投入使用。

"十四五"以来,投入援助资金6.68亿元,实施107个援建项目。海南州属高中学校教师周转房、海南州藏医院改扩建、共和县沙珠玉灌区珠玉引水渠改造工程、贵德县全域旅游综合集散中心等一批重点援建项目陆续建成并投入使用。

援青12年间,江苏省在海南州共安排援建资金34.9亿元,援建项目近390个,其中80%以上的援助资金投入到民生和基层一线。通过加大援助资金对教育卫生软硬件的投入,建成一批县、乡镇国家通用语言学校和示范乡镇卫生院、社区卫生服务中心,引进和共享一批优质教育和医疗资源,努力提升受援地基础教育、基本医疗水平。通过结对共建、双向交流、专业培训等措施,支持受援地完善教育医疗体系。同时,聚焦防返贫救助、电子商务与创业创新、青少年关爱、生态保护、教育援助等方面,针对农牧民迫切希望解决的"小急难"问题,组织实施"援青微实事"项目9个。一批批援建项目的交付使用,切实解决了海南州群众行路难、吃水难、用电难、住房难、上学难、就医难等问题,大幅提高了受援地百姓的生活水平和质量,明显改善了当地的城乡面貌,对口支援的政治、经济、社会效益充分显现。

## 产业援助

江苏按照"政府推动、市场运作、优势互补、合作双赢"的原则,不断扩大合作的领域和层次,以援助促合作,以合作促发展,实现互利共赢、共同发展。坚持"输血"与"造血"相结合,根据海南州产业发展条件和方向,积极帮助招商引资、招商选资,引导有实力的江苏企业到海南州投资兴业,合作开发矿产、旅游和农牧业资源,提高当地优势特色产业发展水平,广泛集聚和吸纳生产要素参与海南州的经济建设,不断增强发展内生动力。

支持特色农牧业发展。强化资金、人才、项目和市场等多种要素的对接和导入,直接扶持各类合作社、家庭农牧场、涉农企业;支持建设贵南县高原牦牛扶贫产业创业园,扶持藏羊示范点和示范基地建设;支持青藏蜜蜂良种养殖场发展,引导扬州大学在贵德县成立博士工作站。

助推先进制造业发展。积极帮助建设重点产业援助项目——海南州绿色产业园(江苏工业园),集聚了江苏国信集团、江苏华锐集团、江苏远景能源等新能源企业,江苏康缘集团等制药企业。2022年,来自江苏的天合光能、阿特斯总投资分别为500亿元、600亿元项目也以"飞地经济"形式落户(落户西宁、海东,但与海南州全生命周期"五五分成")。

支持文化旅游业发展。江苏舜天集团落户海南州,开辟"大美青海—

水韵江苏"旅游合作路线,举办"水韵江苏牵手大美青海""海南州旅游专场推介"等活动,助力打造"大美青海·圣洁海南"等旅游品牌。江苏到海南州旅游人数逐年增加,新冠病毒肺炎疫情前一年10多万江苏人前往海藏通衢。

援青12年间,江苏与海南州通过南京经贸洽谈会、"青洽会"等平台,签下关乎资源开发、特色产业培育、电子商务、融资租赁等合作项目163项,签约协议资金400亿元。特别是自2016年开始,青海省每年均与江苏省签订了以消纳海南州新能源电量为内容的《青电送苏框架协议》。截至2020年,江苏省帮助海南州消纳新能源电量近33亿千瓦时。青电送苏、培育新能源发展的做法,《人民日报》头版头条予以报道。

## 智力援助

江苏不断加大人才智力帮扶力度,满足受援地经济社会发展对人才和智力支持的需求,真正使干部人才成为促进受援地区跨越发展、长治久安的强有力支撑。

扶助当地人才队伍建设。制定以提高干部队伍素质、优化人才队伍结构、强化基层党组织功能为重点内容的人才培训计划。紧密结合当地产业特色和发展需要,通过交流培训、专家现场授课、挂职锻炼等形式,采取主体培训与专题班次相结合、理论培训与挂职锻炼相结合、"请进来"与"走出去"相结合等方式,紧贴发展需求,加大干部人才培训力度,重点抓好各级党政干部、创新创业人才、公共服务领域人才三支队伍的培训,有计划地帮助海南州加强各类人才队伍建设,不断增强受援地发展的内生动力。

积极搭建教育资源共享平台。实施"江苏名师进海南"计划,促进江苏优质教育与受援地各级学校、医院结对共建。在南京市江宁中学开设"海南州民族高中班",2022年高考一本达线率100%。建设"江苏省—海南州教育云平台",引入江苏优质教育资源,在受援地成立"名师工作室"。2017年开始选派名校优师到海南州支教1~3年,2019年实现对海南州5个县"组团式"支教全覆盖,特别是从2017年开始,徐州、盐城、扬州、常州、南通共选派19名校长、教师到对口县支教1～3年,有力提升了海南州学校管理水平和教学质量。2022年又推动海南州高中与江苏5所优质学校结对,创建苏青教育发展联盟。截至2022年,江苏共有39批近400多名江苏特级、高级教师走进海南州开展支教、教学辅导等工作。

创新开展医疗援青工作。加强援青医疗干部人才支持,江苏省委组织部选派13名医疗专家担任海南州、县两级6家公立医院的副院长和学科带头人,1名干部担任海南州卫生健康委副主任。开展"331"①的传帮带模式培养本土人才。接续实施"江苏名医进海南"活动,共有27批230多名江苏医疗专家赴海南开展义诊、学术讲座、临床带教、手术演示等活动。利用社会资金开展"心佑工程青海行",安排海南州先天性心脏病儿童赴苏免费治疗。开展为白内障患者免费治疗的"光明行"活动,受到青海省卫健委的充分肯定,该委特批贵德县医院为白内障复明定点医疗机构,填补了海南州县级医院白内障手术空白。开展"灭包行动"活动,进行包虫病(棘球蚴病)筛查。海南州人民医院、贵德县人民医院与江苏省人民医院等建立了远程会诊系统。在江苏、青海两地各方面通力协作下,江苏实现对海南州25家县级以上医疗机构帮扶全覆盖。

积极开展多形式柔性引才。组织江苏教育、医疗、农牧科技等专业技术人才赴海南州开展帮扶活动,助力当地培养了一支带不走的人才队伍。支持青海依托"智汇三江源·助力新青海"人才项目洽谈会等渠道,持续从江苏加大教育、卫生、数字经济、文化旅游等领域"小组团"引进人才力度。坚持实施江苏高校研究生支教计划,引进南京大学、南京师范大学、江苏大学等高校研究生走进海南州开展短期支教活动。成立扬州大学藏蜜研究博士工作站、南京师范大学博士工作站、南京师范大学、南通大学研究生实践基地、扬州乱针绣大师工作室。引进江苏优质规划设计资源和专业人才,帮助海南州编制海南州江苏工业园空间规划等各类城乡规划。共有37批380多名江苏校长、特级、高级教师走进海南州,开展短期

---

① 1名援青医生手把手重点带好3名本土医师、重点安排3名技术骨干赴后方结对医院进修培训,并帮助所在科室建立一整套制度体系、操作规程和诊疗规范。

支教工作,有力促进了海南州学校管理水平和教学质量的提升。2020年7月23日,江苏省委书记给南通大学莫文隋研究生支教团回信,对他们一年来的支教工作给予肯定和赞赏,希望同学们把激昂的青春梦融入伟大的中国梦,志存高远、脚踏实地,刻苦学习、全面发展。

积极探索发展职业教育。通过提升职业技能,消除贫困代际传递。江苏海事职业技术学院、淮安信息职业技术学院、扬州工业职业技术学院等6所高职院校突破对口单招机制,安排学前教育、护理、会计、电子商务等海南州当地的紧缺专业,累计对口招收当地中职学生351名,实施3年免费教育,同时建立100%推荐就业机制。在江苏省卫生健康职业学院设立江苏省对口帮扶海南州卫生人才培训中心,专门负责对海南州医技人员的培训工作。截至2022年,江苏6所高职院校累计对口招收当地中职学生超过900名。

援青12年间,江苏安排7300万元专项援助资金,帮助海南州举办各级各类培训班456期,培训基层干部、专业技术人员及农牧民2.12万人次。累计在医卫领域投入援建资金2.82亿元,实施援建项目25个,江苏援青医生累计为当地群众门诊6000余人次、手术1000余例,开展学术讲座近百场,建立规范标准17项,引进新技术17项,师带徒23名,有效提升了受援地医院诊疗规范化水平和医疗服务能力。

## 交往交流

江苏以增进民族团结交融为目标,着力推进多领域多层次的交流合作,拓展领域、提高频率、丰富内容。

组织开展"文化走亲"等活动,促进藏区发展和民族团结进步。实施交往交流交融项目内涵提升行动、各族青少年交流计划、优秀文化产品和服务创作计划、旅游促进各民族交往交流交融计划、各族群众互嵌式发展计划,针对不同群体组织开展结对学校"手拉手"民族团结主题教育活动、年轻干部"墩苗工程"、优秀学生"牵手相伴·共同绽放"民族团结公益项目、基层干部"民族先锋工程"、研究生支教、青年就业创业"手拉手"等多项品牌活动,4000 余人次参与。

动员社会力量,组织各类考察、参观活动和"春雨工程""江苏文化志愿服务青海行大舞台"文艺演出,让受援地群众与江苏群众多层次、多方式、多形式走动互动起来。充分发挥工会、共青团、妇联等社会团体作用,积极组织青少年、家庭开展交流交往活动,增进民族感情。举办"民族团结一家亲"主题夏令营,组织苏伊万名中小学生参与"万里鸿雁传真情"书信交友活动。

推进构建数字文旅服务体系和文旅智慧平台建设。对受援地博物馆、图书馆、美术馆、非遗中心、文化中心、旅游景区服务中心等进行数字化智能化改造提升,为当地群众和游客提供更加便捷的公共文化服务。建立网上文化交流展示平台,不间断提供文化文物和旅游产品展示,进一步释放对口地区文化底蕴。扎实推进文旅资源互推工程,助力打响"大美青海·圣洁海南"等旅游品牌,联合打造"大美青海—水韵江苏"旅游合作线路,合力创作《千里和缘》并在苏青两地巡演。根据援青干部真实故事打造援青题材精品力作,共同创作完成大型原创民族音乐剧《遇上你是我的缘》,组织 6 省(市)第四、第五批全体援青干部人才在交接之际集中观看,反响十分热烈。

援青 12 年间,江苏省省级机关及各对口支援市与海南州不断深化结对关系,双方各级代表团互访交流持续广泛开展,先后有 11 位省级领导、近 400 人次厅级干部到海南州现场调研指导工作,接收海南州 36 各地、县级干部,44 名乡科级干部来江苏挂职锻炼,对口开展各层次考察交流980 多批 1 万余人次。

## 精准扶贫

江苏聚焦"两不愁、三保障"中存在的突出问题和短板弱项,围绕海南州建档立卡贫困人口脱贫、贫困村退出,共和县、贵德县两县脱贫摘帽的目标任务,实施共和县建档立卡贫困户无房户建设项目、共和县建档立卡贫困村人饮工程、贵南县高原牦牛扶贫产业创业园、兴海县深度贫困地区贫困户住房等一批脱贫攻坚项目,按照6万元/户的标准继续为贫困户提供建房补助,并解决人畜饮水问题。例如,参与援建兴海县安多民俗文化村作为易地扶贫搬迁集中安置的示范点,该村共有853户,其中的252户由江苏协作资金支付每户6万元,2018年全部实现脱贫。

积极推进劳务协作和扩大就业。积极引导受援地特色产业发展,加强对农业先进技术的援助和指导服务,积极扶持手工刺绣、民族服饰品、工艺品等特色手工业,深化旅游资源开发利用,扩大受援地居民特别是少数民族居民灵活就业。通过举办"就业援助月""春风行动""海南州民营企业招聘周专场招聘会",以及扶持创业带动就业、组织劳务输出吸引就业、完善就业服务体系促进就业等途径,广泛拓展当地百姓就业渠道。

支持海南州农特产品销往江苏。支持海南州农牧产品通过展销会、电商平台扩大在江苏的销售。海南州特色产品线下体验店在南京、无锡、苏州、常州、南通、扬州等地相继开业。充分利用南京金秋经贸洽谈会、南京国际消费品博览会——青海(南京)商品大集活动、青洽会(中国·青海绿色经济投资贸易洽谈会)平台,促进两地经贸合作交流。苏宁易购电商扶贫实训店落户共和县,作为苏宁在全国最大的实训店示范店,通过线上的苏宁易购中华特色馆海南馆助力海南州农特产品走向全国,实训店70%的利润以分红、捐赠等方式返还受援地用作扶贫基金,确保当地长期受益。江苏省省级机关和市县党政机关通过832扶贫平台采购海南州农副产品,组织海南州企业积极参加"江苏省级机关食堂消费扶贫产销对接活动""万吉大丰汇全省国资系统消费扶贫专项活动""东西部消费扶贫联盟暨消费扶贫产销对接会"等江苏举办的各类消费扶贫专场活动。

积极广泛动员社会力量参与海南州发展。筹集计划外援助资金和各类设施物资,用于精准扶贫和民生保障事业。引入真爱梦想基金会108度公益基金会、成立"同德县爱心教育基金"。例如,常州工业职业技术学院在海南州高级中学设立奖学金,南通彩虹之心义工社等参与海南州捐资助学活动,吴江外企协会募捐资金,用于发展海南州共和县智德村产业扶贫项目。

在江苏援助和海南州各族人民不懈努力下,截至 2022 年,海南州城市、乡镇常住居民人均可支配收入分别较 2010 年增长 158％和 178％。

## 第五节　对口支援三峡·共建美好家园

### 背景综述

三峡库区指因三峡工程淹没和产生移民的地区,涉及重庆市和湖北省的 20 个县(市),总面积约 7.9 万平方公里。三峡库区是保障三峡工程防洪、发电、航运、水资源配置和生态环境保护等功能充分发挥的战略要地,也是我国主要的库区移民区。

江苏对口支援的三峡库区,包括重庆市万州区和云阳县、湖北省秭归县。它们是安置三峡工程移民的三个重要县(区),沿江而下依次分布于库区腹心到坝上库首的位置,人口合计约 350 万。

重庆市万州区,地处重庆东北部、三峡库区的腹地,是世界上最大的移民开发区。因"万川毕汇"而得名,因"万商云集"而闻名,为渝东北、川东、鄂西、陕南、黔东、湘西的物资集散地,是成渝城市群沿江城市带区域中心城市和成渝经济区的东向开放门户,是"一带一路"和长江经济带重要节点城市。国土面积 3457 平方公里,辖 52 个乡镇(街道),常住人口 156.44 万人(2022 年)。

重庆市云阳县,地处重庆市东北部的长江两岸,是三峡库区生态经济区沿江经济走廊承东启西、南引北联的重要枢纽,也是三峡库区第一移民大县。国土面积 3649 平方公里,辖 42 个乡镇(街道),常住人口 92.62 万人(2022 年)。

湖北省秭归县,地处长江西陵峡畔、三峡工程坝上库首,是爱国诗人屈原、民族融合使者王昭君和革命先烈夏明翰的故里,是著名的"中国脐橙之乡""中国龙舟之乡""中国诗歌之乡"。国土面积 2427 平方公里,辖12 个乡镇,常住人口 36.68 万人(2022 年)。

开展对口支援三峡库区以来,江苏按照"优势互补、互惠互利、长期合作、共同发展"的要求,认真实施对口支援规划,以改善库区移民公共基础设施、帮助库区移民经济发展为重点,以企业为主体,以项目合作为依托,在经济合作、产业发展、民生改善等方面,开展全方位、多层次、多渠道的对口支援与经济合作。累计向对口地区提供援助资金超 7 亿元,安排项目 654 个,培训干部人才 8286 人次,有力促进了三峡库区产业结构调整、基础设施建设、城乡公共服务能力提升、移民培训就业和生态环境保护,使库区的城乡面貌和生产生活条件发生了根本性变化,为库区高质量发展、移民安稳致富作出了江苏贡献。在江苏的支援助力下,三县(区)实现全面脱贫摘帽。2020 年,三县(区)地区生产总值合计达 1590.8 亿元,城镇居民、农村居民人均可支配收入总体接近重庆、湖北平均水平,九年义务教育巩固率达 99%,森林覆盖率超过 50%,各个领域都呈现出良好发展态势,为开启全面建设社会主义现代化新征程奠定了坚实基础。

## 发展历程

江苏对口支援三峡库区工作始于 1992 年,分为两个阶段:

### 结对阶段（1992～2014 年）

1992 年,中央作出开展全国对口支援三峡库区移民工作的重大决策。国务院办公厅印发《关于开展对三峡工程库区移民工作对口支援的通知》,号召全国支援三峡工程建设,做好库区农村移民接收安置工作。按照中央部署,江苏与三峡库区 14 个县、市开展对口支援,是全国开展对口支援最早的省份之一(详见表 12)。

表 12  江苏对口支援三峡库区结对关系

| 江苏省 | 三峡库区 |
| --- | --- |
| 江都县 | 宜昌市 |
| | 兴山县 |
| 泰州市 | 秭归县 |

续表

| 江苏省 | 三峡库区 |
|---|---|
| 苏州市 | 巫山县 |
|  | 巫溪县 |
| 宜兴市 | 奉节县 |
| 镇江市 | 云阳县 |
| 盐城市 | 开县 |
| 南京市 | 万县市五桥区 |
|  | 万县市天城区 |
| 南通市 | 忠县 |
| 武进县 | 丰都县 |
| 常州市 | 涪陵市 |
| 溧阳市 | 武隆县 |
| 金坛市 |  |

　　1994 年,三峡工程正式开工建设,国务院明确江苏省重点对口支援重庆市云阳县和湖北省秭归县,南京市计划单列对口支援重庆市万州区(与上海市、天津市、福建省、宁波市和厦门市共同结对该区)。江苏省进一步明确 10 个设区市与库区 3 区、县结对关系,对口支援方式以"只出钱、不派人"方式进行(详见表 13)。在全国支援下,三峡库区百万移民搬迁安置任务如期完成。

表 13　江苏对口支援三峡库区结对关系

| 江苏省 | 三峡库区 |
|---|---|
| 江苏省、南京市 | 重庆万州区 |
| 苏州市 | 重庆云阳县 |
| 无锡市 |  |
| 徐州市 |  |
| 常州市 |  |

续表

| 江苏省 | 三峡库区 |
|---|---|
| 南通市 | |
| 镇江市 | |
| 扬州市 | 湖北秭归县 |
| 泰州市 | |
| 盐城市 | |

在三峡工程建成投运后，根据中央统一部署，江苏省继续与重庆市万州区、云阳县和湖北秭归县保持结对帮扶关系（万州区仍由南京市对口），只给资金，不派干部人才。

2008 年以来，江苏省按照国务院印发的《全国对口支援三峡库区移民工作五年（2008～2012 年）规划纲要》总体要求，结合对口地区的实际需要，继续抓好公益项目援建、人力资源开发、企业经济合作，开展全方位、多层次的对口支援和经济合作。1994～2014 年，江苏省共安排援助资金 2.23 亿元，实施援建项目 273 个。

### 跨越阶段（2014 年至今）

2014 年中央启动了新一轮对口支援三峡库区合作工作。江苏省政府根据国务院印发的《全国对口支援三峡库区合作规划（2014～2020 年）》，编制《江苏省对口支援三峡库区重庆万州区、云阳县和湖北秭归县合作规划（2015～2020 年）》，不断完善合作机制，拓展合作领域，创新合作模式，以助力脱贫攻坚和促进三峡库区经济发展为核心，不断加大移民小区综合帮扶和产业合作开发力度，大力实施智力支持与人才培训计划，助力对口库区提前脱贫摘帽，助推库区经济社会高质量发展，为实现"搬得出、稳得住、逐步能致富"阶段性目标作出了积极贡献。

按照新一轮全国对口支援三峡库区计划，要求援助资金每年按照5％～10％递增。江苏省确定 2014 年财政支持云阳县、秭归县分别为800 万元、700 万元，并以 2013 年的援助额为基数制定按每年 8％递增的援建资金稳定增长机制①。按此口径,"十三五"(2016～2020年)期间安排援三峡库区资金1.61亿元。

"十四五"时期,对口支援三峡库区进入帮助移民稳定致富、促进库区经济发展新阶段。中央要求稳定并完善对口支援三峡库区工作机制。2020年,江苏省政府明确,将南京市与重庆市万州区对口合作关系上升至省级层面,由江苏省、南京市共同结对万州区;南京市仍为主体。同时自加压力,将"十四五"期间每年对口支援三峡库区资金由2020年前的3171万元(其中万州600万元,云阳1371万元,秭归1200万元)增加到8000万元(其中万州3200万元,云阳2400万元,秭归2400万元)。"十四五"拟安排援助三峡库区资金3.4亿元,其中2021年、2022年已拨付援助三峡库区资金1.36亿元。

为进一步支持库区提升基本公共服务供给能力,加快库区移民安稳致富,促进库区社会和谐稳定,在总结成效经验、分析研判形势、深入调研座谈、充分对接沟通的基础上,紧紧围绕《全国对口支援三峡库区合作规划(2021～2025年)》,江苏编制了《江苏省对口支援三峡库区重庆市万州区、云阳县和湖北省秭归县合作实施规划(2021～2025年)》,着力构建优势互补、协同发展、合作共赢的对口支援合作工作新局面,推动库区实现更高质量、更有效率、更加公平、更可持续、更为安全的发展。

## 组织领导

不断强化组织领导,高位推进对口支援。开展对口支援三峡库区,是党中央从国家发展大局出发作出的重大决策,充分体现了中国特色社会主义制度的优越性。江苏省委、省政府高度重视对口支援三峡库区工作,始终把支援库区工作摆在重要位置,多次召开省委常委会、省政府常务会、省长办公会、对口支援协作合作工作领导小组会议,加强工作研究和具体指导。省委、省政府主要领导多次作出批示、提出要求。省政府在每

---

① 财政一般公共预算收入增幅高于8%,援建资金按8%增长;等于或低于8%,按实际增长率增长;负增长的,则按上一年度基数计算。

年召开的全省对口支援协作合作工作会议上,专门部署年度对口支援三峡库区工作。省对口办定期组织召开专题会议,及时下达对口支援三峡库区年度工作计划,对各有关设区市和省相关部门的援建任务作出安排部署。同时,加强互访交流,密切援受两地关系。省领导多次率队赴三峡库区考察交流,参加支援三峡库区座谈会;省政府分管副秘书长、省发改委负责同志多次组织赴三峡库区开展工作调研;各相关设区市领导定期带队赴三峡库区交流洽谈对口支援工作。通过援受双方互动交流及实地调研,不断推动多领域多层次的交流合作走向深入。

## 民生援助

江苏始终把保障和改善民生作为对口支援的重要内容,重点向基层倾斜、向移民倾斜,促进移民安居乐业。

妥善接受安置移民。1999 年和 2003 年,国务院分别给江苏下达7000 人和 3000 人,共计 10000 人的三峡工程重庆库区农村外迁移民的接收安置任务。省委、省政府高度重视,通盘考虑,决定由盐城、南通两市接收安置三峡库区移民。2000 年,盐城大丰市开始移民接收安置的试点工作,采用购旧房加转让承包土地等具有江苏特色的安置方式,当年接收安置重庆云阳县三峡库区移民 813 人。2001 年,盐城大丰市接收安置1091 人、东台市 1131 人、射阳县 1067 人,南通如东县 1026 人。2002 年,盐城射阳县接收安置 848 人、东台市 587 人,南通如东县 716 人。实际共接收第一批安置移民 1632 户、7279 人,超计划 279 人。2003 年,省政府再次决定,由盐城市接收安置重庆云阳县 1900 人,由南通市接收安置重庆万州区 1100 人。2004 年,盐城东台市接收安置 627 人、射阳县 742 人、大丰市 613 人,盐城市实际接收安置 1982 人,超计划接收 82 人;南通通州市接收安置 223 人、海门市 231 人、如皋市 221 人、启东市 225 人、海安县 222 人,南通市实际接收安置 1122 人,超计划接收 22 人。第二批实际接收安置三峡库区移民 748 户、3104 人,超计划接收安置 104 人。截至2004 年底,江苏共接收安置三峡库区移民共两批计 2380 户、10383 人,超计划数 383 人，其中接收安置重庆云阳县三峡库区移民 9261 人、重庆万州区三峡库区移民 1122 人，在全国率先、超额完成移民安置任务。

协助移民安居乐业。江苏在移民小区设施建设、移民教育培训、社区管理、卫生健康、生产生活等方面做了大量卓有成效的工作，妥善解决了移民上学难、就医难、文体设施差等问题，精准实施了一批移民小区配套设施、公共基本服务能力提升、贫困群体生活改善等援建项目；资助云阳、秭归两县对口单位迁建。一大批医院、福利院、广播电视台、图书馆、科技中心、市民广场、培训中心等教育、卫生、文体项目相继建成。（1）在万州区，援建了万州区双河口、百安坝、周家坝、太龙、大周等移民安置小区配套建设等，包括一批社区卫生中心、便民服务中心、医院、学校等项目，极大改善了移民群众生产生活条件，在万州处处可见诸如南京路、紫金亭、金陵医院、南京幼儿园等深刻的南京印记。例如，投入 3000 万元援建了万州南京幼儿园，该园目前是万州面积最大、硬件设施最好、教育水平最优的一家公办幼儿园，已成为万州区幼儿教育的示范和样板。（2）在云阳县，重点帮扶双江、人和、青龙、盘龙等街道移民安置小区配套，援建 35 个移民乡镇希望小学、云阳中学科教楼、云硐中学教学楼、民德小学、县第三初级中学、县职业教育中心、县人民医院、县中医院、县第三人民医院、县少儿图书馆、县老年活动中心、县体育场、县广电中心、县残疾人康复中心等。此外，利用援助资金帮助云阳县设立 2500 万元的贫困人口大病医疗临时住院救助基金，为贫困户建立起"六重"（基本医保、大病保险、民政医疗救助、市级健康扶贫基金、精准脱贫保、县级健康扶贫基金救助）医疗保障。（3）在秭归县，援建了江苏路、江苏二路、河东路、县城二水厂、县第一实验中学、县第二中学、县第二人民医院外科大楼、县医疗中心门诊大楼、县广电大楼、县信息中心、县科技馆、县图书馆、县文化馆、屈原文化艺术中心、归州镇中学、归州镇卫生院、两河口镇卫生院等，援助秭归县茅坪镇九里移民安置小区综合帮扶示范点建设，小区面貌焕然一新。

江苏教育、科技、民政、文化、卫健等部门积极参与对口支援工作，为对口地区的人才培养、科教合作等方面作出贡献。南京中医院与万州区中医院等 3 对医院结为友好医院,开展人才培训、学科支持,推进远程医疗合作。同时,自发济助库区留守儿童、残疾人等相关弱势群体,苏州、无锡、常州、徐州等地爱心人士对弱势群体开展了不同形式的援助。

## 产业援助

为解决移民就业困难,提高移民安置效果,促进库区经济发展,江苏坚持以支援促合作,以合作促发展,助推库区经济高质量发展。早在 1998 年,江苏民营企业江阴兰陵瓶塞有限公司与重庆长丰通信有限公司共同投资组建重庆市涪陵三海兰陵有限责任公司,被誉为对口支援三峡库区移民"九朵金花"企业之一。至 2022 年,江苏累计与三峡库区达成合作项目 60 个,总投资 60 亿元,帮助当地移民 1 万多人就业。

协助培育特色产业。江苏结合库区资源条件和发展实际,积极支持并协助推进实施农业产业化项目,扶持一批移民直接受益的茶叶基地、水果基地、养殖基地,促进库区培育壮大特色优势产业。利用农业技术、人才、管理、营销等方面优势,投入 240 万元用于万州农业果蔬技术改良、农业高科技基地建设及科技脱贫示范村建设,帮助万州发展花卉、柑橘、蔬菜、茶叶等特色产业。扶持云阳县盘龙镇发展食用菌项目,解决移民 80 余人就业,并带动周边菌农 60 余户共同致富。常州露源生态茶业有限公司落户秭归,投资 1200 万元建设了 350 亩核心示范园和 100 亩白茶种苗繁育基地,并与浙商共同投资 5800 万元打造了 2000 亩"黄金玉"白茶示范园,带动了周边 500 户 1250 名移民致富。培育"秭归名特优产品科技示范园",协助引进国际先进栽培技术,实现了秭归脐橙精品化、规模化、基地化种植,四季产鲜果的脐橙产业格局。

积极促成产业合作。充分发挥库区政策优势和江苏的产业、技术、开放型经济优势,鼓励江苏企业向库区转移,支持库区企业开拓江苏市场,重点推进在节能环保、生态农业、新能源、食品加工、装备制造、能源电子、商贸物流和旅游业等领域的合作。(1)积极鼓励、引导江苏传统优势产业向库区转移,支持江苏企业到库区合作办厂,设立地区营销总部或生产基地,参与库区重大项目的投资开发与建设。通过组织参加全国对口支援三峡库区经贸洽谈会(简称"支洽会")、旅游节等活动,以及在江苏举办招商引资推介、特色农产品展销等经贸活动,促成了一批国内知名企业到库区投资兴业。在重庆库区落户的有徐工集团、雨润集团、大全集团、红太阳集团、苏美达集团、恒顺醋业等。以江苏大全集团为例,2006 年在万州区组建重庆大全新能源有限公司,投资建设多晶硅项目,一期工程第一条生产线于 2008 年建成投产,当年实现销售收入 10 亿元。在湖北库区落户的有雨润集团、森达集团、昆山 AB 集团(二期)、江苏华扬太阳能热水器有限公司、江苏维维集团等。(2)帮助库区企业开拓江苏市场,参与江苏沿海地区开发。支持重庆啤酒集团、东银实业集团等企业在江苏建立合作产业基地;支持云阳三峡云海药业、旭达药业产品进入江苏医保,"十三五"期间,云阳中草药材及相关制成品在苏销售约 6 亿元,每年递增20％以上;支持秭归每年在苏销售脐橙、茶叶等农副产品 2000 多吨,销售额达 2 亿元。(3)积极推进产业园区合作。率先在库区兴建江苏工业园区,积极推进江苏产业园区与库区产业园区合作,协助招商引资、在苏柔性引才,以及聘用管理人员赴库区工作和参与园区运营管理。南京江宁经济开发区主动与万州经济开发区合作,累计出资 3000 万元支持万州科创中心建设,促进万州经济开发区创新能力提升。共建"江苏云阳产业园",承接江苏产业转移项目。

拓展文化旅游合作。积极协调服务,拓展两地旅游合作,促进与库区旅游产品互推、客源市场互动、文旅设施共建,不断创新旅游合作模式。多次组织江苏旅行社赴三峡库区考察旅游资源、线路等,帮助库区宣传、包装、推介各项旅游产品。南京市将万州区作为公职人员疗休养目的地,并纳入公共采购目录;开通南京—万州直飞航班、加密常州—宜昌航线,为江苏与库区人文交流、经贸往来、旅游产业发展提供交通便利;在南京—三峡旅游线路中特别增加了秭归、云阳旅游线路;协助秭归县在苏举办原创民俗歌舞剧"大端午"回馈演出,有力促进了两地经济文化的交流与合作。

## 智力援助

江苏高度注重人才培育工作,精心组织,学用相长,大力帮助库区培训干部、科技人才和移民致富带头人。省、市有关部门都安排了专项资金,用于干部人才培训和库区移民在江苏的职业介绍和职业培训补贴。积极开展劳务合作,帮助库区输出劳务,解决移民就业问题。从2004年开始,江苏结合自身的优势和特点,每年为三峡库区开设农业科技、文化旅游、经济金融、生态环保、应急管理、电子商务、社区管理、党务等各类专题培训班,切实加大党政干部交流、技术人才培养、移民群众培训工作力度。例如,南京市协助万州区举办了"大数据与政府治理""创新团队带头人能力提升"等近十多个专题培训班,累计培训600多人次。南京、常州、无锡等地先后协助举办"SYB 创业培训"、汽车维修、护理等专业培训,累计培训 2000 余人次。利用苏州市农村干部学院、无锡干部学院、张家港全国致富带头人"善港"培训基地等,帮助库区培训致富带头人 500 多人次,温定军等致富能手借此成长起来,通过发展水产养殖等产业,实现了由农民到企业家的华丽转身。

## 精准扶贫

三峡库区属国家级连片贫困区,发展基础薄弱、资源相对贫乏、人才技术相对落后,脱贫攻坚任务极为艰巨。江苏立足库区脱贫攻坚的总体目标,把帮助库区脱贫攻坚当作硬任务,解决了一批移民群众最直接、最关心、最现实的问题。通过援建社会事业项目,切实改善民生福祉;通过援助乡村基础设施建设,促进城乡协调发展;通过开展移民小区帮扶,改善人居环境;通过开展技术经济合作,帮助移民在家门口就业;通过培育林特产业和扶持龙头企业,直接带动移民增收致富;通过开发旅游资源,助推"旅游＋扶贫"融合发展。"十三五"期间,助力 332 个贫困村、31.4万贫困人口提前脱贫,三县(区)城镇居民、农村居民人均可支配收入总体接近重庆、湖北平均水平。"十四五"以来,江苏对口支援三峡库区工作围绕产业兴旺精准发力,助力巩固拓展脱贫攻坚成果、推进乡村全面振兴。帮助受援地打造成渝地区农产品生产供给基地、现代山地特色高效农业产业示范区。支援云阳县建设集科研、栽培、加工、销售和技术推广为一体的现代农业食用菌示范基地,实施秭归名特优产品科技示范园等项目,提升秭归茶叶、脐橙栽培技术,有效带动农业增效、农民增收。例如,江苏省张家港市凤凰镇魏庄村与云阳县南溪镇宏实村开展结对帮扶,分享农业产业化、土地流转等经验做法,深化宏实村"三变改革",建立起 500 亩红心柚、700 亩中药材、500 亩柑橘优势产业,将昔日荒山坡变成金银山。

## 第六节　对口支援绵竹·共襄重建大业

### 背景综述

2008 年 5 月 12 日汶川特大地震发生后,党中央旋即启动对口支援制度,明确江苏对口支援四川省德阳市绵竹市。

绵竹,四川省辖县级市,地处四川盆地西北部,背倚龙门山脉。国土面积 1245 平方公里,辖 2 街道 10 镇,常住人口 44 万人(2022 年)。绵竹是全国发展改革试点城市、"十三五"多规合一试点城市、资源成熟型城市、休闲农业与乡村旅游示范县,也是唐代贡茶赵坡茶、中国名酒剑南春的产地。

绵竹在汶川特大地震中遭受了巨大损失,是四川的十个极重灾区县之一。地震造成 1.1 万人遇难、3.7 万人受伤,全市直接经济损失 1423 亿元。基础设施遭受严重破坏,工业企业全部停工停产,机关、学校、医院等千疮百孔,各项事业一度瘫痪。地震发生后,按照党中央、国务院的统一部署,江苏举全省之力对口援建绵竹,以"江苏·绵竹一家人一条心一个目标,共建灾后新绵竹"为目标,10 多万名江苏儿女奋战在重建一线,援建市县连续三年、每年拿出当年财力的 1%,并募集 30 多亿元社会资金,完成了总投资 112 亿元的 295 个重建项目。经过两年多、800 多个日日夜夜奋战,谱写了"三年重建任务两年基本完成"的壮歌,让绵竹迅速从满目疮痍中坚强崛起,城乡面貌发生了巨大变化,群众住进了焕然一新的家园,生产生活条件得到极大改善。相隔近1700公里的苏绵两地也从此结下浓得化不开的深情。

对口援建灾后工作的圆满完成,是党中央、国务院坚强领导、科学决策的结果,是对口援建市、县和省有关部门胸怀大局、合力支持的结果,是苏绵两地团结一心、密切配合的结果,也是江苏援建人员自觉奉献、顽强拼搏的结果。援建人员牢记使命、不负重托,发扬特别能吃苦、特别能战斗、特别能奉献的精神,冒着余震、泥石流等危险,克服各种艰难险阻,全身心投入援建工作,出色完成了援建任务,为江苏赢得了荣誉,向党和人民交出了一份满意的答卷。

## 发展历程

2008年汶川特大地震发生后,6月5日中共中央政治局常务委员会会议,研究部署汶川地震灾后恢复重建对口支援工作。6月11日,国务院办公厅印发《关于印发汶川地震灾后恢复重建对口支援方案的通知》,提出"一省帮一重灾县,举全国之力,加快恢复重建",要求19个省市以不低于1%的财力对口支援重灾县市3年,明确了江苏对口支援四川省德阳市绵竹市。

江苏省委、省政府高度重视对口支援绵竹事宜,坚决贯彻落实中央的决策部署。6月13日中央召开省、区、市和中央部门主要负责同志会议,6月14日上午江苏省召开省委常委会传达中央会议精神,研究具体贯彻意见。6月15日分管副省长带领由省有关部门负责人和专家组成的工作组赴绵竹调研摸底,与受援地党委、政府协商提出对口援建的工作方案和规划意见。6月20~22日,省委书记、省长又亲率省住建厅、财政厅、交通运输厅等有关部门负责人到绵竹考察灾情,就对口支援工作进行调查研究,广泛听取受援地党委、政府和干部群众的意见建议,共商绵竹恢复重建大计,提出"江苏绵竹一家人、一条心、一个目标,携手共建绵竹美好新家园",加快推动绵竹灾后恢复重建。6月24日上午,省委再次召开常委会,专题研究支援绵竹灾后恢复重建工作,听取工作组赴绵竹调研的报告,确定对口支援工作方案。6月26日,省委召开全委会,对全省对口支援四川绵竹灾后恢复重建工作作动员部署,提出明确工作要求,确定对口援建六大工程:群众安居、公共服务、基础设施、产业振兴、智力支持、就业援助。明确"一市帮一受灾乡镇"对口援建机制,由江苏省13个省辖市和经济实力较强的8个县(市、区)对口支援绵竹的21个乡镇(详见表14)。7月3日省政府召开全省对口支援绵竹灾后恢复重建工作会议,具体安排江苏省对口援建工作。

表 14　江苏对口援建四川绵竹结对关系

| 江苏(设区市) | 四川绵竹 | 江苏(县级市、区) | 四川绵竹 |
|---|---|---|---|
| 南京市 | 剑南镇 | 江阴市 | 清平乡 |
| 无锡市 | 汉旺镇(含天池乡) | 武进区 | 金花镇 |
| 徐州市 | 富新镇 | 昆山市 | 广济镇 |
| 常州市 | 遵道镇 | 张家港市 | 东北镇 |
| 苏州市 | 孝德镇 | 常熟市 | 土门镇 |
| 南通市 | 新市镇 | 太仓市 | 齐天镇 |
| 连云港市 | 什地镇 | 吴江市 | 兴隆镇 |
| 淮安市 | 玉泉镇 | | |
| 盐城市 | 西南镇 | | |
| 扬州市 | 九龙镇 | | |
| 镇江市 | 板桥镇 | | |
| 泰州市 | 拱星镇 | | |
| 宿迁市 | 绵远镇 | | |

注:省本级负责援建绵竹市本级相关项目。

在省委、省政府周密部署下,江苏公安干警、医疗防疫人员第一时间奔赴灾区,抢险救灾。随后又派出大批工程建设者搭建板房,帮助做好过渡安置工作。8月6日,江苏省援建指挥部进驻绵竹。8月25日,江苏援建的首批 35 个项目签约并举行开工仪式。9 月,江苏规划专家帮助编制的《绵竹市城市总体规划编制纲要》《绵竹市城市近期建设规划》和汉旺等 19 个镇乡规划在四川省重灾区中首批通过评审。

2009 年,随着紧张有序高效推进相关工程,江苏援建项目陆续竣工交付。第一个竣工交付的项目是徐州市援建的富新学校,之后首批 55 所学校、幼儿园陆续交付使用,绵竹市 90% 的学生告别板房教室。同年江苏分七期培训了 350 名绵竹干部。雨润、苏宁等 111 家江苏企业与绵竹签署 118.66 亿元的投资合作协议。

2010 年,江苏省援建的 64 所学校全部交付使用,绵竹 5 万学生进入新教室上课;江苏省援建的官宋硼堰水利枢纽重建工程竣工交付;昆山市援建的广洛昆山大桥建成通车;苏州市援建的绵竹市体育中心竣工交付。累计竣工项目 276 个,完成投资量 94.6 亿元,均超过计划数的 95% 以上。四川省委主要领导批示:江苏省的援建工作成效显著,规模大、进展快、质量好,给灾区重建注入了许多新的理念,为改善民生、加强基础设施和推动产业发展提供了巨大支持。江苏援建队伍素质过硬、作风过硬、工作过硬,赢得了当地群众的赞誉和尊重。

经过两年多的努力,在党中央、国务院的坚强领导下,江苏援建绵竹前后方人员与灾区人民风雨同舟、甘苦与共,举全省之力支持绵竹恢复好、建设好、发展好,圆满实现中央提出的"三年任务两年基本完成"要求。13 个设区市和苏南 7 个经济强县(市、区)对口支援绵竹 20 个乡镇,选派 200 多名优秀干部千里驰援,10 万余人参加援建工作,建设项目 295 个,社会各界捐款捐物和党员组织缴纳"特殊党费"合计 48.73 亿元,累计投入援建资金 112.81 亿元。其中,支持农房重建 13.96 万户,建设城镇廉租房和安置房 1.26 万套;建成学校 64 所,医院 29 所,文化、民政等其他公共服务设施项目 41 个;道路、桥梁、水利等基础设施项目 138 个,修建城乡道路近 1000 公里。

## 援建内容

江苏实行"一市帮一受灾乡镇"的对口援建工作机制,由 13 个省辖市和江阴、武进、昆山、张家港、常熟、太仓、吴江等 7 个进入全国百强的县级市对口援建绵竹市 21 个镇乡,成立 20 个指挥组,抽调 220 多名机关干部,带着江苏人民的深情厚谊星夜赶赴灾区援建绵竹,投入了大量的人力、物力、财力。各援建工作组统筹兼顾,加快受灾群众住房建设进度,优先解决灾区群众的基本生活条件,发扬"五加二"(周一至周五加两个休息日)"白加黑"(白天加晚上)精神,创造了对口援建的"江苏速度"。

在援建工作中,江苏始终坚持以人为本、民生优先,把解决人民群众最迫切、最需要的问题摆上突出位置。优先恢复重建教育、卫生、民政、文化等公共服务设施,尽快恢复城乡基础设施。坚持"硬件"和"软件"、"输血"和"造血"、当前和长远、生产和生活相结合,高水平规划、高质量建设、高标准管理,形成了江苏援建工作的鲜明特色:一是坚持以规划为龙头,把城乡居民住房重建作为"一号工程",帮助灾区群众重建美好家园;二是坚持把公共服务和基础设施建设摆在突出位置,有力促进了绵竹城乡发展一体化;三是坚持把支持生产恢复与调整优化产业结构相结合,注重打基础、利长远,充分发挥市场机制作用,探索长效机制,进一步增强绵竹经济发展后劲;四是坚持全面实施智力支持和就业援助工程,有效提升了当地干部队伍和专业人才能力水平;五是坚持开展扶贫帮困活动,让灾区群众切实感受到了社会主义大家庭的温暖;五是坚持党建和援建"两手抓、两促进",确保了江苏援建项目优质、资金安全、干部廉洁。

在援建工作中,江苏花大力气帮助绵竹恢复经济。江苏省委、省政府明确要求,一定要考虑并做好事关长远的产业援建。援建不是代建,更不是包建。对口援建,项目是银,互动是金。对灾区而言,关键是把灾后重建与开放合作结合起来。一是建设江苏高效农业示范园、绵竹江苏工业园和汉旺无锡工业园。例如,江苏高效农业示范园是"三农"援建项目,由江苏投入 2155 万元、绵竹投入 360.5 万元兴建,建园之初,赵亚夫、王柏生等江苏农业专家手把手传授农业技术,发展循环养殖,实现每亩年产值不低于1万元的目标。二是推进苏绵产业合作,在江苏"百企百亿"产业对接活动中,上百家企业与绵竹签订了上百亿元的投资合作协议。三是培育新的经济增长点。建设孝德镇年画村、遵道镇年画传习所,大力支持发展年画产业;打造沿山旅游观光带,组织"江苏万人游绵竹"活动。四是注重延续绵竹的历史文脉。南通市投资2200万元、江阴市投资1200万元,分别将绵竹市博物馆和紧邻的诸葛双忠祠修缮一新。该博物馆已成为"坚定、坚强"绵竹精神的具体体现,是绵竹人民灾后浴火重生的真实写照,更是江苏人民无私大爱的真实印迹。

# 第八章
## 对口协作 | 绘千里江山 · 精准帮扶暖民心

对口协作,为党分忧,为民解困。开展东西部协作是党中央和国务院从全局高度制定的重大战略部署,是社会主义制度优越性的具体体现。江苏作为经济较发达东部沿海省份,肩负着率先探索、走在前列,帮扶经济欠发达地区实现全面脱贫和乡村振兴的重大政治任务和光荣历史使命。

## 第一节　江苏对口协作概况

江苏省委、省政府站在党和国家事业发展战略全局的高度,把对口协作作为义不容辞的政治责任牢牢扛在肩上,团结带领全省上下勇担使命、主动作为、攻坚克难,为缩小东西部发展差距、实现与协作地区共同发展,付出艰辛努力、作出应有贡献,得到党中央的充分肯定和协作地区广大干部群众的广泛赞誉。

"十三五"期间,从 2017 年开始,根据中央安排,江苏与陕西全省、青海省西宁市和海东市、贵州省铜仁市对口开展东西部扶贫协作。期间累计安排财政性协作资金 103. 26 亿元,土地增减指标调剂资金 221. 5 亿元;选派协作干部 624 人、专业技术人才 5579 人;引导 722 家企业落户对口协作地区,实际投资 411. 7 亿元,社会捐款捐物 7. 18 亿元。协助 3 省

75个贫困县全部摘帽,9649个贫困村全部出列,覆盖312.13万名贫困人口,助力对口协作地区与全国一道打赢了脱贫攻坚战,交上了一份高质量的答卷。

"十四五"期间,东西部协作工作重心转移到巩固拓展脱贫攻坚成果同乡村振兴有效衔接上。2021年开始,中央调整结对关系,贵州铜仁市移交广东省对口协作,江苏省与陕西省、青海省开展东西部协作。江苏坚持集中资源、尽锐出战,持续加大协作力度。2021年,继续加大协作力度,安排协作资金35.511亿元(陕西省26.923亿元,青海省8.588亿元);选派协作干部175人,教育、医疗、农牧等专业技术人才1221人;引导社会各界积极参与东西部协作,累计向对口协作地区捐款捐物1.25亿元;帮助引进企业190家,实际投资额70.46亿元。2022年,安排协作资金35.191亿元(陕西省26.603亿元,青海省8.588亿元),组织实施1409个协作项目;选派协作干部174人,教育、医疗、农牧等专业技术人才1313人;引导社会各界积极参与东西部协作,累计向对口协作地区捐款捐物1.64亿元;帮助引进企业265家,实际投资额117亿元。

坚持突出重点、统筹推进,不断提升协作成效。一是在产业协作上,将协作资金60%用于支持产业发展。注重依托园区载体、发挥企业主体作用、增强服务意识,助力对口协作地区特色产业发展壮大。例如,聚焦研发、生产、销售、物流、服务等全产业链发展,帮助陕西柞水县发展木耳产业,"小木耳"办成"大产业"的脱贫经验获习近平总书记称赞。又如,针对陕西安康市劳动力资源优势,帮扶引进用工需求量大的劳动密集型产业,安康市毛绒玩具文创产业实现了"从无到有,从弱到强"的飞跃,成为当地的主导产业和富民产业,吸纳就业超1.5万人,得到国务院原副总理胡春华的充分肯定。二是在就业协作上,突出强化渠道建设、技能培训、政策保障,着力提升就业质量,吸纳中西部脱贫人口在苏就业95.8万人,带动就地就近就业6.3万人。三是在消费协作上,紧扣品牌打造、东西对接、拓展渠道等重点环节,持续扩大消费协作规模,2021年直采、助销中西部地区农特产品近200亿元,其中,对口协作地区产品28.58亿元。

坚持共同发展、共同富裕，加快融入新发展格局。助推对口协作地区与江苏乡村同步实现全面振兴。注重分享复制江苏乡村振兴经验，将近1/2协作资金用于26个国家乡村振兴重点帮扶县，将近1/4协作资金用于乡村基础设施建设、教育医疗服务水平提升和人居环境治理，全面启动27个乡村振兴示范点帮建工作。助推对口协作地区与江苏产业实现协同发展。开展全方位合作，加强"一带一路""西部大开发"等国家重大战略实施，农业、经贸、能源、文旅、纺织服装、机械制造等领域合作持续增多，共同发展、互利共赢的局面基本形成，对口协作地区自主发展的基础持续夯实。助推对口协作地区与江苏同步提升民生福祉，助力对口协作地区提升教育医疗保障能力，持续深化镇村、学校、医院结对共建行动，不断增强对口协作地区群众获得感、安全感、幸福感。

## 第二节　苏陕协作・纵横苏秦之谊

### 背景综述

陕西省以秦岭为分水岭，地跨黄河、长江两大水系，根据地理特征可分为关中、陕北、陕南三个区域，故又被称为"三秦"，是中华民族和华夏文化的重要发祥地，以长安（西安）为起点，孕育了古"丝绸之路"和中国历史上最具世界主义色彩的汉唐帝国，先后有14个政权建都于斯，是历史上建都朝代最多和时代最长的省份，同时也是中国革命的圣地，是"一带一路"建设的重要节点和我国向西开放的前沿。国土面积20.56万平方公里，下辖10个设区市[①]，常住人口4051.73万人（2022年）。

当前，陕西人均地区生产总值已超过1万美元，正处在创新驱动和投资拉动并重阶段，"十四五"时期将围绕谱写新时代追赶超越新篇章目标，依托新时代推进西部大开发形成新格局、黄河流域生态保护和高质量发展等重大战略，积极发挥区位、资源、科教、文化等方面优势，更好地服务

---

① 西安市、宝鸡市、咸阳市、铜川市、渭南市、延安市、榆林市、汉中市、安康市、商洛市。

和融入新发展格局。特别是"一带一路"建设的不断推进,必将持续扩大与共建"一带一路"沿线国家和地区经济合作领域,加快形成面向中亚、南亚、西亚国家的通道、商贸物流枢纽、重要产业和人文交流基地,构筑内陆地区效率高、成本低、服务优的国际贸易通道,这是陕西引领西北地区新一轮开放的重大机遇。同时,陕西总体发展不平衡不充分的问题仍然存在,脱贫地区基础还不够牢固,社会公共服务、基础设施建设还存在一定短板,高质量发展的任务依然艰巨,仍然需要江苏在新时期东西部协作中给予更大力度的支持。

江苏、陕西两地历史文化同根同源、互动往来源远流长。根据《史记》所载"秦伯奔吴"典故,江苏的无锡、苏州一带(吴国)先祖是商朝的陕西关中人泰伯和仲雍(周文王的两位伯父)。他们为避位让贤从周原南下至江苏梅里,为江南引进了农耕技术,成就了春秋五霸的经济基础。时光穿越三千载,在苏陕两地一代代人的共同努力下,情谊在历史的绵延中日益加强,交流日益密切,合作日益深入。

自 1996 年中央确定江苏对口帮扶陕西以来,特别是习近平总书记2016 年在银川主持召开全国东西部扶贫协作座谈会后,在苏陕两省党委、政府的坚强领导下,两地立足经济社会发展实际,坚持"陕西所需"与"江苏所能"紧密结合,从党和国家事业发展的战略全局出发,紧扣陕西追赶超越目标和"五项要求"①"五个扎实"②,坚持高位推进部署、深入开展对接交流、加快帮扶项目实施,不断深化各领域协作合作,苏陕扶贫协作协议和合作项目持续落地见效,协作成果有效惠及陕西贫困地区和贫困群众。

2016~2022 年,江苏省对口帮扶陕西省财政资金 127.96 亿元,2020年县均 4520 万元。"十四五"延续不变,56 个县每年共计 25.312 亿元。先后选派东西部协作干部 439 名,教师、医生、农技师等专业技术人才

---

① 推动经济高质量发展迈出更大步伐、打造内陆改革开放高地、推动生态环境质量持续好转、加强民生保障和社会建设、推动全面从严治党向纵深发展。
② 扎实推动经济持续健康发展、扎实推进特色现代农业建设、扎实加强文化建设、扎实做好保障和改善民生、扎实落实全面从严治党。

4455 名。目前,有 147 名干部、1008 名专技人才在陕西省实施帮扶工作。落地补短板、助增收、促发展帮扶项目 7644 个,带动 126 万贫困(脱贫)人口增收,帮扶任务全面完成。江苏 52 个经济较强的县(市、区)与陕西 56 个贫困县建立结对关系,江苏 350 个经济强镇与陕西 344 个贫困乡镇结对,江苏 508 个经济强村与陕西 512 个贫困村结对,江苏 234 家企业与陕西 242 个贫困村结对,江苏 71 个社会组织与陕西 74 个贫困村结对,江苏 429 家学校与陕西 436 家学校结对,江苏 146 家医院与陕西 138 家医院结对,结对双方常年开展实质性帮扶和结对共建工作。

江苏对口帮扶陕西的部分创新做法得到中央肯定和推广。农业产业方面,打造出柞水木耳、平利茶叶等品牌。园区建设方面,苏陕两地共建了丹阳富平等 10 家示范园区,成为助推地方发展的新引擎。人才方面,五年选派了 293 名援陕干部,"组团式"选派 3662 名专业技术人员,与三秦父老一起奋战在扶贫一线。转移就业方面,2020 年新冠疫情期间,采取包机包车、网络招聘、提供一站式服务等方式稳岗就业,保证了贫困群众的稳定就业。产业协作方面,坚持农业、工业、服务业"三产"并举,力创产业联动扶贫经济;坚持工业园区、农业科技园区、集镇镇区"三区"并肩,力创农旅融合扶贫特色;坚持支部引路、党员带路、产业铺路"三路"并接,力争群众满意扶贫效果。例如,浦口与镇安进行了组织领导护航、规定动作先行、项目发展为本的"三招"探索;姚王镇和底庙镇开展了帮建扶资、帮转扶技、帮售扶志、帮学扶智"四项"尝试。

经过苏陕两地合力攻坚,陕西"两不愁"质量水平明显提升,"三保障"突出问题彻底消除,脱贫攻坚取得全面胜利。陕西 56 个贫困县全部摘帽,6462 个贫困村全部退出,覆盖 229.88 万建档立卡贫困人口。秦巴山区等连片特困地区的区域性整体贫困问题得到解决,走出了"一方水土养不好一方人"的困境。陕西综合实力明显增强,城乡区域发展更加协调,改革开放扎实推进,社会民生持续改善。两地在能源、科教文化、机械制造、乡村振兴等领域合作持续增多,共同发展、互利共赢的局面进一步形成,高质量发展的基础不断得以夯实,探索出了一条互利共赢、美美与共的东西部协作新路子。

## 发展历程

苏陕协作大致可分为雏形期、起步期、精准期、衔接期等四个阶段:

### 雏形阶段（1991～1995 年）

1991 年,在国家扶贫基金会几位老同志的牵线和中组部的支持下,江苏和陕西两地率先开启了双方互派交流,以扶贫开发为主要内容、以给交流干部职权责为主要形式,赋予了干部交流以扶贫减贫与经济帮扶协作内涵。当年 4 月,来自江苏南京、无锡、常州、苏州、南通、扬州、镇江 7 市的 73 名干部走进三秦大地,任职两年时间;来自陕西宝鸡、汉中、安康、商洛 4 地市的 73 名干部赴江苏挂职一年。通过干部互派,把来自江南水乡的"改革之花"绽放在了当时还相对封闭的陕南山区,让商品经济思维、改革开放意识在秦巴大地释放出阵阵"冲击波"。交流成效也得以显现,被当地干部形象地形容为"三多",即信息多了、电话铃声多了、人走动得多了。经双方交流干部的牵线搭桥、铺石垫路,半年内即形成了 200 多项跨省市经济协作项目。这一通过东西部干部交流促进西部发展的创新之举,以《苏陕干部交流：一个意义重大的创举》为题被发表在 1991 年 10 月的《瞭望周刊》上,所推介的这种干部交流互派形式日后在更大范围内发挥了示范引导作用。

### 起步阶段（1996～2015 年）

1996 年,中央召开扶贫开发工作会议,确定实施对口帮扶政策,其中江苏省与陕西省结对,江苏省 10 个省辖市 49 个县（市、区）遂与陕西 9 个省辖市 52 个县（市、区）建立了挂钩扶贫关系。由此,两地从过去以干部交流为主要内容的扶贫开发和经济协作进入了一个新的发展时期。这是苏陕两地全面协作的起点。

### 精准阶段（2016～2020 年）

2016 年 7 月 20 日，习近平总书记在宁夏银川主持召开东西部扶贫协作座谈会，部署了新一轮东西部扶贫协作工作。党中央、国务院结合工作实际，重新调整了对口帮扶结对关系。其中明确了江苏与陕西全省开展东西部扶贫协作。

江苏省委、省政府高度重视对口帮扶陕西工作，认真贯彻落实中央赋予对口帮扶陕西的政治任务。2016 年 12 月，江苏省委办公厅、省政府办公厅出台《关于深入推进东西部扶贫协作工作的实施意见》，明确了江苏 10 个设区市 52 个县（市、区）与陕西 10 个设区市 56 个县（市、区）结对关系（详见表 15）。

2017 年，成立了江苏省对口帮扶陕西省工作队（以下简称"苏陕工作队"，副厅级建制），领队兼任陕西省发展改革委副主任。2019 年开始，省对口帮扶陕西省工作队增配一名副领队（正处职），兼任陕西省发改委党组成员。

2018 年，江苏出台《江苏省深入推进东西部扶贫协作三年行动方案（2018～2020 年）》，明确三年间推进东西部扶贫协作工作的总体要求和工作重点，提出资金支持帮扶行动、产业合作帮扶行动、劳务协作帮扶行动、人才支援帮扶行动、社会协同帮扶行动和"携手奔小康"帮扶行动六大行动。江苏先后选派 3 批对口帮扶陕西干部，帮扶机制不断健全，帮扶保障更加有力，帮扶成效显著提升，为陕西打赢脱贫攻坚战贡献了力量。

### 衔接阶段（2021 年至今）

东西部协作起步于扶贫，但不止于扶贫；脱贫有重点，但协作合作无止境。在助力陕西省全面打赢脱贫攻坚战后，根据党中央要求，2021 年东西部协作工作重心转移到巩固拓展脱贫攻坚成果、全面推进乡村振兴，最终实现共同富裕上来。

表 15　江苏对口协作陕西结对关系

| 结对市 | 结对县（市、区） | 结对市 | 结对县（市、区） |
|---|---|---|---|
| 南京 | 江宁区 | 商洛 | 洛南县 |
|  | 浦口区 |  | 镇安县★ |
|  | 高淳区 |  | 柞水县★ |
|  | 溧水区 |  | 商南县★ |
|  | 六合区 |  | 山阳县★ |
|  | 雨花台区 |  | 丹凤县★ |
|  | 栖霞区 |  | 商州区 |
| 无锡 | 江阴市 | 延安 | 延川县 |
|  | 宜兴市 |  | 延长县 |
|  | 新吴区 |  | 宜川县 |
| 徐州 | 沛县 | 宝鸡 | 麟游县 |
|  | 铜山区 |  | 陇县 |
|  | 新沂市 |  | 千阳县 |
|  | 邳州市 |  | 扶风县 |
|  | 贾汪区 |  | 太白县 |
| 常州 | 武进区 | 安康 | 汉滨区★ |
|  | 新北区（常州经济开发区） |  | 平利县 |
|  | 天宁区 |  | 紫阳县★ |
|  | 溧阳市 |  | 岚皋县★ |
|  | 金坛区 |  | 旬阳县 |
|  | 钟楼区 |  | 白河县★ |
|  |  |  | 汉阴县 |
|  |  |  | 石泉县 |
|  |  |  | 宁陕县 |
|  |  |  | 镇坪县 |
| 苏州 | 太仓市 | 西安 | 周至县 |
| 南通 | 启东市 | 汉中 | 西乡县 |
|  | 海门区 |  | 勉县 |
|  | 通州区 |  | 镇巴县★ |
|  | 海安市 |  | 略阳县★ |
|  | 崇川区 |  | 留坝县 |
|  | 市经济开发区 |  | 佛坪县 |
|  | 如东县 |  | 宁强县 |
|  | 如皋市 |  | 城固县 |
|  |  |  | 洋县 |
|  |  |  | 南郑区 |
| 盐城 | 东台市 | 铜川 | 耀州区 |
|  | 大丰区 |  | 宜君县 |
|  | 亭湖区 |  | 印台区 |
| 扬州 | 邗江区 | 榆林 | 绥德县 |
|  | 江都区 |  | 子洲县 |
|  | 广陵区 |  | 佳县 |
|  | 市开发区 |  | 清涧县 |
|  | 仪征市 |  | 吴堡县 |
|  | 高邮市 |  | 米脂县 |
|  | 宝应县 |  | 定边县 |

续表

| 结对市 | | 结对县（市、区） | | 结对市 | | 结对县（市、区） | | 结对市 | | 结对县（市、区） |
|---|---|---|---|---|---|---|---|---|---|---|
| 扬州 | 榆林 | 生态科技新城 蜀冈—瘦西湖风景名胜区 | 横山区 | 镇江 | 渭南 | 扬中市 | 白水县 | 泰州 | 咸阳 | 泰兴市 | 句邑县 |
| | | | | | | 句容市 | 蒲城县 | | | 靖江市 | 永寿县 |
| | | | | | | 丹徒区 | 澄城县 | | | 海陵区 | 长武县 |
| 镇江 | 渭南 | 丹阳市 | 富平县 | | | 镇江新区 | 合阳县 | | | 医药高新区（高港区） | 淳化县 |

注：标★者为国家乡村振兴重点帮扶县。

江苏省委、省政府坚决贯彻落实党中央、国务院决策部署,省委、省政府主要领导多次分别召开省委常委会会议、省政府常务会议,研究贯彻落实举措,积极探索帮扶方式,持续完善工作机制,加大工作推进力度,坚决把习近平总书记和党中央交给江苏的这一重大政治任务完成好。苏陕协作在继续聚焦巩固拓展脱贫攻坚成果同乡村振兴有效衔接的基础上,在落实国家重大战略和优势互补中,不断提升层次和水平。

## 产业帮扶

三秦大地是习近平总书记寄予厚望、蕴藏无限商机的创新创业热土,也是江苏企业家建功立业、服务大局的重要平台。一直以来,江苏坚持把发展特色产业作为苏陕协作的重要任务和脱贫攻坚的重要抓手,积极开展产业帮扶,持续强化脱贫攻坚、乡村振兴的产业基础,优选带贫益贫主体,优化利益联结机制。苏陕两地始终立足国家战略、长远发展,紧密结合两地资源禀赋和比较优势,在新发展理念指引下逐渐形成"你中有我、我中有你"的东西部产业协作新机制。

2017~2020年,江苏协助陕西累计引入产业合作项目385个、实际投资106.25亿元,累计支持和吸引487家江苏企业到陕西投资,落地投资105亿元;共建富丹产业园、西乡国动产业园等10家苏陕产业园区,引进项目43个,总投资81.8亿元,到位资金37.7亿元,帮助建档立卡贫困户2377户7514人。促成总投资10亿元的铜川达美汽车轮毂项目、投资1.5亿元的延川县斯派尔集成建筑项目、投资1亿美元的延川县EPS项目等,为当地产业发展发挥了骨干和头雁作用;投资2亿元的中冶陕压PMC项目助力富平县国企的转型升级;帮助安康市建成投产社区工厂、扶贫车间共计308家,并实现13.2亿元产值。此外,两地在能源领域开展合作,新冠病毒肺炎疫情前一年"陕电送苏"就达15.23亿千瓦时。

2021~2022年,通过苏陕协作机制引导472个企业到陕西投资兴业,实际投资额约200亿元;共建89个产业园区,引导129个企业入驻园区,到位资金金额46.1亿元,共吸纳陕西省农村劳动力5082人,其中脱贫劳动力 1118 人。两地产业合作领域不断拓展,产业协作层次不断提升,产业质量效益进一步显现。商洛市洛南县通过苏陕协作引入的环亚源生态岛产业园,以环亚源铜业及其固危废综合利用项目为龙头,引入关联企业 29 个,形成了一个有色金属环保产业联盟,已累计实现产值 23.1 亿元、税收 1.3 亿元,提供就业岗位 100 余个。商洛市商州区累计投入苏陕协作资金 1.6 亿元打造电子信息产业园,建设高质量标准化厂房,引进东部电子信息产业企业 9 家,建设了工业级无人机生产基地、LED 半导体封装及应用、动力储能 PACK 封装锂电、半导体复合材料等项目,初步形成了总规模 50 亿元的电子信息产业集群。汉中市西乡县以苏陕协作国动产业园为基地,承接江苏纺织服装产业梯度转移,累计投入苏陕协作资金 5400 多万元打造服装产业聚集区,先后引进索克斯、捷得等一批服饰企业落户西乡,推动服装产业成为西乡县域经济发展新支撑。2022 年,苏陕两地联合建立苏陕产业合作重大项目协调服务机制,对列入机制的重点项目,加大政策扶持,加强跟踪调度,帮助企业协调解决实际困难,有 29 个苏陕协作重大项目列入省级协调机制,涵盖汽车零部件、光伏组件、能源化工、新材料等产业,总投资达 264 亿元,2022 年完成投资 31.6 亿元。

　　培育壮大现代农业。按照陕西"四区五带"①农业生产布局,支持实施一批绿色、高效种植养殖特色产业项目,助力优化陕西果业品种结构,推动蔬菜产业转型升级,促进畜牧业标准化规模养殖,助力做大做强果业、畜牧业、设施农业"3＋X"特色现代农业体系。围绕巩固拓展脱贫攻坚成果,着眼打造"一县一业""一村一品",重点支持培育富硒食品、茶叶、中药材、木耳、食用菌、核桃、花椒、魔芋等特色农副产品,加大对农村专业合作社、种粮大户、家庭农场、种植养殖基地、农业龙头企业等扶持力度,发挥助力提升规模化经营程度。借助江苏产业发达、市场广阔等优势,积极推动陕货进苏,从陕北到关中再到陕南,通过苏陕协作项目和资金,以

---

① 四区:陕北长城沿线旱作区、渭北关中台塬及秦岭北麓旱作区、关中一年两熟灌溉区、陕南川道区四大粮食主产区;五带:大西安都市、关中高效、秦巴山区生态、黄土高原特色、陕北有机等五大农业现代化示范带。

及企业、合作社等全产业链升级,苏陕协作为陕西农产品提供了广阔的销售市场,苹果、猕猴桃、安康富硒茶、富平柿饼、陕北小杂粮等"陕牌"绿色优质特色农产品在江苏百姓家中屡见不鲜,带动相关农产品销售数百亿元。例如,作为苏陕扶贫协作项目之一的宏大猕猴桃现代农业园区,地处安康市岚皋县宏大村,已建成猕猴桃标准化种植基地近3000亩。园区实现了园区水肥一体化、病虫防治绿色化、气象观测自动化、园区管理绿色化,首期注资2000万元,计划总投资1.2亿元。一年仅通过电商、直播等形式就销售了3.5万多公斤猕猴桃。

拓展文旅深度融合。苏陕两地在文化和旅游资源开发、产业推进、质量和能级提升等方面优势互补,交流互助不断推进。两地文旅部门签署交流合作框架协议,在艺术创作生产、公共文化服务体系建设、旅游产品开发、宣传互动推广、人才培养等方面开展了交流协作。2020年8月2日,国家广播电视总局部署并重点支持的脱贫攻坚题材报告剧《脱贫十难》在陕西顺利完成拍摄。该剧由江苏省委宣传部、陕西省委宣传部联合摄制,江苏省广播电视总台、幸福蓝海影视文化集团股份有限公司、西安白露风河旅游文化传播有限公司等联合出品。共讲述了10个脱贫故事,例如,《茶香飘飘》取材来自安康市平利县,展示了平利县美丽乡村、脱贫攻坚、产业发展、乡风民俗等,内容真实鲜活,广受社会好评,充分展现了国家脱贫攻坚大背景下"全面建成小康社会一个不能少"这一主题。

常州、安康两地合作发展毛绒玩具文创产业是苏陕协作的得意之作。按照江苏、陕西《进一步加强扶贫协作和经济合作战略协议》,安康10个县、区和常州6个市、区,以及农业、教育、卫计、人社、科技、工信等多个部门签订合作协议,率先在陕西实现县级协议全覆盖,累计实现镇镇、村村、村企结对帮扶113个,学校、医院结对帮扶115个。铺设帮扶"快车道",开通消费直通车,建立劳务协作机制,不断巩固脱贫成果。常州在与安康结对过程中精准布局,着力发展当地的毛绒玩具文创产业。"十三五"期间,在安康投入东西部协作资金3.18亿元,支持其发展毛绒玩具文创产业,利用该产业劳动密集、技术门槛不高的特点,"无中生有""从有到优",

扶持发展成为当地的主导产业和富民产业。从 2018 年 1 月 23 日第一只毛绒玩具在社区工厂下线开始,到如今形成产业集群,建成投产毛绒玩具文创企业 736 家,实现产值 37.77 亿元,培育规模以上企业 31 家;吸纳就业 1.75 万人,其中脱贫人口 4130 人,覆盖移民搬迁社区 400 个;日产量 100 万只以上,产品出口欧美、日韩、中东等 80 多个国家和地区。近年来,又进一步助力研发设计、电商服务、展示展销、批发交易、物流等"五大中心"建设,通过创意设计、资源整合、渠道拓展等多点赋能,形成"园区总部＋社区工厂＋村加工点＋家庭工坊"的帮扶模式,拉动了电商、物流、包装、电脑绣花、数码印花等上下游配套产业发展。在全球新冠疫情严峻的情况下,依托全产业链,实现内销和出口双双逆势增长。2021 年 11 月 27日,国务院原副总理胡春华在陕西调研期间,考察毛绒玩具苏陕协作产业项目和社区工厂,对这一产业带动就业、提高脱贫人口收入的作用给予充分肯定。"安康新社区工厂暨毛绒玩具文创产业"模式获评 2019 年中国民生示范工程。2022 年 11 月,《聚焦"小玩具"培育"大产业"走好新时代乡村振兴路——江苏省常州市陕西省安康市东西部产业协作减贫案例》成功入选第三届全球减贫最佳案例,经验在 2022 年全国东西部协作培训班上作了交流。

## 就业帮扶

江苏坚持把稳岗就业作为巩固拓展脱贫攻坚成果同乡村振兴有效衔接的重点工作。2017～2020 年,通过苏陕劳务协作帮助 17509 名陕西贫困劳动力到江苏就业,帮助 7459 名陕西贫困劳动力到其他地区就业。2020～2021 年,通过共同举办招聘会、农民工"点对点"服务保障平台等方式帮助陕西脱贫人口返岗复工,共实现 38036 脱贫人口新转移就业,其中赴江苏就业的劳动力 27470 人。

因地制宜推动苏陕协作社区工厂规模、质量双提升,带动贫困户就近就业。尤其是"十四五"以来,苏陕产业协作把联农富农摆到更加突出的位置,在加大苏陕协作资金支持产业项目力度的同时,明确要求项目建立联农带农机制,以产业发展带动当地群众就业,构建农民致富增收的长效机制。江苏援建陕西 311 个"帮扶车间",吸纳 4729 人脱贫劳动力。例如,南京金缘泰科技集团有限公司在商洛市丹凤县投资 5.5 亿元建设的新雨丹中药材科技产业园项目,提供就业岗位 500 余个,采用"企业＋合作社＋农户"模式,订单式发展种植基地,带动了 3000 余户农户人均年增收约 5000 元。徐州市帮助扶风县打造的"村镇工厂式"产业发展模式,已培育发展规模厂房式、庭院车间式村镇工厂 91 家,就地就近吸纳就业 2828 人,其中脱贫劳动力 654 人。2020 年 4 月,习近平总书记到常州市武进区对口的陕西省平利县老县镇锦屏社区考察,与搬迁群众拉家常、话发展,他语重心长地说,移得出、稳得住、住得下,才能安居乐业,并对"楼上居住,楼下就业"扶贫发展思路给予肯定。锦屏社区是陕南区域规模较大的一个生态移民搬迁安置小区,近几年来先后有 11 个村的 4000 多名高山危住户、地质灾害户和贫困户,从坡陡路断的大山深处搬迁至此,开启了"山民变居民"的社区新生活。搬迁社区群众或就近务工,或在社区工厂上班,或在山上的产业园种茶,都有了稳定的收入。而这些社区工厂和茶业项目均得益于苏陕扶贫协作资金的支持,通过支持社区企业升级改造,带动贫困群众"挣钱顾家两不误"。

创新优化劳务协作服务方式,打造就业稳岗新路径。例如,太仓市和周至县推广"不见面、零距离"网络招聘等模式,有效保障陕西籍在苏务工人员稳岗就业。东台市创新就业新模式,通过"就业政策讲解＋直播带岗"的形式,让有就业需求的劳动者通过网络直播平台了解到最新的就业政策及就业岗位信息,更便捷地为供需双方搭建异地就业平台。南京市和商洛市以品牌建设为撬动,引领稳岗就业,推动宁商劳务协作从"单纯输出"向"塑造品牌"转变,打造具有地域特色、行业特征、技能特点的劳务品牌矩阵;推动成立"南京辅警劳务协作山阳基地",先后向南京市公安局输送"山阳辅警"456 人,形成山阳"南京辅警"品牌,赢得业界良好口碑;瞄准高端家政服务业市场需求,培育打造"镇安月嫂"苏陕劳务协作品牌,培训"镇安月嫂"110 名、上户 93 人,为镇安县高质量稳岗就业注入新动力;推动柞水县探索"劳务输出＋N"品牌培育模式,先后向江苏南京冠盛汽配、浙江宁波震裕科技等企业输送"柞水汽配工"2600 余人,不断拓宽就业帮扶新路径;打响"丹凤厨工"品牌,实现"订单式"上岗和对口精准就业,"丹凤厨工"李锋被江苏省推荐为全国优秀农民工,获得国务院农民工工作领导小组表彰。

## 智力帮扶

推进智力帮扶和教育协作历来是苏陕对口帮扶工作的重中之重,是解决贫困家庭"两不愁三保障"、阻断贫困代际传递的重要方式和手段。两地按照"实事求是,因校制宜,量力而行,行必有效"的原则,在学校、学生、社会(家庭、企业、爱心人士等)三个层面,全面开展"组团式"帮扶、干部互访、教师互派、学生互动、资源互享、家庭互联、齐心互助等系列活动,形成鲜明特色。

全面推进层层结对。近年来,两地省、市教育行政主管部门通过签订协作协议,推动江苏结对县(市、区)与陕西脱贫县区幼儿园、小学、初中、高中、职业学校普遍结对,实现从学前教育到高等教育全覆盖,结对学校突破 400 所。截至 2022 年 12 月,苏陕两地共有 456 对学校建立了帮扶关系,其中东部学校 429 所,西部学校 436 所,包括 65 对幼儿园、141 对小学、187 对中学、19 对中专、24 对职业学校、3 对特殊教育学校、17 对高职院校。结对学校既突出了九年义务教育的帮扶重点,又注重了纵横延伸,并把提升青年一代就业技能、创新意识作为重点帮扶内容。

深化"组团式"教育帮扶。开展国家乡村振兴重点帮扶县教育人才"组团式"帮扶工作是中组部、教育部谋划部署和推动的重大工程。2022 年 7 月,江苏以"校长＋中层管理干部＋专任教师"组团式选派 22 个团队,共计 77 人,帮扶陕西国家乡村振兴重点帮扶县的 11 所普通高中和 11 所职业高中。目前,在 22 所被帮扶学校中,已建立教学团队 63 个、名师工作室 12 个、联合教研平台 45 个,为深化教育帮扶成效夯实了基础。

积极推进干部人才交流。江苏坚持每两年选派一批挂职干部,每年选派一批专业技术人才。每批挂职帮扶干部约150名,覆盖陕西56个脱贫县区。持续实施"666"组团式人才选派行动,江苏每个结对县每年选派不少于18名专业人才赴结对县(市、区)开展组团式支援,其中包括至少6名教师、6名医务人员、6名农技人员。2022年,江苏共向陕西选派专业技术人员1229名,完成年度两地签订协议数的121.9%;两地教育系统领导互访92次,选派教师、干部实地交流1042人次,组织陕西开放大学等10所学校选派专业技术人才22人赴江苏结对学校开展交流学习。

创新开展教育骨干培训。2019年以来,聚焦党中央、国务院及陕西省委、省政府关于基础教育改革发展的新部署,重点围绕普通高中新课程改革、中小学"五项管理"①、课堂革命、义务教育"双减"②工作等领域,通过苏陕教育协作教师培训项目,累计培训陕西省基础教育骨干教师2241名,有效提升了脱贫地区教育系统校(园)长和教师的教育管理能力和教育教学水平。

积极推进职业教育协作。苏陕双方在校校、校县、校企等丰富多样的合作框架内,通过合作培养培训、定岗定向实习、就业信息资源共享等方式,不断筑牢共建合力。通过建立结对帮扶关系,在人才培养方案、课程体系、课程标准、教科研创新项目、"双高"院校建设③等方面开展深入合作。2018年以来,两地高职院校、中职学校共建专业(专业点)122个、实训基地54个、协作共建项目31个,校企合作平台16个、各类就业平台18个。搭建就业平台和通道,推动更多陕西职业院校的建档立卡户毕业生在江苏就业。例如,江苏无锡锡山人民医院、安康职业技术学院、江苏无锡扬子护理院有限公司等近10家江苏医疗教育机构先后与陕西安康职业技术学院签订协议,并建立起实习就业合作关系;2020年2月,常州人

---

① 手机管理、睡眠管理、读物管理、作业管理、体质管理。
② 有效减轻义务教育阶段学生过重作业负担和校外培训负担。
③ 中国特色高水平高职学校和高水平专业建设。

社部门与安康、陕西安康职业技术学院联合举办专场招聘会，来自江苏省70多家单位，为陕西省提供了400多个医药养老等就业岗位、600多个其他岗位；2022年10月，陕西省教育厅会同江苏省教育厅组织召开了2023届苏陕教育协作网络专场双选会，参加招聘单位130家，提供岗位1285个。

不断改善教育基础条件。南京市江宁区先后援助商洛市洛南县资金4730万元，支持新建洛南县宁洛幼儿园、宁洛小学、柳林小学和宁洛中学，通过帮扶解决学位3600个，让移民搬迁子女"上学无忧"。南京市溧水区投入200万元援建的湘河镇白浪中心幼儿园于2022年建成使用，极大改善了商洛市商南县学前教育基础条件；泰州泰兴市2017年捐资1000万元新建旬邑县特殊教育学校康复综合楼，2019年捐资800万元新建马栏齐心九年制寄宿学校教学楼，2022年捐资800万元助力旬邑县城关初中新建教辅用房。

推动社会帮扶走深走实。鼓励引导社会组织、民营企业、各界人士参与苏陕教育协作，重点关注贫困学子，不让贫困学生因家庭经济困难而失学。例如，扬州市蜀冈瘦西湖景区、生态科技新城动员扬州本地5家企业在榆林市横山区设立助学支教基金，资金到位160万元，并建立"扶贫扶智，教育先行"的长效机制；镇江丹阳市在渭南富平县设立史洪严扶贫助学基金，用于帮扶山区贫困学生；无锡宜兴市组织无锡工艺职业技术学院与延安延长县政府围绕教育帮扶签订协议，每年推出四个专业招录20名延长毕业生，免除建档立卡学生学费，每年专项提供延长籍学生2000元奖学金，并补助2300~4300元生活费；南京市在商洛市开展捐资助学活动110余次，累计捐赠1600余万元。

### 健康帮扶

苏陕两地通过苏陕协作平台，大力开展医院结对和健康帮扶工作。根据东西部协作要求，江苏每年均有一百多家各级医院与陕西脱贫县基层医院形成柔性结对关系；根据国家卫健委三级医院结对帮扶要求，江苏

21家三级医院与陕西19家脱贫县医院形成紧密型结对关系；根据中组部组团式医疗帮扶要求，江苏南京、常州、南通、淮安等市与陕西5个国家乡村振兴重点帮扶县人民医院形成稳固的结对关系，并组织区域范围内医疗综合能力较强、人才资源相对集中、帮扶工作基础较好的10家三级公立医院开展"组团式"医疗帮扶。

"十四五"以来，江苏共有1076名医务人员参与陕西省脱贫县地区医疗卫生帮扶工作中，帮助陕西脱贫县地区新建特色、重点专科53个，开展新技术新项目应用578项，开展适宜技术应用107项，填补县域空白医疗技术123项；开展门急诊诊疗221627人次、住院手术11652例、教学查房14768次、手术示教3149次、会诊及疑难病例讨论9216次、远程医疗505次，开展义诊68000人次，举办业务培训3189场次，培训医务人员75081人次。

2022年，江苏共派出5个团队30名医务人员，赴陕西5个县人民医院开展"组团式"医疗帮扶工作。蹲点相应专科，进行手把手带教帮扶，同时根据受帮扶医院的实际，有计划开展人才培养和业务培训，传授专业知识和诊疗技术，把江苏三甲医院管理经验带到受帮扶医院，协助完善院长办公会、行政查房等管理制度。南京鼓楼医院帮扶团队协调联系南京大学医学院，创新性地实施柞水县医院在职医务人员"学历提升计划"；南京市第一医院专家帮助丹凤县医院成立骨三科；常州市第一人民医院专家指导紫阳县医院导管室建设；南京鼓楼医院专家在柞水县医院完成首例腹腔镜下低位直肠癌根治术等多项首例技术。

聚焦乡村振兴，开展系列公益活动。南京市帮扶团队积极协助南京医科大学第二附属医院在商洛7个脱贫县（区）开展"心佑工程"，累计为488名儿童进行先天性心脏病筛查，选出具备手术指征儿童95名，有45名患儿前往南京接受免费手术治疗，为患儿家庭累计减免医疗费用达100多万元。

## 消费帮扶

深入挖掘东部地区消费升级潜力,线上线下融合发展,奏响农特产品"东进曲"。通过展会宣传、联手合作、设立爱心大礼包等形式推介陕西农特产品。江苏已建立陕西农产品线下平台 400 多个,助力"陕货进苏"。支持陕西农产品企业在京东、淘宝、天猫、"832"平台等线上平台开设网上门店,同时,借助新媒体平台大力发展"直播带货",拓展销售渠道。例如,扬州市在榆林清涧县建立首个"农村直播电商基地",帮助当地农户运用电商平台学习体验开展线上销售;镇江市打造消费帮扶"五个一"平台,即在镇江建设一个渭南农特产品展示馆、一个批发交易中心、一座电商商城、一批直营店和直营专柜,在渭南确立一批标准化生产基地和直采基地,构建起市场化、系统化、持续化帮扶机制。

帮助陕西各地进一步提升农产品品质,大力实施品牌建设工程。例如,苏州太仓市持续帮扶西安周至县猕猴桃标准化种植和深加工体系建设,不断壮大"周至猕猴桃鲜甜自有道"品牌优势,让群众富在手上、甜到心里;常州市帮助安康平利县实施原产地保护、区域公共品牌维护、名优品牌打造"三大工程",结合平利县群众种茶传统,支持茶饮项目 60 多个、建设茶园 1.9 万亩,稳定实现"人均一亩园、户均一万元",形成了"山上兴产业、山下建社区、社区办工厂"的移民搬迁产业协作模式,助力"平利女娲茶"获评"国家地理标志证明商标","平利绞股蓝"获"国家原产地域产品保护认证"和"中国驰名商标";盐城东台市帮助铜川耀州区建设庙湾香菇小镇,从产品源头把控质量,成功打造出"阿姑农牧""菇为天"等知名品牌,香菇菌棒、香菇酱等产品出口韩国等地,年创汇 480 万美元。

组织陕西本地企业赴江苏参加各类农特产品展示展销活动,推动陕西农产品走上江苏广大市民的餐桌。前方苏陕工作队与后方相关部门紧密配合,用足用好各级财政预算单位预留一定食堂食材采购份额、各级工会每年不超过 500 元/人标准的新增份额等消费帮扶政策,组织、鼓励、引导江苏各级机关、企事业单位和社会团体积极参与,优先采购陕西结对地区农特产品,营造浓郁的全社会消费帮扶氛围。例如,无锡江阴市持续推进"我在延川有棵(亩)苹果树"活动,新增认购 110 亩,累计认购 260 亩,实现江阴镇街园区商会(协会)苹果认购全覆盖;宜兴市"工业五十强"企业与 50 个贫困村结对,将延长苹果导入企业日常消费,发动无锡市结对村(社区)、企业、社会组织每年定期采购延安地产苹果。2022 年江苏累计采购、帮助销售陕西农畜牧产品和特色手工艺品达 38.84 亿元,同比增长 42.1%,创历史新高。

柞水木耳是苏陕消费协作的经典案例。江苏聚焦柞水本耳产业集群发展,累计投入东西部协作资金超 1 亿元,帮助柞水县打造全国木耳全产业链示范基地,培育成全县首位产业。2020 年 4 月,习近平总书记在陕西考察期间,柞水县发展木耳产业的脱贫经验被总书记称赞为"小木耳、大产业",并在"一带一路"减贫国际合作论坛上作典型交流。高淳与柞水两地紧抓机遇,积极推进木耳产业链纵深发展,先后建成金米、窑镇、金盆等 5 个年产 2000 万袋菌包生产线基地和一批社区工厂,建成 5 个 500 万袋以上的示范镇、15 个 100 万袋以上的示范村,带动 44 个村建立吊袋和地栽村级扶贫木耳基地。近几年,年产干木耳均在 5000 吨左右,2022 年实现产值 17.2 亿元,全县 60% 以上的农户"镶"在木耳产业链上,户年均增收 5000 元,形成"利民、富村、强县"的良性发展局面。更进一步,两地联手推进柞水木耳标准和品牌塑造,制定柞水木耳产品和技术规程"两个标准",在南京地铁 4 号线开通"柞水木耳"品牌专列,在杭州 1000 辆巴士公交车身投放广告。调动各类资源向柞水木耳产业聚集,在垂直供应链上做深做细,不断提高市场占有率和品牌竞争力。柞水木耳多次被评为最受南京市民欢迎的商洛农产品,成为"十四运"特许产品,获得"全国名特优新特色农产品目录"等荣誉。

## 四方双结对

坚持重心下沉,聚焦乡村振兴,创新开展"四方双结对、共建示范村"。2022 年初,在陕西 56 个脱贫县中各选择一个村与江苏一个经济强村形成结对关系,再安排一名苏陕工作队队员与陕西结对村支部书记结对,形成"四方双结对"(村村结对、苏陕工作队队员与陕西共建村支部书记结对)帮扶关系,实现前后方协作力量叠加效应。

结对各方以共建为纽带,结合自身优势,下沉基层一线,充分集聚政策、规划、资金、技术、人才等多种资源,多渠道支持共建示范村建设。例如,高淳区驻柞水县联络组邀请农业农村部有关专家帮助中台村制定发展规划,打造高标准茶叶生产示范基地和知名茶旅产业综合体;溧阳市驻汉阴县联络组邀请江苏农科院专家到盘龙村指导红桃栽培和管理技术,成功引种溧阳紫金红桃品种;东台市驻耀州区联络组投入 1000 万元帮助王家砭村扩大耀州瓷生产,年增产瓷器 10 万件套,产值超 1800 万元;新沂市驻千阳县联络组投入 310 万元,帮助闫家村手工刺绣产业提档升级,成立专业合作社并注册商标;武进区驻汉滨区联络组帮助龙泉村建设高标准"陕茶 1 号"茶园 3400 亩,培育 2 个市级以上农业园区;江都区驻子洲县联络组筹资 8500 万元,帮助张家坪村建设绒山羊万只羊场养殖示范基地;海安市驻略阳县联络组协助徐家坪社区把支部建在产业链上,成立桑蚕产业联合党支部,辐射 8 个乡镇 25 个村 626 户群众共同致富;泰兴市驻旬邑县联络组帮助镇头村打造了全县第一家集党建远程教育、平安建设、基层治理于一体的数字乡村和智慧党建平台;丹阳市驻富平县联络组帮助大樊村运用支部党建"4313"特色工作法,在全县率先建成村史馆和村级养老院,并率先完成农村产权制度改革;贾汪区驻太白县联络组帮助杨下村建立自治、德治、法治"三治融合"的乡村治理新模式,不断强化乡风文明建设;启东市驻西乡县联络组通过外引内育,帮助五丰社区培育了富民生猪专业合作社和利民粮油等 30 余家企业,并成立品牌运营公司,打造了多个特色农产品品牌,壮大了集体经济;新北区驻紫阳县联络组盘活大连村集体资产,大力扶持紫阳茗安茶业、陕焕茶业等集体企业,培育茶叶经营主体 8 家,专业合作社 3 家,年产干茶 60 吨,产值 1800 余万元,同时发展民宿经营,提高集体经济的"造血"功能。

"四方双结对、共建示范村"共支持 56 个共建村资金总额 3.46 亿元,其中苏陕协作资金1.64亿元,共支持建设161个项目,其中投资超千万元项目10个。在产业发展上,帮助引导落地投产企业总数42个,累计投资额27205万元。在就业帮扶上,帮助农村劳动力劳务就业数为4958人,其中帮助脱贫人口就业数为2050人。在消费帮扶上,采购、帮助销售农畜牧产品和特色手工艺产品金额8961.5万元。《人民日报》《光明日报》、央视网等媒体多次进行报道。

## 第三节　苏黔协作·跨越梵净之远

### 背景综述

贵州地处云贵高原,河网密布,重峦叠嶂,山地和丘陵占全省国土总面积的92.5%,拥有典型的喀斯特地貌,是世界知名山地旅游目的地。气候温暖湿润,冬无严寒,夏无酷暑,水力资源、煤炭资源和生态资源丰富,是我国自然遗产最多的省份。拥有苗、布依、侗等少数民族18个,少数民族人口占39%。国土面积17.62万平方公里,下辖6个设区市①、3个民族自治州②,常住人口3856万人(2022年)。

苏黔之间的缘分可以追溯到明洪武年间,朱元璋派军30万平边并在贵州安顺一带"调北填南",即从中原、江南、巴蜀等地调集大量能工巧匠进驻黔中屯田戍边,将江南的语言、服饰、饮食文化等带到了贵州。在商业贸易上苏黔两地也早有渊源,同时代的江南第一富豪沈万三被贬至贵州后,开辟了滇黔商道,被尊为"贵商鼻祖"。贵州与江苏自古联系紧密、交往频繁,特别是近年来通过东西部扶贫协作结下了深厚的友谊。

自开展对口协作以来,苏黔两地、苏铜两市党政主要领导高度重视,多次亲自带队互访,召开联席会议共商扶贫协作大计,并多次召开党委常委会、政府常务会、领导小组会议、专题会议研究推进对口帮扶重点工作。铜仁市集中派员赴苏培训、挂职交流、跟岗锻炼等交流学习成为常态。苏

---

① 贵阳市、遵义市、六盘水市、安顺市、毕节市、铜仁市。
② 黔东南、黔南、黔西南。

州每年制定出台对口帮扶工作要点,并配合铜仁先后出台了《关于积极主动对接苏州扎实落实对口帮扶重点工作实施意见的通知》《铜仁市东西部扶贫协作工作实施方案》《铜仁市东西部扶贫协作三年行动方案(2018~2020年)》等政策文件,着力优化顶层设计,以具体化、清单化、目标化举措推动苏铜扶贫协作工作。

苏铜两市扶贫协作不惧关山远,携手奔小康。两地谋事"一盘棋"、干事"一股劲"、成事"一条心",在加快推进长江经济带发展战略,构建国际国内双循环新发展格局中,在更宽领域、更高层次、更高水平上实现了互利共赢,有力助推铜仁市10个贫困县全部摘帽,1565个贫困村、58.32万名建档立卡贫困人口全部脱贫。江苏省对口帮扶贵州省铜仁市工作队(以下简称"苏黔工作队",副厅级建制)两次被评为贵州省脱贫攻坚先进集体;派驻各区(县)工作组先后12次被授予江苏省或贵州省脱贫攻坚先进荣誉;苏黔工作队员和支教、支医、支农专家中,获得省级荣誉称号59人次。2021年2月,在全国脱贫攻坚总结表彰大会上,苏黔工作队和碧江区工作组,苏黔工作队领队和一名队员被党中央、国务院授予全国脱贫攻坚先进集体和先进个人。

## 发展历程

苏黔协作大致可分为起步期、精准期两个阶段:

### 起步阶段(2013~2015年)

2013年,国务院发布《关于开展对口帮扶贵州工作的指导意见》,新增上海、苏州、杭州、广州4个东部城市"一对一"对口帮扶贵州,其中明确了苏州对口帮扶铜仁市,拉开了苏黔(铜)协作的序幕。2015年初,苏州市安排了5名干部到铜仁市挂职开展为期两年的对口帮扶工作。

### 精准阶段(2016~2020年)

2016年,东西部扶贫协作座谈会在宁夏银川召开后,开始了新一轮东西部扶贫协作工作。江苏苏州对口帮扶贵州铜仁上升到全国东西部扶贫协作范畴,并进一步明确了相应的县(市、区)与贵州铜仁县结对关系(详见表 16)。

**表 16　江苏苏州对口协作贵州铜仁结对关系**

| 结对市 | |
|---|---|
| 苏州 | 铜仁 |
| 结对县(区) | |
| 常熟市 | 思南县 |
| 工业园区 | 松桃县 |
| 昆山市 | 碧江区 |
| 太仓市 | 玉屏县 |
| 结对县(区) | |
| 张家港市 | 沿河县 |
| 姑苏区 | 江口县 |
| 相城区 | 石阡县 |
| 吴江区 | 印江县 |
| 吴中区 | 德江县 |
| 高新区 | 万山区 |

2016～2020 年,苏州市先后选派了两批共 33 名干部赴铜仁市开展扶贫协作。在苏铜两市各 10 个县(市、区)结对基础上,积极推动扶贫协作工作向乡镇、贫困村延伸。苏州共有 102 个乡镇、189 个经济强村(社区)、151 家企业、56 个社会组织与铜仁市 119 个乡镇、431 个贫困村结对,实现了对铜仁全市 319 个深度贫困村结对帮扶全覆盖。投入财政资金 17.74 亿元、社会资金(物资)2.8 亿元,引进企业投资 264 亿元,其中,2.9 亿元投入铜仁深度贫困地区的 161 个产业类项目,推动形成了德江县食用菌、思南县茶叶等特色产业集群,有效带动了 12.98 万名建档立卡

贫困人口实现脱贫。推动实施了铜仁市《贫困村创业致富带头人"千人培训"计划》，培训贫困村创业致富带头人 3373 人次，1489 人成功创业，并带动 10941 名贫困人口脱贫。苏铜两市残联合作开展了"助力脱贫幸福工程"，累计投入帮扶资金 1540 万元，帮助铜仁全市 16257 名贫困残疾人通过股金分红、务工就业等方式实现增收脱贫。

2021 年初，按照党中央关于新阶段东西部协作的部署安排，铜仁的帮扶工作由广东东莞接棒，8 年的苏黔合作就此告一段落。苏州、铜仁协作关系稳步调整，苏、铜、莞三市组织开展了"清单式"交接。虽然苏黔工作队走了，但人走茶不凉，苏州和铜仁在脱贫攻坚战场上建立了深厚的友谊，2021 年 5 月 5 日，苏州与铜仁结成友好城市，明确"结对关系调整后，协作关系不断档，将以合作促发展、以发展促共赢"。苏黔两地通过"江苏企业＋贵州资源""江苏市场＋贵州产品""江苏总部＋贵州基地""江苏研发＋贵州制造"等模式，深化双方在农业、工业、文旅等方面的全方位合作，两地开启了合作发展的新篇章。

## 产业帮扶

产业帮扶是推动贫困群众就地就业、实现贫困地区自我造血的长远之计。苏铜两地开展产业合作研究，形成《铜仁与苏州产业合作重点研究报告》，依托铜仁资源禀赋和政策优势，将新能源、装备制造、大健康、农特产品加工、文化旅游经济作为两地产业协作和铜仁招商引资的重点，引领苏铜两地开展广泛的招商合作，助力铜仁提升经济发展质量。

建强"黔货出山"基地。积极抢抓东西部扶贫协作机遇，以立足铜仁、辐射贵州、放眼全国为目标，引导江苏农业生产企业、物流企业、电商企业，在铜仁投资或与当地企业合作共建主要面向苏州市场供应的农产品直供基地达 4.9 万亩。先后在铜仁玉屏、德江、印江、沿河建成了一批食用菌基地，在思南、印江建成了一批茶叶基地，在碧江、石阡、松桃建成了白玉枇杷、百香果、蓝莓等经果林基地。例如，引进苏高新集团投资 1.5 亿元在铜仁市万山区建设占地 70 亩的苏高新农产品供应链示范基地，引进了苏州食行生鲜、鸿海集团和铜仁亿创电商公司等企业入驻该基地,构建了集农产品采购、分拣、检测、包装、加工、销售、冷链配送等于一体的闭环全产业链。又如,张家港市善港村与高峰村建立整村结对帮扶,两村通力合作,建成有机农业产业园 200 亩、茶园 280 亩、生态养殖场 40 亩,实现了由传统农业向现代特色农业的华丽转身,2019 年人均收入超过 9000元,从"穷旮旯"到整村"摘帽",高峰村的相关经验被写入国务院扶贫办编制的《全国东西部扶贫协作培训班案例选编》。

共建产业园区。产业园区是苏州经济发展的"撒手锏",铜仁充分借鉴苏州发展经验,承接苏州转移产业,双方共建产业园区,有效促进了地方经济的发展。2015 年,铜仁·苏州产业园正式挂牌成立,迅速成为苏铜产业合作的试验田、桥头堡和集聚区,先后吸引了农夫山泉、同德药业等诸多著名企业入驻,并成功获批国家级和省级双创示范基地及贵州省级高新区。2017～2020 年,双方累计合作共建产业园区 19 个,通过苏铜扶贫协作平台共计招引锦超服饰、矽美仕新能源、铁近机电、同仁之光LED 等 311 家东部企业到铜投资,实际完成投资额 275.5 亿元,带动 4.4万名贫困人口增收。

## 就业帮扶

苏铜两市不断夯实两地劳务协作工作,积极搭建人力资源平台,通过培训合作持续提高贫困人口就业技能,持续扩大就业渠道。截至 2021 年末,苏州市会同铜仁市举办贫困劳动力培训 508 期 17677 人次,转移 6615名贫困劳动力至江苏就业,促进 33460 人在贵州省内就地就近就业,累计帮助铜仁 46201 名贫困劳动力实现就业增收。

抓实政策支持。两市共同研究印发《关于做好当前和今后一个时期促进就业工作实施方案的通知》《东西部劳务协作促进铜仁籍建档立卡贫困劳动力稳定就业有关补贴实施方案》《关于做好东西部扶贫协作资金开发就业扶贫援助岗位有关事项的通知》等政策性文件,从职业中介补贴、免费技能培训、就业保障服务等各方面制定了一系列扶持举措,鼓励铜仁务工人员、尤其是贫困劳动力到苏就业。双方还互设劳务协作工作站 11个，"铜仁之家"16 个，对在苏就业的铜仁籍贫困劳动力实行"一人一档"服务。

做好招聘文章。依托苏州援建的"苏州·铜仁人力资源市场"，建立每周五举办专场招聘会的常态化机制。脱贫攻坚期内累计联合举办苏铜两地东西部劳务协作专场招聘会 157 场，提供岗位 10 万余个，促进就业13366 人。用好远程视频面试招聘平台，弥补用人单位和求职者之间的空间距离，在新冠肺炎疫情期间，有 35 名铜仁籍务工人员通过远程面试成功与苏州企业签约。

搞好就业培训。探索"政府引导＋人力资源服务机构＋贫困劳动力"运作模式，打造"人力资源服务零距离"劳务协作品牌。引导苏州铠盟教育、文鼎集团等社会人力资源企业到铜仁设立培训机构或分部，运用市场化手段深入开展职业能力培训，提高贫困劳动力组织化输出水平。定期举办劳务协作培训班，培训贫困人口，提高就业技能。实施《2019～2020东西部扶贫协作职业教育千人培养计划》，苏州技师学院等中高职技校和35 家重点用人企业与铜仁贵州健康职业学院、铜仁市交通学校等中高职院校开展校校合作、校企合作，以"1＋2""2＋1""1.5＋1.5"等"订单"模式批量化培养技能人才，先后开设"订单班"28 个，1292 名铜仁籍学生到江苏（苏州）就读职业学校。在苏州技师学院成功打造"1＋1＋1"读书助贫帮扶品牌①。

## 智力帮扶

苏铜两地积极进行医疗、教育和文化等方面的智力帮扶。两地干部在你来我往中增强了本领，磨砺了初心，也为铜仁培育了大量急需紧缺人才，为对口地区经济社会发展注入了强劲动力。2017～2021 年，苏州市累计选派 420 名党政干部到铜仁挂职帮扶，选派 1551 名专业技术人才到

---

① 1 名建档立卡贫困学生来苏就读＋1 名学生家长来苏就业＋1 户贫困家庭实现长期脱贫。

铜仁市开展支教支医支农等专项帮扶,建立"组团式"教育、医疗帮扶试点26个。铜仁市累计选派291名党政干部到苏州挂职交流,3151名医生、教师等专业技术人才到苏州结对医院、学校跟岗锻炼。苏州累计帮助铜仁培训党政干部8424人次,专业技术人才33217人次。

加大基础教育帮扶力度。苏州各级教育系统在学校管理、教学科研等方面提供全方位帮扶,有力提升了铜仁市中小学校的教育教学水平。例如,铜仁市第八小学在昆山市教育局帮扶下,在碧江区的教学质量评比成绩从2018年的全区第13名提升至2019年的全区第4名;玉屏县第一中学教育"组团式"帮扶模式被国家发改委作为第二批新型城镇化试点经验在全国推广。

创新年轻干部人才培训模式。苏铜两地组织部门创新优秀年轻干部培养模式,采取"集中培训＋跟班锻炼＋调研总结"方式,每年分两批选派100名优秀年轻干部赴苏州锻炼培训5个月,有效增强铜仁年轻后备干部的综合能力。

## 健康帮扶

根据铜仁所需,结合江苏所能,双方在医院提质升级、临床重点专科建设、医联体共建、医疗新技术推广、专业人才培养等方面提供针对性帮扶,取得了重点突破。

2016年,苏州市卫健部门着眼铜仁市医疗卫生现状,制定了《苏州市对口帮扶铜仁市"三百工程"医疗卫生工作实施方案》。苏州市卫生健康委每年选派100名医护人员支援铜仁市医疗体系建设。2017~2021年,苏州市医疗卫生系统共派出795人次专家到铜仁市进行现场指导、举办专题讲座、手术示教、疑难病例讨论和远程会诊,"一对一""一对多""多对一",实打实地帮扶当地卫生健康事业。与此同时,铜仁卫生系统也安排专业技术人员到苏州对口单位参观、考察、学习。

结对帮扶向纵深发展。2017年,苏州市卫健委在原"一对一"帮扶不变的基础上,新增苏大附一院、苏大附二院、苏州市中医院为帮扶医院,分别对口石阡县人民医院、松桃县人民医院、江口县人民医院,确保铜仁每个县医院均有一家三级医院对口帮扶,重点提升县级医院的服务能力。到2018年底,苏州市31家医院与铜仁市48家医院建立对口帮扶关系。在苏州市三级医院与铜仁县级以上医院全面结对基础上,苏州市卫健委进一步以点扩面,推动帮扶工作向纵深开展,推进乡镇卫生院层级的帮扶工作。昆山市与碧江区、常熟市与思南县等均开展乡镇卫生院帮扶,对基层医疗机构业务进行巡回指导,确保"全覆盖"结对帮扶落地。

"组团式"医疗帮扶。2020年,苏州市支援机构共组团20个,实现了铜仁市县级综合医院、中医院组团式帮扶全覆盖,在缩小东西部医疗差距、推动健康扶贫方面发挥了重要作用。

在苏州帮扶下,铜仁市各级医疗卫生机构的医疗技术能力和服务水平、管理能力、服务理念都得到大幅提升。铜仁市成功创建三级以上医院6家,其中县级医院中三级以上医院5家,占贵州全省三级以上县级公立医院总数的38％,占比名列贵州省各市(州)第一。铜仁市人民医院肿瘤科市内患者外出诊疗人数占比从26％下降到9％,市外来诊出院患者占比从2％提升到15％。医疗"5＋2""3＋2＋N"专科、重点科室建设相继建成并投入使用。东西部健康扶贫协作在铜仁屡结硕果,为对口地区人民群众筑起"健康防线"。

### 消费帮扶

苏州认真落实党中央、国务院关于消费扶贫决策部署,及时传达贯彻全国消费扶贫行动现场推进会精神,实施《苏州市开展消费扶贫行动的实施方案》,推动全市消费扶贫行动。从生产、销售、物流、消费等方面制定消费扶贫优惠政策,通过建设苏高新农产品供应链示范基地、设立线上线下农产品展销中心以及举办旅游推介会等方式,促进消费端与生产端的双向互动,惠及贫困人口6万余人。《苏州市深化东西协作助推消费扶贫》《精准破解生产、流通、消费瓶颈制约江苏太仓助推贵州玉屏主导产业由弱变强》《"黔货进苏"助力铜仁市万山区消费扶贫》等经验做法成功入选全国 19 个典型案例汇编。

拓宽"铜货入苏"渠道。帮助铜仁在苏州设立"梵净山珍"(苏州)展示中心,"梵净山茶"苏州推广中心、铜仁优质农产品(苏州)推广中心等线上线下农产品展销中心(旗舰店、专柜等)46 个,并配合铜仁市商务、农业农村等部门,每年在苏州开展以"梵净山珍·健康养生"为主题的各类农特产品推介活动。平均每年组织到江苏举办农特产品展销推介活动 15 次以上,累计销售铜仁农特产品 27.35 亿元,惠及贫困人口 94 万人。

积极推进旅游协作。铜仁风景壮丽秀美,姑苏文化底蕴深厚,二者合作相得益彰。推动苏州同程网与铜仁市合作推进"互联网＋旅游"建设,与铜仁共同打造了 10 个乡镇综合文化站和乡村旅游融合示范点逐渐成为"网红"打卡地。协调铜仁 10 个区(县)到苏州对口市(区)举办旅游推介会,新冠病毒肺炎疫情前一年就有 10.5 万余名江苏籍游客赴铜旅游。

## 第四节　苏青协作·满载江源之情

### 背景综述

青海省位于青藏高原东北部,因境内有全国最大的内陆咸水湖"青海湖"而得名。国土面积 72.23 万平方公里(90％属于禁止或限制开发区),是长江、黄河、澜沧江的发源地,素有"三江之源""中华水塔"之称,既是生态资源的宝库,又是生态安全的屏障。下辖 2 个设区市①,6 个民族自治州②,常住人口 595 万人(2022 年),共有 33 个少数民族,是我国除西藏之外最大的藏族聚居省区。作为曾经的古丝绸之路和唐蕃古道的必经之地,青海已成为我国深化向西开放的重要区域和连接陆上丝绸之路和海上丝绸之路的节点省份。太阳能、风能、水能禀赋突出,已探明矿产资源132 种,"北部煤,南部有色金属,西部盐类和油气,中部有色金属、贵金属,东部非金属",蕴藏着丰富的资源,青海湖、茶卡盐湖、金银滩大草原、

---

① 西宁市、海东市。
② 海北藏族自治州、黄南藏族自治州、海南藏族自治州、果洛藏族自治州、玉树藏族自治州、海西蒙古族藏族自治州。

龙羊峡等景区闻名遐迩。而且,青海之于全国具有重要且独特的生态位,事关国家生态安全与长远发展。习近平总书记多次强调,青海最大的价值在生态、最大的责任在生态、最大的潜力也在生态,保护好青海生态环境,是"国之大者"。多年来,青海坚持生态保护优先,推动高质量发展、创造高品质生活,共同守护好地球"第三极";培育发展生态经济、循环经济、数字经济、平台经济四种经济形态;创建国家公园、国家清洁能源、绿色有机农畜产品、高原美丽城镇、民族团结进步"五个示范省"的总体布局。依托"一带一路"、新时代西部大开发形成新格局、黄河流域生态保护和高质量发展等系列国家重大战略的汇聚叠加,立足自身优势,加速融入"双循环"新发展格局,全面开启现代化建设新征程。但同时也要看到,青海总体经济实力相对较弱,发展不平衡不充分的问题仍然存在,区域城乡间基本公共服务差异较大,人才引进难、留住更难,基层基础薄弱,民生事业仍有不少短板。

江苏地处长江下游,青海位于三江之源。苏青对口协作,既有"共饮一江水"的地理渊源,更是党中央交给江苏的光荣政治任务。根据国家统一部署,自 2016 年起,江苏省对口帮扶青海省西宁市和海东市 9 个县(区)。江苏坚决落实中央决策部署,高位推进各项帮扶工作,组织实施了一批帮扶项目,办成了一批暖人心、顺民意、惠民生的好事实事。在苏青两地的共同努力下,助力西宁市、海东市如期完成脱贫攻坚目标任务,消除了区域性整体贫困。

"十四五"时期,按照党中央、国务院新的部署要求,江苏省在继续帮扶青海省西宁市、海东市的基础上,将帮扶范围扩大到青海全省,其中青海省涉藏州县延续原有对口支援体系进行帮扶。江苏以支持青海 15 个国家乡村振兴重点帮扶县为重点,主要围绕产业协作、劳务协作、消费协作、人才交流等领域,大力实施一批有助于提升产业发展能级、增进民生福祉、加强当地人才队伍建设、推动区域协调发展的协作项目,共创乡村振兴新局面、共同服务和融入新格局、共同奋进新时代。

2017 年以来,江苏共安排对口协作青海省资金 28.88 亿元。以 2020

年为例,协作资金为 4.368 亿元。"十四五"期间资金总盘子保持不变,增加原来对口协作贵州铜仁的 4.52 亿元全额移至青海。此外,南京市、无锡市、徐州市、常州市、南通市、盐城市、扬州市及所辖区、县(市)各级财政投入以及企事业单位、社会组织捐赠的计划外资金达 2.3 亿元。先后选派东西部协作干部 78 名,教师、医生、农技师等专业技术人才 652 名。常年有 26 名干部、163 名专技人才在青海省前方工作。此外,在新冠疫情期间,江苏通过整合援青医疗资源、筹措物资、组织募捐等方式,向青海捐助各类救援物资总价值达 2000 多万元。

青海是全国海拔最高的东西部协作省份,平均海拔 3000 米,冬季气温零下 20℃左右,江苏援青干部人才克服高原气候挑战,带着政治责任、满怀深情厚谊、坚守协作岗位、坚决恪尽职守,聚焦青海所需、发挥江苏所能,在双方的共同努力下,对口协作地区基础设施得到明显改善,各项短板全面补齐,发展根基更加稳固,经济活力和发展后劲明显增强。

## 发展历程

苏青协作大致可分为精准期、衔接期两个阶段:

### 精准阶段(2016～2020 年)

2016 年 7 月,东西部扶贫协作座谈会后,中央重新调整了东部 9 省13 市与西部 12 省 14 市的对口帮扶结对关系,确定了江苏与青海结对开展对口协作。同年 10 月,江苏省委、省政府明确了南京市与西宁市、无锡市与海东市共计 9 个县(区)的结对帮扶关系(详见表 17)。

表 17　江苏对口协作青海结对关系

| 结对市 | | 结对县(区) | |
| --- | --- | --- | --- |
| 南京 | 西宁 | 雨花台区 | 大通县 |
| | | 六合区 | 湟源县 |
| | | 栖霞区 | 湟中区 |

续表

| 结对市 | | 结对县（区） | |
|---|---|---|---|
| 无锡 | 海东 | 梁溪区 | 循化县 |
| | | 锡山区 | 化隆县 |
| | | 惠山区 | 平安区 |
| | | | 乐都区 |
| | | 滨湖区 | 民和县 |
| | | 新吴区 | 互助县 |

　　江苏高度重视对口帮扶青海工作。2017年4月,成立江苏省对口帮扶青海省工作队(以下简称"苏青工作队",副厅级建制),领队由省对口支援青海省海南州前方指挥部总指挥兼任,同时兼任青海省发改委副主任(前两任分别兼任该省发改委副主任,现任兼任青海省政府副秘书长)。2019年开始,省对口帮扶青海省工作队增配一名副领队(正处职),前任兼任青海省扶贫局副局长,现任兼任青海省乡村振兴局党组成员。

　　2016～2020年,江苏向青海省直机关、西宁和海东两市及所属9个县(区)累计选派挂职干部158人次。聚焦"两不愁三保障",精准实施帮扶项目,累计对西宁市和海东市投入财政帮扶资金11.39亿元。2019年,江苏省对口帮扶青海的西宁市、海东市所有贫困县符合国家贫困县退出标准,两市9县(区)964个贫困村、6.74万户贫困户、23.93万名贫困人口全部实现脱贫摘帽。

　　"十三五"期间,江苏将协作资金的40%以上用于民生领域,实施道路硬化、安全饮水、农网改造、危房改造等基础设施改造项目123个,援建修缮校舍39所,修建医院、乡村卫生室、养老院661个,全面补齐对口协作地区生产生活、教育、医疗短板,有效改善对口协作地区基础设施和社会事业条件,帮助撒拉族、土族等少数民族贫困人口1.71万户5.96万名贫困人口脱贫,实现整族脱贫。开展培训166期并提供就业岗位,落实优惠政策,帮助贫困和脱贫群众实现劳务增收。

### 衔接阶段（2021年至今）

2020年全国脱贫攻坚任务完成后,根据党中央要求,2021年东西部协作工作重心转移到巩固拓展脱贫攻坚成果向全面推进乡村振兴衔接的5年过渡期。

根据中央部署安排,从2021年开始,江苏省在继续帮扶青海省西宁市、海东市9个县(区)的基础上,将帮扶青海省范围扩大到青海全省。经请示国家乡村振兴局,并与青海省协商一致,2021年12月,江苏安排对口支援青海省海南州的徐州市、常州市、南通市、盐城市、扬州市各3个县(市、区)共15个县(市、区),与青海省15个国家乡村振兴重点帮扶县结对(详见表18),实现苏青两地东西部协作省际全覆盖,并在2021年底签订苏青东西部协作协议。因青海的这15个县同时为藏族(或其他少数民族)自治县,其所在自治州从属于对口支援体系,江苏不再给这15个县增派干部人才,而由这15个县各选派一名处级干部到江苏对口县(市、区)挂职;协作资金由青海省在江苏对口协作资金总盘子中统筹安排。

表18　江苏对口协作青海国家乡村振兴重点帮扶县结对关系

| 江苏 | | 青海 | |
|---|---|---|---|
| 设区市 | 县(市、区) | 州 | 县(市、区) |
| 常州市 | 常州市经济开发区 | 海南州 | 共和县 |
| | 常州市天宁区 | 果洛州 | 玛沁县 |
| | 常州市钟楼区 | | 班玛县 |
| 扬州市 | 扬州市江都区 | | 甘德县 |
| | 高邮市 | | 达日县 |
| | 宝应县 | | 玛多县 |

续表

| 江苏 | | 青海 | |
|---|---|---|---|
| 设区市 | 县(市、区) | 州 | 县(市、区) |
| 徐州市 | 睢宁县 | 玉树州 | 治多县 |
| | 丰县 | | 囊谦县 |
| | 徐州市泉山区 | | 曲麻莱县 |
| 盐城市 | 建湖县 | | 玉树市 |
| | 阜宁县 | | 杂多县 |
| | 盐都县 | | 称多县 |
| 南通市 | 启东市 | 黄南州 | 同仁市 |
| | 南通市通州区 | | 尖扎县 |
| | 南通市海门区 | | 泽库县 |

"十四五"期间,在面向青海全省的新协作框架内,江苏坚持重心下沉,聚焦乡村振兴,不断加大协作力度。目前,江苏共有 45 个经济强镇(街道)、94 所学校、39 家医院参与结对帮扶青海 49 个乡(镇)、111 所学校、37 家医院;48 个强村(社区)、49 家民营企业、5 个社会组织参与结对帮扶青海省 88 个村。结对区、县(市)党政主要负责同志每年开展互访交流,双方交流对接超过 1 万人次。多层次、立体化协作格局基本形成,产业、劳务、消费等重点领域协作持续推进,为我国实施西部大开发、全面推进乡村振兴奠定了坚实基础。

## 产业帮扶

江苏高度重视苏青产业协作,将其作为推动青海经济社会发展、实现贫困人口稳定增收的根本之举。协作资金 51% 用于支持产业发展,"江苏企业＋青海资源""江苏市场＋青海产品""江苏总部＋青海基地""江苏研发＋青海制造"等模式取得实质性进展。

按照产业链安排项目、用项目做强产业链。江苏共组织 330 多家企业赴西宁、海东考察投资,累计招引 48 家东部企业到青海投资,完成投资额 22.22 亿元。江苏省属国有企业汇鸿集团青海汇鸿供应链有限公司完成进出口额 3300 万美元,位居青海进出口贸易公司;第二福隆控股集团有限公司医疗敷料生产、苏美达机电年产 100 万只绿色卡巴轮毂等 3 个项目加快推进。紧扣青海"四地"建设重点,积极拓展新能源产业协作,引导天合光能、阿特斯等江苏新能源企业到青海投资,帮助强链、补链、延链,发挥示范引领作用,总投资超过千亿元。例如,江苏阿特斯与海东市签署新能源全产业链项目,计划投资 600 亿元建设年产 20 万吨高纯多晶硅以及年产 10GW 组件的一体化光伏制造产业基地,这是阿特斯全球单体投资最大的项目,也是海东市近年来引进的投资额度最高、规模最大的项目。江苏天合光能与青海省政府签署战略合作协议,双方拟合作打造总投资约 500 亿元的"源网荷储一体化零碳产业园",一期建设已于 2022 年 6 月 28 日启动。项目建成达产后,预计可实现年营业收入 488 亿元,年入库税收 18.3 亿元,解决就业9500 人。这两个项目的实施,将进一步助力青海优化新能源产业结构、提升产业层次,打造国内重要的光伏装备制造产业基地和清洁能源大省。

深化园区共建内涵,提高园区承载能力。坚持以园区共建为突破口、以项目建设为抓手,推动产业转移承接和融合发展,实现互利共赢。合作共建产业园区 11 个,引导入园企业 20 家,完成投资额 1.22 亿元,直接吸纳贫困劳动力 1262 人就业。例如,南京市和西宁市开展"1+3"园区结对共建,引进浙江振德医药有限公司投资 1.2 亿元,实施湟中县万亩中草药种植加工项目;引进江苏省中复神鹰碳纤维投资 100 多亿元,在湟中县甘河工业园建设环保型工厂。又如,苏州工业园区中新集团选派技术人员组成工作组进驻青海,协助青海制订零碳产业园规划和控规,围绕园区进行招商引资、产业协作、企业合作、人才智力等深度合作。2023 年 4 月 14日,江苏省政府与青海省政府签署了《共同支持青海零碳产业园加快建设的框架协议》。根据协议,无锡市安排一个省级以上开发区参与青海零碳产业园建设,江苏国信集团等省属国企与零碳产业园合作。

　　紧扣当地资源禀赋,助力打造特色产业。按照青海"四区一带"①农牧业发展布局,支持实施一批绿色、高效种养殖特色产业项目,共推青海特色现代农牧业发展。因地制宜,重点发展食用菌产业、生态奶牛养殖、牛羊屠宰生产、马铃薯精深加工、生态旅游和特色种植养殖等。例如,助推化隆拉面进江苏机关、企业、医院、园区"四进"行动,仅脱贫户开办的拉面店达 111 家;助力西宁湟中区打造鲁沙尔民族手工艺加工集聚区,推动手工作坊上升为产业基地、非遗产品走上世界舞台;帮助引进和技术指导推进甜叶菊种植项目,种植面积约 210 亩,带动建档立卡户 57 户,每户增收 4250 元;中利腾晖民和县 43.4MW 光伏扶贫项目建成并投入运营后,每年产生扶贫收益 4000 万元,每年为民和县 125 个贫困村村均增加集体收益 30 万元,让建档立卡贫困人口 2.74 万人受益。

　　做优做强绿色有机农牧产业。增加绿色有机农畜产品有效供给,围绕基地建设、精深加工、产销衔接、品牌培育等关键环节,项目化、产业化、品牌化并举推动现代农牧业发展,助力青海绿色有机农畜产品输出地建设,擦亮青海农畜产品绿色有机金字招牌。例如,南京市栖霞区帮助西宁市湟中区西堡镇建成青海省规模最大的现代化生态奶牛养殖基地,形成"牧草—奶牛—有机肥—牧草"循环绿色养殖生态。该项目从国内乳制品行业的龙头企业南京卫岗乳业引入先进技术,让牛舍里每一头奶牛都配有黄色耳标,由此掌握每一头奶牛的实时数据,实现生产全过程数字化控制。从 2018 年立项起,西堡村流转盘活了农村闲置土地 100 余公顷,惠及村民 600 余户,不断提档升级产业链;从奶制品、青海特色米面制品、火锅食材、农产品等各类精深加工产品,再到树立绿色有机品牌,业已形成集种植养殖、农产品深加工、农事体验为一体的多产业融合、全产业链布局的发展业态。2022 年,西堡生态循环现代农业产业园已建成蔬菜大棚420 栋,种植喷灌露天蔬菜 31 公顷,种植果园 6.67 公顷,村股份经济合作社当年收益 62 万元。又如,无锡帮助海东市引入大蒜加工企业江苏东

---

① "四区"即东部高效种养发展区、环湖循环农牧业发展区、青南生态有机畜牧业发展区、柴达木绿洲农业发展区,"一带"即沿黄冷水鱼绿色养殖发展带。

黎明集团和有机独头蒜新品种,在互助县哈拉直沟乡盐昌村建成 580 亩高原有机独头蒜种植基地,配套建设晾晒、保鲜等设施,通过"龙头企业＋村集体经济合作社＋农户"模式,实现联农带农就业增收,成为青海乃至西北地区最大的规模化独头蒜种植基地,并进一步向全县推广、将种植面积扩大到 1500 亩。

## 就业帮扶

持续塑造劳务品牌、精准对接需求、强化稳岗保障。苏青协作 6 年来,共举办"春风行动"等专场招聘会 50 多场,提供就业岗位超过 4 万个。举办近 166 期劳务协作培训班,组织近万名贫困人口参加培训,引导当地贫困学生到江苏就读职业学校。通过给予路费及生活用品费用补助和奖励等方式,鼓励建档立卡户贫困劳动力及职校学生赴江苏务工或顶岗实习。帮助青海省 1.4 万余名农村劳动力实现就地就业,4497 人次农村劳动力赴江苏就业。发放"扶贫劳务协作服务卡",帮助来苏就业人员解决实际困难。以无锡对口协作海东为例,无锡每月提供就业岗位累计超过万余个,培训贫困劳动力上百名,向安置海东建档立卡贫困劳动力的无锡企业发放社会保险补贴;实施"残疾贫困群众就业培训"项目,开展面向贫困群众赴东部就业的奖励制度;实施"拉面经济带薪在岗培训＋就业"项目,新冠病毒肺炎疫情前一年就有 348 人参加培训并通过考核。

## 智力帮扶

千方百计激发贫困群众智力脱贫的积极性、主动性。新冠病毒肺炎病情前一年安排江苏协作资金 390 万元,在西宁市建成 70 多家"励志爱心超市",5600 多户群众用 27.9 万积分兑换了价值 31 万元的商品,形成了以奖代补、多劳多得的激励机制。例如,在南京市栖霞区资助下,湟中县两年共评选出 40 名扶贫创业明星和脱贫致富明星,发放奖金 40 万元,通过身边人身边事在全县营造"我要脱贫、争当明星"的浓厚氛围。面向湟中县每年另外投入 26 万元设立"栖霞励志奖学金",累计奖励品学兼优贫困家庭学生 615 名,让他们切身感受到了来自社会各界的关爱和温暖,激发了孩子们的学习热情。开通各结对县区间互联网远程教育,联合举办多期东西部扶贫协作的主题夏令营和冬令营,组织数百名中小学生到江苏参观学习。

不断加大干部人才交流力度。江苏累计向青海选派教师、医生、农技师等专业技术人员 650 余名,为提升青海教育医疗和农牧科技水平提供了有力支持。西宁和海东两市共向江苏省选派挂职干部 202 人,专业技术人才交流达 1000 余人次。南京、西宁市委组织部实施"三百"人才行动,助力宁宁深度协作,利用三年时间组织 300 名专家、博士、企业家赴西宁进行项目投资、指导帮扶、专业服务。加大对受帮扶地区市县两级干部和人才的培训,帮助西宁、海东在南京和无锡举办党政干部培训班,帮助县区组织党政干部培训、专业技术人才培训,为互派的挂职干部和专业技术人才提供必要保障和荣誉奖励。以无锡市智力帮扶工作为例,认真落实干部人才互派交流和培养培训,开展两项举措助力对口地区打造高素质干部人才队伍:一是干部人才双向挂职交流常态化。按照"市有工作组、县有联络员"的干部挂职组织架构,无锡选派了 21 名干部到海东挂职,并接收了 128 名海东到无锡挂职干部;加大专业技术人才交流互鉴,选派了 428 名技术人才到海东交流,并接收了 342 名海东技术人才。借助干部人才的互动,帮助对口地区打造了一批精品课程、一批重点医疗科室、一批农业新品种基地。二是干部人才培养培训长效化。与对口地区互设结对县干部培训基地,建立干部交流合作长效机制,通过两地培训、委托培养等多种方式,累计培训海东干部人才 1.2 万人次。

打造"项目化＋订单式"专家服务团机制。苏青两地科学制定人才交流机制,升级"组团式"帮扶模式,开展"一团火"的集中式服务与"满天星"的分散式长期服务相结合,形成了"订单式＋项目化"运行体系,有效破解了基层优势产业发展找不到专家、专家服务基层找不到渠道的难题,为全面推进乡村振兴提供坚强的组织保障和干部人才支持。苏青两地从东西部协作资金中列支专项资金,分别建立人才服务经费、人才关爱经费、干部培训经费,用以支持人才合作交流项目,激发专家服务的积极性。根据柔性引进人才政策规定,青海为挂职任学校校长和医院院长的南京优秀校长、医疗专家每人发放 30 万元年度人才服务经费,确保人才引得进、留得住。重点聚焦打造绿色有机农畜产品输出地、国际生态旅游目的地,有针对性组织选派南京 12 名农文旅专家,组成农畜产品加工销售、农产品养殖和农文旅融合产业三个专家组到西宁开展技术指导。专家团深入大通回族土族自治县"花儿之乡"柏木沟、湟源县丹噶尔古城、湟中区玉拉草莓育苗中心等,通过现场指导和座谈交流等方式,提出进一步研发成熟稳定农畜产品、打造本地"浪"文化旅游品牌等发展"金点子",为农畜产业发展和乡村旅游经营开拓了发展思路。在技术支撑之外,专家服务团还注重培养本土人才,以"带土移植"工作理念,实行"师傅带徒弟""团队带团队"帮扶模式,实现帮扶与被帮扶双向促进,为青海高质量发展注入了源源不断的智力动能。

## 健康帮扶

两省结对县区先后签订了市(县)区两级卫健部门帮扶协议,建立了市、区两级医院"一对一"结对关系,结成了跨省医联体。结对医院间均已开通互联网远程诊疗系统,人才交流学习日趋频繁。例如,2017～2018年,无锡市统筹各县区帮扶资金 1400 余万元,实施了惠及海东市 17.47万人的"健康保"大病补充商业保险项目;统筹帮扶资金 4000 万元,实施了面向海东市 25 个省级深度贫困乡镇的近 200 个村级卫生室新建和改扩项目,将海东市"两不愁三保障"村级卫生室达标合格率提升至 100%;持续联合开展"光明行"活动,为海东市建档立卡贫困户实施免费白内障手术超过 200 例,在海东成功实施腹腔镜胆囊切除、瘢痕妊娠救治等示范手术,无锡八院援青医疗团队帮助循化县医院顺利完成首例巨大甲状腺肿瘤手术,无锡明慈心血管病医院组织专家团队在循化县人民医院开展先天性心脏病筛查和手术治疗等活动。2019 年,西宁市投入 2790 万元对三县实施村卫生室、医疗综合体、学校基础设施改造等项目,投入 216 万元在大通建成远程会诊等项目,实现了西宁市与南京市开展远程医疗全覆盖;海东市整合使用东西部扶贫协作资金1.64亿元,占年度财政性帮扶资金的62.8%,完成330个村级卫生室标准化改造项目等,惠及贫困人口3.8万人。2020年,西宁、海东两市投入3766万元实施村级卫生室改造、医疗设备配置等项目,惠及11.3万名贫困人口。

## 消费帮扶

苏青两地共同谋划,调动社会各界参与消费帮扶,注重顶层设计、强化前端品牌打造、不断拓宽销售渠道,千方百计扩大消费帮扶规模。

组织实施"西货东输"产销对接。拓宽线上线下销售青海特色农产品渠道,推进青海特色产品进机关、进学校、进市场、进企事业单位、进商会、进展销会的"六进"工程。例如协助化隆拉面进入江苏机关食堂,青海牛羊肉进入江苏学校、医院、国有企业餐桌等。建成青海(江苏)消费扶贫专馆,两地党政主要领导出席开馆仪式;依托苏宁易购和金陵饭店集团、江苏舜天电子商城、钟山集团、苏果等大型商贸集团,搭建青海大集、万集大丰汇等平台,打造青海农畜产品前沿展销基地,在江苏共开设特色农产品销售门店15个,同时举办消费扶贫产品推介会等大型展会,累计帮助青海销售或采购青海农产品总值达5.15亿元。

大力培育乡村旅游典范。通过高起点编制规划、高水平施工建设、高质量运营管理,先后投入帮扶资金4370万元,实施了大通县鹞沟片区等10个乡村旅游扶贫项目,有效带动了贫困人口脱贫增收,走出了一条具有地方特色的扶贫协作好路子。边麻沟村被农业农村部评定为"2018年中国美丽休闲乡村",东至沟村被推选为"首届中国农民丰收节100个特色村庄"。无锡市启动"无锡市民游海东"首发仪式,2018年无锡市民赴青海旅游人数就突破1万人,无锡至青海西宁航线成为无锡最热门航线之一。

加强两地文化旅游产业联动,打造文化旅游精品。南京栖霞区与西宁湟中县积极推进两地文化走亲,先后在南京成功举办"丝绸之路青海道－西宁遗珍"文物展和"幸福西宁·艺韵湟中"非遗手工艺品展,吸引了42万游客进馆参观,扩大了西宁在东部地区的美誉度,也让湟中"八瓣莲花"文化品牌在南京迅速走红。邀请20余名南京摄影家赴湟中摄影采风,两地通过举办"湟中县书画作品展览""栖霞区书画作品展览",150多幅摄影作品成为点睛之笔。栖霞区协调邀请《中国摄影报》到湟中开展"秘境湟中"摄影训练营活动,打造湟中为"中国摄影报社摄影扶贫示范县"。积极推动与南京途牛网开展合作,联手打造全国自驾游区域合作联盟典范,做响"东游栖霞寺·西游塔尔寺"旅游品牌,增强"绿水青山·幸福西宁"在东部地区旅游客源市场号召力。

# 第九章
# 对口合作 | 志高山流水 · 互利共赢谋振兴

建立跨省际对口合作机制，是党中央实施新一轮东北振兴战略和为促进革命老区发展作出的重大部署。江苏始终把做好对口合作工作作为义不容辞的政治责任，按照党中央、国务院部署要求，坚持"政府引导、市场运作，合作共赢、突出特色"原则，扎实推进与各区域的对口合作，取得积极成效。

## 第一节　江苏对口合作概况

2017年苏辽两地开展对口合作以来，江苏按照党中央、国务院部署，认真贯彻落实习近平总书记2018年9月在深入推进东北振兴座谈会上的重要讲话精神，围绕南北联动、协同发展，逐步建立完善横向联动、纵向衔接、定期会商、运转高效的对口合作工作机制。江苏12个设区市、近20个省级部门单位不断深化与辽宁12个设区市（沈阳市由北京市、大连市由上海市对口合作）、省级部门单位的对口交流合作和产业转移产业园区①结对合作，不断加强对接平台和合作载体建设，拓展合作领域，提升合作层次，有序推进产业对接、园区共建、科技创新、干部培训和人才交流

---

① 2019年国家发改委提出了产业转移产业园区结对要求，江苏省苏州工业园区、常州国家高新区与辽宁省沈抚示范区结对。

等。每年年初,与辽宁协商,制定年度对口合作工作计划,明确主要任务、责任单位。省对口支援协作合作工作领导小组建立例会制度,每季度召开专题会议,统筹协调推进对口合作各项工作,确保年度工作计划实施到位。政府牵头搭台、社会广泛参与的多元化、多层次、宽领域对口合作体系日渐完善。

2022年6月,根据国家发改委印发的《革命老区重点城市对口合作工作方案》要求,明确江苏省无锡市与陕西省延安市、南京市与湖南省张家界市、苏州市与河南省信阳市建立对口合作关系。因无锡市与延安市原为对口协作关系,现增加为对口协作、对口合作双重关系。为深入贯彻落实国家要求,江苏积极谋划,多措并举,力促相关对口合作地区签署《东西部协作、革命老区重点城市对口合作框架协议》,持续加强人才交流、劳务协作、区县交往等合作,推进产业互补、人员互动、技术互学、观念互通、作风互鉴,持续打造协同发展战略框架下的合作发展新模式。

## 第二节　江苏·辽宁对口合作

### 背景综述

辽宁(简称"辽"),地处环渤海和东北亚中心地带,是中国历史上的著名关隘,是沟通东北与关内、连接内蒙古和朝鲜半岛的"十字路口",自古便是多民族文化的交汇地带,匈奴、鲜卑、高句丽、契丹、女真等民族此消彼长,古称幽州、营州、平州、燕国、金国、安东都护府、渤海国、辽阳行省、盛京、奉天等。从汉至明,辽宁几乎都是中原王朝实际控制区域的北界。辽宁南临黄海、渤海,是全国唯一的既沿海又沿边又沿江的省份,是东北地区唯一的陆海双重通道,海岸线占中国大陆海岸线总长的12%,是"一带一路"建设的重要节点,也是新欧亚大陆桥的桥头堡,港口资源丰富。国土面积14.8万平方公里,辖14个设区市[①],常住人口4259万人

---

① 沈阳市、大连市、鞍山市、抚顺市、本溪市、丹东市、锦州市、营口市、阜新市、辽阳市、盘锦市、铁岭市、朝阳市、葫芦岛市。

（2022 年）。

苏辽合作是党中央、国务院赋予苏辽两地的重大政治任务。中央确定江苏与辽宁对口合作，是实施新一轮东北地区等老工业基地振兴战略的重要举措，是推进东北振兴与国家战略对接融合的有效途径，也是发挥我国制度优势促进跨区域合作的创新举措，是对苏辽两地的高度信任。

苏辽合作是东部沿海发达地区南北两个工业大省的强强联合。辽宁作为"辽老大"，在党和国家工作全局中占有重要地位，为共和国的发展和安定作出了历史性贡献，被称为"共和国长子"，为新中国贡献 1000 多个全国第一。辽宁资源丰富，工业基础强，毛泽东称之为"新生的人民共和国经济的重要支柱""全国工业化的出发点"。在"一五""二五"期间的"苏联模式"和计划经济体制下，国家负责分配，辽宁负责生产和向外输出，贡献巨大。后来我国从要素驱动逐步向投资驱动、创新驱动变革，工业主体日渐多元化，辽宁在改革开放进程中逐渐丧失先机，被一些民营经济发达、轻装上阵、更加灵活的东部省份超越。但是辽宁制造业底蕴依旧厚重，工业体系相对完备，在科技创新体系化能力、技术工人等方面具备优势，产业自主可控和保障能力强，尤其是近年来奋力开创新时代辽宁全面振兴全方位振兴新局面，在工业振兴方面，扎实做好改造升级"老字号"①、深度开发"原字号"②、培育壮大"新字号"③三篇大文章，取得丰硕成果。2023 年开始，辽宁部署新的"辽沈战役"，推进经济社会高质量发展。

苏辽合作的目标是两地携手构建新发展格局，合力提升以制造业为代表的产业链现代化水平，更好地服务新时期辽宁全面振兴和推动江苏高质量发展。辽宁的经济特征与江苏外向型经济形成有力互补。例如，江苏正在着力打造具有国际竞争力的先进制造业基地，辽宁正在建设具有国际竞争力的先进装备制造业基地；江苏有 13 个产业集群，辽宁也有类似的产业集群布局，双方高度匹配契合。当今世界百年变

---

① 集中在装备制造业。
② 石化、冶金、建材等原材料和深加工行业。
③ 战略性新兴产业、高技术制造业、高技术服务和未来产业。

局加速演进,面对复杂严峻的外部环境,在国际国内双循环新发展格局背景下,进一步加强区域协作,携手提升我国制造业核心竞争力是应然之举。在这样的期许下,苏辽合作既不同于东部沿海地区对边疆少数民族地区的"输血型"对口支援,也不同于巩固脱贫攻坚成果向乡村振兴过渡衔接时期东部沿海地区对西部欠发达地区的"帮扶型"协作,而是要协同发展,发挥双方在制造业、装备和资源等方面的互补型优势,共同推进"造血型"合作。

江苏省高度重视苏辽对口合作。江苏省委、省政府主要领导亲自部署、亲自参与苏辽对口合作工作,要求省内各地区、各部门向高处看、深处走、实处做,把对口合作摆上重要议事日程。江苏省对口支援协作合作工作领导小组建立例会制度,按季度召开专题会议,调度推动对口合作工作。按照横向联动、纵向衔接、定期会商、运转高效的工作机制,江苏省对口合作各项工作内容均明确责任部门和单位,确保对口合作各项要求和工作落到实处,力争两地对口合作工作走在全国前列。

"十四五"时期是促进东北全面振兴的关键期,苏辽对口合作工作亦进入深化阶段。做好新时期苏辽合作,要坚持政府引导、市场主导、企业主体、合作双赢,找准契合点,明确着力点,不断扩大苏辽合作范围,充实苏辽合作内容,不断提高苏辽合作层次和水平,打造对口合作的"苏辽样板":

一是要在合作理念上推动苏辽合作走宽走广走出新意。苏辽合作是平等的合作关系,既不是江苏的一厢情愿,也不是辽宁的被动接受,而是双方在充分对接、协商一致的基础上,围绕江苏助力辽宁经济社会高质量发展、两地共同服务构建新发展格局所形成的共同行动纲领。要紧贴苏辽两地发展规划,紧扣中央最新部署,充分体现中央要求、辽宁所需和江苏所能,从自发零散转向系统全面,从注重项目建设转向宽领域合作,从单向流动为主转向更加注重双向互动,在平等合作、互学互鉴中,不断增强合作工作的系统性、集聚性和可持续性。

二是要在合作内容上推动苏辽合作走深走实走出新绩。江苏"十四五"规划纲要明确提出："扩大苏辽对口合作领域,助力辽宁老工业基地全面振兴。加强与对口地区产业合作"。苏辽合作要立足产业合作,共同推进延链补链强链保链,共同打好产业基础高级化、产业链现代化的攻坚战,携手扩大我国在全球价值链的份额,造福苏辽两地人民,造福中华民族。要充分发挥江苏制造强省和辽宁装备制造基础雄厚的优势,精准推进产需对接和产业链上下游整合,协同推进装备制造业合作。要开展战略性新兴产业对接,共同推动辽宁高端数控机床、工业机器人及智能装备、燃气轮机、生物医药、新材料等一批有基础、有优势、有竞争力的新兴产业加快发展壮大。加强科技创新合作,突出研发合作和成果转移转化,推动创新创业合作。加强对外开放合作,协同参与"一带一路"建设,联合开展面向东北亚地区的开放合作,共同搭建对外开放平台,开拓周边市场。加强金融、生产性服务业合作,为制造业转型发展注入活力和动力。加强在碳达峰碳中和战略布局上的协同,强化能源领域合作。相互借鉴加强生态保护和环境治理,特别是资源枯竭型城市转型发展方面的经验,加强绿色发展合作。加强跨区域物流合作,开辟更多物流通道。挖掘辽宁历史文化和自然景观特色,深入开展文化旅游合作。合作建设特色小镇,共同开发养老、医疗等大健康产业。

三是要在合作机制上推动苏辽合作走稳走好走出新路。两地要在继续保持和强化现有合作机制的基础上,更好地发挥有为政府和有效市场作用,将苏辽合作纳入长三角一体化建设、"一带一路"建设、长江经济带建设等区域性、国际化合作平台,着力打造区域化、品牌化、特色化经贸交流活动,为包括两地在内的各地各类企业开展合作搭建更加高层次平台、提供更加宽广舞台;要把园区作为苏辽合作的重要载体和品牌工程,建立健全在园区规划、建设管理、项目招引、制度创新等方面开展园区共建的合作机制,探索和启动整体委托合作共建园区取得实质性进展;要继续推动两地各类商会、协会、中介机构之间开展密切交流和合作,加快形成全社会参与对口合作的工作格局。

## 发展历程

2016 年,国务院下发《关于深入推进实施新一轮东北振兴战略加快推动东北地区经济企稳向好若干重要举措的意见》,江苏省委、省政府主要领导多次作出批示指示,要求各地各部门充分认识支持东北地区振兴发展重要意义,将其作为一项政治任务,提高到贯彻党的十九大精神的高度抓好落实,抓紧推进相关工作,全力推动重点合作项目,努力打造典型示范项目,为推动区域协调发展、推动东北地区全面振兴贡献江苏力量。

2017 年 3 月,国务院办公厅印发《东北地区与东部地区部分省市对口合作工作方案》,明确了辽宁与江苏对口合作,要求不安排资金、不选派干部人才,主要推进 4 个方面 18 项重点任务。自此,苏辽对口合作全面展开。

2018 年 3 月,江苏省与辽宁省共商围绕各自优势产业进行市际结对,共同拟定了《辽宁省与江苏省对口合作实施方案》,两地发改委联合制定《辽宁省与江苏省对口合作实施方案分工方案》,明确具体的合作思路和举措。综合考虑两地资源禀赋、产业基础、发展水平等因素,确定江苏 12 个设区市分别与辽宁 12 个市一对一结对(详见表 19),并建立各对口市主要领导每年互访交流制度。江苏省苏州工业园区与辽宁省沈抚新区作为重点合作园区结对。对口城市秉持取长补短、互学互鉴理念,建立常态化沟通会商机制,充分发挥比较优势和产业特色,围绕重点产业、重点领域加强对接合作,在城市规划建设、政务服务改革、公共服务供给、资源型城市转型、营商环境优化、生态环境保护和打造宜居、智慧、低碳城市等方面全面共享,以优势产业合作、产业园区共建、技术联合攻关、科技成果转化为重点,推进产用结合、产需对接和产业链上下游整合。更进一步,对口城市的企事业单位、高校院所、商协会全面对接;南京、淮安、盐城、扬州、泰州等市还将合作范围下沉到县(市、区)和园区,推进更广领域、更深层次的合作。

表 19　江苏对口合作辽宁结对关系

| 江苏 | 辽宁 | 合作重点 |
|---|---|---|
| 南京市 | 鞍山市 | 现代服务业 |
| 无锡市 | 盘锦市 | 物联网等信息产业 |
| 徐州市 | 抚顺市 | 科技研发与转化 |
| 常州市 | 葫芦岛市 | 创业创新 |
| 苏州市 | 锦州市 | 城市建设管理交流 |
| 南通市 | 辽阳市 | 装备制造业 |
| 连云港市 | 营口市 | 连云港港和营口港联动发展 |
| 淮安市 | 铁岭市 | 农产品产业化 |
| 盐城市 | 阜新市 | 节能环保产业 |
| 扬州市 | 丹东市 | 文化旅游产业 |
| 镇江市 | 朝阳市 | 军民融合产业 |
| 泰州市 | 本溪市 | 医药健康产业 |

2019 年 1 月上旬和 3 月下旬,江苏省委主要领导先后主持召开省委常委会会议,专题研究相关工作,要求提高政治站位,扎实做好对口合作工作。省委常委会年度重点工作和省政府百项重点工作均将苏辽对口合作工作纳入其中。

2019 年 5 月,江苏省对口支援工作领导小组印发了《辽宁省与江苏省对口合作工作机制》,明确建立"三项机制"。即两地主要领导高层互访机制,每两年到对方考察交流一次,并召开高层联席会议;对口地区领导会商机制,两地常务副省长或委托省政府分管副秘书长每年共同组织召开一次两地对口合作工作会议;相关部门日常考核机制,由两地发改委分别会同两地省直有关部门、设区市,编制年度工作计划,并做好实施工作,定期汇总计划执行中遇到的突出困难和问题,提交两地对口合作工作会议研究解决,以及做好年度工作总结和评估工作。两地省直有关部门依照各自责任分工及职能承担对口合作任务,不定期会商并指导各地开展工作。

2022年4月,苏辽两地联合发布《关于印发辽宁省江苏省"十四五"对口合作实施方案、专项实施方案和试点方案的通知》。明确"十四五"时期对口合作主要目标:到2025年,两地对口合作在重点领域取得长足进展,建立更加紧密、高效、务实的合作机制,形成企业、高校、科研院所、社会组织和其他主体广泛参与的合作体系,合力打造一批具有带动性、引领性的产业合作示范园区,加强在协同发展、互利共赢中,让双方的产业、科教、人才、资源、区位等特长优势更加显现,创新环境、营商环境、生态环境更加优化,对所在区域发展的引领支撑作用更加突出,融入国内国际双循环格局更加深入,辽宁维护国家"五大安全"、江苏履行"三大光荣使命"①的能力显著提升。

## 扩大产业务实合作

2017年4月,辽宁省省长率辽宁党政代表团赴江苏考察交流,苏辽两地签订40项合作协议。2018年6月,江苏省省长率江苏党政代表团赴辽宁考察交流,苏辽两地签订56项合作协议,其中企业(项目)合作协议33项,签约额超过200亿元。2019年8月,江苏省常务副省长率团赴辽宁考察交流,苏辽两地签订16项合作项目协议。2020年9月,辽宁省省长率辽宁党政代表团再一次赴江苏考察交流,苏辽两地政府形成了《辽宁省—江苏省对口合作工作座谈会会议纪要》,双方商定:强化产业链嵌入供应链协同,加强文化旅游合作,加强创新创业合作,加强人才交流合作,共建对口合作重点园区,加强功能区合作,扩大高水平开放合作。2021年4月,江苏省委常委、统战部部长带领省化学纤维产业强链专班赴辽宁考察,推动两地化学纤维产业链互嵌式发展。2021年7月,辽宁省人大常委会党组副书记、副主任带领信用立法调研组赴江苏考察调研;

---

① 争当表率、争做示范、走在前列。

辽宁省政协副主席率代表团赴淮安推动对口合作和安岭工业园建设。2023 年 4 月,江苏省常务副省长率团赴辽宁考察交流,苏辽两地企业签订 10 项合作项目协议。

2017~2022 年,江苏省在辽宁共合作实施重大项目 200 余个,协议投资逾 1000 亿元。特别是在石化产业、装备制造业、战略性新兴产业、医疗康养产业、纺织服装产业、农业及农产品加工业,以及重点合作园区共建、城市间规划建设合作、文化旅游对接交流等重点产业重点领域取得重大突破(部分重大合作项目参见表 20)。

**表 20 苏辽两地相关重大项目合作情况(部分)**

| 重大项目 | 总投资(亿元) |
| --- | --- |
| 沙钢集团与东北特钢重组 | 44.6 |
| 苏宁集团国际文创智慧产业小镇项目 | 400 |
| 恒力大连石化产业园 | 1500 |
| 徐矿集团热电联产项目 | 49.2 |
| 沈阳机床集团 | 25 |

在辽宁,引自江苏的战略性新兴产业加速布局、医疗康养产业快速壮大,在纺织服装、农业及农产品加工产业的合作不断取得突破。通过恒力石化炼化一体化、锦州(江苏)精细化工等重点项目的推进,促进了辽宁沿海与内陆两翼协同发展的精细化工产业带空间格局加速形成,石化产业链得到进一步完善。中德发展集团与江苏徐工集团联合建设的水平定向掘进机项目、盐城奔达齿轮公司汽车飞轮组装线项目竣工投产,常熟汽车饰件股份有限公司投资建设的沈阳常春汽车零部件扩建项目顺利投产,巩固了辽宁装备制造业产业优势。沙钢集团组建沙钢东北特钢集团,2022 年上半年完成技改投资约 5 亿元,持续做大做强做精特钢产业。徐矿集团在锦州投资锦州电厂,装机规模为 2×660MW 超临界空冷燃煤发电机组,总投资约 42 亿元,成为两地重点能源合作项目。其他重点项目还包括:鞍山市推进亚星客车有限公司氢能源客车合作,抚顺市引进江苏

(徐州)中能集团 5G 杆塔工业生产项目,江苏中广核技术发展公司增资扩股丹东华日理学电气有限公司,盘锦江苏昌德合金有限公司钒氮合金制造项目建成,苏州阿特斯能源项目在阜新市阜蒙县落地,盐城市推动总投资 1.5 亿元的江苏宝威锻造有限公司太阳能光伏支架项目落户阜新,常州红太阳药业总投资 4.8 亿元在锦州滨海新区年产 2462 吨医药中间体项目进展顺利,江苏省海企集团在辽宁葫芦岛市投资可发性聚苯乙烯项目,扬州市扬子江集团在丹东建设冶春丹东连锁门店及海产品采购配送基地项目,江苏钟山宾馆集团与辽勤集团合作推动辽宁农特产品"走出去",苏宁集团投资 400 亿元,在沈阳打造国际文创智慧产业小镇,江苏碧诺环保科技有限公司投资 7000 多万元开发盘锦"田园牧歌城乡综合体"项目(一期)顺利投产。

来自辽宁的项目也纷纷在江苏落户。例如,沈阳机床集团总投资 25 亿元的 5D 智能制造生态谷项目、沈阳飞机设计研究所扬州协同创新研究院项目、沈阳航空航天大学联合淮安市政府共同设立的江苏(淮安)航空产业研究院项目等。沈阳新松机器人无锡分公司是辽宁科技成果转移转化的典型,已累计投入研发经费 4251.8 万元,获得知识产权 30 余项,2021 年产值达 5.5 亿元。

开展形式多样的经贸交流活动。苏辽两地联合举办了"苏企辽宁行""辽企江苏行"经贸对接活动,共同组织招商,共享招商信息。江苏每年邀请辽宁方面参加在江苏举办的世界智能制造大会、中国(昆山)品牌产品进口交易会、南京国际消费品博览会、无锡国际物联网大会、苏州金秋优质品产品展销会、全国农商互联暨乡村振兴产销对接大会、中国淮安国际食品博览会等重大经贸活动,对参展企业展位费给予减免补贴。辽宁每年邀请江苏省企业参加在沈阳举办的中国制造业博览会、中国民营企业 500 强峰会,在大连举办的"中国软交会"、在上海举办的"数字辽宁、智造强省"长三角招商引资促进周活动。鼓励和支持两地电商平台、电商企业开展产销对接活动,充分发挥"双品网购节"这些促消费活动作用,促进两地优质品牌产品网络销售。通过这些活动展销两地名优特产品，深化双方商贸流通领域合作，拓展国内外销售渠道，扩大苏辽产品市场规模和品牌效应。

## 强化科技创新协同

围绕产业链布局、创新链。协同苏辽两地开展关键核心技术联合攻关，特别是针对"卡脖子"等技术瓶颈短板，大力开展跨区域协同创新和联合攻关，携手增强科技创新"硬核"实力。以两地特色产业示范基地（园区）为载体，充分发挥辽宁大型军工央企等方面的优势，以及江苏民企质量高、产业链完整等优势，围绕金属材料精深加工、汽车制造、精细化工、农产品深加工、绿色低碳制造等传统产业转型升级，聚焦新能源、电子信息、生物医药、高端医疗器械、航空航天、新材料、特种船舶与海洋工程等特色产业培育壮大，在关键轴承、碳纤维、高温合金、高端芯片、传感器等领域，助推数字技术与实体经济深度融合，与辽宁共同推进形成需求和供给清单，加强技术转化和供需对接，促进两地产业优势互补、协同发展。

推进产学研深度融合。支持苏辽两地高新技术企业、高校、科研院所跨区域联合共建创新联合体，推动资源开放共享。引导重大科技基础设施、重点实验室、科技公共服务平台加大共享力度。围绕机器人、先进功能纤维、集成电路等重点产业，加强产业链上下游骨干企业、高校、科研院所等创新资源耦合，推进国家机器人创新中心、国家先进功能纤维创新中心和国家集成电路特色工艺及封装测试创新中心等省级以上制造业创新中心的共建共享。

共建新型研发机构。辽宁省充分借鉴江苏省新型创新主体先进经验，出台了《辽宁省新型创新主体建设工作指引》，推动辽宁医学诊疗科技研发中心等22家新型研发机构完成备案。双方联合建立投资多元化、运行市场化的新型研发机构，加速科技创新和成果转移转化。合作建立东北大学无锡研究院，开展核心技术研发和科技成果转化。依托东北大学未来技术学院，在无锡市设立异地创新中心。淮安市政府与沈阳航空航天大学联合设立江苏（淮安）航空产业研究院。沈阳产业技术研究院借鉴江苏产业技术研究院"团队为主、混合所有""一所两制""项目经理""研发＋孵化＋投资""拨投结合"等改革举措,对接全球知名高校、科研机构、研发公司等,整合创新资源要素,紧盯两地经济社会发展需求,在新材料、智能制造、生物医药、新能源、新一代信息技术、碳达峰碳中和等重点领域开展跨区域合作。中科院苏州生物医学工程技术研究所与何氏眼科集团共建眼科生物医学工程专业技术创新平台,开展人才培养、临床研究、工程研究和成果转化及产业化合作,该平台已拥有科研人员100多人,重点合作研发人工晶体、GRP等医疗器械产品。

## 推动平台服务共享

共建产业园区。持续完善共商共建相关机制,探索建立产值核算、税收分成等跨地区共享共赢机制。充分发挥江苏高端资源要素集聚、辽宁地区空间较大和承载力较强的比较优势,探索开展"总部＋基地""总装＋配套""前端＋后台""研发＋制造""孵化＋产业化"等新型园区合作方式,吸引社会资本参与园区建设运营,建设一批具有区域特色符合市场机制的共建园区。加快发展"飞地经济"、整体委托等共建模式,逐步完善地区生产总值划转、地方税收分成、用地用能等约束指标平衡、权益分配等配套机制。支持江苏共享园区开发、管理、运营等方面的经验,全方位提升辽宁相关园区运营管理水平、产业发展能级。辽宁省各设区市确定一个基础较好的产业园区,江苏省各结对设区市组织重点产业园区开展结对共建,在规划建设、管理运营、招商引资等方面开展合作,集中资源力量,共同建设对口合作示范园区。支持沈抚改革创新示范区与苏州工业园、常州高新区探索合作新机制,合力推动产业转型升级和科技成果转化,携手提升高端创新资源的吸纳和承载能力,打造全球领先、全产业链自主可控的产业生态集群。支持盐城—阜新环保产业园、安岭工业园区、本溪高新区等产业合作示范园区建设,加强招商引资合作。

共建产业基金服务平台。发挥江苏新兴产业创业投资引导基金、辽宁产业(创业)投资引导基金等政府引导基金作用,联合两地国有资本出资成立苏辽产业创业投资引导基金,以直投方式支持联合开展重大基础研究、科技成果转化项目,以设立子基金的方式撬动社会资本开展装备、化工等传统产业和节能环保、新能源等新兴产业投资。

共推文化、旅游、艺术和体育等领域的交流合作。加强旅游资源互动、市场对接,共同制定两地"旅游+"产业协同发展策略,充分挖掘辽宁冰雪、温泉、海洋、边境风情和红色旅游,以及江苏水乡、园林、古镇等文旅资源优势,合作拓展"旅游+文化/体育/农业/健康/养老"等产业。共同打造精品旅游线路和品牌,支持两地文旅集团、旅行社、行业龙头企业到对方开展旅游资源和线路考察,联手设计、策划推广互为旅游客源地和目的地的四季旅游精品线路。双向举办"旅游+"产业推介会、主题节等活动,扩大"美丽辽宁、水韵江苏"影响力,共同打造"边境游""红色游""园林游"等主题旅游品牌。各对口市开展旅游市场和客源合作,例如,淮安市与铁岭市组织铁岭周恩来少年读书旧址纪念馆与淮安周恩来纪念馆、周恩来故居开展对接合作,泰州市与本溪市共同打造红色文化游、金秋赏枫游等旅游线路,无锡市和盘锦市开通旅游专列,扬州市开发"丹东—沈阳6日游"精品旅游线路,南京市至鞍山市、扬州市泰州市至丹东市开通直达航线。共同支持康养合作交流,搭建区域医养医游融合平台,合作发展"医养融合"定制医疗服务、"5G+医疗健康"、智慧养老等普及应用工程。

加强大型物流企业合作。大力发展航运物流、智慧物流、供应链管理与服务,完善物流网络,优化长江转运支线和集装箱航线网络。加快完善多式联运和集疏运体系,做好江苏海铁联运通道、江海河联运通道与辽宁海陆综合运输通道有机衔接。加强两地中欧班列资源统筹,加大班列集结中心、枢纽节点联通共享,促进物流、通关、检验检疫等信息互联互通。共同拓展国际货运航线,提高跨境通道运输效率。

推动航线对接和港口互通。依托辽宁沿海产业经济带、东北亚重要国际航运中心等港口优势,加强港口物流合作和港口经贸物流园区功能提升,促进港口联动发展,共同参与国家"一带一路"建设。优化长江转运支线和集装箱航线网络,完善集装箱国内沿海、近远洋航线网络布局,推动连云港港、苏州港、南通港、盐城港和南京港等港口与大连港、营口港、锦州港等港口进行航线对接。苏州港集团与锦州港公司达成"两港一航"合作意向;连云港港与大连港、营口港分别开通集装箱内贸航线;沿江港口中苏州港、江阴港、南通港、南京港先后开通到辽宁港口内贸集装箱航线。连云港港与营口港共同完善"单一窗口"建设,强化与外贸物流、港口生产进行业务对接,共同为企业提供全程电子化数据服务。

强化政务服务改革对接。两地营商环境建设牵头部门、政务服务部门多次开展交流对接,助力辽宁营商环境改善。交流共享江苏"不见面审批"改革和辽宁"最多跑一次"改革的经验做法,开展"一网通办"经验交流。依托全国一体化政务服务平台,探索建立"异地受理、属地审批、就近取证"服务模式,推动两地更多高频政务服务事项"跨省通办"。支持建设跨区域公共资源交易平台。苏州市和锦州市在"简政放权、放管结合、优化服务"和营商环境建设等方面开展互学互鉴,深化电子证明和证照应用,学习政务服务驿站建设,研究向基层赋权赋能。徐州市推广优化营商环境"1+4+13+N"政策体系,为抚顺市推进行政审批标准化、规范化、便利化提供了案例借鉴。

## 深化人才互动融合

深层次、多领域开展干部双向交流。定期互派两地干部员工挂职交流,促进理念互通、思路互动、经验互学,重点在项目经理引进与服务、研究载体建设与服务、创新资源集聚、人才联合培养、高校院所合作、区域合作等方面开展交流。辽宁省持续从省直部门及市、县(市、区)、园区选派干部赴江苏挂职。江苏依托重大合作项目、共建园区,采取"人随项目走"等方式,适时选派干部赴辽宁工作。坚持人尽其才、才尽其用理念,推动挂职干部任实职、担实责、干实事,为其发挥专长、增强才干提供更大空间。

鼓励两地市县互派干部挂职和短期培训。突出分层分类、常态长效,针对双方党政干部、企业家、园区管理者和各类专业技术人才开展"定制化"业务培训活动。江苏已先后接收辽宁省五批干部来江苏为期一年的挂职工作。江苏国信集团、交通控股公司等省属国企先后接收辽宁省国资委选派的挂职干部；南京市选派干部赴辽宁挂任鞍山市委常委、副市长；江苏省委组织部与辽宁省委组织部在昆山市先后举办2期县域经济发展专题培训班，辽宁省各市分管副市长、各县（市）党政主要负责同志参加培训，着重围绕园区建设、经济转型、乡村振兴、政府服务等专题，"量身定制"培训方案；江苏省协助辽宁省在江苏举办民营经济培训班、人才工作研讨班和全省产业园区人才工作研讨班。各结对市也积极开展干部培训合作，例如，南京市与鞍山市共同组织鞍山干部人才来宁培训，苏州市与锦州市共同组织锦州市各县（市、区）、9个园区、主要市直经济部门负责同志赴苏州开展培训，学习苏州园区建设理念和经验。

加快人才交流合作，协助辽宁引进急需紧缺人才。辽宁省委组织部会同人社厅、就业和人才服务局与江苏省对口部门协商制定《辽宁省与江苏省人才对口合作工作实施方案》。鼓励高层次人才积极参与辽宁"带土移植"引育计划，组织开展"江苏院士专家辽宁行"等活动，鼓励在苏两院院士、科技领军人才组成"专家服务团"赴辽进企业、进项目、进园区，开展实地考察、技术咨询、智力支持、成果转化等专业服务。依托"江苏暨百所高校院所人才合作联盟"等平台开展与全国知名高校毕业生、高层次人才、创投资本、创新项目的"四对接"活动，支持两地高校院所开展学科共建、课程互选、学分互认、联合培养研究生，开展"订单式"人才培养，促进跨区域科技合作和成果转化。加强辽宁与江苏人力资源对接，宣传辽宁省及各市引才政策，发布人才需求目录，组织各类人才专场招聘活动，引导江苏人才积极赴辽创业就业。开展海外引才工作站、院士专家工作站共建共享。江苏省人社厅积极协助辽宁省人社厅，累计举办24场"走进江苏走进高校"系列人才招聘活动。在全国大中城市联合招聘春季活动江苏省系列巡回招聘会上，开辟辽宁招聘专区，提供现场人才交流服务。南京市帮助鞍山市在宁设立鞍山市南京招才引智工作站。扬州市组织专家型干部赴丹东市进行互动交流，共建职业教育培训合作联合体。建立苏辽两地科研技术人才、工程实践人才流动机制。通过企业及项目落户等人才引进方式，以及短期工作、项目合作等柔性方式，引导江苏省高端人才有序奔赴辽沈地区。

推动双方高端智库交往交流。支持双方省（市）社科院、党校、行政学院、高校院所的专家学者加强互动，以学术交流、课题合作、专业论坛和技术咨询等方式，为苏辽两地开展高水平合作、合力破解深层次发展难题建言献策。

## 第三节　无锡·延安对口合作

### 背景综述

延安古称肤施、延州，被誉为"三秦锁钥，五路襟喉"，是人文始祖黄帝陵所在地，是陕甘宁革命老区的重要区域，也是中国革命圣地和共产党人的精神家园。国土面积 3.7 万平方公里，下辖 2 个区①、10 个县②、代管 1 个县级市③，常住人口 228.25 万人（2022 年）。

1935 年 10 月，中共中央和中央红军顺利到达吴起镇，延安成为中国革命的落脚点和出发点。党中央和毛主席等老一辈革命家在这里生活战斗了十三个春秋，领导了抗日战争和解放战争，培育了延安精神。延安精神，是党在延安时期形成的宝贵精神财富。它的主要内容是坚定正确的政治方向、解放思想实事求是的思想路线、全心全意为人民服务的根本宗旨、自力更生艰苦奋斗的创业精神。

对延安，党中央和习近平总书记始终牵挂；对延安精神，习近平总书记"有切身感悟"。总书记在延安梁家河经历了 7 年知青岁月，正是在延安精神的洗礼感召和在黄土高原的磨砺锤炼中，迈出了人生第一步。"我在延安地区生活劳动了 7 年，我的父辈也是从这里走出去的，我对这里十

---

① 宝塔区、安塞区。
② 黄陵县、黄龙县、宜川县、洛川县、富县、延长县、甘泉县、延川县、吴起县、志丹县。
③ 子长市。

分熟悉。当年在陕北插队的时候，每次路过延安，我都要来七大会址、杨家岭、枣园、凤凰山等革命旧址看一看""每到一次延安，心里都充满崇敬和激动""每次都受到精神上的洗礼""延安精神培育了一代代中国共产党人，是我们党的宝贵精神财富。要坚持不懈用延安精神教育广大党员、干部，用以滋养初心、淬炼灵魂，从中汲取信仰的力量、查找党性的差距、校准前进的方向。"到中央工作后，习近平曾先后 3 次来延安考察调研。2009 年 11 月，他瞻仰了杨家岭、枣园革命旧址和中共中央西北局旧址等，还亲切看望了延安八一敬老院的老红军、老八路。2015 年 2 月新春期间，习近平总书记在延安市延川县文安驿镇梁家河村看望村民，并就老区脱贫致富进行实地调研。在延安干部学院主持召开了陕甘宁革命老区脱贫致富座谈会，这是总书记召开的第一次跨省区脱贫攻坚座谈会，吹响了革命老区脱贫攻坚的号角。他叮嘱要加快老区发展步伐，让老区人民同全国人民一道进入全面小康社会。他指出，全面建成小康社会，没有老区的全面小康，没有老区贫困人口脱贫致富，那是不完整的。各级党委和政府要增强使命感和责任感，把老区发展和老区人民生活改善时刻放在心上，加大投入支持力度，加快老区发展步伐，让老区人民都过上幸福美满的日子，确保老区人民同全国人民一道进入全面小康社会。他还指出，陕甘宁革命老区有"两个明显优势""一个明显制约"。第一个明显优势是特色资源优势，主要是能源、特色农产品和特色文化旅游资源优势；第二个明显优势是后发优势，主要是城镇化发展和基础设施建设还有很大空间；一个明显制约是生态环境整体脆弱。这个论断为推进延安振兴发展提供了指南。2022 年 10 月，党的二十大闭幕后不到一周，习近平总书记即带领新当选的二十届中共中央政治局常委来到延安，瞻仰延安革命纪念地，重温革命战争时期党中央在延安的峥嵘岁月，缅怀老一辈革命家的丰功伟绩，宣示新一届中央领导集体赓续红色血脉、传承奋斗精神，在新的赶考之路上向历史和人民交出新的优异答卷的坚定信念，"无论我们将来物质生活多么丰富，自力更生、艰苦奋斗的精神一定不能丢，脚踏实地、苦干实干，集中精力办好自己的事情,把国家和民族发展放在自己力量的基点上。"

曾几何时,延安是一个贫困面积较大、贫困程度较深的地区。在延安精神指引和各方力量通力合作下,延安在 2019 年率先实现了全市范围整体脱贫。不仅贫困县全部脱贫"摘帽",693 个贫困村全部脱贫出列,7.62 万户 20.52 万名贫困人口全部脱贫退出,而且被国务院扶贫办确定为中国扶贫交流基地之一。

2021 年,国务院作了关于新时代支持革命老区振兴发展的决策部署,安排了东部部分城市与全国 20 个革命老区重点城市开展对口合作工作,延安与无锡合作即在其列。为深入贯彻落实按照国家发展改革委《关于印发〈革命老区重点城市对口合作工作方案〉的通知》要求,江苏无锡和陕西延安在对口协作基础上开展对口合作,亲上加亲,关系更加紧密。

苏陕虽山水相隔,但互动往来源远流长,始于 1991 年的苏陕的亲密无间、成效斐然。延安市及无锡市驻延安市工作组在 2021 年全国脱贫攻坚总结表彰大会上双双获评"全国脱贫攻坚先进集体",受到党中央的充分肯定与赞誉。

在对口协作升级提档的对口合作框架下,新时期的锡延合作以推动延安振兴发展为主题,以深化区域合作协作为主线,聚焦巩固拓展脱贫攻坚成果、助力乡村振兴和新型城镇化、激发内生动力和发展活力,紧扣延安、无锡发展目标和定位,发挥有效市场和有为政府作用,不断完善合作机制,持续拓展合作领域,着力创新合作方式,提升合作成效,促进两地资源共享、优势互补、互惠互利、共同发展,打造新时代革命老区重点城市对口合作的"锡延样板"。

2022 年,锡延已经签署了一批东西部协作、革命老区重点城市对口合作重点项目,全面谱写了锡延协作合作新篇章。无锡延安直通航班的开通,进一步拉近了两地的时空距离。

## 传承弘扬红色文化

大力传承弘扬延安精神、南泥湾精神、张思德精神。两市联动轮流举办"延安精神、南泥湾精神、张思德精神"主题论坛，助推伟大建党精神进机关、学校、企业、农村、社区、军营，营造全社会支持参与革命老区振兴发展的浓厚氛围。用好两地革命旧址、纪念馆等红色革命遗址，有计划组织两地党员干部开展现场教学、情景教学、体验教学，组织开展两地青少年的红色之旅、追梦之旅、塑魂之旅等研学活动。

用好红色资源。充分利用延安干部培训学院、市县党校以及革命旧址等红色资源，开展红色教育培训，深化锡延两地党政干部学习平台合作，合力共建"延安精神无锡学习天地"，加快延安中小学研学教育基地、红色体验地建设，构建面向本地及全国的多样化、个性化、多层次红色教育培训体系，推动以干部教育为主向全民教育转变。联合延安枣园革命旧址等爱国主义教育基地，打造一批红色教育现场教学点、红色研培体验线路，推出一批研学旅行精品项目。

全力推进文旅融合发展。推动无锡文旅集团、灵山集团与延旅集团、陕旅集团合作，依托延安红色文化资源，结合长征、长城、黄河国家文化公园建设，打造一批重点红色旅游区。鼓励两地文艺工作者围绕党中央在延安十三年革命史，结合延安黄土文化、黄河文化、边塞文化特色，联合创作一批文化作品。以延安革命纪念地、黄帝陵、乾坤湾、壶口等景区资源为牵引，打造一批特色鲜明的红色文化景区，形成西北革命根据地、长征落脚点、全面抗战、转战陕北等一批红色旅游精品线路。结合延安非物质文化遗产、陕北民俗文化、休闲农业，推出一批红色文化体验精品旅游项目。鼓励社会力量通过捐资、认领、认养等形式参与革命文物保护利用。积极推动"延安故事"等系列文创产品研发，拓展红色旅游产业链。双向举办旅游产品推介会、主题节活动，共同宣传推广旅游资源及优惠政策，推动两地实现互为旅游客源地和目的地。

## 助力乡村振兴和新型城镇化

全面推进乡村振兴。巩固拓展脱贫攻坚成果，因地制宜发展壮大特色产业，鼓励社会力量赴脱贫县投资一批有发展活力、综合效益好、带动能力强的农业产业及文旅产业项目。着力打造一批东西部协作乡村振兴示范样板。推广无锡农村人居环境综合整治经验做法,助力实施一批农民居住条件改善、乡村基础设施建设、村庄环境综合整治、公共服务设施提升等民生项目,不断改善基层群众人居环境。引入无锡网格化管理、农村信用体系建设等方面经验,着力打造一批乡村振兴示范镇、示范村。

助力新型城镇化建设。引导无锡相关院校、企业参与当地城镇规划、建设和管理,注重在城乡建设中融入黄土文化、黄河文化、边塞文化等特色文化元素,谋划培育一批产业强镇、文化名镇。组织锡延两地建筑、交通等领域专业化团队开展合作交流,在延安重要交通枢纽、现代产业基地、商贸物流中心等建设方面给予技术支持,同时积极引导社会力量参与建设。探索推进经济发达镇行政管理体制改革。

## 完善基础设施和基本公共服务

加强基础设施领域交流合作。分享无锡在交通、能源、水利、信息、市政等城市基础设施项目建设、运营、管理等方面的经验做法,助力延安提升基础设施水平。强化锡延两地在5G、智慧城市、数字政府、电子商务、人工智能、大数据、区块链等领域加强合作,借鉴无锡在党管数据、数据治理、信息惠民等领域规划、建设、管理、应用等方面经验做法。

深化教育领域交流合作。丰富教育合作方式,开展"组团式"师资交流培训活动,广泛应用线上互动课堂,共建优势学科,共推教学研究。支持延安革命老区教师到无锡接受业务培训,开展学生"手拉手"活动。助力提升延安教育数字化水平,搭建远程教育平台,加强城乡教育一体化发展,推进优质教育资源向基层扩容下沉,实现优质教育资源共享。

深化医疗卫生合作。支持延安重点医院与无锡医疗机构开展合作,鼓励共建专科联盟和中西医优势专科。组织无锡医疗卫生专家赴延安开展学术讲座、临床带教、手术示教等"传帮带培"活动,重点提升儿科、妇科、内科、外科等科室建设能力和诊疗水平。支持延安医疗技术人才到无锡开展长短期相结合的培训进修、跟班学习。开展远程会诊、远程查房、远程病理与医学影像诊断、远程教学、远程病例讨论等活动，推动两地优质医疗资源实时共享。

开展劳务合作。借鉴东西部协作好经验好做法，建立常态化岗位供需信息共享机制，结合延安劳动力就业需求，精准对接无锡岗位供给，强化劳动力组织化输出。引导无锡企业为延安籍务工人员提供家政服务、物流配送、养老服务、餐饮服务、建筑施工、机械修理等工种岗位，加强人岗高效匹配。组织实施劳务人员定点定向就业技能培训，培育劳务输出品牌，有效促进异地转移就业。开展延安籍来锡就业人员跟踪援助，维护好在锡就业人员合法权益，建立就业服务档案，有效促进稳岗就业。

## 保护生态绿色发展

加强生态环境保护与治理。加强无锡在长江、大运河，延安在黄河流域生态环境保护、治理、建设和制度、机制等方面的交流互鉴。围绕生态环境综合治理，在人才、技术、管理等方面加强合作交流，培养生态环保人才，推广应用先进适用技术。鼓励江苏环境工程领域高校、院所、人才团队，围绕延安生态系统调查、评估等开展课题研究合作，开展生态环保政策、规划等制定，提升生态环保监管服务水平。鼓励无锡高新环保企业通过承包、参股、托管等方式参与延安环保设施的设计、运维，为环境污染治理提供技术服务。

推动绿色低碳发展。支持两地合作开发碳汇项目、碳储量评估、碳汇本底调查、潜力分析。推进生态资源和产业融合发展，全面提高资源利用效率。推动绿色矿山建设，加快能源资源产业绿色发展，延伸拓展产业链，鼓励资源就地转化和综合利用。发展绿色经济，助力实施一批农文旅融合发展、现代农业产业园、绿色农产品供应基地等项目，培育绿色食品、有机农产品、地理标志农产品。谋划推进"两山"实践创新基地、乡村生态振兴示范创建工作。

## 共建产业合作平台

加强特色产业合作。鼓励无锡农业科研院校与延安进行产学研对接,加强在新品种及良种繁育、农艺技术、农机装备和特色农产品精深加工等方面的研发合作,推动一批研发成果异地转化。依托江南大学学科优势协助延安提升现代农业园区建设水平,鼓励引导一批无锡先进种植、加工、销售企业赴延发展,推进以苹果为主的特色农业产业发展。鼓励专业设计团队挖掘延安历史、文化、地理等优势资源,强化农特产品加工工艺、包装设计、产品赋值等创新,提升产品附加值。引导社会力量参与,推动两地农业龙头企业合作。

加大消费帮扶力度,积极推进延安苹果、生猪、杂粮、瓜果等特色产品产销对接。组织农特产品企业在无锡进超市、进市场、进企业、进学校,组织开展直播带货、网络促销等活动,助力打响"延安苹果""延川红枣"品牌。

推动适宜产业合作。坚持市场导向、企业主体,依托延安石油、煤炭、天然气、风能、光能等特色资源优势,融合无锡市在物联网、新材料、新能源、生物医药等领域的先发优势,鼓励无锡企业赴延安调研考察、投资兴业,支持延安企业赴无锡交流互访,引导两地相关企业建立长期合作关系。延伸延安煤炭电力、石油化工、能化装备等产业链,大力发展下游的精细化工、新材料、高端装备制造、生物医药等产业。在符合产业发展与转移指导目录前提下,推动无锡市劳动密集型产业、战略新兴产业向延安转移,支持延安传统优势产业技术改造,深化全产业链合作模式。

支持共建产业园区。发挥无锡在园区规划建设、运营管理、招商引资等方面综合优势,提升无锡与延安园区合作共建层次。每年联合举办一场产业园区发展交流会议,举办招商推介活动,促进企业有序转移。鼓励无锡企业到延安高新区、安塞高新区、南泥湾开发区、延安新区设立研发生产基地,共建成果转化平台。推进无锡经济开发区与延安高新区构建能源数字合作示范工程。以脱贫县为重点,支持"一县一园"建设,推动江阴—延川工业园区、宜兴—延长黑木耳产业园区、新吴—宜川苏陕协作现代农业产业园合作共建。积极发展"飞地经济",构建可持续的利益共享机制。

提升合作开放水平。组织两市企业积极参加国内国际各类展会及经贸活动,加强两市经贸合作,扩大外贸进出口,助推两市企业抱团出海"走出去"。

## 第四节 苏州·信阳对口合作

### 背景综述

信阳,古称义阳、申州,位于河南省南部,为鄂豫皖三省交界,大别山脉在境内绵延逶迤,千里淮河蜿蜒穿境,是我国南北地理过渡带和豫楚文化融合区。国土面积 1.89 万平方公里,辖 2 个区[①]、8 个县[②],常住人口616.6 万人(2022 年)。

信阳地处大别山革命老区核心区域,是著名的鄂豫皖革命根据地。被誉为"红军的摇篮、将军的故乡",38 万多信阳儿女用鲜血和生命托起新中国的太阳,从 1921 年中国共产党诞生到 1949 年新中国成立,老区军民在党的领导下,浴血奋战、前仆后继,革命斗争不断、革命火种不灭,以巨大的牺牲创造了"28 年红旗始终不倒"的红色奇迹,在中国革命历史上写下了恢宏的篇章。

大别山精神是中国共产党人精神谱系的重要组成部分。在革命战争年代,先后有 200 多万大别山英雄儿女参军参战,108 位开国将领在此启程,诞生了红四方面军、红二十五军、红二十八军等红军主力部队,逐步形成了以大别山为中心的中原解放区,创造了刘邓大军千里跃进大别山的壮举,铸就了"坚守信念、胸怀全局、团结奋进、勇当前锋"的大别山精神。

2019 年 9 月,习近平总书记在河南信阳考察时指出:"鄂豫皖苏区根

---

① 浉河区、平桥区。
② 潢川县、光山县、息县、新县、罗山县、商城县、淮滨县、固始县。

据地是我们党的重要建党基地,焦裕禄精神、红旗渠精神、大别山精神等都是我们党的宝贵精神财富。"并指出:"我们绝不能忘记革命先烈,绝不能忘记老区人民,要把革命老区建设得更好,让老区人民过上更好生活。"

作为红色革命老区,信阳以农业生产为主,曾经有大量贫困人口,是国家精准扶贫综合改革试点市,也是河南省唯一一个所辖县均为贫困县的省辖市。为了落实"两个更好"①重大要求,信阳立足"红"(红色旅游)"绿"(绿色发展)资源,依托山、水、茶、林、文禀赋,加快传统产业改造升级,大力发展乡村旅游,走出了一条特色鲜明、生态宜居、产业融合发展的扶贫之路。2020年2月,全市8个贫困县全部脱贫摘帽、920个贫困村全部退出贫困序列、84.7万贫困人口实现脱贫,区域性整体贫困有效解决。至2020年底,现行标准下信阳农村贫困人口全部脱贫,"战贫"经验得到国家部委的充分肯定。

2021年,按照党中央、国务院和苏豫两地省委、省政府的决策部署,明确建立了苏州和信阳的对口合作关系。苏州和信阳的合作正当其时、高度契合。河南、江苏两地地缘相近、人文相亲,经济相融、优势互补;苏州、信阳两市历史文化渊源深厚,人口流动活跃,积累了良好的合作基础,更有着广阔的合作空间和潜力。当前,江苏大力推进产业转移,腾笼换鸟,经济发展必将焕发出新活力;河南是中国东部产业转移、西部资源输出、南北经贸交流的桥梁和纽带,区位交通优越,人力资源优势明显,市场空间广阔,产业体系完备,具备承接产业转移的综合优势。两市将牢记总书记殷殷嘱托,落实党中央、国务院决策部署,开展深度对接、积极互访交流,共商发展大计,建立健全对口合作的领导、协调和推进机制,紧紧围绕传承弘扬红色文化、助力乡村振兴和新型城镇化、完善基础设施和基本公共服务、保护生态绿色低碳发展、共建设产业合作平台载体五个方面开展深入合作。

---

① 2019年9月,习近平总书记在视察信阳时提出:把革命老区建设得更好,让老区人民过上更好生活!

## 传承弘扬红色文化

共同传承弘扬大别山精神。开展两市学术交流合作，深入挖掘大别山红色文化价值。支持信阳市委党校、大别山干部学院、何家冲学院与苏州市委党校、苏州干部学院开展合作交流，组织苏州党员干部到信阳革命老区开展红色教育活动。推动信阳大别山革命老区优秀讲解员到苏州开展现场教学。

共同开展革命文物保护利用。发挥好革命文物在党史学习教育、革命传统教育、爱国主义教育等方面的重要作用。组织策划革命文物精品陈列和临展特展活动，推动信阳市鄂豫皖苏区首府革命博物馆、长征国家文化公园、四望山新四军第五师旧址与苏州市新四军太湖游击队纪念馆等开展交流合作。

促进红色旅游高质量发展。深入挖掘利用好信阳红色文化资源，联合推出红色旅游精品线路，探索推动红色文化与研学游、康养游、生态游、民俗游融合发展。借鉴复制苏州建设国际旅游城市的经验做法，支持信阳提升文旅产业发展、景区建设、数字化管理水平，推动红色文化旅游与"君到苏州"平台对接。鼓励苏州文旅龙头企业与信阳合作，多模式参与长征、革命老区等红色文化传承项目和载体建设，积极开发旅游产品、开拓旅游市场。

加强文化交流合作。开展两市历史文化研究，深入挖掘名人典故、历史事件等文化渊源与纽带。围绕吴越文化、荆楚文化、淮河文化，探索举办"苏州·信阳"文化年展、沪苏浙"文化名家看信阳"等活动。支持苏州文化企业参加信阳文化惠民消费活动。加强媒体战略合作，促进文化传媒交流。

## 助力乡村振兴和新型城镇化

推动全面巩固脱贫攻坚成果同乡村振兴有效衔接。把美丽乡村建设作为重要抓手，鼓励苏州企业参与信阳"多彩田园"产业帮扶示范基地建设,深化产业、消费、劳务、人才等协作,推动乡村振兴。组织开展"三农"工作领域专题研讨、培训等交流活动,推动传统产业与乡村旅游、休闲康养、电子商务等新产业新业态融合发展。支持苏州慈善事业在精准帮扶、乡村振兴等领域发挥积极作用。加强基层治理、社会救助、社会工作服务、民政管理与服务等方面交流合作。

开展国土空间规划和城乡建设交流合作。围绕规划编制、管理等方面开展培训交流,支持信阳完善城市功能布局、推进产业发展、加强基础设施建设,推进以人为核心的新型城镇化,提升花园城市建设运营水平。借鉴苏州城市治理先进理念,提升信阳城市精细化治理水平。支持信阳建设国家海绵城市建设示范市。鼓励苏州规划设计团队与信阳开展技术合作,助力信阳提升国土空间规划编制和实施水平。开展工程项目和建筑施工、监理等行业合作,支持信阳建筑劳务基地建设。

## 完善基础设施和基本公共服务

共推基础设施建设。推动交通互联互通,支持内河航运协同发展,开通两市直达高铁。开展"四好农村路"①经验交流,推动农村公路建管互学互鉴。开展水利基础设施建设领域合作,加强水资源、水生态、水环境、水灾害统筹治理研究和技术推广应用。

探索数字经济合作发展。支持苏州数字经济优势企业在信阳布局建设研发生产基地,推动信阳培育发展 5G、新型显示和智能终端、物联网、人工智能、大数据、区块链、测绘地理信息等数字经济核心产业。发挥苏州产业数字化转型先进经验,鼓励苏州智能制造优秀服务商参与信阳制造业数字化转型,帮助信阳企业开展智能工厂诊断、智能车间建设,加快发展智慧城市、智慧农业、智慧养老、电子商务、数字文旅。开展两市数字化治理领域交流合作,共同推进提升政务服务、城市建设、公共服务、社会治理等数字化智能化水平。

---

① 把农村公路建好、管好、护好、运营好。

开展教育领域交流合作。积极运用"互联网＋教育"，共享江苏省名师空中课堂、苏州市线上教育中心优质资源，为信阳建设教育云数据中心、教育公共服务平台等提供技术支持。借鉴苏锡常城市圈职业教育改革创新高质量发展样本经验，在打造产教融合发展平台、推进校企合作育人等方面开展深入交流，鼓励苏州市各级政府、院校、企业等参与信阳职业院校混合所有制改革，共建实习实训基地，支持信阳建设职业教育创新发展高地。支持信阳选派骨干教师、校（园）长、教育管理人员赴苏州开展交流培训，开展挂职交流、跟岗学习。

加强医疗卫生与康养领域交流合作。支持信阳提升医疗服务能力与技术水平，探索"互联网＋远程医疗"，开展远程会诊、远程查房、远程病理与医学影像诊断、远程教学、远程病例讨论等活动。开展卫生领域人才合作，支持信阳医疗技术人才到苏州开展培训进修、跟班学习。开展生命健康产业合作，鼓励苏州康养服务龙头企业、产业基金赴信阳投资建设健康医疗服务、养生养老基地。

深化劳务合作。发挥信阳人力资源优势，建立两市长期稳定的劳务合作关系，每年组织开展专场招聘活动，促进信阳籍富余劳动力来苏就业。加强信阳就业人口的职业培训、就业指导、权益保护等服务，支持农村低收入群体就业技能培训和务工就业服务。推动两市技工院校、职业培训机构加强合作，支持苏州重点企业与信阳技工院校开展校企合作。支持信阳建设人力资源服务产业园。

## 保护生态绿色低碳发展

开展生态环境保护修复领域合作。生态是信阳的最大优势、最大财富、最大品牌。支持信阳主动担当推进大别山生态功能区建设，筑牢大别山生态安全屏障。支持信阳申报山水林田湖草沙一体化保护和修复工程。开展苏州"河湖长制"经验交流，支持信阳加强河湖生态保护、城乡污水治理等工作。帮助信阳推进生态资源与其他产业融合，加强苏州和信阳生态产品价值实现机制试点合作交流。

探索绿色低碳发展领域合作。围绕低碳城市建设、资源循环化利用试点、节能环保产业示范工程建设等方面,共享经验做法,促进两市绿色产业发展。探索合作开发碳汇项目。支持苏州能源企业赴信阳参与新能源开发利用,支持信阳创建国家级绿色能源示范城市。推进绿色金融合作。

开展城市园林绿化合作。利用苏州城市园林绿化管理先进经验,指导信阳建设城市公园、郊野公园、口袋公园、道路绿化、小区和单位绿化工作,提升现有公园绿地景观质量,构建文明、健康、服务、生态的城市绿化体系。加强两市城市园林科研合作、管理机制合作、智慧园林合作。

加强绿色农产品领域合作。支持信阳培育绿色食品、有机农产品、地理标志农产品,提升"信阳毛尖""信阳菜""信阳油茶""光山十宝"等品牌影响力。支持信阳加强对当地特优中草药品种的保护、开发与利用,通过市场化方式培育一批创新力强、规模大的中药企业。发挥苏州文化创意、加工工艺、包装设计等优势,支持信阳打造一批区域公用品牌,为信阳绿色生态产品赋能增值。

## 共建产业合作平台

探索开展园区交流合作。两市根据现有产业基础,坚持市场化原则,在绿色食品、纺织服装、装备制造、电子信息、生物医药等产业领域开展合作,有序推动产业转移。发挥行业商会、协会桥梁纽带作用,推动两市企业加强合作交流,促进优势互补。支持豫东南高新区与苏州相关开发区、经济开发区开展合作。支持信阳建设各类"双创"平台载体。

持续加强消费帮扶。支持信阳特色农副产品进入苏州市农产品批发市场,拓展消费帮扶专馆专区专柜等销售渠道。鼓励两市利用"832平台"和建设线上农产品展销平台,支持苏州农产品龙头企业在信阳建设农副产品生产加工供应基地。支持信阳在苏参加和举办农产品展示展销活动。探索开展粮食储备领域合作,建立和发展长期粮食购销合作关系。

加强金融和信用领域合作。鼓励苏州地区金融机构与信阳兄弟分支机构加强内部协调，探索跨区域的金融协作服务。推广苏州综合金融服务平台的经验做法，助力普惠金融发展。引导支持苏州社会资本赴信阳投资兴业。支持两市公共信用信息平台开展交流合作，促进信用信息互认、信用监管共治、信用应用共享。支持信阳借鉴复制苏州"信易＋"应用场景和"信易贷"等模式，实现信用赋能升级。

推进营商环境建设交流合作。围绕深化行政审批制度改革，在落实市场准入负面清单、降低企业融资成本等方面开展学习交流。支持信阳借鉴复制苏州"一网通办""一件事"改革等经验做法，与苏州开展政务服务"跨省通办"合作，打造高效便利的政务环境，更好满足企业和群众异地办事需求。支持信阳优化政策供给，推动政策集成创新，打造法治化营商环境，开展"双随机、一公开"监管交流合作，强化事中事后监管。

推动长三角一体化发展经验共享。开展双方政务服务交流合作，推动公共服务领域建设经验共享。支持信阳加强体制机制创新工作，积极构建金融风险防控机制和征信链建设，提升金融风险预警处置能力。支持信阳加强公共资源交易平台建设，建立健全统一信息发布和披露制度，积极融入长三角产权交易共同市场。两市探索建立地方立法和执法工作协同常态化机制。

## 第五节　南京·张家界对口合作

### 背景综述

张家界，古称大庸。位于湖南西北部，澧水中上游，属武陵山区腹地。境内拥有丰富的水力资源和煤、铁矿石、镍钼等矿产 60 多种，有土家族、白族、苗族等 46 个少数民族，少数民族人口占总人口的 75.28％。国土面积 9516 平方公里，辖 2 个区[①]、2 个县[②]，常住人口 151.7 万（2022 年）。

张家界因旅游立市，是国内重点旅游城市，现有国家等级旅游区 19

---

① 永定区、武陵源区。
② 慈利县、桑植县。

家,包括 5A 级 2 家、4A 级 9 家、3A 级 8 家,其中的武陵源风景区拥有世界绝版的石英砂岩峰林,获得了中国第一个国家森林公园、中国首批世界自然遗产、中国首批世界地质公园、国家首批 5A 级旅游区、全国文明风景区、"张家界地貌"命名地六张金名片,是湖南省赫赫有名的开放窗口和迎宾客厅。

张家界是湘鄂渝黔革命根据地的发源地和中心区域。所属四个区县均为国家一级革命老区。这里曾是红二方面军长征出发地,是贺龙元帅的故乡,是湘鄂西、湘鄂边和湘鄂川黔革命根据的策源地和中心区域。中华苏维埃湘鄂川黔革命根据地政府曾设于此,当地有近 10 万人参加红军,2 万多人为革命捐躯。

2022 年,为贯彻落实《国务院关于新时代支持革命老区振兴发展的意见》和《革命老区重点城市对口合作工作方案》精神,南京与张家界建立了对口合作关系。两市深入贯彻落实中央关于开展与革命老区重点城市对口合作的部署要求,按照对口合作工作方案要求,坚决扛起对口合作政治责任。强化顶层设计规划引领,考察调研双方合作基础、合作领域,深入学习长三角、粤港澳大湾区合作相关政策,充分借鉴东西部协作经验,起草完成了《南京市张家界市对口合作实施方案》《南京市张家界市革命老区对口合作框架协议》。充分发挥各自比较优势,周密谋划、主动对接、扬优成势、挖潜聚力,明确了合作领域、合作重点、组成架构、主要职责,深化文化互通,加快交通联通,推动产业贯通,探索创新融通,推进要素协同,推进对口合作走深走实。

## 传承弘扬红色文化

扩大红色文化影响力。充分发挥南京市学术资源优势,支持张家界市加强革命老区红色文化研究,围绕湘鄂渝黔革命老区、红二方面军的光辉历史,推出一批理论研究成果,开发一批书籍、教材、课程,创作一批文艺作品,支持打造张家界市红色文化影视创作基地和创建全国党员培训教育示范基地。

加强红色文物保护利用。合作开展革命文物调查、认定工作，支持张家界市建立完善红色资源数据库。支持张家界市贺龙纪念馆（贺龙故居）、红二方面军长征出发地纪念馆等革命历史类纪念设施、遗址和英雄烈士纪念设施修缮提质。

推动红色旅游高质量发展。充分发挥南京市旅游产业基础优势和张家界市红色文化资源优势，助力张家界市创建全国红色旅游融合发展示范区。结合长征国家文化公园（张家界段）建设，合力规划打造一批红色旅游景区，共同设计红色主题游、红色深度游等"红色＋"精品旅游线路，积极培育红色文化旅游品牌，开发红色文化创意产品。

## 助力乡村振兴和新型城镇化

两市加强在乡村振兴和新型城镇化方面互学互鉴，推动村庄规划、农村人居环境整治、美丽屋场及美丽庭院建设等领域合作，加强数字乡村建设、乡村治理等方面交流。积极引导南京市龙头企业和各类社会资本参与张家界市美丽乡村建设项目，合力打造美丽乡村品牌。支持张家界市因地制宜发展乡村特色产业，建设绿色农产品供应基地。

## 完善基础设施和基本公共服务

支持基础设施建设。支持张家界市积极争取交通、能源、水利、信息、公共服务等国家重大基础设施建设项目和资金。加强农村公路建设领域合作，引导南京优秀咨询设计单位参与项目规划建设，助力张家界市创建农村公路示范县。加强水利建设等领域智力支持，帮助导入科研院所、设计单位，设立专家工作站。鼓励南京市各类社会资本参与张家界市重大基础设施项目建设，支持张家界市探索开展基础设施不动产信托基金（REITS）试点工作。

助推教育事业发展。丰富合作形式，搭建师资合作平台，开展基础教育交流培训，共建特色优势学科，共享线上优质教学资源。用好两地红色资源，开展中小学生"手拉手"等红色主题活动。突出职业教育合作重点，着重在职业教育管理合作、教师发展结对、人才培养交流、教学资源共建等方面展开互动,引导更多优质教育资源流入张家界。

提升卫生健康服务水平。鼓励推动"互联网＋远程医疗"体系建设,开展远程会诊、远程病理与医学影像诊断、远程教学、远程病例讨论等活动。支持张家界市医疗技术人才到南京市开展培训进修。共享南京市智慧健康养老示范基地建设和普惠养老试点经验做法,助推张家界养老和大健康产业发展。

开展劳务合作。建立劳务输出精准对接机制,签署人力资源合作协议,在张家界市设立定点劳务联络站,多渠道征集岗位需求信息,制定岗位需求名录,定期发布岗位需求信息。鼓励两市职业教育学校加强合作,开展"订单式"职业技能培训。引导江苏劳动密集型企业赴张家界市投资设厂。

## 保护生态绿色发展

实施生态共治共保。加强生态治理领域交流合作,推动共同制定和实施两市生态环保战略与行动计划。强化生态环保信息产品、技术和服务合作,支持张家界市生态环保监管能力和环保大数据服务平台、生物多样性数据库、保护成效评估体系等信息化平台建设。深化环境污染治理合作,支持张家界市大气、水、土壤、噪声污染防治,加强农村环境综合整治领域交流合作。

促进环保产业发展。支持张家界市争取中央生态环境专项资金,积极谋划山水林田湖草等重大生态保护修复和系统治理项目。加强环保科技创新合作,引导南京市环保领军企业到张家界市开展环保技术和产业合作,探索共建环保产业技术园区及示范基地等合作模式。

推动生态价值实现。充分发挥南京市在科研、技术、人才、市场等方面的优势,支持张家界市创建国家生态产品价值实现机制试点,推进生态产业化和产业生态化。支持张家界市建设国家生态产品交易中心,建立生态资产与生态产品市场交易服务体系,推动用能权、排污权、碳排放权、水权等要素交易。引导南京市大型金融机构赴张家界市开展绿色金融服务,推动形成有价值、可抵押、能贷款的生态资产。

## 加强产业务实合作

深化产业园区合作。探索重点产业园区结对共建,在规划建设、管理运营、招商引资、科技创新等方面开展务实合作。遵循市场化原则,引导一批有转移意向的南京企业优先向共建园区转移。依托两市园区交流互动,共享平台管理、政策创新、招商引资等领域的经验做法,提升园区运行管理水平。

推进产业务实合作。围绕旅游商品、生物医药、绿色食品、旅游装备、绿色建材等张家界市优势产业,鼓励两市企业开展多种形式合作。引导南京市企业采取战略合作、投资建厂、品牌培育、源头采购等措施参与张家界市一杯茶、一片药、一条鱼、一瓶酒、一瓶水、一头猪的"六个一"特色产业发展。聚力营商环境提升,推进张家界市"互联网＋政务服务"等各项改革创新持续深化。

开展经贸交流合作。支持张家界市在南京市参与和举办各类对外招商活动,共享招商资源。鼓励支持南京市各类企业和行业协(商)会赴张家界市考察调研,推动项目落地。探索建立两市口岸合作机制,在推进多式联运、航空口岸协作等方面展开深度合作,共同助推口岸经济发展。

推进消费帮扶。鼓励南京市行政机关、国有企事业单位在同等条件下优先采购张家界市特色农副产品。两市联合举办形式多样的农副产品产销对接活动,支持张家界市参加在南京市举办的各类展销会、美食节,集中展示、推介、销售农副产品。协助张家界市提升电商服务水平,培养电商专业人才,在南京市建立特色农产品展销中心。

深化文旅产业合作。深入发掘两市历史文化、自然风光资源优势,共同制定文旅产业协同发展战略。加强旅游市场营销合作,举办旅游产业推介会、主题节等活动,出台针对对方城市市民旅游费用优惠政策。鼓励两市文旅集团、旅行社到对方城市开展旅游资源和线路考察,联手策划旅游精品路线,推动互为旅游客源地和目的地。支持将张家界市纳入南京市职工(劳模)疗养基地。发展体育旅游等新业态。

（本书作者王志忠系江苏省习近平新时代中国特色社会主义思想研究中心特约研究员、卢晓梅系江苏省习近平新时代中国特色社会主义思想研究中心南京工业大学基地研究员）

# 参考文献

[1] 美塞缪尔·P. 等. 变化社会中的政治秩序[M]:上海人民出版社,2008.

[2] 王珞. 升维:不确定时代的决策博弈[M]:机械工业出版社华章分社,2022.

[3] 美道格拉斯·C. 等. 暴力与社会秩序[M]:格致出版社,上海三联书店,上海人民出版社,2017.

[4] 周其仁. 改革的逻辑[M]:中信出版社,2013.

[5] 周其仁. 城乡中国[M]:中信出版集团股份有限公司,2017.

[6] 包刚升. 政治学通识[M]. 北京:北京大学出版社,2015.

[7] 张维迎. 博弈与社会[M]. 北京:北京大学出版社,2013.

[8] 王水雄. 博弈-结构功能主义:对和谐社会基本功能机制的探讨[M]. 北京:中国人民大学出版社,2012.

[9] 陈振明. 公共管理学[M]. 北京:中国人民大学出版社,2017.

[10] 郑春勇. 制度优势[M]:浙江工商大学出版社,2021.

[11] 任维德. 中国区域治理研究报告- 2017[M]:中国社会科学出版社,2018.

[12] 宋媛. 发达地区对口帮扶西部民族地区的效益评价及政策建议[M]:中国社会科学出版社,2015.

[13] 踪家峰. 区域与城市经济学[M]:上海财经大学出版社有限公司,2021.

[14] 王振. 中国区域经济学[M]. 上海:上海人民出版社,2022.

[15] 石敏俊. 区域经济学[M]. 北京:中国人民大学出版社,2020.

[16] 卡佩洛,安虎森. 区域经济学[M]. 北京:经济管理出版社,2022.

[17] 周天勇. 新发展经济学[M]. 北京:中国人民大学出版社,2020.

[18] 赵玉林,汪芳. 产业经济学:原理及案例[M]. 北京:中国人民大学出版社,2020.

[19] 宋涛. 政治经济学教程[M]. 北京:中国人民大学出版社,2021.

[20] 刘鹤. 两次全球大危机的比较研究[M]. 北京:中国经济出版社,2013.

[21] 林毅夫. 新结构经济学[M]. 北京:北京大学出版社,2019.

[22] 阿拉塔高娃. 关于东南沿海地区与少数民族地区的对口支援和经济技术协作发展的再认识[J]. 内蒙古社会科学(汉文版),2000(02):25 - 28.

[23] 安虎森,肖欢. 我国区域经济理论形成与演进[J]. 南京社会科学,2015

(9):23-30.

[24] 白永秀,何昊.西部大开发20年:历史回顾、实施成效与发展对策[J].人文杂志,2019(11):52-62.

[25] 毕健康.马歇尔计划对西欧经济的影响[J].美国研究,1990(2).

[26] 曹阳,王智勇,蔡亚军.发挥各自优势实现双赢共进——苏辽对口合作取得良好成效[J].中国经贸导刊,2019(17):67-69.

[27] 曾培炎."一带一路":全球共同需要人类共同梦想[J].求是,2015(10):14-16.

[28] 曾水英,范京京.对口支援与当代中国的平衡发展[J].西南民族大学学报(人文社科版),2019,40(06):204-211.

[29] 陈松川,肖洋."一带一路"的"国际发展共同体"的构建机制[J].亚太经济,2017(02):11-20+173.

[30] 陈新年,安淑新.健全生态保护补偿机制促进南水北调中线工程核心水源区高质量发展[J].中国经贸导刊,2021(20):48-50.

[31] 陈樱花,陈安.中国共产党百年抗灾回顾:基于制度优势的分析[J].科技导报,2021,39(12):73-81.

[32] 成明哲.美国对非援助模式、成效及对我启示[J].外交学院,2022:20-21.

[33] 仇喜雪.激励理论与对口支援西部高等教育的制度创新[J].中央财经大学学报,2011(04):78-82.

[34] 丛威青.务实推进新时期对口支援工作[J].中国党政干部论坛,2017(11):65-67.

[35] 崔文静,李佩奇.飞地经济研究综述[J].中国商论,2019(18):229-231.

[36] 党丽娟.横向生态补偿多样化的补偿方式探析[J].环境保护与循环经济,2018,38(10):1-3.

[37] 邓敏.从"马歇尔计划"看"一带一路"[J].中国金融,2019:31-33.

[38] 丁春福,陈彦超.新时代:公平与效率关系解析及政策选择[J].黑龙江社会科学,2018(04):132-135.

[39] 丁忠毅.边疆地区乡村振兴与整合的特殊使命与着力点选择[J].四川大学学报(哲学社会科学版),2020(03):126-137.

[40] 丁忠毅.府际协作治理能力建设的阻滞因素及其化解——以对口支援边疆民族地区为中心的考察[J].理论探讨,2016(03):160-165.

[41] 丁忠毅.国家治理视域下省际对口支援边疆政策的运行机制研究[J].思想战线,2018,44(04):76-87.

[42] 董艺.对比"一带一路"倡议与马歇尔计划的异同[J].现代经济信息,2016:19.

[43] 董珍,白仲林.对口支援、区域经济增长与产业结构升级——以对口援藏为例[J].西南民族大学学报(人文社科版),2019,40(03):130-138.

[44] 董志勇,秦范.实现共同富裕的基本问题和实践路径探究[J].西北大学学报(哲学社会科学版),2022,52(02):41-51.

[45] 段虹,王然.共同富裕思想的哲学意蕴与当代价值[J].学习与探索,2022(03):1-7+190.

[46] 范平花.贫困减缓与教育发展:一个参与式治理的精准扶贫视角[J].贵州财经大学学报,2017(4):103-110.

[47] 付伟.城乡融合发展进程中的乡村产业及其社会基础——以浙江省L市偏远乡村来料加工为例[J].中国社会科学,2018(06):71-90+205-206.

[48] 高柏.建设经济特区振兴东北:以共同富裕应对五大挑战[J].文化纵横,2021(06):22－31＋158.

[49] 高德胜,季岩.共同富裕理念下第三次分配的生成逻辑与实践路径[J].河南师范大学学报(哲学社会科学版),2022,49(02):24－30.

[50] 高亨.周易大传今注[M].济南:齐鲁书社,1979..

[51] 龚锐,谢黎,王亚飞.农业高质量发展与新型城镇化的互动机理及实证检验[J].改革,2020(07):145－159.

[52] 共青团江苏省委.同心协力唱响民族团结大合唱——团江苏省委第二轮对口支援工作纪实[J].团江苏省委,2021(12):28－29.

[53] 管前程,熊坤新.边疆民族地区治理刍论[J].贵州民族研究,2017,38(06):1－4.

[54] 郭峰,王靖一,王芳,孔涛,张勋,程志云.测度中国数字普惠金融发展:指数编制与空间特征[J].经济学(季刊),2020,19(04):1401－1418.

[55] 郭忠华.国际发展合作中的互惠主义与现实主义——基于中、法两国对非洲援助的比较[J].中国政治学,2021:120－131.

[56] 郭子熙,王世权,赵婷.新一轮东北振兴政策落实如何?——基于政策文本的量化分析[J].地方财政研究,2019(07):93－104.

[57] 韩俊.关于实施乡村振兴战略的八个关键性问题[J].中国党政干部论坛,2018(04):19－26.

[58] 韩文龙,蒋枢泓.新发展阶段实现共同富裕的理论逻辑与实现路径[J].社会科学战线,2022(04):95－102.

[59] 韩文龙,唐湘.三次分配促进共同富裕的重要作用与实践进路[J].经济纵横,2022(04):21－29.

[60] 韩喜平,何况.中国共产党百年分配制度变革及其人民立场[J].经济纵横,2021(05):1－8＋2.

[61] 郝宇青.马克思主义:"共同富裕"思想的理论渊源[J].晨刊,2022(01):11－13.

[62] 何明,译注.老子[M].济南:山东大学出版社,1997..

[63] 侯景新,于子冉.对口合作的形成机制与实践启示[J].区域经济评论,2021(02):56－62＋2.

[64] 胡丹,田钊平.对口支援政策实施绩效与完善对策研究——基于北京市、杭州市对口支援巴东县的实证分析[J].四川民族学院学报,2021,30(06):55－61.

[65] 花中东.对口支援促进基本公共服务均等化效应分析——以四川地震灾区为例[J].西安财经学院学报,2010,23(05):75－81.

[66] 黄基鑫,赵越,雷聪,李曦辉.从全面小康到共同富裕:对口支援的作用、经验与展望[J].经济与管理研究,2022,43(02):15－29.

[67] 黄梅波,张晓倩.中非产能对接与非洲三网一化建设:合作基础及作用机制[J].国际论坛,2016(1).

[68] 江涛,张引弟."一带一路"倡议下中国对柬埔寨的援助:背景、特征与展望[J]."一带一路"与中国－东盟合作发展研究,2021(11):1－13.

[69] 蒋永穆,亢勇杰.数字经济促进共同富裕:内在机理、风险研判与实践要求[J].经济纵横,2022(05):21－30＋135.

[70] 解垩.公共转移支付对再分配及贫困的影响研究[J].经济研究,2017,52(09):103－116.

[71] 靳薇. 项目援助与西藏经济发展[J]. 西北民族研究,2008(04):10-19+28.

[72] 阚如良,李敏昌,何伟军. 后三峡工程时代旅游开发式移民研究[J]. 资源开发与市场,2008(06):532-534+563.

[73] 孔博. 两种建构机制♯两种不同命运——美欧联盟与苏东联盟比较研究[J]. 世纪中国,2001.

[74] 李国平,彭思奇,李恒炜. 关于推进对口援建向对口合作转变的对策思考[J]. 农村经济,2011(01):34-36.

[75] 李红玲. 民族地区跨区域科技合作的模式评析与反思[J]. 中国科技论坛,2013(02):108-114.

[76] 李利宏,董江爱. 新型城镇化和共同富裕:资源型地区的治理逻辑[J]. 马克思主义研究,2016(07):96-102+160.

[77] 李栅. "大国竞争"下美国对非洲政策的特征与走向[J]. 美国研究,2022:11-12.

[78] 李瑞昌. 地方政府间"对口关系"的保障机制[J]. 学海,2017(04):54-59.

[79] 李瑞昌. 界定"中国特点的对口支援":一种政治性馈赠解释[J]. 经济社会体制比较,2015(04):194-204.

[80] 李山,译注. 管子[M]. 北京:中华书局,2009..

[81] 李实,朱梦冰. 推进收入分配制度改革促进共同富裕实现[J]. 管理世界,2022,38(01):52-61+76+62.

[82] 李爽,樊鸿禄,李朝英. 龙粤对口合作框架内黑龙江省完善对俄合作机制研究[J]. 商业经济,2020(07):1-5+21.

[83] 李曦辉. 对口支援的分类治理与核心目标[J]. 区域经济评论,2019(02):45-54.

[84] 李祥. 民族地区教育对口支援政策七十年回顾与展望——基于政策要素与政策工具的二维分析[J]. 西南民族大学学报(人文社科版),2020,41(02):72-80.

[85] 李小云. 东西部扶贫协作和对口支援的四维考量[J]. 改革,2017(08):61-64.

[86] 李亚菲. 南水北调中线水源区生态补偿问题与对策研究——以陕西省为例[J]. 西安财经大学学报,2021,34(02):81-90.

[87] 李志国,杨灿,李慧杰. 对口支援、招商引资与区域创新能力提升——基于对口支援三峡库区的案例研究[J]. 科研管理,2020,41(03):72-82.

[88] 凌经球. 东西部扶贫协作制度创新的思考——基于广东对口帮扶广西的案例分析[J]. 改革与战略,2015,31(10):27-31.

[89] 刘方平. "一带一路"视域下中国对巴基斯坦援助研究[J]. 南亚研究,2020(3):127-134.

[90] 刘汉秋,张义安. 南郑管好用好苏陕协作扶贫资金[J]. 西部财会,2021(01):63.

[91] 刘虹飞,刘瑜,田广,寇南南. 浅论"一带一路"与人类命运共同体建设,宏观经济管理,2019-8(86-90).

[92] 刘洪森. 新时代共同富裕的生成逻辑、科学内涵和实践路径[J]. 思想理论教育,2022(03):23-29.

[93] 刘金山,徐明. 对口支援政策有效吗?——来自19省市对口援疆自然实验的证据[J]. 世界经济文汇,2017(04):43-61.

[94] 刘利峰,伍旭中. 马克思共同富裕理论的立场、特征与逻辑体系[J]. 改革与战略,2021,37(11):64-71.

［95］刘培林,钱滔,黄先海,董雪兵.共同富裕的内涵、实现路径与测度方法［J］.管理世界,2021,37(08):117－129.

［96］陆银辉.东西部对口协作模式运作逻辑探析［J］.社会治理,2021(5):49－53.

［97］陆银辉.东西部对口协作模式运作逻辑探析［J］.行政与法,2021(05):49－54.

［98］罗健.新时代实现共同富裕的实践进路［J］.理论探索,2022(01):85－91.

［99］骆海燕.西部地区特色产业发展问题探析［J］.商场现代化,2016(12):99－100.

［100］马芳.东北地区与东部地区对口合作经济效应实证研究［D］.沈阳:辽宁大学,2020.

［101］潘斌.马克思共同富裕思想的哲学逻辑及其当代价值［J］.南京师范大学报(社会科学版),2022(02):76－84.

［102］潘鸿雁.共同富裕的时代内涵及推进路径［J］.党政论坛,2022(02):9－11.

［103］潘万历,白如纯,吕耀东.战后日本对非洲政府开发援助的战略性演进:从1.0到3.0［J］.现代日本经济,2021(5):1－10.

［104］庞虎,陈仁锋.共同富裕的文化基础［J］.治理研究,2022,38(02):24－31＋124.

［105］蒲实,廖祖君.灾后重建四大难题亟待破解［J］.农村经济,2010(07):49－51.

［106］齐涛.世界史教程:现代卷［M］济南,山东大学出版社1999.

［107］乔慧波.试论共同富裕的内涵、基础及推进路径［J］.东岳论丛,2022,43(02):21－29.

［108］秦芳,王剑程,胥芹.数字经济如何促进农户增收?——来自农村电商发展的证据［J］.经济学(季刊),2022,22(02):591－612.

［109］曲延春,王海镔.乡村振兴战略:价值意蕴、当前困局及突破路径［J］.江淮论坛,2018(05):33－38.

［110］曲延春.农民满意度、需求偏好与农村公共产品供给侧改革——基于山东省546份调查问卷的分析［J］.东岳论丛,2017,38(11):109－117.

［111］冉鄂兰,钟海洋.建立东西部司法部门对口支援协作机制的构想［J］.人民检察,2001(07):37－38.

［112］任恒,王宏伟.稳定、平衡与发展:建设中国特色对口支援制度的三重使命［J］.新疆社会科学,2020(06):117－126＋145.

［113］任维德.中国区域资历研究报告［M］.北京:对口支援政策.2017:15－18.

［114］荣玲.三峡库区移民生计问题现状及对策建议［J］.商场现代化,2007(21):215－217.

［115］沈佳暄.对口支援协作,江苏交出"高分答卷"［N］.新华日报,2022－01－05:1－2.

［116］石绍宾,樊丽明.对口支援:一种中国式横向转移支付［J］.财政研究,2020(01):3－12＋44.

［117］史晓琴,樊丽明,石绍宾.中国抗击新冠肺炎疫情中对口支援何以发生——公共经济学视角的分析［J］.财政研究,2020(08):12－22.

［118］斯丽娟,郭海霞.面向共同富裕的中国城乡相对贫困指数的测度及变动分解［J］.数量经济技术经济研究,2022,39(05):47－63.

［119］宋薇,尹浩然.谁才是真心实意的对非援助者?［J］.历史评论,2022:46－48.

［120］宋晓杰,朱跃华,袁艳华."十三五"时期东西扶贫协作规划研究——以江苏省南京市对口帮扶青海省西宁市为例［J］.中国工程咨询,2017(10):67－69.

[121] 孙久文,李承璋.共同富裕目标下推进乡村振兴研究[J].西北师范大学报(社会科学版),2022,59(03):12-19.

[122] 孙学涛,于婷,于法稳.新型城镇化对共同富裕的影响及其作用机制——基于中国 281 个城市的分析[J].广东财经大学学报,2022,37(02):71—87.

[123] 谭书先,赵晖.对口支援的政治认同构建——一项基于新冠肺炎疫情时期的网络舆情分析[J].江海学刊,2020(04):12-16.

[124] 唐微.新常态下产业结构调整的显著特征分析[J].统计与决策,2019,35(09):98-101.

[125] 唐鑫.正确理解共同富裕理论内涵的四维审视[J].社会主义研究,2022(02):1-8.

[126] 王春光.共同富裕的思想渊源、基本定律与实践路径[J].新视野,2022(03):19-27.

[127] 王奇,牛耕,赵国昌.电子商务发展与乡村振兴:中国经验[J].世界经济,2021,44(12):55-75.

[128] 王瑞.城乡融合发展:从马克思城乡关系理论到中国乡村振兴实践[J].中共南京市委党校学报,2022(01):76-84.

[129] 王小林,谢妮芸.东西部协作和对口支援:从贫困治理走向共同富裕[J].探索与争鸣,2022(03):148-159+180.

[130] 王延中,龙玉其,江翠萍,徐强.中国社会保障收入再分配效应研究——以社会保险为例[J].经济研究,2016,51(02):4-15+41.

[131] 王艳林,邵锐坤,代依陈.南水北调中线水源区生态补偿对口协作模式探讨[J].西南林业大学学报(社会科学),2021,5(02):55-59.

[132] 王颖,董垒.我国灾后地方政府对口支援模式初探——以各省市援建汶川地震灾区为例[J].当代世界与社会主义,2010(01):131-136.

[133] 王永才.对口支援民族地区法治化研究[D].北京:中央民族大学,2013.

[134] 王宇航,王栋.新发展阶段促进共同富裕的数字路径[J].社会科学家,2021(10):99-104.

[135] 王禹澔.中国特色对口支援机制:成就、经验与价值[J].管理世界,2022(6)71-82.

[136] 魏华祥,马瑞萍,尚勇.加强东西扶贫协作缩小区域经济发展差距——对福建省与宁夏回族自治区开展对口扶贫协作的调查[J].理论前沿,2003(12):46-47.

[137] 温佳楠.中部崛起战略实施效果评价[D].郑州大学,2017.

[138] 文魁.关于扎实推进共同富裕的理论解析[J].政治经济学研究,2021(02):12-16.

[139] 习近平.开辟合作新起点谋求发展新动力——在"一带一路"国际合作高峰论坛圆桌峰会上的开幕辞[J].中国经济周刊,2017(Z2):58-59.

[140] 向云,陆倩,李芷萱.数字经济发展赋能共同富裕:影响效应与作用机制[J].证券市场导报,2022(05):2-13.

[141] 熊易寒.城乡融合、要素流动与乡村振兴[J].人民论坛,2022(05):32-35.

[142] 徐俊六.铸牢中华民族共同体意识与边疆民族地区社会治理关系研究[J].宁夏社会科学,2018(06):188-194.

[143] 徐燕,任步攀.对口协作路径与机制创新:南水北调中线工程水源区与受水区实证研究[J].湖北社会科学,2017(04):45-51.

［144］严庆，于欣蕾.铸牢中华民族共同体意识的社会空间整合视角［J］.西北民族研究，2021（03）：5-16.

［145］杨慧莲，韩旭东，李艳，郑风田."小、散、乱"的农村如何实现乡村振兴？——基于贵州省六盘水市舍烹村案例［J］.中国软科学，2018（11）：148—162.

［146］杨静，魏依庆，任振宇，胡文涛.新时代共同富裕的政治经济学研究［J］.政治经济学评论，2022，13（02）：69-87.

［147］杨龙，李培.府际关系视角下的对口支援系列政策［J］.理论探讨，2018（01）：148-156.

［148］杨宜勇，王明姬.共同富裕：演进历程、阶段目标与评价体系［J］.江海学刊，2021（05）：84-89.

［149］易培强.关于收入初次分配制度建设的思考［J］.湖南师范大学社会科学学报，2007（04）：93-97.

［150］俞晓晶.从对口支援到长效合作：基于两阶段博弈的分析［J］.经济体制改革，2010（05）：37-39.

［151］郁建兴，任杰.共同富裕的理论内涵与政策议程［J］.政治学研究，2021（03）：13-25＋159-160.

［152］元晋秋.坚持和完善我国基本分配制度要重视发挥第三次分配作用［J］.现代经济探讨，2020（09）：9-14.

［153］岳希明，徐静，刘谦，丁胜，董莉娟.2011年个人所得税改革的收入再分配效应［J］.经济研究，2012，47（09）：113-124.

［154］张晨.职业教育"东西部扶贫协作"中的问题与实践研究——以上海对口支援喀什地区为例［J］.教育发展研究，2018，38（07）：40-45.

［155］张丹，冯颜利.从邓小平"三个有利于"到习近平"四个有利于"［J］.辽宁大学学报，2019（5）：8-12.

［156］张慧慧，胡秋阳，张云.新型城镇化建设与工业化协调发展研究——基于城市化与镇化的二元视角［J］.经济体制改革，2021（04）：66-73.

［157］张晶.对口合作战略背景下吉林省发展"飞地经济"的问题与建议［J］.北方经济，2022（03）：71-73.

［158］张丽颖，张学军.构建地方中、高职院校对口合作机制的思考［J］.北京工业职业技术学院学报，2015，14（03）：41-43＋47.

［159］张梅.从日本对非洲援助看其软实力外交［J］.现代国际关系，2022：33-34.

［160］张庆杰.开展对口合作推动东北振兴的创新之举［J］.财经界，2018（13）：48-50.

［161］张四灿，张云.乡村振兴战略背景下乡村治理的绩效评价体系研究［J］.云南民族大学学报（哲学社会科学版），2022，39（03）：127-136.

［162］张天悦.从支援到合作：中国式跨区域协同发展的演进［J］.经济学家，2021（11）：82-90.

［163］张曦.汶川经验：对口支援与脆弱性/恢复力［J］.云南民族大学学报（哲学社会科学版），2018，35（04）：104-110.

［164］张鑫.对口支援政策下的产业援疆模式选择与实现路径［J］.石河子大学学报（哲学社会科学版），2014，28（01）：14-18.

［165］张颖熙，夏杰长.科技向善赋能共同富裕：机理、模式与路径［J］.河北学刊，2022，42（03）：115-122.

[166] 张占斌,毕照卿. 中国共产党对共同富裕的百年探索:深刻把握与历史贡献[J]. 经济社会体制比较,2022(02):1-8.

[167] 张志欣. 东北振兴政策实施对吉林省对外贸易的影响研究[D]. 吉林外国语大学,2021.

[168] 张子元. 浅谈"一带一路"倡议如何推动世界经济的发展[J]. 商展经济,2022(5):27-29.

[169] 赵明刚. 中国特色对口支援模式研究[J]. 社会主义研究,2011(02):56-61.

[170] 赵奇栋. "一带一路"背景下构建中沙能源合作共同体的路径研究[J]. 中阿科技论坛,2022(5):7-8.

[171] 郑春勇. 从对口合作到区域合作:后援建时代地方合作的应然转变[J]. 理论与改革,2011(05):144-146.

[172] 郑玄,注. 礼记[M]. 北京:中华书局,2015..

[173] 中华人民共和国和巴基斯坦伊斯兰共和国联合声明[J]. 人民日报,2010年12月20日.

[174] 钟开斌. 对口支援:起源、形成及其演化[J]. 甘肃行政学院学报,2013(04):14-24+125-126.

[175] 钟开斌. 对口支援灾区:起源与形成[J]. 经济社会体制比较,2011(06):140-146.

[176] 周兵,吕佩. 三峡库区对口支援机制创新研究[J]. 中南民族大学学报(人文社会科学版),2021,41(06):153-160.

[177] 周传章. 用十六届三中全会精神统领改革与发展[M]. 2004:118-126.

[178] 周光辉,王宏伟. 对口支援:破解规模治理负荷的有效制度安排[J]. 学术界,2020(10):14-32.

[179] 周绍东,陈艺丹,张毓颖. 共同富裕道路上的中国特色第三次分配[J]. 经济纵横,2022(04):11-20.

[180] 周文,施炫伶. 共同富裕的内涵特征与实践路径[J]. 政治经济学评论,2022,13(03):3-23.

[181] 周泽红,郭劲廷. 数字经济发展促进共同富裕的理路探析[J]. 上海经济研究,2022(06):5-16.

[182] 朱光喜. 对口支援促进边疆民族地区治理创新的途径及其优化[J]. 北方民族大学学报,2022(01):41-49.

[183] 朱天舒,秦晓微. 国家支持与对口支援合作:我国区域平衡发展模式分析[J]. 中国行政管理,2012(06):92-95.

[184] 祝嘉良,纪洋,陈少华,赵清华,李振华. 数字经济与共同富裕[J]. 中国经济问题,2022(02):1-13.

[185] 邹环. 对口合作促进东北产业转型升级的效应分析——基于广东省与黑龙江省对口合作的实证[J]. 经济研究参考,2018(70):63-75.

[186] 左腾飞. 新时代中国社会主要矛盾转化的理论意蕴[J]. 山东干部函授大学学报,2022(5):14-17.

[187] 程广斌,郑宛方,任严岩. 从西部大开发到19省市产业援疆:文献综述及未来研究趋势[J]. 开发研究,2015(02):37-41.

[188] 林俐. 东西部协作:扶贫到乡村振兴有效衔接的路径[J]. 四川行政学院学报,2022(05):59-67.

[189] 廖成中,毛磊,翟坤周.共同富裕导向下东西部协作赋能乡村振兴:机理、模式与策略[J].改革,2022(10):91-105.

[190] 左停,刘文婧,于乐荣.乡村振兴目标下东西部协作的再定位与发展创新[J].华中农业大学学报(社会科学版),2022(05):11-20.

[191] 梁琴.由点到网:共同富裕视域下东西部协作的结对关系变迁[J].公共行政评论,2022,15(02):133-153.

[192] 李佐军,黄金.创新东西部协作机制,推进西部地区乡村振兴[J].重庆理工大学学报(社会科学),2021,35(12):1-6.

[193] 孟越男,徐长乐.区域协调性均衡发展理论及我国实践[J].甘肃社会科学,2020(04):188-195.

[194] 阚永乐.新一轮对口援疆政策对新疆经济发展的影响研究[D]:新疆师范大学,2022.

[195] 卫劭华.中国特色对口支援制度70年:历程、特征、逻辑与展望[J].领导科学论坛,2021(07):24-33.

[196] 王世焕,偶正涛.苏陕干部交流:一个意义重大的创举[J].瞭望周刊,1991(50):14-15.

[197] 任俊华,谭阳阳.乡村振兴与共同富裕的战略哲学思考[J].智库理论与实践,2022,7(06):157-165.

[198] 刘伟丽,陈腾鹏.数字经济是否促进了共同富裕?——基于区域协调发展的研究视角[J].当代经济管理,2022:1-19.

[199] 孙久文,胡俊彦.迈向现代化的中国区域协调发展战略探索[J].改革,2022(09):1-10.

[200] 王博雅.推进新型城镇化促进共同富裕[J].理论导报,2022(05):35-36.

[201] 商务部研究院国际发展合作所,西非与非洲研究所.纪念、传承与创新——中国对外援助70年与国际发展合作转型.2020.

[202] 李猛,杨海蛟.以区域协调发展扎实推动共同富裕的政治学分析[J].社会科学战线,2022(10):181-192.

[203] 徐淑华,盖佳萌,李峰波.美欧日区域差距演变历程及启示[J].宏观经济管理,2022(10):83-90.

[204] 王飑雨.共同富裕愿景下南北方区域协调发展的战略要点与政策转向[J].新疆社会科学,2022(05):30-40.

[205] 黄梅波,王婕佳.国际援助评价体系及中国的对外援助[J].海外投资与出口信贷,2022(06):7-10.

[206] 袁喆玮.跨国流域治理的协调机制研究:缘起、框架与成效[D]:上海外国语大学,2019.

[207] 林华.中国和拉美国家减贫合作的空间与路径[J].拉丁美洲研究,2022,44(05):106-119.

[208] 翟东升.将"一带一路"建设成为"减贫之路"[J].红旗文稿,2022(17):13-16.

[209] 崔娟,管竹笋,殷格非.东盟国家减贫议题进展研究[J].可持续发展经济导刊,2022(07):60-63.

[210] 杨祥辉.东西部协作的减贫效应:机制、异质性与持续性[D]:四川大学,2022.

[211] 唐丽霞,赵文杰,李小云.全球公共产品视角下的中国国际发展合作[J].国际展望,2022,14(01):95-114.

［212］秦慧. 2020 年后相对贫困治理研究［J］. 学校党建与思想教育，2020 (17)：89－93.

［213］黄梅波，唐露萍. 南南合作与南北援助——动机、模式与效果比较［J］. 国际展望，2013(03)：8－26.

［214］韦森，陶丽君，苏映雪.“哈耶克矛盾”与“诺思悖论”：SOCIALORDERS 自发生成演化抑或理性设计建构的理论之惑［J］. 清华大学学报(哲学社会科学版)，2019，34 (06)：1－13.

［215］杨龙，李培. 府际关系视角下的对口支援系列政策［J］. 理论探讨，2018(01)：148－156.

［216］刁伟涛. 制度、自组织与秩序——兼论中国社会的制度变迁［J］. 江苏社会科学，2006(03)：37－43.

［217］刘素素. 关于社会治理中的协作与合作的认识［J］. 青年与社会，2018 (33)：241.